경찰채용 · 승진/법원 · 검찰/교정채용 · 승진

형법각론

허 원 구 저

청목출판사

머리말

"인간은 사회적 동물이다.", 또는 "사회가 있는 곳에 법이 있다."라는 법언이 있듯이 법은 우리생활 깊숙이 파고들고 있는 게 현실이다. 특히 형법은 법집행과 구속력의 측면에서 민법과는 달리 인적 구속력을 수반하기 때문에 법치주의 사회에서 법률생활을 향유하는 우리들에게 더욱 큰 의미가 있다고 할 수 있다.

형법은 교정직, 검찰직, 경찰직 공무원 등 각종 채용시험 · 자격시험 · 승진시험에 필수과목으로서 그 중요성이 증대되고 있다. 또한 형법은 형사법체계의 기본적 법률로서 형사소송법과 기타 형사관계법규를 공부하는 데 있어 그 초석이 된다고 해도 과언이 아니다. 형법을 처음 접하는 초보자에게 무엇보다도 중요한 것은 법의 현실과의 괴리를 극복하여 법적 소양을 키우는 것이며, 나아가 합리적인 법적 사고(legal mind)를 가지고 현실에서 발생하는 여러 가지 법률문제를 슬기롭게 해결하는 힘을 키우는 것이다. 이러한 맥락에서 본서는 경찰직 공무원 및 교정 · 검찰직 공무원시험을 대비한 수험서로서 형법을 접하는 초보자와 이론적 이해가 약한 수험생들에게 형법의 기본개념과 이론을 알기 쉽게 이해시키는데 도움을 줄 거라고 생각한다.

본서는 형법 총론부분에 대한 종합적인 사고와 이해를 도모하고자 하였으며 형법이론에 대한 학설에 대해서는 통설적인 입장을 취하여 수험서가 안고 있는 이론적 혼란을 극복하고자 하였다. 본서는 수험생들에게 형법에 대한 전반적인 이해와 응용을 돕기 위해 형법에 대해서 쉽게 접근할 수 있는 교재의 제공이라는 사명감에서 편찬하게 되었으며, 부지불식간(不知不識間)의 오류나 부족한 점은 독자들의 넓은 아량에 맡긴다. 본서가 형법을 공부하는 수험생에게 지침서가 되기를 바란다.

끝으로, 어려운 경제여건 가운데도 불구하고 출판을 흔쾌히 수락하여 주신 청목출판사 유성렬 사장님과 편집부 직원 여러분들에게 고마운 마음을 전하고자 합니다.

2010년 6월

태전동산 연구실에서

허원구

경찰공무원 시험안내

1. 경찰공무원이란?

경찰이란 공공의 안녕과 질서를 유지하기 위한 조직체로서, 주권자인 시민을 위하여 때로는 명령, 강제 등 권력적 수단이나 수사권한을 동원하여 법을 집행하고, 때때로는 서비스를 통하여 적극적으로 봉사하는 임무를 수행하는 조직이며 경찰관은 철저한 신분보장과 다양한 승진기회가 있는 가장 안정적인 직업 중 하나라고 할 수 있다.

2. 경찰의 활동과 종류

1) 생활안전 경찰활동

생활안전업무, 지역경찰업무, 협력방법업무, 생활질서업무, 총포화약업무, 소년업무, 여성관련업무 등의 활동을 한다.

2) 수사경찰(형사)

신분상으로는 똑같은 경찰이지만 사복을 입고 주로 형사과 소속으로 사건, 수사활동을 하는 경찰을 말한다.

3) 사이버경찰대

인터넷 확산으로 사이버범죄가 늘면서 많은 국가가 사이버 경찰청(cyber police)을 발족시켜 사이버공간의 법질서를 확립하는데 주력하고 있다.

4) 교통경찰

교통경찰의 업무는 교통안전공학, 교통안전교육, 교통단속, 교통환경의 4E 원칙으로 활동이 이루어진다.

5) 지하철수사대

지하철 구내에서의 범죄를 예방하고 질서유지를 위해 활동하고 있는 경찰로서 소매치기, 여성성추행 등의 범죄와 안전사고 예방업무를 수행한다.

6) 경찰특공대

경찰특공대는 국제정세변화와 뉴테러리즘에 대비한 특수 경찰이다. 테러사건 및 인질, 폭발물처리, 고속철, 공항 등 다중이용시설에 대한 안전업무를 수행하는 최정예 특공부대이다.

7) 해양경찰

해양경찰은 경비역량 극대화로 확고한 해양주권을 수호하며, 해양사고 발생시 구조업무와 무면허 어업행위, 밀입국자 단속 등의 해상치안업무를 수행한다.

3. 일반경찰 · 여자경찰

1) 원서교부 및 접수처

① 교부처 : 각 지방경찰청, 경찰서 민원봉사실

② 접수처 : 모집 시 · 도 지방경찰청 민원봉사실

2) 응시자격(거주지 제한없음)

구분		응 시 자 격 요 건
응시연령		· 공채 : 18세 이상~30세 이하(1979. 1. 1~1992. 12. 31 출생자) · 경행과 특채 : 20세 이상~40세 이하(1969. 1. 1~1990. 12. 31 출생자) ※제대군인은 군복무기간 1년 미만 1세, 1년 이상 2년 미만 2세, 2년 이상은 3세씩 응시상한연령을 각각 연장함
학력		· 공채 : 고등학교 졸업 또는 동등 이상의 학력을 가진 자 · 특채 : 경찰행정 관련학과(4년제 졸업자)
병역		· 남자는 병역을 필하였거나 면제된 자('10.4.19 이전 전역예정자 포함)
신체조건	체격	국 · 공립병원 또는 종합병원에서 실시한 경찰공무원채용신체검사 및 약물검사결과 건강상태가 양호하고 사지가 완전하며 가슴 · 배 · 입 · 구강 · 내장의 질환이 없어야 함
	시력	좌 · 우 각각 0.8 이상(교정시력 포함)
	색신	색신이상이 아니어야 함. 단, 종합병원 · 국공립병원의 검사결과 약도색신이상으로 판정된 경우 응시자격 인정
	청력	청력이 정상(20dB이하)이어야 함
	혈압	고혈압 · 저혈압이 아니어야 함(확장기 : 90-60mmHg, 수축기 : 145-90mmHg)
운전면허		운전면허 1종 보통 이상을 소지하여야 함

3) 응시자 제출서류

① 응시원서(소정양식) 1통

② 주민등록초본 또는 병적증명서 1통

③ 자격증 사본(해당자에 한함)

④ 필기시험 합격자의 추가 제출서류는 합격자 발표시 공고함

4) 시험방법

구분	내용
필 기 시 험	객관식 각 20문항 ○일반경찰 : 경찰학개론, 수사Ⅰ, 영어, 형법, 형사소송법 ※수사 Ⅰ은 수사총론과 사범별 수사에 관한 내용임 ○경행과 특채 : 경찰학개론, 수사Ⅰ, 행정법, 형법, 형사소송법
서 류 전 형	경찰행정학과 특별채용에 한함
신 체 검 사	경찰관으로서 신체 적합성 검사
체 력 검 정	100m달리기, 제자리멀리뛰기, 윗몸일으키기, 좌·우 악력 등 4종목
적 성 검 사	경찰관으로서의 적성을 종합검정
면 접	준법성·성실성·창의성·가치관 등 능력 및 인성 검정

5) 최종합격자 결정 : 면접시험 합격자 중에서 필기시험 65%, 체력검사성적 10%, 면접성적 25%(적성검사 10%, 자격증가산점 5%, 주관평가 10%)를 합산한 성적의 고득점 순으로 선발예정인원을 최종합격자로 결정.

차 례

제2편 사회적 법익에 대한 죄

제3편 국가적 법익에 대한 죄

개인적 법익에 대한 죄

제 1 장

생명과 신체에 대한 죄

제 1 절 살인의 죄

Ⅰ. 서 론

1. 살인죄의 의의

사람을 살해함으로써 그 생명을 침해하는 것을 내용으로 하는 범죄를 말하며(제250조), 보호법익은 사람의 생명이다.

2. 구성요건의 체계

살인의 죄의 기본적인 구성요건은 살인죄(제250조 제1항)이며, 가중적 구성요건으로는 존속살해죄(제250조 제2항), 감경적 구성요건으로는 영아살해죄(제251조), 촉탁·승낙에 의한 살인죄(제252조 제1항) 및 자살교사·방조죄(제252조 제2항)가 있다.

Ⅱ. 살인죄

1. 구성요건

1) 객관적 구성요건

(1) 행위의 객체

행위의 객체는 사람이다. 사람이란 살아 있는 자연인을 의미하며, 법인은 포함되지 않는다. 사람인 이상 생존능력의 유무는 이를 묻지 않는다. 다만 본 죄의 객체인 사람은 타인을 의미한다.

① 사람의 시기

사람은 출생한 때로부터 사람이 된다. 사람이 언제 출생하였다고 할 것인가에 대하여는 ㉠ 진통설(분만개시설: 통설·판례), ㉡ 일부노출설(두부노출설), ㉢ 전부노출설, ㉣ 독립호흡설 등의 견해가 대립하고 있으나, 태아보호의 필요성과 영아살해죄와의 관계에 비추어 볼 때에 통설·판례인 진통설이 타당하다.

② 사람의 종기

사람의 종기는 사망이다. 사람의 사망시기에 관하여는 종래 호흡종지설과 맥박종지설(심종지설: 통설)이 대립되어 있었으나, 최근에는 심장이식수술과 관련하여 뇌기능의 종국적인 훼멸, 즉 뇌사에 이른 때에 사람이 사망하였다고 보는 뇌사설이 유력하게 주장되고 있다.

(2) 행 위

사람을 살해하는 것이다.

① 살 해

살해란 고의로 사람의 생명을 자연적인 사(死)기에 앞서서 단절시키는 것을 말하며, 그 수단·방법에는 제한이 없다. 다만 미신적 방법에 의한 행위는 살인의 의사를 실현하기 위한 행위라고 평가할 수 없으므로 살해행위에 속하지 않는다고 할 것이다.

② 기수시기

본 죄는 침해범이다. 따라서 살해행위에 의하여 사망이라는 결과, 즉 뇌사의 상태에 이른 때에 본 죄는 기수가 된다. 살해행위와 사망 사이에 인과 관계가 있어야 하며 그 결과는 행위에 객관적으로 귀속될 수 있는 것이어야 한다.

2) 주관적 구성요건

본 죄가 성립하기 위하여는 사람을 살해한다는 인식과 의사, 즉 고의가 있어야 한다. 그러나 본 죄의 고의는 반드시 확정적 고의임을 요하지 않고 미필적 고의로도 족하다.

2. 위법성

1) 일반적 위법성조각사유

본 죄에 있어서도 정당방위 또는 정당행위에 의하여 위법성이 조각될 수 있다. 그러나 생명은 처분할 수 있는 법익이 아니며, 또한 생명은 다른 법익보다 우월하다는 점에서 피해자의 승낙과 긴급피난에 의하여는 위법성이 조각되지 않는다.

2) 안락사와 존엄사

(1) 안락사

안락사란 격렬한 고통에 허덕이는 불치 또는 난치의 환자에게 그 고통을 제거 또는 감경하기 위하여 그를 살해하는 것을 말한다. 생명을 단축시키지 않는 진정안락사의 경우는 본 죄의 구성요건해당성이 없다고 할 것이나, 이로 인하여 생명을 단축시키는 안락사가 허용될 것이냐가 문제된다.

통설은 ① 환자가 불치의 질환으로 사(死)기가 임박하였고, ② 환자의 고통이 차마 볼 수 없을 정도로 극심하며, ③ 환자의 고통을 제거 또는 완화하기 위한 것이고, ④ 환자의 진지한 촉탁 또는 승낙이 있고, ⑤ 원칙적으로 의사에 의하여 시행되고 그 방법이 윤리적으로 정당하다고 인정되는 등의 조건이 충족되는 때에는 사회상규에 반하지 아니하는 정당행위로서 위법성이 조각된다고 한다.

그러나 고통제거의 부수적 결과로서 생명단축이 발생한 간접적 안락사는 허용되지만, 고통을 제거하기 위하여 직접 사람을 살해하는 직접적 안락사는 허용될 수 없다고 해야 한다.

(2) 존엄사

존엄사란 죽음에 직면한 환자가 품위 있는 죽음을 맞도록 하기 위하여 생명유지 조치를 중지하는 것을 말한다. 소극적 안락사라고도 한다. 사람의 생명에 대한 권리는 사람의 자연적인 죽음과 인간다운 죽음에 대한 권리를 포함한다고 할 것이므로 존엄사도 위법성이 조각된다고 해야 한다.

〈판례〉

이미 의식의 회복가능성을 상실하여 더 이상 인격체로서의 활동을 기대할 수 없고 자연적으로는 이미 죽음의 과정이 시작되었다고 볼 수 있는 회복불가능한 사망의 단계에 이른 후에는, 의학적으로 무의미한 신체 침해 행위에 해당하는 연명치료를 환자에게 강요하는 것이 오히려 인간의 존엄과 가치를 해하게 되므로, 이와 같은 예외적인 상황에서 죽음을 맞이하려는 환자의 의사결정을 존중하여 환자의 인간으로서의 존엄과 가치 및 행복추구권을 보호하는 것이 사회상규에 부합되고 헌법정신에도 어긋나지 아니한다. 그러므로 회복불가능한 사망의 단계에 이른 후에 환자가 인간으로서의 존엄과 가치 및 행복추구권에 기초하여 자기결정권을 행사하는 것으로 인정되는 경우에는 특별한 사정이 없는 한 연명치료의 중단이 허용될 수 있다(대판 2009.5.21. 2009다17417).

3. 죄 수

생명은 전속적 법익이므로 본 죄의 죄수는 피해자의 수에 따라 결정되어야 한다. 따라서 한 개의 행위로 인하여 수인을 살해한 때에는 수 개의 살인죄가 성립하여 상상적 경합의 관계에 있게 된다. 또한 동일인에 대한 살인예비 · 살인미수 및 살인기수와 동일인에 대한 상해와 살인은 하나의 살인(기수)죄만 성립하게 된다(법조경합의 관계).

Ⅲ. 존속살해죄

1. 의의와 합헌성

1) 의 의

자기 또는 배우자의 직계존속을 살해함으로써 성립하는 범죄이다(제250조 제2항). 본 죄는 신분관계로 인하여 형이 가중되는 부진정신분범이다.

2) 합헌성

본 죄의 가중처벌이 헌법이 규정한 평등의 원칙(제11조 제1항)에 위반하는지 여부에 관하여는 합헌설과 위헌설이 대립하고 있으나, 헌법상의 평등은 합리적 근거에 의한 차별까지 금지하는 것은 아니며(상대적 평등), 배륜성에 의한 책임가중은 형을 가중하는 합리적 근거가 된다는 점에서 본 죄를 위헌이라고 할 수는 없다.

2. 구성요건

본 죄의 객체는 자기 또는 배우자의 직계존속이며, 행위는 살해하는 것이다.

1) 자기 또는 배우자의 직계존속

(1) 직계존속

직계존속이란 법률상의 개념이며 사실상의 존속을 의미하는 것은 아니다. 그러나 여기서 법률상의 개념이란 민법상의 친자관계를 말하며 반드시 호적의 기재가 그 기준이 되는 것은 아니다. 따라서 혼인 외의 출생자가 그 생모를 살해한 때에 본 죄에 해당하지만, 그 생부를 살해한 때에는 본 죄가 성립하지 않는다.

(2) 배우자

배우자도 법률상의 배우자를 의미하며, 사실혼관계에 있는 자는 포함되지 않는다. 또한 여기의 배우자는 살아 있는 배우자를 의미한다. 다만 배우자의 신분관계는 살해행위에 착수할 때에 존재하면 족하므로 동일한 기회에 배우자를 먼저 살해하고 계속하여 그의 직계존속을 살해한 때에도 본 죄가 성립한다.

2) 고 의

본 죄가 성립하기 위하여는 자기 또는 배우자의 직계존속을 살해한다는 고의가 있어야 한다. 따라서 자기 또는 배우자의 직계존속임을 인식하지 못한 때에는 본 죄가 성립하지 않는다.

3. 공 범

본 죄는 살인죄에 대하여 신분관계로 인하여 형을 가중하는 경우이므로 신분관계 없는 자에 대하여는 형법 제33조 단서가 적용된다. 따라서 타인을 교사하여 자기의 부를 살해한 경우에 타인은 살인죄의 정범이지만 교사자는 존속살해죄의 교사범이 된다.

Ⅳ. 감경적 구성요건

1. 영아살해죄

1) 의 의

직계존속이 치욕을 은폐하기 위하거나 양육할 수 없음을 예상하거나 특히 참작할 만한 동기로 인하여 분만 중 또는 분만직후의 영아를 살해함으로써 성립하는 범죄이다(제251조). 본 죄를 가볍게 벌하는 이유는 출산으로 인하여 심신의 균형이 상실된 비정상적인 심신상태로 인하여 행위자의 책임이 경감된다는 데 있다.

2) 구성요건

(1) 주 체

본 죄의 주체는 직계존속이며, 사실상의 직계존속까지 포함한다. 다수설은 모든 직계존속이 본 죄의 주체가 된다고 해석하고 있으나, 본 죄의 근본정신이 출산으로 산모의 흥분상태 때문에 그 책임이 감경된다고 하는 데 있는 이상 본 죄의 주체는 산모에 제한된다고 보는 것이 타당하다.

(2) 객 체

분만 중 또는 분만직후의 영아이다. 따라서 태아는 본 죄의 객체가 되지 아니한다. "분만 중"이란 분만이 개시된 때로부터 분만이 완료된 때(전부노출시)까지를 말하고, "분만직후"란 분만으로 인한 흥분상태가 계속되는 동안을 의미한다.

(3) 행 위

본 죄의 행위는 치욕을 은폐하기 위하거나 양육할 수 없음을 예상하거나 특히 참작할 만한 동기로 영아를 살해하는 것이며, 살해의 의미는 살인죄의 그것과 같다.

3) 공 범

본 죄는 살인죄에 대하여 책임이 감경된 감경적 구성요건이므로 공범관계에 있어서는 제33조 단서가 적용된다. 따라서 갑남이 산모 을을 교사·방조하거나 공동하여 본 죄를 범한 때에는 을은 본 죄의 정범이 되지만 갑은 살인죄의 공범(공동정범)이 된다.

2. 촉탁·승낙에 의한 살인죄

1) 의 의

사람의 촉탁 또는 승낙을 받아 그를 살해함으로써 성립하는 범죄이다(제252조 제1항). 본 죄는 피해자의 진지한 촉탁 또는 승낙이 있는 때에는 불법이 감경된다는 데에 근거를 둔 살인죄에 대한 감경적 구성요건이다.

2) 구성요건

본 죄가 성립하기 위하여는 살인죄의 구성요건 이외에 본인의 촉탁 또는 승낙이 있을 것을 요한다.

(1) 촉탁과 승낙

① 촉탁·승낙의 의의

촉탁이란 이미 죽음을 결의한 피해자의 요구에 의하여 살해의 결의를 하는 것을 말하며, 승낙은 살해의 결의를 한 자가 피해자로부터 이에 대한 동의를 받는 것을 말한다. 승낙은 반드시 명시적으로 행하여질 것을 요하지 아니하나, 촉탁은 직접적 · 명시적으로 행하여져야 한다. 촉탁 또는 승낙은 살해행위의 이전에 있을 것을 요하며, 언제나 이를 취소할 수 있다.

② 촉탁 · 승낙의 요건

촉탁 또는 승낙은 생명의 가치와 반가치를 판단할 수 있는 의사결정능력 있는 자의 자유의사에 기한 하자 없는 진지한 것이어야 한다.

(2) 고 의

본 죄가 성립하기 위하여는 촉탁이나 승낙에 의하여 사람을 살해한다는 고의가 있어야 하며, 피해자의 진의에 의한 촉탁 또는 승낙이 있음을 인식하는 것도 고의의 내용이 된다.

3. 자살교사 · 방조죄

1) 의 의

사람을 교사 또는 방조하여 자살하게 함으로써 성립하는 범죄이다(제252조 제2항). 자살관여죄라고도 한다. 형법이 자살을 벌하지 아니한다고 하여 타인의 자살에 관여하는 행위까지 당연히 불가벌로 해야 하는 것은 아니다. 타인의 자살에 관여하는 행위는 타인의 생명을 침해하는 행위라고 볼 수 있으므로 자살과는 그 성질을 달리하기 때문이다. 타인의 자살을 교사 · 방조하는 행위를 처벌하는 형법규정은 총론상의 공범에 대한 규정의 특칙으로서 형법 제31조와 제32조가 적용될 여지가 없다.

2) 구성요건

본 죄는 사람을 교사 또는 방조하여 자살하게 함으로써 성립한다.

(1) 주 체

제한이 없다.

(2) 객 체

본 죄의 객체는 사람이지만, 적어도 자살이 생명을 단절하는 것이라는 것을 이해하고 자유로이 의사결정을 할 능력이 있는 자에 한한다. 따라서 유아와 정신병자는 본 죄의 객체가 될 수 없다.

(3) 행 위

① 교사·방조

자살을 교사 또는 방조하는 것이다. 교사 또는 방조의 의미에 관하여는 이를 총론상의 교사 또는 방조를 의미하는 것이 아니라 널리 타인의 자살행위에 관여하는 일체의 행위를 포함한다는 견해도 있지만, 총론상의 그것과 구별해야 할 이유는 없다고 할 것이다.

② 자 살

본 죄는 교사 또는 방조에 의하여 피교사, 방조자가 자살을 함으로써 기수가 된다. 교사 또는 방조와 자살 사이에는 인과관계가 있어야 한다.

③ 촉탁·승낙에 의한 살인과의 구별

본 죄와 촉탁 또는 승낙에 의한 살인을 어떻게 구별할 것이냐가 문제되는 바, 본 죄는 어디까지나 타인의 범죄에 공범의 형식으로 가담하는 경우임에 반하여, 촉탁·승낙에 의한 살인죄는 살인죄의 정범에 해당한다고 할 것이므로 공범과 정범의 구별기준인 행위지배의 유무에 의하여 그것이 없는 때에만 본 죄가 성립한다고 할 것이다.

④ 미수범

본 죄는 미수범을 처벌하고 있다(제254조). 교사 또는 방조에 의한 자살에 실패하였거나 교사 또는 방조와 자살 사이에 인과관계가 없는 때에는 본 죄의 미수에 해당한다는 데 대하여 이론이 없다. 또한 자살을 교사 또는 방조하였으나 피교사·방조자가 자살을 하지 않은 때에도 본 죄의 미수에 해당한다. 본 죄는 교사 또는 방조행위를 하였을 때에 실행의 착수가 인정되기 때문이다(통설).

3) 합의동사

합의에 의한 공동자살 내지 정사를 기도한 자 가운데 한 사람이 살아났을 경우에 생존자를 본 죄에 의하여 처벌할 수 있느냐가 문제된다. 합의동사는 자살의 공동정범에 불과하므로 처벌할 수 없다는 견해도 있지만, 통설은 ① 자기는 같이 죽을 의사 없이 동사한다고 상대방을 기망하여 자살하게 한 때에는 위계에 의한 살인죄(제253조)에 해당하며, ② 진정으로 같이 죽을 의사로 죽을 약속을 하고 정사를 기도한 경우에는 타인의 자살을 방조한 사실이 인정되면 당연히 본 죄가 성립한다고 한다.

Ⅴ. 위계 · 위력에 의한 살인죄

1. 의 의

위계 또는 위력으로써 사람의 촉탁 또는 승낙을 받아 그를 살해하거나, 자살을 결의하게 하여 자살케 함으로써 성립하는 범죄이다(제253조). 형법은 이를 살인죄의 예에 의하여 처벌하고 있다.

2. 구성요건

위계 또는 위력으로써 사람의 촉탁 또는 승낙을 받아 그를 살해하거나, 자살케 함으로써 성립한다. 위계란 목적이나 수단을 상대방에게 알리지 아니하고 그의 부지나 착오를 이용하여 그 목적을 달성하는 것을 말하며, 기망뿐만 아니라 유혹도 포함된다. 위력이란 사람의 의사를 제압할 수 있는 유형적 · 무형적인 힘을 말한다.

3. 처 벌

본 죄에 해당한 때에는 제250조의 예에 의한다. 제250조의 예에 의한다고 함은 살인죄와 존속살해죄와 같이 취급한다는 뜻이다. 따라서 본 죄의 객체가 자기 또는 배우자의 직계존속인 때에는 존속살해죄의 형으로 처벌받게 된다.

Ⅵ. 살인예비 · 음모죄

본 죄는 살인죄 · 존속살해죄(제250조) 및 위계 · 위력에 의한 살인죄(제253조)를 범할 목적으로 예비 또는 음모함으로써 성립한다.

1. 객관적 요건(예비 · 음모)

예비란 범죄실행을 위한 외부적 준비행위로서 실행에 착수하지 아니한 것을 말하며, 그것은 기본범죄의 실현에 객관적으로 적합한 행위일 것을 요한다. 음모란 2인이상의 자 사이에 성립하는 범죄실행의 합의를 말한다.

2. 주관적 요건

본 죄가 성립하기 위하여는 주관적 요건으로 예비·음모의 고의 이외에 살인죄, 존속살해죄 및 위계·위력에 의한 살인죄를 범할 목적이 있어야 하며, 단순한 미필적 인식으로는 족하지 않다.

제 2 절 상해와 폭행의 죄

Ⅰ. 서 론

1. 상해와 폭행의 죄의 의의

상해와 폭행의 죄는 사람의 신체에 대한 침해를 내용으로 하는 범죄이다. 신체의 불가침성 내지 신체의 완전성을 보호법익으로 한다.

2. 상해죄와 폭행죄의 관계

1) 상해죄와 폭행죄의 관계

상해죄와 폭행죄는 모두 신체의 완전성을 보호법익으로 하는 범죄이지만 폭행죄가 형식적으로 사람에 대한 유형력을 행사하는 행위 그 자체를 범죄로 본 것임에 반하여 상해죄는 그 내용을 침해하는 것을 말한다는 견해도 있지만, 상해죄의 미수와 폭행치상죄를 벌함으로써 상해죄와 폭행죄를 엄격히 구별하고 있는 형법의 해석에 있어서는 상해죄는 신체의 건강을, 폭행죄는 신체의 건재를 침해하는 죄라고 해석하는 것이 타당하다.

2) 상해죄와 폭행죄의 연관

상해죄와 폭행죄가 구별된다고 할지라도 상해가 대부분 폭행에 의하여 이루어진다는 것을 부정할 수는 없다. 그러나 상해는 반드시 폭행에 의하여 유형적 방법으로만 일어나는 것이 아니라 협박 기타 무형적 방법으로도 생길 수 있다는 점에서 반드시 서로가 연관성을 가지는 것도 아니다.

3. 구성요건의 관계

상해의 죄의 기본적 구성요건은 상해죄(제257조 제1항)이며, 이에 대한 가중적 구성요건으로는 존속상해죄(제257조 제2항), 중상해죄·존속중상해죄(제258조), 상해치사죄 및 상습상해죄(제264조)가 있다. 폭행의 죄에 관한 기본적 구성요건은 폭행죄(제260조 제1항)이며, 가중적 구성요건으로는 존속폭행죄(260조 제2항), 상습폭행죄(제264조) 및 특수폭행죄(제261조) 및 폭행치사상죄(제262조)가 있다.

Ⅱ. 상해의 죄

1. 상해죄

1) 객관적 구성요건

사람의 신체를 상해함으로써 성립한다.

(1) 행위의 객체

상해하는 것이다. 상해의 의의에 관하여는 ① 이를 생리적 기능의 훼손이라는 견해와, ② 신체의 완전성을 침해하는 것이라는 견해, ③ 생리적 기능의 훼손과 신체외모에 대한 중대한 변화라고 하는 견해 등이 대립하고 있으나, 상해와 폭행을 엄격히 구별하고 있는 형법의 해석에 있어서 상해는 생리적 기능을 훼손하는 행위를 의미한다고 해석하는 견해가 타당하다. 여기서 생리적 기능의 훼손이란 일반적으로 건강침해, 즉 육체적·정신적인 병적상태의 야기와 증가를 말한다고 할 수 있다. 상해의 수단·방법에는 제한이 없다.

2) 주관적 구성요건

범죄가 성립하기 위하여는 사람의 생리적 기능을 훼손한다는 인식과 의사, 즉 상해의 고의가 있어야 한다. 그것은 미필적 고의로도 족하다. 따라서 상해의 고의 없이 폭행의 의사로 상해의 결과를 발생한 때에는 폭행치상죄(제262조)가 성립한다.

3) 위법성

본 죄의 위법성은 정당방위 등 위법성조각사유의 존재에 의하여 조각될 수 있음은 당연하지만, 특히 문제되는 것은 다음과 같은 것이 있다.

(1) 피해자의 승낙

신체도 법익주체가 처분할 수 있는 법익이지만, 사람의 신체는 생명의 기초가 되는 중요한 법익임을 고려할 때 상해행위 그 자체가 사회상규에 위배되지 않는 한도에서 피해자의 승낙이 위법성을 조각할 수 있다(통설).

(2) 의사의 치료행위

통설·판례에 의하면 의사의 치료행위는 그 성공여부를 묻지 아니하고 상해죄의 구성요건에 해당하지만, 정당행위로서 위법성이 조각된다고 한다. 그러나 치료행위는 전반적·통일적으로 판단하여야 할 것이므로 성공한 치료행위는 본 죄의 구성요건에 해당하지 아니하며, 실패한 치료행위라 할지라도 의술의 법칙에 따르는 이상 상해의 고의를 인정할 수 없으므로 치료행위는 본 죄의 구성요건에 해당하지 않는다고 하는 것이 타당하다. 그러나 의사의 질병예방을 위한 조치나 진단을 위한 검사에 의하여 일어난 신체에 대한 상해와 같은 치료유사행위는 치료행위가 아니므로 피해자의 승낙에 의하여 위법성이 조각된다고 할 수 있다.

(3) 징계행위

징계권 행사의 범위는 교육목적을 달성하는 데 필요하고 적절한 정도에 그쳐야 할 것이므로 징계권의 행사로 사람의 신체를 상해하는 것은 원칙적으로 본 죄의 위법성을 조각한다고 할 수 없다.

2. 존속상해죄

자기 또는 배우자의 직계존속의 신체를 상해함으로써 성립하는 범죄이다(제257조 제2항). 상해죄에 대하여 신분관계로 인하여 책임이 가중되는 가중적 구성요건이다.

3. 중상해죄 · 존속중상해죄

1) 의의와 성질

(1) 의 의

중상해죄는 사람의 신체를 상해하여 ① 생명에 대한 위험을 발생하게 하거나, ② 불구에 이르게 하거나, ③ 불치나 난치의 질병에 이르게 함으로써 성립하는 범죄이다(제258조 제1, 2항). 존속중상해죄는 자기 또는 배우자의 직계존속에 대하여 위의 죄를 범함으로써 성립히는 범죄이다(세258조 제3항).

(2) 법적 성격

본 죄를 결과적 가중범이 아니라고 해석하는 견해도 있지만, 형법은 본 죄의 미수범을 처벌하지 않을 뿐만 아니라, 본 죄가 단순히 상해의 고의만 있으면 성립한다고 해석하는 것은 결과책임을 인정하는 것이 되므로, 본 죄는 중한결과를 과실로 발생하게 한 경우뿐만 아니라 중한 결과에 대하여 고의가 있는 경우에도 성립하는 부진정결과적 가중범이라고 해석하는 통설이 타당하다.

2) 중간 결과

본 죄가 성립하기 위하여는 생명에 대한 위험, 불구, 불치, 또는 난치의 질병이라는 중한 결과가 발생하여야 한다. ① 생명에 대한 위험을 발생한다는 것은 생명에 대한 구체적인 위험을 의미하며, 보통 치명상을 가한 경우를 말한다. ② 불구란 신체조직에 있어서 고유한 기능을 가지고 있는 중요부분의 상실을 말한다. ③ 불치 또는 난치의 질병이란 치료의 가능성이 없거나 희박한 질병을 말한다.

3) 적용범위

본 죄가 성립하려면 상해의 고의가 있어야 함은 당연하다. 폭행의 의사로 본 죄의 결과를 낸 경우에도 본 죄가 성립할 것인가에 관하여 견해의 대립이 있으나, 본 죄의 성질과 제262조의 규정의 내용에 비추어 보면 폭행의 고의로 중상해의 결과를 발생케 한 때에는 폭행치상죄가 성립하고, 다만 본 죄의 예에 의하여(본 죄의 형으로) 처벌된다고 해야 할 것이다.

4. 상해치사죄 · 존속상해치사죄

1) 구성요건

사람의 신체를 상해하여 사망에 이르게 함으로써 성립하는 상해죄에 대한 결과적 가중범이다(제259조). 따라서 본 죄가 성립하기 위하여는 결과적 가중범의 일반원리에 따라 상해와 사망의 결과 사이에 인과관계가 있어야 하며, 사망의 결과에 대한 예견가능성, 즉 과실이 있을 것을 요한다.

(1) 인과관계

상해와 결과 사이의 인과관계는 합법칙적 조건설에 따라 그 행위와 합법칙적으로 연관되어 결과가 실현된 경우에 인정된다. 다만 사망의 결과는 상해로 인하여 직접 실현될 것임을 요하므로 사망의 결과가 제3자의 행위에 의하여 실현되었거나 피해자가 스스로 야기한 때에는 행위자에게 귀속시킬 수 없게 된다.

(2) 예견가능성

행위자는 사망의 결과를 예견할 수 있어야 한다. 통설은 결과에 대한 예견가능성을 과실과 같은 의미로 해석하고 있다.

2) 공동정범

결과적 가중범인 본 죄의 공동정범이 가능한가에 관하여 대법원은 상해치사죄의 공동정범은 죽일 의사 없이 폭행 기타 신체침해행위를 공동으로 할 의사가 있으면 성립되고 결과를 공동으로 할 의사는 필요 없다는 이유로 공동정범의 성립을 인정하고 있다. 그러나 본 죄의 공동정범을 인정하기 위하여는 공동정범의 각자가 사망의 결과를 예견할 수 있었음을 요한다고 해야 한다.

3) 존속상해치사죄

자기 또는 배우자의 직계존속의 신체를 상해하여 사망에 이르게 함으로써 성립한다. 상해치사죄에 대하여 신분관계로 책임이 가중되는 가중적 구성요건이다.

5. 동시범의 특례

1) 의 의

2인 이상이 의사연락 없이 개별적으로 동시에 죄를 범한 경우를 동시범이라고 한다. 형법 제19조는 「동시 또는 이시의 독립행위가 경합한 경우에 그 결과발생의 원인된 행위가 판명되지 아니한 때에는 각 행위를 미수범으로 처벌한다」고 규정하여, 동시범의 경우 각자는 자기의 행위에 의하여 발생한 결과에 대하여만 책임을 지우고 있다. 그러나 형법 제263조는 상해죄에 관하여 동시범의 특례를 인정하여 「독립행위가 경합하여 상해의 결과를 발생하게 한 경우에 있어서 원인된 행위가 판명되지 아니한 때에는 공동정범의 예에 의한다」고 규정하여 형법 제19조의 예외를 인정하고 있다.

2) 법적 성질

(1) 견해의 대립

상해죄에 대한 동시범의 특례를 인정한 본조의 성질에 관하여는 ① 피고인에게 자기의 행위로 인하여 상해의 결과가 발생하지 않았음을 증명할 거증책임을 지운 것이라는 거증책임전환설, ② 입증의 곤란을 구제하기 위하여 공동정범에 관한 법률상의 책임의 추정을 규정한 것이라는 법률상추정설, ③ 소송법상으로는 거증책임의 전환으로서의 성질을 가지며 실체법상으로는 공동정범의 범위를 확장시키는 의제를 한 것이라는 이원설이 대립하고 있다.

(2) 비 판

법률상의 추정을 인정하는 것은 형사소송법의 기본원칙인 자유심증주의와 실체진실주의에 반하는 것이므로, 법률상추정설이나 이를 전제로 하는 이원설은 타당하다고 할 수 없다. 따라서 본조를 거증책임의 전환이라고 해석하는 다수설이 타당하다.

3) 특례의 적용요건

(1) 독립행위의 경합

독립행위가 경합한다 함은 두 개 이상의 행위가 서로 의사의 연락 없이 같은 객체에 대하여 행하여지는 것을 말한다. 독립행위는 적어도 동일한 시간 내지 근접한 시간에 걸쳐서 행하여질 것을 요한다는 견해도 있지만, 형법 제19조와 본 조의 입법취지에 비추어 이시의 독립행위가 경합한 때에도 본 조가 적용된다고 할 것이다. 대법원도 같은 취지로 판시하고 있다.

(2) 상해의 결과

상해의 결과가 발생하여야 한다. 상해행위에 의한 것이건 폭행행위에 의한 것이건 묻지 않는다.

(3) 원인의 불판명

원인된 행위가 판명된 때에는 각자가 자기의 행위로부터 발생한 결과에 대하여 책임을 지게 될 뿐이다.

4) 특례의 적용범위

형법 제263조가 상해죄와 폭행치상죄에 대하여 적용된다는 점에는 이론이 없지만, 다음의 경우에 본 조의 적용여부가 문제된다.

(1) 상해치사죄 · 폭행치사죄

동시범의 특례가 상해치사죄에 대하여도 적용되느냐에 관하여는 ① 상해치사에 이른 때에도 적용된다는 견해와, ② 상해치사죄에는 적용될 수 없다는 견해가 대립하고 있으며, ③ 대법원은 폭행치사 또는 상해치사의 경우에도 본 조가 적용된다고 판시하고 있다. 생각건대 상해의 결과가 발생한 경우에 동시범의 특례가 인정되어 공동정범의 예에 의하는 이상 상해치사죄의 공동정범이 될 수 있느냐는 결과적 가중범의 공동정범의 문제가 된다. 따라서 사망의 결과에 대하여 인과관계가 있고 결과에 대한 예견가능성이 있는 때에만 상해치사죄의 공동정범이 된다고 할 것이고, 폭행치사죄의 경우에는 상해의 결과가 발생한 것이 아니므로 본 조는 적용될 여지가 없다고 해야 한다.

(2) 강간치상죄 · 강도치상죄

본 조는 폭행과 상해의 죄에 관한 특례규정이므로 그 보호법익을 달리하는 강간치상죄나 강도치상죄에는 적용되지 않는다고 해야 한다. 이를 인정하면 유추해석을 인정하는 결과가 되기 때문이다. 대법원도 강간치상죄에는 동시범의 특례가 적용되지 않는다고 판시하고 있다.

Ⅲ. 폭행의 죄

1. 폭행죄

1) 객관적 구성요건

폭행죄는 사람의 신체에 대하여 폭행을 가함으로써 성립한디(제260조 세1항).

(1) 행위의 객체

사람의 신체이다. 사람이란 자연인인 타인을 의미한다.

(2) 행 위

폭행을 가하는 것이다. 형법상 폭행의 개념에는 다음의 네 종류가 있다. ① 최광의의 폭행은 대상이 무엇인가를 묻지 아니하고 유형력을 행사하는 모든 경우를 포함한다. 소요죄(제115조), 다중불해산죄(제116조)의 폭행이 이에 해당한다.

② 광의의 폭행은 사람에 대한 직접·간접의 유형력의 행사를 말한다. 공무집행방해죄(제136조), 특수도주죄(제146조), 강요죄(제324조)의 폭행이 여기에 속한다.

③ 협의의 폭행은 사람의 신체에 대한 유형력의 행사를 말한다. 본 죄와 특수공무원폭행죄(제125조)의 폭행이 여기에 속한다.

④ 최협의의 폭행은 상대방의 반항을 불가능하게 하거나 현저히 곤란하게 할 정도의 가장 강력한 유형력의 행사를 말한다. 강간죄(제297조)와 강도죄(제333조)의 폭행이 여기에 해당한다.

본 죄의 폭행은 협의의 폭행을 의미하므로 일반적으로 사람의 신체에 대하여 유형력을 행사하는 것이어야 한다. 유형력을 행사하는 방법에는 제한이 없다. 부작위에 의한 폭행도 가능하다. 그러나 본 죄의 폭행은 사람의 신체에 대한 것임을 요하므로 단순한 물권에 대한 유형력의 행사는 본 죄의 폭행이라고 할 수 없다.

2) 주관적 구성요건

본 죄가 성립하기 위하여는 폭행의 고의가 있어야 한다. 따라서 상해의 고의로 폭행하여 폭행의 정도에 그친 경우에는 상해미수죄가 성립할 뿐 본 죄가 성립하지 않는다.

3) 위법성

본 죄도 일반적 위법성조각사유에 의하여 그 위법성이 조각됨은 당연하다. 본 죄의 위법성조각사유로서 특히 문제되는 것은 정당행위라고 할 수 있다. 통설과 판례는 교사의 체벌도 징계권의 행사로서 위법성이 조각된다고 하고 있으나, 인간의 존엄과 가치를 존중하는 헌법정신에 비추어 볼 때에 교사의 폭행은 징계권의 범위를 벗어난다고 할 것이다. 또한 본 죄는 일정한 범위에서 사회상규에 반하지 않는 행위로서 위법성이 조각되는 경우가 있다.

4) 반의사불벌죄

본 죄는 피해자의 명시한 의사에 반하여 공소를 제기할 수 없다(제260조 제3항).

2. 존속폭행죄

자기 또는 배우자의 직계존속의 신체에 대하여 폭행함으로써 성립하는 범죄이다(제260조 제2항). 폭행죄에 대하여 신분관계로 인하여 책임이 가중되는 가중적 구성요건이다.

3. 특수폭행죄

1) 의 의

단체 또는 다중의 위력을 보이거나 위험한 물건을 휴대하여 사람의 신체에 대하여 폭행을 가함으로써 성립하는 범죄이다(제261조). 본 죄는 폭행죄에 대하여 행위방법의 위험성 때문에 불법이 가중되는 가중적 구성요건이다.

2) 객관적 구성요건

(1) 단체 또는 다중의 위력

① 「단체」라 함은 공동목적을 가진 다수인의 계속적·조직적인 결합체를 말한다. 공동목적은 반드시 불법할 것을 요하지 않는다. 단체의 구성원은 그 위력을 보일 정도로 다수일 것을 요하지만, 같은 곳에 집결되어 있을 필요는 없다.

② 「다중」이라 함은 단체를 이루지 못한 다수인의 집합을 말한다. 집합자 사이에 공동목적이 있거나, 계속적인 조직체로 구성되어 있음을 요하지 않는다.

③ 「위력」이라 함은 사람의 의사를 제압함에 족한 세력을 말하며, 유형력이든 무형력이든 묻지 않는다.

「위력을 보인다」 함은 사람의 의사를 제압할 세력을 상대방에게 인식시키는 것을 말한다.

위력을 인식시키는 방법에는 제한이 없으며, 위력을 보이기 위하여 단체 또는 다중이 현장에 있을 것을 요히지도 않는다.

(2) 위험한 물건의 휴대

① 「위험한 물건」이란 그 물건의 객관적 성질과 사용방법에 따라서는 사람을 살상할 수 있는 물건을 말하며, 그 물건이 사람을 살상하기 위하여 제조된 것임을 요하지 않는다. 따라서 위험한 물건인가의 여부는 물건의 성질과 사용방법을 종합하여 구체적인 경우에 사회통념에 따라 판단하여야 한다. 위험한 물건은 화학물질이나 동물도 포함되지만, 동산인 물체에 한한다.

② 「휴대한다」는 것은 몸에 지니는 것을 의미하며, 반드시 범행 이전부터 몸에 지니고 있을 것을 요하지 않는다. 위험한 물건의 휴대를 상대방에게 인식케 함을 요한다는 견해도 있으나, 본 죄는 휴대하고 폭행을 하면 족하므로 위험한 물건의 존재를 상대방에게 인식케 할 필요는 없다고 해야 한다.

(3) 폭 행

본 죄의 행위는 사람의 신체에 대하여 폭행하는 것이다.

3) 주관적 구성요건

행위자는 단체 또는 다중의 위력을 보이거나 위험한 물건을 휴대한다는 것과 사람을 폭행한다는 고의를 가져야 한다. 미필적 고의로도 족하다.

4. 폭행치사상죄

폭행죄 또는 특수폭행죄를 범하여 사람을 사상에 이르게 함으로써 성립하는 결과적 가중범이다(제262조). 따라서 폭행의 고의 이외에 폭행과 사상의 결과 사이에는 인과관계가 있어야 하고, 사상의 결과는 예견할 수 있는 것이어야 한다.

Ⅳ. 상습상해(존속상해 · 중상해 · 존속중상해) · 폭행(존속폭행 · 특수폭행)죄

본 죄는 상습으로 상해죄 · 존속상해죄 · 중상해죄 · 존속중상해죄 · 폭행죄 · 존속폭행죄 · 특수폭행죄를 범한 때에 성립한다(제264조). 다만 상습을 상해죄(제257조 제1항) 또는 폭행죄(제260조 제1항)를 범한 때에는 폭력행위 등 처벌에 관한 법률(제2조 제1항)이 적용된다.

상습범은 집합범에 해당하므로 본 죄에 해당하는 때에는 포괄일죄의 관계가 된다는 것이 통설과 판례의 태도이다. 그러나 상습성만을 이유로 수죄를 일죄로 할 수 없고 상습범에게 이러한 특혜를 주어야 할 이유가 없다는 점에 비추어 볼 때에는 이를 경합범의 관계에 있다고 해석하는 것이 타당하다.

제 3 절 과실치사상의 죄

Ⅰ. 서 론

1. 과실치사상의 죄의 의의

과실치사상의 죄는 과실로 인하여 사람을 사망에 이르게 하거나 사람의 신체를 상해에 이르게 하는 것을 내용으로 하는 범죄이다. 본 죄도 살인의 죄나 상해의 죄와 같이 사람의 생명 또는 신체를 보호법익으로 한다.

2. 과실범의 구조

과실치사상의 죄가 살인죄나 상해죄와 구별되는 것은 주관적 구성요건으로 고의가 없고 과실로 인하여 사상의 결과가 발생하였다는 점에 있다. 여기서 과실, 즉 주의의무위반은 과실범에 있어서 구성요건요소임과 동시에 책임요소가 되는 이중의 기능을 가지게 된다. 과실범의 구성요건요소가 되는 주의의무는 물론 예견가능성을 전제로 한다. 따라서 과실범의 구성요건에 해당하기 위하여는 ① 주의의무위반, ② 결과발생, ③ 인과관계가 인정되어야 한다.

Ⅱ. 과실치상죄 · 과실치사죄

1. 과실치상죄

1) 의 의

본 죄는 과실로 인하여 사람의 신체를 상해에 이르게 함으로써 성립한다(제266조 제1항). 따라서 본 죄가 성립하기 위하여는 사람의 신체를 상해하는 결과가 발생하여야 하고 나아가서 신체의 상해가 과실로 인한 것이어야 한다. 본 죄는 반의사불벌죄이다.

2) 과실의 내용

상해의 결과는 과실, 즉 주의의무위반으로 인한 것이어야 한다. 주의의무위반은 객관적으로 판단하여야 하며, 과실행위는 작위에 한하지 않고 부작위도 포함한다. 상해의 결과와 과실 사이에는 인과관계가 있어야 하고, 그 결과가 과실로 인한 것인 때에 객관적으로 귀속될 수 있다. 대법원은 과실이 결과발생의 직접 원인이 된 때에만 인과관계를 인정하고 있다.

2. 과실치사죄

1) 의 의

과실로 인하여 사람을 사망에 이르게 함으로써 성립하는 범죄이다(제267조). 본 죄가 성립하기 위하여도 사망의 결과가 발생하였을 뿐만 아니라 그것이 과실로 인하여 발생하였을 것을 요하므로, 결과에 대한 인과관계와 예견가능성이 필요함은 물론이다.

2) 과실범의 공범

과실범에 대한 교사범이나 종범이 성립할 수 없다는 점에는 이론이 없으며, 과실범의 공동정범의 성립을 부정하는 것이 통설의 입장이다. 그러나 공동의 행위에 의하여 공동의 주의의무를 위반한 때에는 본 죄의 공동정범이 성립할 수 있다고 하는 것이 타당하다. 대법원은 행위공동설의 입장에서 과실범의 공동정범을 인정하고 있다.

3) 죄 수

한 개의 과실행위로 인하여 수인을 치사케 한 때에는 수 개의 죄의 상상적 경합이 된다.

Ⅲ. 업무상 과실 · 중과실치사상죄

1. 업무상 과실치사상죄

1) 의 의

업무상 과실로 인하여 사람을 사상에 이르게 함으로써 성립하는 범죄이다(제268조). 본 죄는 과실치사상죄에 대하여 업무자라는 신분관계로 인하여 형이 가중되는 가중적 구성요건이다. 다만 그 가중의 근거에 관하여는 ① 업무자에게는 특히 무거운 주의의무가 과하여지기 때문이라는 견해, ② 업무자에게는 고도의 주의능력이 있으므로 위법성이 크기 때문이라는 견해 등이 있으나, ③ 주의의무는 업무자와 보통인 사이에 차이가 있을 수 없고, 위법성의 정도도 다를 수 없다는 점에 비추어 업무자에게는 일반적으로 결과에 대한 예견가능성이 크기 때문에 형을 가중한 것이라고 해석하는 것이 타당하다.

2) 업 무

(1) 업무의 개념

본 죄의 업무란 사람의 사회생활면에 있어서의 하나의 지위로서 계속적으로 종사하는 사무를 말하고 반복계속의 의사 또는 사실이 있는 한 그 사무에 대한 각별한 경험이나 법규상의 면허를 필요로 하지 아니한다. 따라서 업무의 개념은 ① 사회생활상의 지위, ② 계속성, ③ 사무라는 요소에 의하여 이루어진다. 다만 본 죄의 업무는 성질상 생명·신체에 위해를 줄 수 있는 위험성 있는 것임을 요한다.

(2) 각칙상의 업무

형법각칙상의 구성요건에 사용되고 있는 업무의 개념은 각 구성요건에서의 기능에 따라 차이가 있다.

① 과실범에 있어서의 업무

과실범에 있어서 업무자에게는 예견가능성이 크기 때문에 그 책임을 가중하는 경우이다. 본 죄와 업무상실화죄(제171조), 업무상과실교통방해죄(제189조) 및 업무상과실장물취득죄(제364조)에 있어서의 업무가 이에 속한다.

② 진정신분범의 요소로서의 업무

업무자의 행위만이 구성요건에 해당하는 경우로서 여기의 업무는 정범요소가 된다. 업무상비밀누설죄(제317조), 허위진단서작성죄(제233조)의 업무가 여기에 속한다.

③ 부진정신분범의 요소로서의 업무

일반인의 행위도 처벌되지만 업무자의 행위는 책임이 가중되기 때문에 무겁게 벌하는 경우이다. 업무상횡령죄와 업무상배임죄(제356조)의 업무가 여기에 해당한다.

④ 보호법익으로서의 업무

업무방해죄(제314조)에 있어서의 업무는 동죄의 보호법익이 된다. 동죄의 업무는 ㉠ 생명·신체에 위해를 가할 위험 있는 업무에 제한되지 아니하지만, ㉡ 업무에 수반하거나 일시 오락을 위한 행위에 대하여까지 확대될 수는 없고, ㉢ 형법에 의하여 보호할 가치 있는 업무에 제한되고, ㉣ 공무를 제외하고 사무에 제한된다는 점에서 본 죄의 업무와 구별된다.

⑤ 행위의 태양으로서의 업무

업무가 행위의 태양 내지 그 요소를 이루는 경우이며, 아동혹사죄(제274조)에 있어서의 업무가 여기에 해당한다.

3) 업무상 과실의 내용

업무상 요구되는 주의의무의 범위는 구체적 사정을 고려하여 업무의 종류와 성질에 따라 결정된다고 할 것이다. 본 죄의 성립여부가 문제되는 가장 대표적인 경우가 자동차운전의 경우이다. 즉 자동차운전자에게는 자동차의 운전으로 인한 사고를 방지할 주의의무가 있다. 다만 자동차운전자의 주의의무를 결정함에 있어서도 신뢰의 원칙이 적용되어야 함은 당연하다.

그러나 대법원은 현재 자동차와 자동차 또는 자동차와 자전거의 충돌사고에 대하여는 이 원칙을 엄격하게 적용하고 있으나, 보행자에 대한 사고에 있어서는 운전자의 과실을 인정하고 있다. 다만 고속도로 또는 자동차전용도로 및 육교 밑에서 보행자를 충격한 경우에는 운전자의 과실을 부정하고 있다.

2. 중과실치사상죄

중대한 과실로 인하여 사람을 사상에 이르게 함으로써 성립하는 범죄이다(제268조). 중대한 과실이라 함은 주의의무위반의 정도가 현저한 경우, 즉 조금만 주의하였더라면 결과의 발생을 회피할 수 있었음에도 불구하고 이를 게을리한 경우를 말하며, 그 판단은 구체적인 상황에 따라 사회통념에 의하여야 한다.

제 4 절 낙태의 죄

Ⅰ. 서 론

1. 낙태죄의 의의

낙태죄란 태아를 자연분만기에 앞서서 인위적으로 모체 밖으로 배출하거나 태아를 모체 안에서 살해하는 것을 내용으로 하는 범죄라고 이해하는 것이 통설이다. 그러나 이에 의하면 인공출산도 낙태죄의 구성요건에 해당한다는 부당한 결과를 초래하게 된다. 따라서 낙태죄는 임신중절에 의하여 태아를 살해하는 것을 내용으로 하는 범죄라고 해야 한다. 본 죄의 주된 보호법익은 태아의 생명이지만 임부도 부차적인 보호법익이 된다.

2. 현행법상 낙태죄의 처벌

1) 낙태죄의 구성요건요소

낙태의 죄의 기본적 구성요건은 자기낙태죄(제269조 제1항)이며, 이에 대한 가중적 구성요건으로는 업무상 낙태죄(제270조 제1항), 부동의 낙태죄(제270조 제2항) 및 낙태치사상죄(제269조 제3항, 제270조 제3항)가 있다.

2) 모자보건법

모자보건법 제14조는 의학적 · 우생학적 · 윤리적 사유가 있는 경우에 의사는 본인과 배우자의 동의를 얻어 임신한 날로부터 28주 이내에 인공임신중절수술을 할 수 있도록 규정하고 있는 바, 이는 낙태죄의 위법성조각사유를 규정한 것이라고 할 수 있다.

그러나 모자보건법은 그 우생학적 · 윤리적 사유를 지나치게 좁게 규정하고 있을 뿐만 아니라 임신의 지속이 임부나 그 가족의 사회적 · 경제적 상태를 현저히 위태롭게 할 우려가 있는 때에 낙태를 허용하는 사회적 사유를 인정하지 않고, 허용되는 낙태에 대한 요건의 판단기준과 절차에 관한규정이 없다는 점에서 현실문제의 해결에 불충분하다는 비판을 받고 있다.

Ⅱ. 자기낙태죄 · 동의낙태죄

1. 자기낙태죄

1) 객관적 구성요건

부녀가 약물 기타 방법으로 낙태함으로써 성립하는 범죄이다(제269조 제1항).

(1) 주 체

주체는 임신한 부녀, 즉 임부이다. 이러한 의미에서 본 죄는 신분범이라고 할 수 있다.

(2) 객 체

살아 있는 태아이다. 통설은 태아란 모체 안에서 수태되면서부터 사람이 되기까지의 생명체를 말한다고 한다. 여기서 태아가 되는 시기는 수정된 때가 아니라 수정란이 자궁에 착상한 때로 보아야 한다. 착상한 태아인 이상 그 발육정도는 묻지 않는다.

(3) 행 위

본 죄의 행위는 낙태이다. 낙태란 자연분만기에 앞서 태아를 모체 외에 배출하거나 모체 내에서 태아를 살해하는 것을 말하며, 자연분만기에 앞서 태아를 모체 외에 배출한 이상 그 결과 태아가 사망하건 사망하지 않건 본 죄의 성립에 영향이 없다고 하는 것이 통설이다. 그러나 본 죄는 태아의 생명을 침해하는 데에 본질이 있는 것이므로 태아를 모체 외에 배출하는 것으로 족하지 않고 이로 인하여 태아를 살해할 것을 요한다고 해야 한다.

낙태의 수단·방법에는 제한이 없다. 부녀가 타인을 이용하여 간접정범으로 본 죄를 범할 수도 있다.

통설은 태아가 모체 밖으로 배출되거나 모체 안에서 살해된 때에 기수가 된다고 한다. 그러나 본 죄는 태아를 살해함으로써 성립하는 침해범이라고 해야 하므로 태아를 살해한 때에 기수가 된다고 하겠다.

2) 주관적 구성요건

본 죄가 성립하기 위하여는 태아를 살해한다는 낙태의 고의가 있어야 한다. 따라서 과실로 인하여 낙태한 때에는 본 죄가 성립하지 않는다.

2. 동의낙태죄

부녀의 촉탁 또는 승낙을 받아 낙태함으로써 성립한다(제269조 제2항).

1) 주 체

제270조 제1항에 규정된 자 이외의 자이다.

2) 행 위

부녀의 촉탁 또는 승낙을 받아 낙태하는 것이다. 부녀란 임부를 말하며, 촉탁과 승낙의 의미를 이해할 수 있는 능력이 있는 자의 자유로운 의사에 의하여야 한다. 낙태하게 하는 것은 스스로 낙태행위를 하는 것을 말한다. 따라서 임부에게 낙태를 교사하거나 이를 방조하는 것은 제269조 제1항의 공범에 지나지 아니한다.

Ⅲ. 낙태죄의 가중적 구성요건

1. 업무상 낙태죄

의사·한의사·조산사·약제사 또는 약종상이 부녀의 촉탁 또는 승낙을 받아 낙태하게 함으로써 성립하는 범죄이다(제270조 제1항).

1) 주 체

의사·한의사·조산사·약제사 또는 약종상에 제한되며, 모두 면허를 가진 자일 것을 요한다. 그러나 치과의사나 수의사는 여기에 포함되지 않는다.

2) 행 위

부녀의 촉탁 또는 승낙을 받아 낙태하는 것이다.

3) 위법성

모자보건법 제14조에 해당하는 경우와 긴급피난에 의하여 위법성이 조각될 수 있으나, 정당방위에 의하여는 위법성이 조각될 여지가 없다. 임신을 현재의 불법한 침해라고 할 수 없기 때문이다.

2. 부동의낙태죄

부녀의 촉탁 또는 승낙 없이 낙태하게 함으로써 성립하는 범죄이다(제270조 제2항).

1) 주 체

주체에는 제한이 없다. 의사도 또한 본 죄의 주체가 될 수 있다.

2) 행 위

부녀의 촉탁 또는 승낙 없이 낙태하게 하는 것이다. 촉탁 또는 승낙에 하자가 있는 경우에도 본 죄에 해당한다. 부녀의 촉탁 또는 승낙이 없으면 족하며, 반드시 본인의 의사에 반할 것을 요건으로 하지 않는다. 부녀를 살해하는 경우에도 본 죄에 해당하게 된다.

3) 죄 수

낙태와 필수적으로 결합된 임부의 신체상해는 낙태죄에 대한 불가벌적 수반행위이다. 낙태하기 위하여 임부를 살해한 때에는 본 죄와 살인죄의 상상적 경합이 된다.

3. 낙태치사상죄

본 죄는 동의낙태죄, 업무상 낙태죄 및 부동의낙태죄를 범하여 부녀를 치사상케 함으로써 성립하는 범죄이다(제269조 제3항, 270조 제3항). 본 죄는 동의낙태죄 등에 대한 결과적 가중범이다. 따라서 결과에 대한 인과관계와 예견가능성(과실)이 있어야 함은 당연하다. 그러나 본 죄가 성립하기 위해서는 낙태죄가 기수에 이를 것을 요한다.

제 5 절 유기와 학대의 죄

Ⅰ. 서 론

1. 유기죄의 의의

유기죄란 노유·질병 기타 사유로 인하여 부조를 요하는 자를 보호할 의무 있는 자가 유기함으로써 성립하는 범죄이다(제271조). 본 죄가 피유기자의 생명·신체의 안전을 보호법익으로 하는 위태범이라고 하는 데 대하여는 이론이 없으나, 본 죄가 추상적 위태범인가 또는 구체적 위태범인가에 대하여는 견해의 대립이 있다.

생각건대 유기죄는 요부조자를 보호 없는 상태에 두어 생명·신체의 위험에 빠지게 하는 데 그 본질이 있고, 형법이 유기의 결과로 생명에 대한 구체적 위험을 발생케 한 경우에는 특히 그 형을 가중하고 있는 점에 비추어(제271조 제3, 4항) 이를 추상적 위태범으로 해석하는 통설이 타당하다. 따라서 고아원 문 앞에 영아를 버리고 간 때에도 본 죄는 성립한다.

2. 구성요건의 체계

유기의 죄에 있어서 기본적 구성요건은 단순유기죄(제271조 제1항)이며, 이에 대한 가중적 구성요건으로는 존속유기죄(제271조 제2항)와 중유기죄(제271조 제3, 4항)가, 감경적 구성요건으로는 영아유기죄(제272조)가 있다. 형법은 이외에도 학대죄와 그 신분적 가중유형인 존속학대죄(제273조) 및 아동혹사죄(제274조)를 규정하고 있다.

Ⅱ. 유기죄

1. 단순유기죄

1) 객관적 구성요건

(1) 주 체

부조를 요하는 자를 보호할 법률상·계약상 의무 있는 자, 즉 보호의무자이다. ① 법률상의 보호의무는 그 의무의 근거가 법령에 규정되어 있는 경우를 말하며, 여기의 법령은 공법이든 사법이든 묻지 않는다. ② 계약상의 보호의무자는 그 계약이 명시적이든 묵시적이든 묻지 않으며, 또한 그 계약이 유기자와 피유기자 사이에 체결된 것은 물론 유기자와 제3자 사이에 체결된 것이라도 좋다. ③ 통설은 법률 또는 계약뿐만 아니라 널리 사무관리·관습 또는 조리에 의하여도 보호의무가 발생한다고 한다. 그러나 형법 제271조가 보호의무의 근거를 법률상·계약상의 의무에 제한하고 있음에도 불구하고 이를 사무관리 등에까지 확대하는 것은 죄형법정주의의 원칙상 허용될 수 없다. 따라서 보호의무의 근거는 법률 또는 계약에 제한된다고 해야 한다. 대법원도 같은 태도이다.

(2) 행위의 객체

「노유·질병 기타의 사정으로 인하여 부조를 요하는 자」이다. 「부조를 요하는 자」란 다른 사람의 조력 없이 자기의 생명·신체에 대한 위험을 스스로 극복할 수 없는 사람을 말하며, 경제적 요부조자는 여기에 해당하지 않는다. 노유란 연령에 의하여 획일적으로 결정되는 것이 아니라 구체적 사정에 따라 결정되며, 질병은 육체적·정신적 질환을 의미한다.

(3) 행 위

행위는 유기이다. 유기란 요부조자를 보호 없는 상태에 둠으로써 그 생명·신체에 위험을 초래하는 행위를 말하며, 요부조자를 장소적으로 이전할 것을 요하지 않는다. 유기의 방법에는 제한이 없으며, 단순히 요부조자가 위험에 빠지는 것을 버려두는 것으로 족하다. 따라서 유기는 작위뿐만 아니라 부작위에 의하여도 할 수 있다. 본 죄는 추상적 위험범이므로 유기행위로 인하여 피유기자의 생명·신체에 대한 추상적 위험만 발생하면 기수에 이르고, 구체적 위험이 발생할 것을 요하는 것은 아니다.

2) 주관적 구성요건

본 죄가 성립하기 위하여는 주관적 구성요건으로 고의, 즉 자기가 보호의무자이며 요부조자를 유기한다는 인식과 의사가 있어야 한다. 미필적 고의로도 족하다. 행위자에게 살인의 고의(미필적 고의)가 있는 때에는 살인죄가 성립할 뿐이며, 본 죄는 살인죄에 대하여 보충관계에 있게 된다.

2. 존속유기죄

자기 또는 배우자의 직계존속을 유기함으로써 성립하는 범죄이다(제271조 제2항). 주체는 보호의무 있는 직계비속이며, 유기죄에 대하여 신분관계로 인하여 책임이 가중되는 가중적 구성요건이다.

3. 중유기죄 · 중존속유기죄

유기죄 또는 존속유기죄를 범하여 사람의 생명에 대한 위험을 발생케 함으로써 성립하는 결과적 가중범이다(제271조 제3, 4항). 여기서 사람의 생명에 대한 위험은 구체적 위험을 의미하므로, 본 죄는 구체적 위험범이다.

4. 영아유기죄

직계비속이 치욕을 은폐하기 위하거나 양육할 수 없음을 예상하거나 특히 참작할 만한 동기로 인하여 영아를 유기함으로써 성립하는 범죄이다(제172조). 영아살해죄(제251조)와 같은 정신에서 책임을 감경하는 것이다. 그러나 본 죄의 직계존속은 산모에 한하지 않고 부를 포함하며, 영아도 분만 중 또는 분만직후의 영아에 제한되는 것이 아니라 일반적 개념에 따라 젖먹이 아이의 의미로 보아야 한다.

5. 유기치사상죄 · 존속유기치사상죄

유기죄 · 존속유기죄 · 영아유기죄 · 학대죄 · 존속학대죄를 범하여 사람을 사상에 이르게 한 경우에 성립하는 결과적 가중범이다(제275조 제1항). 존속유기치사상죄는 유기치사상죄에 대하여 신분관계로 인하여 책임이 가중되는 가중적 구성요건이다(제275조 제2항).

Ⅲ. 학대죄와 아동혹사죄

1. 학대죄와 존속학대죄

1) 의 의

자기의 보호 또는 감독을 받는 자를 학대함으로써 성립하는 범죄이다(제273조 제1항). 사람의 생명 · 신체의 안전을 보호하는 범죄이며, 널리 인간의 인격권을 보호법익으로 한다.

2) 구성요건

(1) 주 체

타인을 보호 또는 감독하는 자이다. 보호 또는 감독의 근거는 유기죄의 경우와는 달리 아무런 제한이 없으므로 널리 사무관리·조리 또는 관습에 의한 경우도 포함된다(통설).

(2) 행위의 객체

보호 또는 감독을 받는 자이다. 다만 18세 미만의 아동에 대하여는 아동복지법의 적용이 있다.

(3) 행 위

학대이다. 학대의 개념에 관하여 통설은 육체적으로 고통을 가하는 행위뿐만 아니라 정신적으로 고통을 가하는 행위도 포함된다고 한다. 그러나 학대는 유기의 일종이라고 볼 수 있을 정도에 이르러야 하므로, 그것은 생명·신체의 안전을 위태롭게 할 육체적 고통을 가하는 경우를 의미한다고 해야 한다.

3) 존속학대죄

자기 또는 배우자의 직계존속을 학대함으로써 성립하는 범죄이다(제273조 제2항). 학대죄에 대하여 신분으로 인하여 책임이 가중되는 가중적 구성요건이다.

2. 아동혹사죄

자기의 보호 또는 감독을 받는 16세 미만의 자를 그 생명 또는 신체에 위험한 업무에 사용할 영업자 또는 그 종업자에게 인도하거나 인도받음으로써 성립하는 범죄이다(제274조).

① 본 죄의 객체는 16세 미만의 자이면 족하고, 구체적인 발육상태는 묻지 않는다. ② 본 죄의 행위는 생명 또는 신체에 위험한 업무에 사용할 영업자 또는 그 종업자에게 인도하거나 이를 인수하는 것이다. 단순한 인도계약으로는 족하지 않고 현실적인 인도가 있을 것을 요한다. ③ 본 죄에 있어서 위험한 업무의 범위에 관하여는 견해가 대립하고 있으나, 본 죄의 업무는 생명·신체에 위험한 업무여야 하고,

본 죄의 형이 무거운 점에 비추어 근로기준법의 업무범위보다는 제한적으로 해석해야 할 것이다.

제 2 장

자유에 대한 죄

제 1 절 협박의 죄

Ⅰ. 서 론

1. 의의와 본질

사람을 협박함으로써 성립하는 범죄이다(제283조 제1항). 협박죄는 개인의 의사의 자유 내지 의사결정의 자유를 보호하는 법익을 의미하며, 보호의 정도는 침해범이다(통설).

2. 구성요건의 체계

협박죄(제283조 제1항)를 기본적 구성요건으로 하며, 협박죄에 대한 가중적 구성요건으로는 존속협박죄(제283조 제2항), 특수협박죄(제284조) 및 상습협박죄(제285조)가 있다.

Ⅱ. 협박죄

1. 객관적 구성요건

사람을 협박함으로써 성립한다.

1) 행위의 객체

사람이다. 여기서 사림이란 자연인인 타인을 의미하지만, 본 죄의 객체인 사람은 해악의 고지에 의하여 공포심을 가질 만한 정신적 능력이 있음을 요한다. 따라서 영아·명정자·수면자는 본 죄의 객체가 되지 않는다.

2) 행 위

협박이다.

(1) 협박의 의의

협박이란 해악을 고지하여 상대방에게 공포심을 일으키는 것을 말한다. ① 협박은 해악의 발생이 직접·간접으로 행위자에 의하여 좌우될 수 있는 것이어야 한다는 점에서 경고와 구별된다. 그러나 해악이 현실적으로 발생할 가능성이 있거나, 행위자가 이를 실현할 의사가 있을 것을 요하지 않는다. ② 고지된 해악의 내용에는 아무런 제한이 없으며, 반드시 상대방 본인에 대한 해악일 것을 요하지 않고 본인과 밀접한 관계에 있는 제3자에 대한 해악이라도 좋다. 다만 본 죄의 성질상 고지된 해악은 상대방에게 공포심을 줄 수 있는 정도의 해악일 것을 요한다. ③ 해악을 고지하는 방법에는 제한이 없다. 언어에 의하든 문서에 의하든, 직접적이든 간접적이든, 명시적이든 묵시적이든 이를 묻지 않는다.

(2) 형법상의 협박 개념

형법상 협박의 개념은 다음과 같이 세 가지 의미로 나누는 것이 일반적이다. ① 광의의 협박은 사람에게 공포심을 일으킬 목적으로 해악을 고지하는 것을 말하며, 그로 인하여 상대방에게 공포심이 일어났는가는 문제 삼지 않는다. 소요죄(제115조)·공무집행방해죄(제316조)·특수도주죄(제146조)의 협박이 여기에 속한다. ②

최협의의 협박은 상대방의 반항을 불가능하게 하거나, 현저히 곤란하게 할 정도의 해악을 고지하는 것이다. 강도죄(제333조)와 강간죄(제297조)의 협박이 여기에 해당한다. ③ 협의의 협박은 상대방의 반항을 불가능하게 하거나 곤란하게 할 정도는 아니더라도 상대방이 현실로 공포감을 느낄 수 있을 정도의 해악의 고지가 있을 것을 요한다. 본 죄와 공갈죄의 협박이 여기에 속한다.

(3) 기수시기

본 죄는 미수범을 처벌한다(제286조). 본 죄는 의사의 자유를 침해하여야 완성되는 침해범이므로 해악의 고지로 상대방에게 공포심이 일어났을 때에 기수가 된다.

2. 주관적 구성요건

본 죄는 주관적 구성요건으로서 고의, 즉 상대방에게 해악을 고지하여 공포심을 일으킨다는 인식과 의사를 필요로 한다.

3. 위법성

위법성 조각사유가 있는 때에는 본 죄가 성립하지 않음은 당연하다. 따라서 ① 권리를 행사하기 위한 수단으로 협박을 한 경우에도 목적과 수단의 관계에 비추어 해악의 고지가 합법적인 권리의 행사로서 사회상규에 반하지 아니한 때에는 본 죄가 성립하지 않는다. ② 형사고소를 고지하여 협박하는 경우에 관하여 통설은 고소의 의사여부를 기준으로 하여 본 죄의 성립여부를 판단하고 있으나, 고소권의 행사를 어떤 목적을 위하여 남용하였느냐에 따라서 판단하여야 한다.

4. 반의사불벌죄

본 죄는 피해자의 명시한 의사에 반하여 공소를 제기할 수 없다(제283조 제3항).

Ⅲ. 가중적 구성요건

1. 존속협박죄

자기 또는 배우자의 직계존속을 협박함으로써 성립한다(제283조 제2항). 협박죄에 대하여 신분관계로 인하여 책임이 가중되는 구성요건이다.

2. 특수협박죄

단체 또는 다중의 위력을 보이거나 위험한 물건을 휴대하여 협박죄 또는 존속협박죄를 범함으로써 성립하는 범죄이다(제284조). 본 죄는 협박죄와 존속협박죄에 대하여 행위의 방법을 이유로 불법이 가중되는 가중적 구성요건이다.

3. 상습협박죄

상습으로 협박죄, 존속협박죄 또는 특수협박죄를 범함으로써 성립한다(제285조). 협박죄, 존속협박죄 또는 특수협박죄에 대하여 상습성 때문에 책임이 가중되는 가중적 구성요건이다.

제 2 절 체포와 감금의 죄

Ⅰ. 서 론

1. 체포 · 감금죄의 의의

불법하게 사람을 체포 또는 감금하여 사람의 신체적 활동의 자유를 침해하는 것을 내용으로 하는 범죄이다. 즉 사람의 신체적 활동의 자유 특히 장소선택의 자유를 보호법익으로 하는 범죄이다.

2. 구성요건의 체계

기본적 구성요건은 체포 · 감금죄(제276조 제1항)이며, 가중적 구성요건으로는 존속체포 · 감금죄(제276조 제2항), 중체포 · 감금죄(제277조), 특수체포 · 감금죄(제278조), 상습체포 · 감금죄(279조) 및 체포 · 감금치사상죄(제281조)가 있다.

Ⅱ. 체포 · 감금죄

1. 의 의

사람을 체포 또는 감금함으로써 성립하는 범죄이다(제276조 제1항).

2. 구성요건

1) 행위의 객체

사람이다. 여기서 사람은 자연인인 타인을 의미하며, 자연적 · 잠재적 의미에서의 행동의 자유를 가질 수 있는 자연인은 모두 본 죄의 객체가 되지만 유아는 본 죄의 객체가 되지 못한다.

2) 행 위

체포 또는 감금이다.

① 체포란 사람의 신체에 대하여 직접적 · 현실적인 구속을 가하여서 행동의 자유를 빼앗는 것을 말하며, 그 수단이나 방법은 묻지 아니한다. 여기서 자유를 빼앗는가의 여부는 전체적으로 판단하여야 한다.

② 감금이란 사람을 일정한 장소 밖으로 나가지 못하게 하여 신체적 활동의 자유를 장소적으로 제한하는 것을 말한다. 장소적 제한이 있는 점에서 체포와 구별된다. 감금의 수단 · 방법은 묻지 않는다. 따라서 유형적 방법에 의하든 무형적 방법에 의하든, 작위에 의하든 부작위에 의하든, 자수에 의하든 간접정범에 의하든 묻지 않는다.

③ 본 죄는 미수범을 처벌하고 있다. 다만 그 기수시기에 관해서는 피해자의 의식이 침해된 때에 비로소 기수가 된다는 견해도 있지만, 본 죄의 보호법익인 이전의 자유는 잠재적 자유를 의미하므로 객관적으로 피해자의 잠재적인 행동의 자유를 침해한 사실이 있으면 기수가 된다고 보는 것이 타당하다.

④ 체포 · 감금은 그 성질상 어느 정도의 시간적 계속성을 요건으로 한다.

3. 위법성

검사 또는 사법경찰관의 영장에 의한 구속, 현행범인의 체포, 친권자의 징계행위, 경찰관의 주취자보호조치 또는 치료를 위한 정신병자의 감금 등은 모두 정당행위로서 위법성이 조각되는 경우이다.

4. 죄 수

본 죄는 계속범이다. 사람을 체포한 자가 감금까지 한 때에는 포괄하여 하나의 감금죄가 성립할 뿐이며, 체포·감금의 수단으로 폭행 또는 협박한 때에는 본 죄만 성립한다. 그러나 감금 중에 범한 강도·강간·상해 등은 본 죄와 경합범의 관계에 있다. 판례는 감금이 동시에 강간의 수단이 된 때에는 양죄가 상상적 경합이 된다고 한다.

Ⅲ. 가중적 구성요건

1. 존속체포·감금죄

자기 또는 배우자의 직계존속을 체포·감금하여 가혹한 행위를 함으로써 성립하는 범죄이다(제277조). 가혹한 행위라고 함은 사람에게 정신적·육체적으로 고통을 주는 일체의 행위를 말한다.

2. 중체포·감금죄, 존속중체포·감금죄

사람(또는 존속)을 체포·감금하여 가혹한 행위를 함으로써 성립하는 범죄이다(제277조). 가혹한 행위라고 함은 사람에게 정신적·육체적으로 고통을 주는 일체의 행위를 말한다.

3. 특수체포·감금죄

단체 또는 다중의 위력을 보이거나 위험한 물건을 휴대하여 체포·감금죄, 존속체포·감금죄, 중체포·감금죄, 존속중체포·감금죄를 범함으로써 성립하는 범죄이다(제278조).

4. 상습체포 · 감금죄

상습으로 체포 · 감금죄, 존속체포 · 감금죄, 중체포 · 감금죄, 존속중체포 · 감금죄를 범함으로써 성립하는 범죄이다(제279조).

5. 체포 · 감금치사상죄 · 존속체포 · 감금치사상죄

본 죄는 체포와 감금의죄(체포 · 감금죄, 존속체포 · 감금죄, 중체포 · 감금죄, 존속중체포 · 감금죄, 특수체포 · 감금죄, 상습체포 · 감금죄)를 범하여 사람을 사상에 이르게 함으로써 성립하는 결과적 가중범이다(제281조). 따라서 사상의 결과는 체포와 감금에 의하여 발생하여야 할 것이지만, 반드시 체포 · 감금의 직접적 결과일 것을 요하는 것이 아니라 체포 · 감금시에 일어난 것이면 족하다. 존속체포 · 감금치사상죄는 신분관계로 인하여 책임이 가중되는 가중적 구성요건이다.

제 3 절 약취와 유인의 죄

Ⅰ. 서 론

1. 약취 · 유인죄의 의의

사람을 약취 또는 유인하여 자기 또는 제3자의 사실적 지배 하에 둠으로써 개인의 자유를 침해하는 것을 내용으로 하는 범죄이다.

약취와 유인의 죄의 보호법익이 개인의 자유라는 점에는 의문이 없지만, 이 가운데 특히 미성년자에 대한 약취 · 유인죄의 보호법익이 무엇인가에 대하여 견해가 대립되고 있으나, 피인취자(미성년자)의 자유권이 주된 보호법익이지만 보호자의 감독권도 또한 부차적인 보호법익이 된다고 할 것이다(통설).

따라서 미성년자가 유인에 의하여 스스로 가출한 경우 미성년자의 동의가 있어도 보호감독자의 동의가 없는 때에는 본 죄가 성립한다. 보호받는 정도는 침해범이다.

2. 구성요건의 체계

기본적 구성요건은 미성년자 약취·유인죄(제287조)이다. 영리·추행·간음목적 약취·유인죄(제288조 제1항), 부녀매매죄(제288조 제2항), 국외이송목적 약취·유인죄(제289조 제1항)는 가중적 구성요건이며, 결혼목적 약취·유인죄는 감경적 구성요건이다.

피약취유인·매매·이송자수수·은닉죄는 감경적 구성요건이다. 피약취·유인·매매·이송자수수·은닉죄(제292조)는 원래 총론상의 방조에 해당하는 행위를 특별히 규정한 구성요건이며, 영리·추행·간음목적 피약취·유인·매매·이송자수수·은닉죄(제293조 제2항)는 이에 대한 가중적 구성요건이다. 상습약취·유인·매매이송죄(제288조 제3항, 제289조 제3항) 및 상습피약취·유인·매매·이송자수수·은닉죄(제293조 제1항)는 상습성으로 인하여 책임이 가중되는 가중적 구성요건이다.

형법은 약취와 유인의 죄의 미수범을 처벌하며(제294조), 국외이송목적약취·유인·매매죄에 관하여는 예비·음모를 벌하고 있다(제290조)

Ⅱ. 미성년자 약취·유인죄

1. 객관적 구성요건

미성년자를 약취 또는 유인함으로써 성립한다(제287조).

1) 주 체

자연인이면 족하고, 아무런 제한이 없다.

2) 행위의 주체

미성년자이다. 여기서 미성년자라 함은 민법상의 미성년자, 즉 만 20세 미만의 자를 말한다.

3) 행 위

약취 또는 유인하는 것이다.

(1) 약취와 유인

약취와 유인이란 사람을 보호받는 상태 내지 자유로운 생활관계로부터 자기 또는 제3자의 실력적 지배하에 옮기는 것을 말한다. 다만 약취는 폭행·협박을 수단으로 하는 데 대하여, 유인이란 기망 또는 유혹을 수단으로 하는 점에 차이가 있을 뿐이다.

(2) 사실적 지배

약취와 유인이라고 하기 위하여는 단순히 폭행·협박·기망 또는 유혹을 한 것만으로 족하지 않고 피인취자를 자기 또는 제3자의 사실적 지배 하에 두지 않으면 안 된다. 그러나 피인취자에 대한 장소적 이전을 요하는 것은 아니다.

(3) 계속범

본 죄가 완성되기 위하여는 미성년자를 사실적 지배 하에 두었을 뿐만 아니라 사실적 지배는 어느 정도의 시간적 계속을 필요로 한다고 해야 한다.

2. 주관적 구성요건

본 죄도 주관적 구성요건으로 고의를 필요로 한다. 본 죄의 고의는 피인취자가 미성년자라는 인식과 폭행·협박·기망 또는 유혹에 의하여 이를 약취·유인한다는 인식과 의사를 내용으로 한다. 미성년자를 약취·유인하게 된 동기나 목적은 묻지 않는다.

3. 위법성

본 죄도 정당방위·긴급피난 또는 정당행위에 의하여 위법성이 조각될 수 있다. 문제는 피해자의 승낙이 위법성을 조각할 수 있느냐에 있다. 생각건대 본 죄는 미성년자의 자유권뿐만 아니라 보호자의 감독권도 보호법익으로 하므로 피인취자 본인의 승낙이나 보호자의 동의는 본 죄의 위법성을 조각시키지 못한다. 또한 미성년자의 동의와 보호자의 동의가 있는 때에는 본 죄의 위법성을 조각하는 것이 아니라 구성요건해당성을 조각한다고 할 것이다.

4. 형의 감경

본 죄를 범한 자가 약취·유인·매매 또는 이송된 자를 안전한 장소로 풀어준 때에는 그 형을 감경할 수 있다(제295조의 2). 이미 기수에 달하여 돌이킬 수 없는 상황에 있는 행위자에 대하여 중지의 유혹을 줌으로써 피인취자를 보호하고자 하는 형사정책적 목적을 가진 규정이다.

Ⅲ. 추행·간음·영리·국외이송등목적 약취·유인죄

1. 추행·간음·영리목적의 약취·유인죄

추행·간음 또는 영리의 목적으로 사람을 약취 또는 유인함으로써 성립한다(제288조 제1항).

1) 행위의 객체

사람이다. 따라서 남자이든 여자이든, 미성년자이든 성년이든 묻지 않는다.

2) 주관적 구성요건

본 죄는 추행·간음 또는 영리의 목적이 있어야 하는 목적범이다. 따라서 본 죄가 성립하기 위하여는 고의 이외에 이러한 목적이 있어야 한다. 추행이란 객관적으로 일반인에게 성적 수치심과 혐오의 감정을 일으키게 하는 일체의 행위를 의미하고, 간음이라 함은 결혼의 목적이 아닌 성교를 말하며, 영리란 자기 또는 제3자의 재산적 이익을 얻게 하는 것을 말한다.

3) 기수시기

본 죄는 이러한 목적으로 사람을 약취·유인하면 기수에 이르며 그 목적을 달성하여야 기수가 되는 것은 아니다. 본 죄 가운데 추행 또는 간음의 목적을 약취·유인한 죄와 그 미수범은 친고죄이다(제296조).

2. 부녀매매죄

추업에 사용할 목적으로 부녀를 매매함으로써 성립하는 범죄이다(제288조 제2항).

1) 주 체

주체에는 제한이 없다. 본 죄는 필요적 공범에 해당하는 죄로서 매도인과 매수인 모두 본 죄에 의하여 처벌받는다.

2) 객 체

부녀이다. 부녀인 이상 성년·미성년, 기혼·미혼을 불문한다.

3) 행 위

매매이다. 여기서 매매란 부녀의 신체를 유상으로 물건과 같이 상대방에게 교부하고 상대방은 이에 대하여 사실상의 지배를 취득하는 것을 말한다. 따라서 본 죄는 부녀의 신체에 대한 사실상의 지배의 이전이 있어야 기수로 되며, 계약은 체결하였으나 인도하지 않은 때에는 미수에 불과하다. 그러나 대금의 지급여부는 묻지 않는다. 대법원은 종래 인격의 지각이 있고 법질서에 호소할 능력이 있는 부녀를 매매하는 것은 불가능하다고 하였으나 그 후 전원합의체판결에 의하여 태도를 변경하였다.

4) 주관적 구성요건

본 죄가 성립하기 위하여는 고의 이외에 추업에 사용할 목적이 있어야 한다. 여기서 추업에 사용할 목적이라 함은 창기·작부 또는 매음 등의 업무에 종사케 할 목적을 말한다. 추업의 목적으로 매매를 하면 본 죄는 기수가 되며, 그 목적의 달성여부는 문제되지 않는다.

3. 국외이송목적 약취·유인·매매죄

국외에 이송할 목적으로 사람을 약취·유인 또는 매매함으로써 성립하는 범죄이다(제289조 제1항). 본 죄의 객체는 사람이고, 행위는 약취·유인 또는 매매이다.

본 죄는 또한 국외에 이송할 목적이 있어야 성립하는 목적범이다.

4. 피약취 · 유인 · 매매자 국외이송죄

약취 · 유인 또는 매매된 자를 국외로 이송함으로써 성립하는 범죄이다(제289조 제2항).

1) 객 체

약취 · 유인 또는 매매된 자이다. 본 죄는 목적범이 아니기 때문에 약취 · 유인 또는 매매의 동기는 묻지 않으며, 약취 · 유인 또는 매매된 자인 이상 성년 · 미성년, 미혼 · 기혼, 남자 · 여자를 불문한다.

2) 행 위

국외에 이송하는 것이다.

5. 결혼목적 약취 또는 유인죄

결혼할 목적으로 사람을 약취 또는 유인함으로써 성립하는 범죄이다(제291조).

1) 객체와 행위

객체는 사람이다. 따라서 기혼 · 미혼, 성년 · 미성년, 남자 · 여자를 불문한다. 본 죄의 행위도 약취 또는 유인하는 것이다.

2) 결혼할 목적

본 죄는 결혼할 목적이 있어야 성립하는 목적범이다. 본 죄의 결혼은 법률혼을 의미한다고 해석하는 견해도 있으나, 사실혼을 의미한다고 해석하는 것이 타당하다.

3) 친고죄

본 죄와 그 미수범은 고소가 있어야 공소를 제기할 수 있다(제296조).

6. 피약취 · 유인 · 매매 · 국외이송자 수수 · 은닉죄

추행 · 간음 · 영리목적을 약취 · 유인된 자, 추업에 사용할 목적으로 매매된 부녀, 국외에 이송할 목적으로 약취 · 유인 · 매매된 자 또는 국외에 이송된 자를 수수 또는 은닉하거나, 약취 · 유인된 미성년자 또는 결혼할 목적으로 약취 · 유인된 자를 수수 · 은닉함으로써 성립하는 범죄이다(제292조 제1, 2항). 본 죄는 총론의 종범에 대하여 특별규정을 둔 것이다. 본 죄의 행위는 수수이다. 여기서 수수란 피인취자를 자기의 실력적 지배하에 두는 것을 말하며, 은닉이란 피인취자의 발견을 곤란하게 하는 일체의 행위를 말한다.

7. 추행 · 간음 · 영리목적 피약취 · 유인 · 매매 · 국외이송자 수수 · 은닉죄

추행 · 간음 또는 영리의 목적으로 피약취 · 유인 · 매매 · 국외이송자 수수 · 은닉죄를 범함으로써 성립하는 범죄이다(제293조 제2항). 본 죄는 피약취 · 유인 · 매매 · 국외이송자수수 · 은닉죄(제292조)에 대한 목적범으로, 그 목적 때문에 불법이 가중되는 가중적 구성요건이다.

8. 상습 약취 · 유인죄

상습으로 추행 · 간음 · 영리목적 약취 · 유인죄(제288 제1항), 부녀매매죄(제288조 제2항), 국외이송목적 약취 · 유인 · 매매죄(제289조 제1항), 피약취 · 유인 · 매매자국외이송죄(제289조 제2항), 피약취 · 유인 · 매매 · 이송자수수은닉죄(제292조)를 범함으로써 성립하는 가중적 구성요건이다.

제 4 절 강요의 죄

Ⅰ. 서 론

1. 의의와 본질

1) 강요죄의 의의

폭행 또는 협박으로 사람의 권리행사를 방해하거나 의무 없는 일을 행하게 함으로써 성립하는 범죄이다. 일반적인 정신적 의사의 자유를 보호한다는 점에서 협박죄와 성질을 같이하나, 의사결정의 자유뿐만 아니라 그 활동의 자유까지 보호한다는 점에 차이가 있다. 보호의 정도는 침해범이다.

2. 구성요건의 체계

기본적 구성요건은 강요죄(제324조)이며, 가중적 구성요건에는 중강요죄(제326조), 인질강요죄(제324조 2), 인질상해·치상죄, 인질살해·치사죄는 인질범죄에 대한 대책으로 신설된 규정이다.

3. 입법론

개정형법이 본 죄의 죄명을 강요죄로 고치고 인질강요죄와 미수범 처벌규정을 신설한 것은 타당하나. 본 죄를 형법 제37장의 권리행사를 방해하는 죄의 장에서 규정하는 것은 부당하다. 제37장의 권리는 재산상의 권리를 의미하기 때문이다.

Ⅱ. 강요죄

1. 단순강요죄

1) 의 의

폭행 또는 협박으로 사람의 권리행사를 방해하거나 의무 없는 일을 행하게 함으로써 성립하는 범죄이다.

2) 객관적 구성요건

(1) 행위의 객체

본 죄의 객체인 사람은 자연인인 타인을 의미하며, 의사의 자유를 가진 자에 제한된다.

(2) 행 위

폭행 또는 협박으로 사람의 권리행사를 방해하거나 의무 없는 일을 행하게 하는 것이다.

① 강요의 수단

폭행 또는 협박이다. ㉠ 폭행이란 타인의 의사나 행동에 대하여 현재의 해악을 가하여 강제효과를 발생케 하는 일체의 수단을 의미하며, 본 죄의 폭행에는 폭력에 의하여 상대방의 의사형성을 불가능하게 하는 절대적 폭력과 상대방의 의사에 심리적 영향을 미치는 강압적 폭력이 포함된다. ㉡ 협박이란 해악을 고지하여 상대방에게 공포심을 일으키는 것을 말한다. ㉢ 본 죄에 있어서 폭행과 협박은 적어도 상대방에게 공포심을 주어 그 의사결정과 활동에 영향을 미칠 정도에 이를 것을 요하며, 또한 상대방이 반드시 피강요자와 일치할 것을 요하지 않는다.

② 권리행사방해

㉠ 권리행사를 방해한다고 함은 행사할 수 있는 권리를 행사하지 못하게 하거나 의무 없는 일을 행하게 하는 것을 포함한다. 그것이 법률행위이건 사실행위이건 묻지 않으나, 권리를 행사한다고 볼 수 없는 자에 대한 폭행·협박은 본 죄를 구성하지 않는다. ㉡ 본 죄는 폭행 또는 협박에 의하여 권리행사를 방해한다는 결과가 발생하여야 기수가 되며, 폭행·협박과 권리행사방해 사이에는 인과관계가 있어야 한다. 본 죄의 미수범은 처벌한다(제324조의 5). 본 죄의 미수에 해당하는 경우에는 폭행·협박을 하였으나 권리행사를 방해하지 못한 경우뿐만 아니라 강요의 수단인 폭행·협박 그 자체가 미수에 그친 경우를 포함 한다.

3) 주관적 구성요건

고의를 필요로 한다. 본 죄의 고의는 폭행 또는 협박의 고의뿐만 아니라 강요, 즉 권리행사를 방해한다는 고의를 그 내용으로 한다.

4) 위법성

개인의 의사와 그 행동의 자유를 침해하는 것을 내용으로 하는 강요행위의 위법성 판단에 있어서는 ① 목적의 비난가능성, ② 수단의 비난가능성, ③ 목적과 수단의 관계를 고려하여 신중히 판단하여야 할지라도 목적과 강제수단 사이에 내적 연관이 없는 때는 물론, 내적 연관이 인정되는 경우에도 수단이 그 목적을 달성하기 위한 상당한 것이라고 볼 수 없을 때에는 위법하다고 하지 않을 수 없다.

5) 죄 수

본 죄는 개인의 자유를 보호하는 범죄 가운데 일반적인 범죄라고 할 수 있다. 따라서 체포와 감금의 죄, 약취와 유인의 죄 또는 강간죄나 강제추행죄가 성립하는 때에는 법조경합의 관계에 의하여 본 죄는 성립하지 않는다. 본 죄와 협박죄는 보충관계에 있다.

2. 중강요죄

강요죄를 범하여 사람의 생명에 대한 위험을 발생하게 한 경우에 성립하는 결과적 가중범이다(제326조). 여기서 사람의 생명에 대한 위험이란 생명에 대한 구체적 위험을 말한다.

Ⅲ. 인질범죄

1. 인질강요죄

1) 의 의

사람을 체포·감금, 약취 또는 유인하여 이를 인질로 삼아 제3자에 대하여 권리행사를 방해하거나 의무없는 일을 하게 함으로써 성립하는 범죄이다(제324조 2).

체포감금죄 또는 약취유인죄와 강요죄의 결합범이며, 인질의 자유, 특히 장소선택의 자유와 피강요자의 의사결정의 자유를 보호법익으로 한다. 인질강요죄는 인질강도죄와 함께 민생치안과 직결되는 국제적인 테러활동의 증가와 관련된 위험한 중범죄에 대처하기 위한 규정이며, 특히 인질강요죄는 외국에서 외교관 또는 공무원을 인질로 삼아 헌법기관이나 관료들에게 특정한 정치적 요구를 관철하거나 범죄인의 석방을 요구하는 테러활동에 대처하기 위한 규정이다.

2) 구성요건

본 죄가 성립하기 위하여는 체포·감금 또는 약취·유인과 강요라는 두 개의 행위가 있어야 한다. 따라서 체포·감금, 약취 또는 유인하지 않은 자가 강요한 때에는 강요죄가 성립할 뿐이며 본 죄는 성립하지 않는다. 체포·감금, 약취 또는 유인의 개념은 체포감금죄와 약취유인죄의 그것과 같다. 반드시 강요의 목적으로 체포·감금, 약취 또는 유인하였을 것을 요하지 않는다.

강요란 피체포감금·약취유인자를 인질로 삼아 제3자에게 권리행사를 방해하거나 의무 없는 일을 하게 하는 것을 말한다. 강요의 상대방은 제3자이다. 인질로 삼는다는 것은 체포·감금, 약취 또는 유인된 자의 생명·신체의 안전에 관한 제3자의 우려를 이용하여 석방이나 생명·신체에 대한 안전을 보장하는 대상으로 제3자를 강요하기 위하여 자유를 구속하는 것을 말한다.

본 죄의 미수범은 처벌한다(제324조 5).

착수시기는 강요행위를 개시한 때이며, 권리행사를 방해하였을 때에 기수가 된다.

3) 형의 감경

본 죄를 범한 자 및 그 죄의 미수범이 인질을 안전한 장소로 풀어준 때에는 그 형을 감경할 수 있다(제324조 6). 인질을 안전한 장소로 풀어주면 족하며 자의성을 요하지 않고, 기수가 된 이후에 중지한 경우이며, 임의적 감경을 내용으로 한다는 점에서 중지미수와 구별된다.

2. 인질상해 · 치상죄

인질강요죄를 범한 자가 인질을 상해하거나 상해에 이르게 함으로써 성립하는 범죄이다(제324조 3). 인질상해죄는 인질강요죄와 상해죄의 결합범이며, 인질치상죄는 인질강요죄에 대한 결과적 가중범이다. 강도상해·치상죄와 같이 무기 또는 5년 이상의 징역으로 처벌한다. 인질상해죄의 미수범은 처벌한다(제324조의 5). 다만, 인질은 안전한 장소로 풀어준 때에는 형을 감경할 수 있다(제324조의 6).

3. 인질살해 · 치사죄

인질강요죄를 범한 자가 인질을 살해하거나 사망에 이르게 한 때에 성립하는 범죄이다(제324조의 4). 인질살해죄는 사형 또는 무기징역, 인질치사죄는 무기 또는 10년 이상의 징역으로 처벌한다. 강도살인죄 및 강도치사죄의 경우와 법정형이 동일하다.

제 5 절 강간과 추행의 죄

Ⅰ. 서 론

1. 의 의

개인의 성적 자유 내지 애정의 자유를 침해하는 것을 내용으로 하는 범죄를 말한다. 개인의 성적 자기결정의 자유를 보호법익으로 한다.

2. 구성요건의 체계

기본적 구성요건은 강제추행죄(제298조)이며, 강간죄(제297조)는 부녀를 간음함으로써 부녀의 성적 자유를 현저히 침해하였기 때문에 불법이 가중되는 가중적 구성요건이다. 준강간(강제추행)죄(제299조)와 의제강간(강제추행)죄는 이에 준하여 취급하는 구성요건이며, 강간(강제추행)치사상죄(제301조)는 강간죄와 강제추행죄에 대한 가중적 구성요건이다. 미성년자간음죄(제302조), 업무상 위력 등에 의한 간음죄(제303조) 및 혼인빙자간음죄(제304조)는 그 객체와 침해방법이 다른 독립된 구성요건이다. 형법은 강간죄·강제추행죄 및 준강간(강제추행)죄의 미수범은 처벌하고(제300조), 강간(강제추행)치사상죄를 제외한 본장의 죄를 친고죄로 하고 있다(제306조).

Ⅱ. 강간죄와 강제추행죄

1. 강간죄

1) 의 의

폭행 또는 협박으로 부녀를 강간함으로써 성립하는 범죄이다(제297조).

2) 객관적 구성요건

(1) 주 체

주체에는 제한이 없다. 여자도 간접정범의 형태로 본 죄의 정범이 될 수 있고 남자와 공동정범으로 본 죄를 범할 수도 있다. 본 죄는 신분범도 자수범도 아니기 때문이다.

(2) 객 체

부녀이다. 따라서 남자는 본 죄의 객체가 될 수 없다. 부녀인 이상 기혼·미혼, 성년·미성년을 묻지 않으며, 또한 부녀가 음행의 상습이 있거나 매춘부이거나를 불문한다. 그러나 처는 본 죄의 객체가 될 수 없다고 해석하는 것이 통설·판례이다.

2009. 9. 10. 대법원은 호적상 남자인 트랜스젠더(성전환자)도 강간죄의 객체가 될 수 있다는 최초의 판결을 내린 바 있다. 이는 강간죄의 객체로 인정할 수 없다는 1996년의 대법원 판결을 뒤집은 최초의 판결이다.

또한 2009. 1. 16. 부산지방법원이 부부 사이의 강간을 최초로 인정하는 판결(부산지법 2009. 1. 16, 2008고합808)을 내린 바 있다. 이는 하급심 판결이기는 하지만 처를 본죄의 객체로 인정하게 된 큰 의미가 있는 판결이다.

(3) 행 위

폭행 또는 협박에 의하여 부녀를 강간하는 것이다.

① 폭행·협박

폭행이란 사람(부녀)에 대한 유형력의 행사를 말하며, 협박이란 해악을 통고하는 것을 말한다. 여기서 폭행·협박은 반드시 상대방의 반항을 불가능하게 한 경우뿐만 아니라 그것을 현저하게 곤란하게 하는 것도 포함된다(통설·판례).

② 강 간

강간이란 폭행·협박에 의하여 상대방의 반항을 곤란하게 하고 부녀를 간음하는 것을 말하며, 간음이란 남자의 성기를 여자의 성기 속에 삽입하는 것을 뜻한다. 폭행·협박과 간음 사이에는 인과관계가 있어야 한다. 폭행·협박은 간음의 종료이전에 행하여져야 하며, 또 그것은 행위자에 의하여 행하여질 것을 요한다.

③ 착수시기와 기수시기

본 죄의 미수범은 처벌되는바(제300조), 부녀를 간음하기 위하여 폭행·협박을 개시한 때에 실행의 착수가 있으며, 남자의 성기가 여자의 성기 속에 삽입되는 순간에 기수가 된다(삽입설).

3) 주관적 구성요건

본 죄가 성립하기 위한 주관적 구성요건으로는 폭행·협박에 의하여 부녀를 강간한다는 고의가 있어야 한다. 간음이 피해자의 의사에 반한다는 인식도 고의의 내용이 된다.

4) 죄 수

동일한 폭행·협박을 이용하여 수회 간음한 때에는 단순일죄가 성립할 뿐이며, 본 죄와 폭행·협박죄는 법조경합의 관계에 있다. 그러나 강간을 위한 부녀의 감금행위는 별죄를 구성하게 되어, 본 죄와 감금죄의 경합범이 된다.

5) 친고죄

본 죄는 고소가 있어야 공소를 제기할 수 있는 친고죄이다(제306조). 따라서 본 죄에 대한 고소가 없거나 고소가 취소된 경우에 그 수단인 폭행 또는 협박으로 공소를 제기하여 처벌할 수 없다(다수설·판례)

6) 특수강간죄

성폭력범죄의 처벌 및 피해자보호 등에 관한 법률은 강간죄에 대한 가중적 구성요건으로 특수강간죄를 규정하고 있는바, 이는 흉기 기타 위험한 물건을 휴대하거나 2인 이상의 합동하여 형법 제297조의 죄를 범했을 때에 성립한다. 이 경우에는 친고죄가 아니다.

2. 강제추행죄

1) 의 의

폭행 또는 협박으로 사람에 대하여 추행을 함으로써 성립하는 범죄이다(제298조).

2) 객관적 구성요건

(1) 주체와 객체

본 죄의 주체에는 아무런 제한이 없으며, 본 죄는 자수범도 신분범도 아니다. 따라서 여자도 본 죄의 단독정범 또는 공동정범이 될 수 있다. 객체는 사람이다. 남녀, 미혼·기혼, 또는 그 연령의 여하는 묻지 않는다. 다만 처는 본 죄의 객체가 될 수 없다.

(2) 행 위

폭행 또는 협박으로 추행하는 것이다.

① 폭행·협박

폭행 또는 협박의 개념과 그 정도는 강간죄의 경우와 같다.

② 추 행

추행이란 객관적으로 일반인에게 성적 수치와 혐오의 감정을 일으키게 하는 일체의 행위를 말하며, 주관적인 동기나 목적은 문제되지 않는다.

3) 주관적 구성요건

본 죄가 성립하기 위하여도 고의가 있어야 한다. 본 죄의 고의는 폭행 또는 협박에 의하여 사람을 추행한다는 인식을 내용으로 한다.

4) 특수강제추행죄

흉기 기타 위험한 물건을 휴대하거나 2인 이상이 합동하여 형법 제298조의 죄를 범했을 때에 성립한다(성폭력범죄의처벌및피해자보호등에관한법률). 이 경우에도 친고죄가 아니다.

Ⅲ. 준강간죄와 준강제추행죄

1. 준강간죄 · 준강제추행죄

1) 의의와 성질

사람의 심신상실 또는 항거불능의 상태를 이용하여 간음 또는 추행함으로써 성립하는 범죄이다(제299조). 본 죄는 성적 자유를 가지지 못한 사람이 성욕의 객체나 도구가 되는 것으로부터 보호하는 데 그 취지가 있다. 본 죄의 불법은 간음 또는 추행을 스스로 실행하는데 있다고 해야 한다. 즉 본 죄는 준강간죄인가 준강제추행죄인가를 묻지 않고 모두 자수범이다. 따라서 간접정범에 의하여 본 죄를 범할 수 없다.

2) 구성요건

(1) 행위의 객체

심신상실 또는 항거불능의 상태에 있는 사람이다. 준강제추행죄의 객체는 남녀를 불문하나, 준강간죄의 객체는 부녀에 한한다. 본 죄의 심신상실은 제10조의 심신상실과는 달리 심신장애라는 생물학적 기초에 제한되지 않으며, 제10조의 심신미약가지 포함된다. 항거불능이란 심신상실 이외의 사유로 인하여 심리적 또는 육체적으로 반항이 불가능할 경우를 말한다. 심신상실 또는 항거불능의 상태에 이르게 된 원인은 묻지 않는다.

(2) 행 위

심신상실 또는 항거불능의 상태를 이용하여 간음 또는 추행하는 것이다. 여기서 심신상실 또는 항거불능의 상태를 이용한다 함은 행위자가 이러한 상태를 인식하였을 뿐만 아니라, 그 상태 때문에 간음 또는 추행이 가능하거나 용이하게 되었음을 뜻한다.

2. 미성년자의제강간 · 강제추행죄

1) 의 의

13세 미만의 부녀를 간음하거나 13세 미만의 사람에게 추행함으로써 성립하는 범죄이다(제305조).

2) 구성요건

본 죄는 13세 미만의 부녀 또는 사람이라는 정을 알고 간음 · 추행하면 성립하고, 폭행 · 협박을 수단으로 할 것을 요하지 아니한다. 피해자의 동의가 있는 때에도 본 죄는 성립한다. 본 죄가 성립하기 위한 주관적 구성요건으로 고의가 있어야 함은 당연하다. 따라서 행위자는 피해자가 13세 미만이라는 사실을 인식하여야 한다.

3) 미수범의 처벌과 친고

형법은 본 죄의 미수범의 처벌에 관한 규정을 준용하고 있지 않으나, 본 죄의 미수범이 처벌된다는 데 대하여는 견해가 일치하고 있다. 본 죄는 친고죄이다.

Ⅳ. 강간등 상해 · 치상죄, 강간등 살인 · 치사죄

1. 강간등 상해 · 치상죄

1) 의 의

강간죄 · 강제추행죄 · 준강간(강제추행)죄 및 미성년자의제강간(강제추행)죄를 범한 자가 사람을 상해하거나 상해에 이르게 함으로써 성립하는 범죄이다. 강간상해죄는 강간죄와 상해죄의 결합범이며, 강간치상죄는 강간죄에 대한 결과적 가중범이다.

2) 구성요건

(1) 주 체

강간죄 · 강제추행죄 · 준강간죄 · 준강제추행죄 · 미성년자의제강간죄 · 의제강제추행죄의 죄를 범한 자이다. 강간 등의 죄는 기수에 이를 것을 요하지 아니하며, 미수범(제300조)도 포함한다.

(2) 행 위

사람을 상해하거나 상해에 이르게 하는 것이다. 상해란 상해에 대하여 고의가 있는 경우이며, 치상은 고의 없이 과실로 상해의 결과를 발생케 한 경우를 말한다. 상해하거나 상해의 결과가 발생하였다고 하기 위하여는 반드시 외관상의 상처가 있어야 하는 것은 아니며, 강간으로 인하여 성병의 감염, 처녀막의 파열, 보행불능·수면장애·식욕감퇴 등 기능의 장애를 일으키거나, 히스테리증을 야기한 경우도 여기에 해당한다. 그러나 본 죄의 상해의 개념이 반드시 상해죄의 그것과 같다고는 할 수 없다. 상해의 결과는 반드시 강간 등의 행위 자체에서 일어나거나 그 수단인 폭행에 의하여 발생한 것임을 요하는 것이 아니라 널리 강간의 기회에 이루어진 것이면 족하다. 따라서 피해자가 강간의 수단인 폭행을 피하려다가 상해의 결과가 발생한 때에도 본 죄가 성립한다.

3) 공동정범

강간죄의 공동정범 가운데 1인의 행위에 의하여 상해의 결과가 발생한 때에는 다른 공범자도 본 죄의 공동정범이 될 수 있다. 본 죄는 친고죄가 아니다.

2. 강간등 살인·치사죄

강간죄·강제추행죄·준강간(강제추행)죄 및 미성년자의제강간(강제추행)죄를 범한 자가 사람을 살해하거나 사망에 이르게 함으로써 성립하는 범죄이다(제301조의 2). 강간살해죄는 강간죄와 살인죄의 결합범이며, 강간치사죄는 강간죄에 대한 결과적 가중범이다. 사망의 결과는 강간행위로 인한 것이어야 한다. 사망의 결과는 강간의 수단이 폭행·협박에 의하여 발생한 경우뿐만 아니라 강간행위에 수반되어 발생한 경우에도 인과관계가 인정되는 것은 강간치상죄의 경우와 같다. 따라서 피해자가 폭행·협박을 피하려다가 사망의 결과가 발생한 때에도 본 죄가 성립한다.

V. 독립된 구성요건

1. 미성년자 · 심신미약자 간음 · 추행죄

1) 의 의

미성년자 또는 심신미약자에 대하여 위계 또는 위력으로 간음 또는 추행함으로써 성립하는 범죄이다(제302조).

2) 구성요건

① 본 죄의 객체는 미성년자 또는 심신미약자이다. 미성년자란 만 20세 미만의 자를 말하며, 심신미약자란 정신기능의 장애로 정상적인 판단능력이 부족한 자를 말하며, 연령은 묻지 않는다. ② 본 죄의 행위는 위계 또는 위력에 의하여 간음 또는 추행하는 것이다. 여기서 위계라 함은 상대방을 착오에 빠지게 하여 정당한 판단을 못하게 하는 것을 말하며, 위력이란 사람의 의사를 제압할 수 있는 힘을 말한다.

본 죄도 친고죄이다.

2. 업무상 위력 등에 의한 간음죄

1) 피보호 · 감독부녀간음죄

(1) 의 의

업무 · 고용 기타 관계로 인하여 자기의 보호 또는 감독을 받는 부녀를 위계 또는 위력에 의하여 간음함으로써 성립하는 범죄이다(제303조 제1항).

(2) 객 체

업무 · 고용 기타 관계로 인하여 자기의 보호 또는 감독을 받는 부녀이다.

(3) 행 위

위계 또는 위력에 의하여 간음하는 것이다.

2) 피구금부녀간음죄

(1) 의 의

법률에 의하여 구금된 부녀를 감호하는 자가 그 부녀를 간음함으로써 성립하는 범죄이다(제303조 제2항). 본 죄는 피구금부녀의 성적 자기결정의 자유를 보호법익으로 하지만, 피구금자에 대한 평등한 처우와 감호자의 청렴성에 대한 일반의 신뢰도 동시에 보호하는 것이 된다. 또한 본 죄는 피구금부녀를 감호하는 자가 스스로 간음함으로써 성립할 수 있는 자수범이다. 따라서 본 죄는 간접정범에 의하여 범하여질 수 없다.

본 죄도 친고죄이다.

(2) 객 체

법률에 의하여 구금된 부녀이다. 확정판결에 의하여 형의 집행을 받고 있는 자, 노역장에 유치된 자, 구속된 형사피의자 및 피고인이 포함된다.

(3) 주 체

이러한 부녀를 감호하는 자이다. 이러한 의미에서 본 죄는 신분범이라고 할 수 있다. 본 죄는 감호자가 피구금부녀를 간음함으로써 성립하며 특별한 수단을 요건으로 하지 않는다. 따라서 피해자의 승낙은 본 죄의 성립에 영향을 미치지 않는다.

3. 혼인빙자간음죄

1) 의 의

혼인을 빙자하거나 기타 위계로써 음행의 상습이 없는 부녀를 기망하여 간음함으로써 성립하는 범죄이다(제304조). 기망의 방법으로 성적 자유를 침해하는 것을 보호하기 위한 것이다.

2) 구성요건

(1) 객 체

음행의 상습이 없는 부녀이다. 음행의 상습이 없는 부녀란 불특정 다수인을 상대로 성생활을 하는 습벽이 없는 부녀를 말한다. 연령에 대하여는 제한이 없으나 제

302조와의 관계에 비추어 성년의 부녀에 한한다고 할 것이다.

(2) 행 위

혼인을 빙자하거나 기타 위계로써 간음하는 것이다. 여기서 혼인이란 법률혼을 의미하며, 위계란 상대방을 기망하여 착오에 빠뜨리는 것을 말하며, 혼인을 빙자한다는 것은 그 예시에 지나지 않는다.

(3) 헌법재판소 위헌결정

형법 제304조 혼인빙자간음죄가 2009. 11. 26. 헌법재판소의 위헌결정을 받았다. 이는 지난 2002년 같은 사건을 합헌으로 판단한 기존 결정을 7년 만에 뒤집은 것으로 성이 개방되고 남녀평등을 지향하는 시대상황이 반영된 것으로 해석된다. 본죄의 위헌 판결이 간통죄에 대한 위헌 심판에도 적지 않은 영향을 미칠 것으로 보인다.

제 3 장

명예와 신용에 대한 죄

제 1 절 명예에 관한 죄

Ⅰ. 서 론

1. 명예에 관한 죄의 의의

공연히 사실을 적시하여 사람의 명예를 훼손하거나 사람을 모욕하는 것을 내용으로 하는 범죄이다. 사람의 명예를 보호하기 위한 범죄이다.

2. 보호법익

1) 명예의 의의

(1) 명예의 내용

통설은 명예의 내용을 ① 사람이 가지고 있는 인격의 내부적 가치 그 자체를 의미하는 내적 명예와, ② 사람의 인격적 가치와 그의 도덕적·사회적 행위에 대한 평가를 의미하는 외적 명예, ③ 자기의 인격적 가치에 대한 자기 자신의 주관적인 평가 내지 감정을 의미하는 명예감정의 세 가지로 나누어 검토하고 있다.

(2) 명예에 관한 죄의 보호법익

명예훼손죄의 보호법익은 외적 명예이지만 모욕죄의 보호법익은 명예감정이라고 해석하는 견해도 있으나, ① 형법이 모욕죄의 구성요건으로 공연성을 요구하고 있다는 점, ② 명예감정을 가질 수 없는 정신병자·유아·법인 등에 대하여도 모욕죄가 성립한다는 점 등으로 보아 명예훼손죄뿐만 아니라 모욕죄의 보호법익도 외적 명예라고 이해하는 통설이 타당하다. 대법원도 보호법익을 외적명예라 보고 있다(대판 1970. 5. 26, 70도704). 명예에 관한 죄의 보호법익이 보호받는 정도의 위태범이다.

2) 명예의 주체

(1) 자연인

모든 자연인은 명예의 주체가 될 수 있다. 살아 있는 자연인은 물론 사자도 명예의 주체가 된다. 다만, 사자의 명예훼손죄는 역사적 가치로서의 사자의 인격적 가치를 보호하기 위한 것이다(통설).

(2) 법인 기타의 단체

자연인뿐만 아니라 법인도 명예의 주체가 된다. 판례는 법인에 한하여 명예의 주체가 된다고 판시하고 있으나, 법인격 없는 단체도 법에 의하여 인정된 사회적 기능을 담당하고 있는 한, 그것이 공법상의 단체인가 사법상의 단체인가를 묻지 않고 명예의 주체가 된다고 할 것이다.

(3) 집합명칭에 의한 명예훼손

① 집합명칭에 의하여 집단의 모든 구성원의 명예가 침해되는 경우와, ② 집단구성원의 1인 또는 수인을 지적하였지만 그것이 누구인가를 명백히 하지 아니하여 구성원 모두가 혐의를 받는 경우이다. 그러나 이러한 형태의 명예훼손이 가능하기 위하여는 집단의 구성원이 일반인과 명백히 구별될 수 있을 정도로 집단명칭이 특정되어야 한다.

Ⅱ. 명예훼손의 죄

1. 명예훼손죄

1) 객관적 구성요건

본 죄는 공연히 사실 또는 허위의 사실을 적시하여 사람의 명예를 훼손함으로써 성립한다(제307조).

(1) 공연성

명예훼손죄는 물론 모욕죄에 있어서도 공연성을 요건으로 한다. 공연성이란 「불특정 또는 다수인이 인식할 수 있는 상태」를 의미한다. 여기서 불특정이란 상대방이 특수한 관계로 한정된 범위에 속하는 사람이 아니라는 것을 의미하며, 다수도 상당한 다수를 의미한다. 이러한 공연성을 어떻게 이해할 것인가에 관하여는 소위 「전파성의 이론」이 주장되고 있다. 즉 사실을 적시한 상대방이 특정한 한 사람인 경우라 하더라도 그 말을 들은 사람이 불특정 또는 다수인에게 그 말을 전파할 가능성이 있는 때에는 공연성을 인정하자는 이론이 그것이다. 그러나 전파성 이론은 표현의 자유를 지나치게 제한할 뿐만 아니라, 명예훼손죄의 보호법익의 보호정도와 그 행위의 태양을 혼동한 결과라고 하지 않을 수 없다. 따라서 공연성이란 「불특정 또는 다수인이 직접으로 인식할 수 있는 상태」를 의미한다고 해석하는 것이 타당하다.

(2) 사실의 적시

① 사실이란 현실적으로 발생하고 증명할 수 있는 과거와 현재의 상태를 말하며, 외적 사실인가 내적 사실인가를 불문한다. 그러나 사실은 그 정당성이 주관적 확신에 의하여 좌우되는 가치판단과 구별되어야 한다. ② 사실의 적시란 사람의 사회적 가치 내지 평가를 저하시키는 데 충분한 사실을 지적하는 것을 말한다. 적시된 사실은 사람의 사회적 가치 평가를 저하시키는데 적합한 것이어야 하고, 사실의 적시는 특정인의 가치가 침해될 수 있을 정도로 구체적일 것을 요한다. 또한 적시된 사실은 특정한 피해자에 대한 사항이어야 한다. ③ 사실을 적시한 방법에는 제한이

없으며, 적시된 사실이 사실인가 또는 허위의 사실인가에 따라 제1항 또는 제2항의 죄가 성립한다.

(3) 기수시기

본 죄는 추상적 위태범이다. 따라서 본 죄는 명예, 즉 사람에 대한 사회적 평가가 현실적으로 침해되었을 것을 요하지 않고, 단순히 명예를 해할 우려 있는 행위가 있으면 기수에 이른다.

2) 주관적 구성요건

본 죄가 성립하기 위하여는 타인의 명예를 훼손하는 데 적합한 사실을 적시한다고 하는 고의가 있어야 한다. 미필적 고의로도 족하다. 적시한 사실이 진실한 사실인가 또는 허위의 사실인가에 대한 인식도 고의의 내용이 된다.

3) 위법성

(1) 일반적 위법성조각사유

정당방위・긴급피난은 물론 피해자의 승낙 또는 형사재판에 있어서의 검사의 기소요지의 진술, 증인 및 피고인과 변호인의 방어권의 행사 등과 같은 정당행위에 의하여 위법성이 조각될 수 있다. 다만 정당행위라고 할지라도 권리의 남용으로 인정되는 때에는 위법성이 조각되지 않는다.

(2) 형법 제310조에 의한 위법성조각사유

① 의 의

형법은 개인의 명예를 보호하기 위하여 적시된 사실이 진실인가의 여부에 관계없이 명예훼손죄의 성립을 인정하면서도, 헌법이 보장하고 있는 언론의 자유를 실현하기 위하여 공공의 이익을 위하여 진실한 사실을 적시한 때에는 처벌하지 않도록 함으로써 양자를 조화시키고 있다. 즉 형법 제310조에서는 「제307조 제1항의 행위가 진실한 사실로서 오로지 공공의 이익에 관한 때에는 처벌하지 아니한다」고 규정하여 본 죄의 특수한 위법성조각사유를 마련하고 있다.

② 요 건

형법 제310조가 적용되기 위하여는 다음의 두 가지 요건을 갖추어야 한다. ① 적시된 사실이 진실한 사실이어야 한다. 여기서 진실한 사실이란 적시된 사실의 중요부분이 진실과 합치되는 사실을 말한다. ② 사실의 적시가 오로지 공공의 이익에 관한 것이어야 한다. 여기서 공공의 이익이란 국가·사회 또는 사수인 일반의 이익을 말한다. 공공의 이익에 관한 것이라고 하기 위하여는 객관적으로는 적시된 사실이 공공의 이익에 관한 것임을 요하고, 주관적으로는 사실적시가 공공의 이익을 위한 것이어야 한다.

③ 효 과

㉠ 객체법적 효과

위의 요건에 해당하는 행위는 벌하지 아니한다. 여기서 「벌하지 아니한다」의 의미는 위법성조각사유라고 이해하는 데 이론이 없다. 본조를 위법성조각사유로 해석할 때에는 사실의 진실성과 공익성을 인식하는 것은 주관적 정당화요소가 된다.

㉡ 소송법적 효과

통설은 본조가 사실의 진실성에 대한 거증책임을 피고인에게 지운 거증책임의 전환에 관한 규정이라고 보고 있다. 그러나 형법 제310조는 위법성조각사유의 요건만을 규정하고 있을 뿐이고 그 증명에 관하여는 아무런 규정도 두고 있지 않다. 따라서 본조를 거증책임의 전환에 관한 규정이라고 볼 수는 없다.

4) 반의사불벌죄

본 죄는 피해자의 명시한 의사에 반하여 공소를 제기할 수 없다.

2. 사자의 명예훼손죄

공연히 허위의 사실을 적시하여 사자의 명예를 훼손함으로써 성립하는 범죄로서(제308조), 역사적 존재로서의 사자의 인격적 가치를 보호법익으로 한다. 본 죄가 성립하기 위하여는 사자의 명예를 훼손함에 적합한 허위의 사실을 적시한다는 고의가 있어야 한다. 적시된 사실이 허위라는 점에 대하여 확정적 고의를 요하고 단순히 미필적 고의로는 족하지 않다. 본죄에 관해서는 사자도 명예훼손죄의 주체가 될 수 있다는 긍정설과 사자는 사람이 아니며, 따라서 명예의 주체가 될 수 없다는 부정설이 대립하고 있다. 긍정설이 통설이며, 판례도 긍정설을 취하고 있다(대판 1983. 10. 25, 83도1520). 또한 본죄는 친고죄이다.

3. 출판물에 의한 명예훼손죄

사람을 비방할 목적으로 신문·잡지 또는 라디오 기타 출판물에 의하여 명예훼손죄를 범함으로써 성립하는 가중적 구성요건이다(제309조). 본 죄가 성립하기 위하여는 ① 주관적 구성요건으로는 고의 이외에 비방의 목적이 있어야 하고, ② 신문·잡지·라디오 기타 출판물에 의하여 명예를 훼손하였을 것을 요한다. 그러나 출판물은 그 자체가 높은 전파의 가능성을 가지고 있으므로 본 죄는 공연히 사실을 적시할 것을 요건으로 하지 않는다. 따라서 본 죄는 출판물에 의하여 사실을 적시함으로써 불특정 또는 다수인이 인식할 수 있는 상태에 이르면 성립한다. 본 죄는 반의사불벌죄이다.

Ⅲ. 모욕죄

1. 의 의

공연히 사람을 모욕함으로써 성립하는 범죄로서(제311조), 외적명예를 보호법익으로 한다. 따라서 본 죄와 명예훼손죄는 사실의 적시 여부에 의하여 구별된다. 본 죄도 친고죄이다.

2. 객관적 구성요건

공연히 사람을 모욕할 것을 요한다. ① 「공연히」란 불특정 또는 다수인이 인식할 수 있는 상태를 말하며, ② 본 죄의 객체인 사람도 자연인은 물론 법인, 법인격 없는 단체를 모두 포함한다. 그러나 사자는 여기의 사람에 포함되지 않는다. ③ 모욕이란 사실을 적시하지 아니하고 사람에 대하여 경멸의 의사를 표시하는 것을 말한다. 추상적 관념을 사용하여 사람의 인격을 경멸하는 가치판단을 표시하는 경우가 여기에 해당한다. 모욕의 수단·방법에는 제한이 없으나, 그것은 사람을 경멸하는 내용의 설명가치를 가져야 한다.

3. 주관적 구성요건

주관적 구성요건으로 공연히 사람을 모욕한다는 인식, 즉 고의가 있어야 한다. 미필적 고의로도 족하다.

4. 위법성

본 죄에 있어서도 일반적 위법성조각사유가 적용된다. 형법 제310조가 본 죄에도 적용될 것인가에 관하여 대법원은 이를 부정하고 있으나, 모욕행위라도 표시된 사실이 진실이고, 공익성을 가질 때에는 위법성이 조각된다고 해석하는 것이 타당하다.

5. 죄 수

명예훼손죄와 모욕죄와의 관계는 모욕죄의 보호법익을 무엇으로 이해하느냐에 따라서 결론을 달리한다. 모욕죄 보호법익을 명예감정이라고 이해하는 견해는 양죄의 상상적 경합이 가능하지만, 양죄가 사실의 적시 여부에만 차이가 있다고 볼 때에는 양죄는 법조경합의 관계로서 명예훼손죄만 성립한다고 결론이 된다.

제 2 절 신용 · 업무와 경매에 관한 죄

Ⅰ. 서 론

1. 신용 · 업무와 경매에 관한 죄의 의의

사람의 신용을 훼손하거나 업무를 방해하거나, 경매 · 입찰의 공정성을 침해하는 것을 내용으로 하는 범죄로서, 신용 · 업무 및 경매의 안전을 보호법익으로 한다.

2. 신용 · 업무와 경매에 관한 죄의 본질

신용 · 업무와 경매에 관한 죄의 본질에 관하여는 이를 ① 재산죄라고 보는 견해와, ② 인격적 법익, 자유에 관한 죄라고 보는 견해, ③ 재산죄인 동시에 자유에 대한 죄의 성질을 가진 범죄라고 해석하는 견해 등이 대립하고 있으나, 본 죄는 사람의 경제생활에 있어서의 자유라는 인격적 법익을 보호하기 위한 범죄이지만, 특히 업무방해죄와 경매·입찰방해죄에 있어서는 재산죄로서의 성질도 함께 지니는 범죄라고 보는 것이 타당하다.

Ⅱ. 신용훼손죄

1. 신용훼손죄의 의의

허위의 사실을 유포하거나 기타 위계로써 사람의 신용을 훼손함으로써 성립하는 범죄이다(제313조). 즉 경제적 측면에서 사람의 사회적 평가를 침해하는 것을 내용으로 하는 범죄이다. 본 죄의 보호법익은 사람의 신용이다. 신용이란 사람의 지불능력이나 지불의사에 대한 사회적 평가를 말한다. 신용의 주체는 자연인·법인은 물론 법인격 없는 단체도 포함한다.

2. 행 위

허위의 사실을 유포하거나 기타 위계로써 사람의 신용을 훼손하는 것이다.

1) 신용훼손의 방법

① 「허위의 사실을 유포한다」 함은 객관적 진실에 맞지 않는 사실을 불특정 또는 다수인에게 전파하는 것을 말한다. ② 위계란 상대방의 부지나 착오를 이용하는 일체의 행위로서, 기망하는 경우뿐만 아니라 유혹하는 경우도 포함한다.

2) 신용의 훼손

① 「신용을 훼손한다」 함은 사람의 지불능력 또는 지불의사에 대한 사회적 신뢰를 저하시킬 우려가 있는 상태를 발생케 하는 것을 말한다. ② 본 죄는 추상적 위태범이므로 사람의 신용을 훼손할 만한 허위사실의 유포 또는 기타 위계의 행사가 있으면 본 죄는 기수로 된다.

3. 죄 수

공연히 허위의 사실을 적시하여 명예와 신용한 때에 본 죄와 명예훼손죄와의 관계에 대하여 통설은 양죄의 상상적 경합이 된다고 한다. 그러나 본 죄는 사람의 사회적 가치 가운데 경제적 가치만을 특별히 보호하는 인격적 법인에 관한 죄이므로 본 죄가 성립할 때에는 명예훼손죄는 성립하지 않는다고 해야 한다(특별관계).

Ⅲ. 업무방해죄

1. 업무방해죄의 의의

1) 의 의

본 죄는 허위의 사실을 유포하거나 기타 위계 또는 위력으로써 사람의 업무를 방해하거나 컴퓨터 등 정보처리장치 또는 전자기록 등 특수매체기록을 손괴하거나 정보처리장치에 허위의 정보 또는 부정한 명령을 입력하거나 기타 방법으로 정보처리에 장애를 발생하게 하여 사람의 업무를 방해한 때에 성립하는 범죄이다(제314조). 본 죄는 재산죄가 아니라 재산죄로서의 성격도 가지고 있는 인격적 활동의 자유를 보호하는 범조이다.

2) 보호법익

본 죄의 보호법익은 업무이다.

(1) 업무의 의의

업무란 사람이 그 사회적 지위에 있어서 계속적으로 종사하는 사무 또는 사업을 말한다. 따라서 업무라고 하기 위하여는 사회적 지위와 계속성이라는 두 가지 요소를 갖추어야 한다. 보수의 유무나 영리의 목적의 유무를 불문하며, 주된 업무뿐만 아니라 부수적 업무도 포함한다. 업무의 주체는 자연인에 한하지 않고 법인은 물론 법인격 없는 단체도 포함한다.

(2) 보호법익으로서의 업무

본 죄의 업무는 보호법익으로서의 업무인 점에서 과실범에 있어서의 업무와 구별하여야 한다. 즉 ① 생명·신체에 위해를 가할 위험 있는 업무에 제한되지 아니하지만, ② 업무에 수반하거나 일시 오락을 위한 행위에 대하여까지 확대될 수는 없고, ③ 형법에 의하여 보호할 가치가 있는 업무에 제한된다는 점에서 업무상 과실치사상죄(제368조)의 업무와 구별된다.

(3) 공 무

업무상 과실치사상죄(제268조)에 있어서의 업무는 사적 업무이건 공적 업무이건 묻지 아니함에 대하여, 본 죄의 업무에 공무가 포함되느냐에 관하여는 ① 적극설, ② 소극설, ③ 비공무원에 의한 공무수행이나 비권력적 공무수행 또는 위력에 의한 공무집행방해의 경우에는 공무도 포함된다는 절충설 등의 견해의 대립이 있다. 그러나 형법은 본 죄 이외에 공무집행방해죄를 별도로 규정하고 있고(제136조, 제137조), 본 죄는 개인의 경제활동의 자유를 보호하기 위한 범죄이므로 공무는 본 죄의 업무에서 제외된다고 해석하는 소극설이 타당하다.

2. 행 위

허위의 사실을 유포하거나 기타 위계 또는 위력으로써 사람의 업무를 방해하는 것이다.

1) 업무방해의 방법

(1) 허위사실의 유포와 위계

'허위의 사실을 유포'와 위계의 의미는 신용훼손죄의 그것과 같다. 허위의 사실을 유포함도 위계의 예시에 지나지 않는다.

(2) 위력

위력이란 사람의 의사의 자유를 제압·혼란케 할 만한 일체의 세력을 말하며, 유형적이든 무형적이든 묻지 않는다.

2) 업무의 방해

업무를 방해한다 함은 업무의 집행 자체를 방해하는 경우뿐만 아니라, 업무의 경영을 저해하는 것도 포함한다. 본 죄도 추상적 위험범이므로 업무를 방해할 우려 있는 상태가 발생하면 족하다.

3. 위법성

본 죄의 법익은 처분할 수 있는 법익이므로 피해자의 승낙은 본 죄의 위법성을 조각한다. 자구행위 또는 쟁의행위 등 정당행위도 그 요건을 충족하는 한 위법하다고 할 수 없다.

4. 컴퓨터 업무방해죄

1) 의 의

컴퓨터 등 정보처리장치 또는 전자기록 등 특수매체기록을 손괴하거나 정보처리장치에 허위의 정보 또는 부정한 명령을 입력하거나 기타 방법으로 정보처리에 장애를 발생케 하여 사람의 업무를 방해함으로써 성립하는 범죄이다(제314조 제2항). 보호법익이 업무인 점은 업무방해죄와 같다.

2) 구성요건

(1) 행위의 객체

컴퓨터 등 정보처리장치와 전자기록 등 특수매체기록이다. 정보처리장치란 컴퓨터시스템을 의미하며, 특수매체기록에는 전자기록 이외에 전기적 기록이나 광기술을 이용한 기록을 포함한다. 사람의 업무에 사용되는 것이면 족하고 기업체나 관청의 업무에 상용되는 것임으로 요하지 않는다. 정보처리장치와 특수매체기록의 소유권의 귀속은 불문한다. 다만 본 죄의 객체인 컴퓨터는 자동적으로 정보처리를 행할 장치를 갖추고 어느 정도 독립성을 가지고 업무에 사용되고 있는 것에 한정된다. 따라서 다른 기기인 자동판매기 또는 자동개찰기의 부품이 되어 있는 마이크로프로세서는 물론, 전기타자기나 휴대용 계산기는 여기에 포함되지 않는다.

(2) 행 위

본조의 행위는 ① 컴퓨터 등 정보처리장치나 전자기록 등 특수매체기록을 손괴하거나, ② 정보처리장치에 허위의 정보 또는 부정한 명령을 입력하거나, ③ 기타의 방법으로 정보처리장치에 장애를 발생케 하는 것이다. 손괴는 정보처리장치나 특수매체기록에 대한 물리적인 파괴나 멸실뿐만 아니라 전자적 기록을 소거하는 것을 포함한다. 허위의 정보 또는 부정한 명령을 입력하는 것은 진실에 반하는 정보를 입력하거나 주어서는 안 되는 프로그램을 입력하는 것을 말한다. 기타의 방법은 컴퓨터에 대한 가해수단으로 컴퓨터의 작동에 직접 영향을 미치는 일체의 행위임을 요한다. 가해행위의 결과로 정보처리장체에 장애가 발생케 하여야 한다. 정보처리장치의 장애란 컴퓨터의 정상적인 기능을 저해하는 것을 말한다.

(3) 업무방해

업무를 방해해야 한다. 그러나 방해의 결과가 현실적으로 발생하여야 하는 것이 아님은 업무방해죄의 경우와 같다.

(4) 주관적 구성요건

본 죄가 성립하기 위하여는 고의가 필요하며, 미필적 인식이 있으면 족하다.

3) 타죄와의 관계

본 죄는 업무방해죄에 대한 특별유형이므로 본 죄가 성립한 때에 업무방해죄는 성립할 여지가 없다. 컴퓨터를 손괴하여 업무를 방해한 대에는 손괴죄와 본 죄의 상상적 경합이 된다.

Ⅳ. 경매 · 입찰방해죄

1. 경매 · 입찰방해죄의 의의

위계 또는 위력 기타 방법으로 경매 또는 입찰의 공정을 해함으로써 성립하는 범죄이다(제315조). 경매 또는 입찰의 공정을 보호법익으로 한다.

2. 행 위

위계 또는 위력 기타 방법으로 경매 또는 입찰의 공정을 해하는 것이다. ① 위계나 위력의 의미는 신용훼손죄와 업무방해죄에 있어서와 같다. ② 경매 또는 입찰의 공정을 해한다는 것은 적정한 가격을 형성하는 공정한 자유경쟁이 방해될 우려 있는 상태를 발생시키는 것을 말하며, 공정을 해하는 행위에는 경매나 입찰가격을 결정하는 데 있어서 뿐만 아니라 그 공정한 경쟁방법을 해하는 행위도 포함된다. ③ 본 죄도 추상적 위험범이므로 경매 도는 입찰의 공정을 해하는 행위가 있으면 기수가 된다.

3. 담합행위

담합행위가 공정한 가격을 해하거나 부정한 이익을 얻을 목적으로 행하여진 이상 위계에 의한 경매방해죄가 성립한다고 해야 하지만, 담합의 목적이 주문자의 예정가격 내에서 적정한 가격을 유지하면서 출혈경쟁을 방지함이 있고 낙찰가격도 공정한 가격의 범위 내일 때에는 담합자 사이에 금품의 수수가 있었다 하더라도 경매나 입찰의 공정을 해하였다고 볼 수 없으므로 본 죄는 성립하지 않는다고 해야 할 것이다.

제 4 장

사생활의 평온에 대한 죄

제 1 절 비밀침해의 죄

Ⅰ. 서 론

1. 비밀침해죄의 의의

개인의 사생활에 있어서의 비밀, 즉 privacy를 침해하는 것을 내용으로 하는 범죄를 말한다. 즉 형법 제35장의 비밀침해의 죄는 우리 헌법이 보장하고 있는 사생활의 자유(제17조)와 통신의 비밀(제18조)을 형법에 의하여 실현하게 하는 범죄이다. 본 죄는 개인의 사생활에 있어서의 비밀을 보호법익으로 한다. 형법 제35장의 비밀침해의 죄는 비밀침해죄(제316조)와 업무상 비밀누설죄(제317조)로 구성되어 있다.

2. 입법론

비밀침해의 죄에 관한 형법의 규정은 사적 대화의 비밀보호에 대비할 수 없음은 물론 변호사 아닌 변호인・소송대리인・counsellor・세무사 및 흥신소에 종사하는 자 등을 업무상 비밀누설죄의 주체에서 제외하고 있어 사생활의 비밀에 대한 침해로부터 개인의 자유를 보호하는 데 충분하지 못하다는 비판을 받고 있다.

Ⅱ. 명예침해의죄

1. 의의와 보호법익

봉함 기타 비밀장치한 사람의 편지 · 문서 또는 도화를 개봉하거나, 봉함 기타 비밀장치한 사람의 편지 · 문서 · 도서 또는 전자기록 등 특수매체기록을 기술적 수단을 이용하여 그 내용을 알아냄으로써 성립하는 범죄이다(제316조). 본 죄의 보호법익은 개인의 비밀이다. 비밀의 주체는 자연인이든 법인이든 법인격 없는 단체이든 불문하며, 비밀은 개인의 비밀뿐만 아니라 국가 또는 공공단체의 비밀도 여기에 포함된다.

2. 객관적 구성요건

1) 행위의 객체

본 죄의 객체는 「봉함 기타 비밀장치한 사람의 편지 · 문서 · 도화 또는 전자기록 등 특수매체기록」이다.

(1) 편지 · 문서 · 도화 또는 전자기록 등 특수매체기록

① 편지란 특정인으로부터 다른 특정인에게 의사를 전달하는 문서를 말하며, 반드시 우편물이어야 하는 것은 아니다. ② 문서는 편지가 아닌 것으로서 문자 기타의 발음부호에 의하여 특정인의 의사를 표시한 것으로서, 공문서이든 사문서이든 묻지 않는다. ③ 도화란 그림에 의하여 의사가 표시된 것을 말하며, 사진 또는 도표가 여기에 해당한다. ④ 전자기록 등 특수매체기록이란 전자적 기록 이외에 전기적 기록이나 광기술을 이용하여 저장되어 있어 직접 지각할 수 없는 기록을 말한다.

(2) 봉함 기타 비밀장치

편지 · 문서 · 도화 또는 전자기록 등 특수매체기록은 봉함 또는 비밀장치한 것에 한하여 본 죄의 객체가 된다. ① 「봉함」이란 봉투를 풀로 붙인 것과 같이 그 외포를 파손하지 않고는 내용을 알 수 없거나 곤란하게 하는 것을 말하며, ② 「비밀장치」는 봉함 이외의 방법으로 외포를 만들어 그 내용을 알 수 없게 하는 일체의 장치를 말한다. ③ 비밀장치한 특수매체기록이란 권한 없는 사람의 기록에 대한 접근을 방지하거나 곤란하게 하기 위한 장치가 취해져 있는 기록을 말한다. 컴퓨터나 기록 자체가 시정되어 있는 경우는 물론, 정보의 호출을 위하여 예컨대 비밀번호, 전자카드, 지문감식 또는 음성감식체제와 같은 특수한 작동체계를 마련한 경우를 포함한다.

2) 행 위

개봉하거나 기술적 수단을 이용하여 그 내용을 알아내는 것이다.

(1) 개봉이란 봉함 기타 비밀장치를 파훼하여 편지·문서 또는 도화의 내용을 알 수 있는 상태에 두는 것을 말하며, 그 방법을 묻지 않는다. 반드시 그 내용을 인식하였을 것도 요하지 않는 바, 편지 등을 개봉한 이상 그 내용을 읽지 못하였다 하여도 본 죄의 기수가 된다. 이러한 의미에서 본 죄는 추상적 위험범이다.

(2) 개봉하지 않고 기술적 수단을 이용하여 그 내용을 알아내는 경우에도 본 죄가 성립한다(제2항). 내용을 알아내는 것은 기술적인 수단을 이용한 것이어야 하므로 단순히 불빛에 투시하여 내용을 읽어보는 것만으로는 족하지 않다. 투시기를 사용하거나 종이를 약물에 적셔서 내용을 알아내는 경우가 여기에 해당한다.

3. 주관적 구성요건

주관적 구성요건으로 봉함 기타 비밀장치한 타인의 편지·문서·도화 또는 전자기록 등을 개방한다는 고의가 있어야 한다. 미필적 고의로도 족하다.

4. 위법성

본 죄가 성립하기 위하여는 편지 등의 개봉이 위법하여야 한다. 그러나 본 죄의 위법성도 위법성조각사유의 존재에 의하여 조각된다. 통설은 피해자의 승낙도 본 죄의 위법성을 조각한다고 하나, 구성요건해당성을 조각한다고 봄이 타당하다. 우편단속법(제3조)·행형법(제18조 제3항)·형사소송법(제107조, 제120조) 및 우편법(제28조 제2항, 제35조)에 의한 정당행위에 추정적 승낙에 의하여도 위법성은 조각된다.

5. 고소권자

본 죄는 친고죄이다. 그러나 누가 고소권자인가에 대하여는 견해가 대립하고 있다. 생각건대 편지 등의 비밀은 발송인과 수신인에게 공통되는 것이므로 발송인뿐만 아니라 수신인도 언제나 고수권자가 된다고 해석하는 다수설이 타당하다.

Ⅲ. 업무상 비밀누설죄

1. 의의와 보호법익

의사·약제사·변호사·공증인 등 법문에 열거된 자가 그 업무처리중 지득한 타인의 비밀을 누설함으로써 성립하는 범죄이다(제317조). 보호법익은 개인의 비밀이다. 본 죄는 친고죄이다(제318조).

2. 객관적 구성요건

1) 주 체

의사·한의사·치과의사·약제사·약종상·조산사·변호사·변리사·계리사·공증인·대서업자나 그 직무상 보조자와 종교의 직에 있는 자 또는 있었던 자에 제한된다. 이러한 의미에서 본 죄는 진정신분범이며 자수범이라고 할 수 있다.

2) 객 체

「업무처리중 또는 직무상 지득한 타인의 비밀」이다.

(1) 비 밀

「비밀」이란 특정인 또는 일정한 범위의 사람이게만 알려져 있는 사실로서 타인에게 알려지지 아니하는 데 본인에게 이익이 있는 사실을 말하며, 비밀의 주체는 자연인이든 법인이든 법인격 없는 단체이든 불문한다. 그러나 비밀은 개인의 비밀에 제한되며, 국가 또는 공공단체의 비밀은 여기에 포함되지 않는다. 본 죄는 개인의 비밀을 보호하기 위한 것이기 때문이다. 또한 비밀이라고 하기 위하여는 본인이 비밀로 할 것을 원할 뿐만 아니라 객관적으로도 비밀로 할 이익이 있어야 한다(절충설).

(2) 직무상 지득한 비밀

비밀은 「그 직무처리중 또는 직무상 지득한 것」임을 요한다. 따라서 업무처리와 관계없이 알게 된 사실은 그것이 비밀에 속한다 하여도 본 죄의 비밀에는 해당하지 않는다.

3) 행 위

비밀을 「누설」하는 것이다. 「누설」이란 비밀에 속하는 사실을 이를 모르는 사람에게 알게 하는 것을 말한다. 그 방법에는 제한이 없으며, 공연히 비밀을 누설할 것을 요하지 않으므로 한 사람에게 알려도 된다. 다만 공연히 비밀을 누설하여 사람의 명예를 훼손한 때에는 본 죄와 명예훼손죄의 상상적 경합이 된다.

3. 주관적 구성요건

주관적 구성요건으로 고의를 요한다. 여기의 고의의 내용에는 신분에 대한 인식과 자기가 지득한 비밀을 누설한다는 인식이 포함된다.

4. 위법성

본 죄도 일반적 위법성조각사유에 의하여 위법성이 조각된다. 따라서 ① 생명·신체 또는 자유에 대한 위난을 피하기 위하여 비밀을 누설한 때에는 긴급피난에 의하여, ② 법령에 의하여 비밀의 고지가 의무로 되어 있는 때에는(전염병예방법 제4조) 정당행위에 의하여 위법성이 조각된다. 또한 ③ 증언거부권을 가진 자가 이를 행사하지 아니하고 증언하면서 타인의 비밀을 누설한 경우에도 위법성이 조각된다(통설).

제2절 주거침입의 죄

Ⅰ. 서 론

1. 주거침입죄의 의의

사람의 주거, 관리하는 장소의 평온과 안전을 침해하는 것을 내용으로 하는 범죄이다. 본 죄는 헌법이 보장하고 있는 주거의 자유를 침해함으로써 성립하는 범죄이다. 우리 형법은 주거침입의 죄로 주거침입죄와 퇴거불응죄(제319조)를 두고 이에 대한 가중적 구성요건을 특수주거침입(퇴거불응)죄(제320조)를 규정한외에 주거·신체수색죄(제321조)와 미수범처벌규정(제322조)을 두고 있다.

2. 보호법익

주거침입죄의 보호법익이 자유권적 성질을 가진 인격적 법익이라는 데는 의문이 없으나, 그 구제적인 내용이 무엇이냐에 관하여는 ① 주거권설과 ② 사실상 평온설(통설·판례), ③ 주거 내지 건조물 종류를 구분하고 사적장소와 공공장소를 구분하는 구분설, 그 외에도 ④ 절충설이 대립하고 있다. 본 죄는 개인적 법익에 대한 죄이고, 주거권은 주거의 평온에 대한 결정의 자유를 내용으로 하는 고유한 성질의 인격적 자유권이라 할 것이므로 본 죄의 보호법익은 주거권이라고 해석함이 타당하다. 따라서 주거권자의 주거권을 침해한 이상 사실상 주거를 지키고 있는 사람의 승낙을 받고 들어간 때에도 본 죄는 성립한다고 할 것이다. 보호법익이 보호받는 정도는 위태범이다.

Ⅱ. 주거침입죄

1. 단순주거침입죄

본 죄는 사람의 주거, 관리하는 건조물, 선박이나 항공기 또는 점유하는 방실에 침입함으로써 성립하는 범죄이다(제319조 제1항).

1) 객관적 구성요건

(1) 행위의 객체

「사람의 주거, 관리하는 건조물, 선박이나 항공기 또는 점유하는 방실」이다. ① 「주거」라 함은 사람이 일상생활을 영위하기 위하여 점거하는 장소이면 족하고, 반드시 침식에 사용하는 장소일 것까지 요하지 않는다. 주거의 설비 또는 그 구조의 여하는 묻지 않으며, 부동산은 물론 동산도 주거가 될 수 있다. ② 「관리」란 타인이 침해하는 것을 방지하는 데 족한 인적·물적 설비를 갖추어 사실상 사람이 관리·지배하고 있는 것을 말하며, 「건조물」이란 주거를 제외한 일체의 건물(부동산)을 말하며, 「선박」은 크기를 묻지 않지만 적어도 주거에 사용할 수 있을 정도임을 요한다. ③ 「점유하는 방실」은 건물 내에서 사실상 지배·관리하는 구획을 말하며, 사무실·연구실은 물론 호텔 또는 여관에 투숙중인 방이 여기에 속한다.

(2) 행 위

침입하는 것이다.

① 침 입

「침입」이란 주거권의 의사에 반하여 들어가는 것을 말한다. 신체적 침입을 의미하므로 행위자의 신체 전부가 주거에 들어가야 기수가 된다(통설). 침입의 방법은 묻지 않는다. 따라서 주거에 대한 보증인이 제3자의 침입을 방지하지 아니한 경우처럼 부작위에 의한 침입도 가능하다.

② 주거권자의 의사

㉠ 주거권자의 의사에 반하여 들어가는 것이 침입이므로 주거권자의 하자 없는

의사에 따라 들어간 때에는 침입이라고 할 수 없다. 즉 주거권자의 동의는 본 죄의 구성요건해당성을 조각한다. 여기서 주거권자란 주거에 거주함으로써 그 장소에 대하여 privacy의 이익을 가진 사람을 의미하며, 주거에 수인이 같이 거주하는 때에는 각자가 모두 주거권을 가진다. 따라서 남편의 부재중에 처와 간통하기 위하여 처의 동의를 얻어 들어간 경우에도 본 죄는 성립한다고 할 것이다(판례). 이에 대해 다른 거주자의 동의를 기대할 수 없을 때에는 단독으로 출입을 허락할 수 없으므로 본죄가 성립한다는 적극설, 거주자 1인 이상의 승낙이 있으면, 주거의 사실상 평온을 침해한 것으로 볼 수 없어 본죄가 성립할 수 없다는 소극설이 대립하고 있으며, 통설은 소극설을, 판례는 적극설의 입장을 취하고 있다. ㉡ 공중에 개방되어 있는 백화점·관공서의 청사·역·은행·식당 등에 범죄의 목적으로 들어간 경우에 판례는 본 죄의 성립을 인정한다. 그러나 일반적인 허가가 있는 한, 목적이 불법하다는 이유만으로 주거침입이 된다고 할 수는 없을 것이다. 따라서 절도의 목적을 백화점에 들어가는 것은 본 죄를 구성하지 않는다고 해야 한다.

2) 주관적 구성요건

본 죄도 고의범이다. 따라서 행위자는 주거권자의 의사에 반하여 들어간다는 고의가 있어야 한다. 미필적 고의로도 족하다.

3) 위법성

주거침입죄도 위법성조각사유가 있으면 적법하게 되어 범죄가 성립하지 않는다. 그 대표적인 경우가 법령에 근거를 가진 정당행위이다.

4) 죄 수

주거침입죄는 주거침입의 수단으로 범한 죄와 상상적 경합이 된다. 그러나 주거침입시에 범한 다른 범죄와 주거침입죄는 경합범이다. 따라서 절도·살인·강도·강간을 위하여 주거에 침입한 경우에는 양죄는 경합범의 관계가 된다. 주거에 침입하여 강간 또는 폭행을 한 때에도 마찬가지다.

2. 퇴거불응죄

1) 의 의

사람의 주거 및 관리하는 건조물이나 선박 또는 점유하는 방실에서 퇴거요구를 받고 응하지 않음으로써 성립하는 진정부작위범이다(제319조 제2항).

2) 성립요건

① 본 죄가 성립하기 위하여는 퇴거요구를 받고도 이에 응하지 아니하여야 한다. 퇴거요구는 1회로도 족하고, 반드시 명시적으로 행하여져야 하는 것은 아니다. 다만 퇴거요구는 원칙적으로 주거권자에 의하여 행하여져야 한다. ② 여기서 「퇴거요구를 받고 응하지 아니한다」고 함은 일단 적법하게 주거에 들어간 자가 퇴거요구를 받고도 나가지 않는 것을 말한다. ③ 본 죄는 퇴거요구를 받고 즉시 응하지 않음으로써 기수가 된다.

3) 미수범

형법은 본 죄의 미수범을 벌하고 있으나(제322조), 본 죄는 퇴거요구에 응하지 않으면 즉시 기수가 되므로 본 죄의 미수는 생각할 여지가 없을 것이다. 진정부작위범의 미수는 생각할 수 없기 때문이다.

Ⅲ. 특수주거침입죄

단체 또는 다중의 위력을 보이거나 위험한 물건을 휴대하여 주거침입죄 또는 퇴거불응죄를 범함으로써 성립하는 범죄이다(제320조). 주거침입죄와 퇴거불응죄는 계속범이므로 범죄가 계속되는 동안 위험한 물건을 가지고 있으면 족하고, 그것을 외부에 꺼내어 보이거나 피해자가 이를 인식할 것을 요하지 않는다.

Ⅳ. 주거 · 신체수색죄

사람의 신체, 주거, 관리하는 건조물이나 선박 또는 점유하는 방실을 수색함으로써 성립하는 범죄이다(제321조). 수색이란 사람 또는 물건을 발견하기 위하여 사람의 신체 또는 일정한 장소를 조사하는 것을 말하며, 본 죄의 수색은 위법할 것을 요한다. 따라서 형사소송법에 의한 수색은 위법성을 조각하며, 피해자의 동의가 있는 때에는 구성요건해당성이 조각된다. 주거에 침입하여 수색한 때에는 본 죄와 주거침입죄의 경합범이 된다.

제 5 장

재산에 대한 죄

재산에 대한 죄를 보호법익에 따라 나눌 때에는 소유권을 보호법익으로 하는 죄(절도죄·횡령죄·손괴죄·장물죄)와 전체로서의 재산권을 보호법익으로 하는 죄(강도죄·사기죄·공갈죄·배임죄) 및 소유권 이외의 물권과 채권을 보호법익으로 하는 죄(권리행사방해죄)로 나눌 수 있다. 다만 형법은 재산죄를 침해방법에 따라 나누는 태도를 취하고 있다. 재산죄는 그 객체·영득의사 또는 침해방법에 따라 다음과 같이 분류될 수 있다.

Ⅰ. 재산죄와 이득죄

재산죄의 객체를 기준으로 한 구별로서 절도죄·횡령죄·장물죄·손괴죄는 재물죄이고 배임죄가 이득죄이다. 강도죄와 사기죄 및 공갈죄는 재물죄인 동시에 이득죄이다.

Ⅱ. 영득죄와 손괴죄

영득의 의사에 따른 구분으로서 절도죄·강도죄·사기죄·공갈죄 및 횡령죄가 전자에 속하고 손괴죄는 영득의 의사를 요하지 않는 후자에 속한다.

Ⅲ. 탈취죄와 편취죄

영득죄를 침해방법에 따라 구별한 것으로서 절도죄·강도죄·장물죄 및 횡령죄가 전자에 속하고, 사기죄와 공갈죄가 후자에 속한다.

제 1 절 절도의 죄

Ⅰ. 서 론

1. 의의와 보호법익

1) 절도죄의 의의

절도죄는 타인의 재물을 절취하는 것을 내용으로 하는 범죄이다(제329조). 재산죄 중에서 재물만을 객체로 하는 순수한 재물죄이다.

2) 보호법익

절도죄의 보호법익은 소유권이다. 그러나 절도죄의 보호법익을 소유권과 함께 점유도 그 보호법익이 된다고 하는 견해도 있다. 생각건대 절도죄에 있어서의 점유는 절도죄의 객체가 될 수 있어도 그 보호법익이 될 수는 없다 할 것이므로 절도죄의 보호법익은 소유권이라고 하는 것이 타당하다. 보호법익이 보호받는 정도는 위태범이다.

2. 구성요건의 체계

절도죄의 기본적 구성요건은 단순절도죄(제329조)이며, 이에 대한 가중적 구성요건으로는 야간주거침입절도죄(제330조), 특수절도죄(제331조) 및 상습절도죄(제332조)가 있다.

Ⅱ. 절도죄

1. 객관적 구성요건

타인이 점유하는 타인의 재물을 절취함으로써 성립한다.

1) 행위의 객체

타인이 점유하는 타인의 재물이다.

(1) 재 물

① 서 론

재물의 개념내용도 모든 재산죄에서 같은 의미를 가지는 것은 아니다. 사기죄·공갈죄 및 횡령죄에 있어서는 동산 뿐만 아니라 부동산도 재물이 되지만, 절도죄와 강도죄에 있어서는 부동산이 재물로 되는가가 문제된다. 형법은 제346조에서 「본장의 죄에 있어서 관리할 수 있는 동력은 재물로 간주한다」고 규정하고 이를 다른 재산죄에 준용하고 있다.

② 유체성설과 관리가능성설

재물의 개념에 대하여는 종래 재물이란 유체물에 한한다고 보는 유체성설과 관리할 수 있으면 유체물뿐만 아니라 무체물도 재물이 된다고 하는 관리가능성설이 대립하고 있었다. 그러나 재물의 개념은 형법상의 재산범죄 특히 소유권범죄의 의의와 목적에 따라 결정되어야 할 것이므로 관리가능성설이 타당하다. 따라서 재물이란 유체물 및 관리할 수 있는 동력을 의미한다.

③ 재물의 개념

㉠ 유체물 및 관리할 수 있는 동력

유체물이란 일정한 공간을 차지하고 있는 물체를 말한다. 현금도 이에 해당하지만, 채권 기타의 권리는 유체물이 아니다. 그러나 이러한 권리가 화체되어 있는 문서, 예컨대 어음·수표 또는 예금통장은 유체물이다. ② 관리할 수 있는 동력은 무체물이지만 재물이 된다. 여기서 관리할 수 있다는 의미는 물리적 관리를 의미한다

(통설). 그러므로 권리는 절도죄의 객체가 될 수 없다. 한편, 타인의 전화를 무단으로 사용해 전화 통화를 하는 행위는 무형적인 이익에 불과하고 물리적 관리의 대상이 될 수 없어 재물이 아니라는 것이 판례의 입장이다(대판 1998.6.23, 98도700).

㉡ 재물과 경제적 가치

재물이 경제적·재산적 가치를 가질 것을 요하는가에 관하여 대법원은 재물이란 경제적 가치를 가질 것을 요한다는 전제에서 주관적 가치 또는 소극적 가치만 있어도 재물이 된다고 한다. 그러나 이득죄와는 달리 소유권 범죄는 재물에 대한 지배라는 형식적·법적 지위를 보호하는 죄이므로 재물은 경제적 가치 또는 교환가치가 있을 것을 요하지 않는다고 해야 할 것이다.

㉢ 재물과 부동산

재물은 동산에 한하는가 또는 부동산도 포함하는가가 문제된다. 그러나 이 문제는 부동산도 재물인가라는 개념상의 문제가 아니라, 절도죄·강도죄·사기죄·공갈죄 또는 횡령죄의 각 구성요건이 정하고 있는 객체에 부동산이 포함될 수 있는가라는 문제이다. 사기죄·공갈죄 및 횡령죄에 있어서는 부동산도 재물에 해당한다는 데는 이론이 없다. 문제는 부동산이 절도죄의 객체가 될 수 있는가에 있다. 다수설은 부동산도 절도죄의 객체에 포함된다고 한다. 그러나 사실상 부동산에 대한 절도로는 그 권리를 절취하거나 경계를 침범하거나 부동산에 침입하여 점거하는 경우를 생각할 수 있는데, 권리는 재물이 될 수 없을 뿐만 아니라 우리 형법은 별도로 경계침범죄(제370조)와 주거침입죄(제319조 제1항)를 마련하고 있으므로 부동산은 절도죄의 객체가 될 수 없다(판례)고 보는 것이 타당하다.

④ 타인의 재물

절도죄의 객체는 타인의 재물이다. 타인의 재물이란 타인의 단독소유 또는 공동소유에 속하는 재물을 말한다. 재물의 타인성이 인정되지 않는 경우로는 ㉠ 민법상의 물권법 이론에 의한 행위자의 단독 소유물, ㉡ 무주물, ㉢ 소유권의 객체가 될 수 없는 금제품(위조통화, 아편흡식기 등) 등이 있으며, 무주물에는 소유권의 객체가 될 수 없는 재물이나 원래 소유자가 없는 물건 또는 소유자가 유효하게 소유권을 포기한 재물 등이 있다.

(2) 점 유

① 서 론

형법에 있어서의 점유는 재물에 대한 물리적·현실적 작용에 의하여 인정되는 순수한 사실상의 지배관계를 의미한다. 따라서 형법상의 점유에 있어서는 간접점유나 상속에 의한 점유의 이전은 인정되지 아니하고, 법인은 점유의 주체가 될 수 없다.

② 점유의 기능

㉠ 보호의 객체로서의 점유

권리행사방해죄(제323조)에 있어서의 점유는 행위의 객체에 그치는 것이 아니라 동죄의 보호법익이 된다.

㉡ 행위의 주체로서의 점유

횡령죄에 있어서의 보관(점유)은 행위의 주체 내지 신분요소인 기능을 가진다. 따라서 횡령죄의 점유는 위탁관계에 기한 것이어야 하며, 재물에 대한 사실상의 지배에 엄격히 제한되지 아니하고 법률상의 지배까지 포함된다.

㉢ 행위의 대상으로서의 점유

탈취죄의 점유는 행위의 대상 내지 객체가 된다. 그 대표적인 예가 절도죄의 점유이다. 절도죄의 행위의 객체는 타인이 점유하는 타인의 재물이다. 절도죄를 중심으로 하여 점유의 의의와 그 주체를 살펴보면 다음과 같다.

③ 점유의 의의

점유란 「점유의사에 의하여 지배되고 그 범위와 한계가 경험칙에 따라 결정되는 재물에 대한 사람의 지배관계」를 말한다. 따라서 형법상의 점유는 다음의 세 가지 요소로 이루어진다.

㉠ 객관적·물리적 요소

점유는 사실상의 재물지배를 의미한다. 이를 점유의 객관적·물리적 요소라고 한다. 이러한 사실상의 재물지배는 재물과 사람 사이의 밀접한 장소적 연관 또는 재물에 대한 장소적·시간적 작용가능성을 필요로 하며, 또한 그것은 사실적 처분가능성을 의미하며 법적 당위를 뜻하는 것은 아니다.

ⓛ 주관적 · 정신적 요소

형법상의 점유는 지배의사를 전제로 한다. 여기서 지배의사란 재물을 자기의 의사에 따라 처리하는 것을 말하며 소유의 의사나 영득의 의사를 요하는 것은 아니다. 점유의 주관적 · 정신적 요소인 재물지배의 의사는 ⓐ 순수한 사실상의 처분의사 내지 지배의사를 말하고, ⓑ 특정한 재물에 대한 구체적 지배의사가 아니라 일반적 지배의사를 뜻하며, ⓒ 현실적 의사임을 요하지 않으며 잠재적 지배의사로 족하다.

ⓒ 사회적 · 규범적 요소

점유의 객관적 요소인 사실상의 재물지배와 주관적 요소인 재물지배의사의 내용은 다시 사회적 · 규범적 요소에 의하여 결정된다. 즉 점유의 사회적 법적 요소에 의하여 점유의 개념은 확대될 수도 있고, 제한되는 경우도 있다.

ⓔ 타인의 점유

절도죄의 객체는 타인이 점유하는 재물이다. 여기서 타인의 점유란 그 재물이 행위자의 단독소유에 속하지 않는 경우를 말한다. 점유의 타인성과 관련하여 공동점유와 봉합된 포장물의 점유가 문제된다.

ⓐ 공동점유

배분관계에 의한 공동점유에 있어서는 공동점유자 상호간에 점유의 타인성이 인정되지만, 상하관계에 의한 공동점유에 있어서는 하위점유자의 점유는 상위점유자에 대한 관계에서 원칙적으로 보호받지 못한다. 그러나 은행, 역 또는 백화점의 금전출납원은 그 돈에 대한 단독점유를 가진다 할 것이고, 재물의 운반을 위탁한 경우에는 운반자에 대한 위탁자의 현실적인 감독과 통제가 가능한가에 따라 결정하여야 한다.

ⓑ 봉합 또는 시정된 포장물의 점유

봉합된 포장물을 위탁받은 경우 또는 시정된 용기의 경우에 그 내용물이 누구의 점유에 속하는가에 대하여는 견해가 대립하고 있으나, 위탁된 용기의 크기와 이에 대한 위탁자 또는 열쇠소지자의 접근가능성이라는 두 가지 표준에 의하여 결정하여야 할 것이다.

2) 행 위

절취는 타인의 점유의 배제와 새로운 점유의 취득을 그 내용으로 한다.

(1) 점유의 배제

지금까지의 점유자의 재물에 대한 사실상의 지배를 제거하는 것을 말한다. 점유배제의 수단이나 방법은 묻지 아니한다. 점유의 배제는 점유자 또는 처분권자의 의사에 반할 것을 요한다. 이 점에서 상대방의 하자 있는 의사에 의한 사기 또는 공갈과 구별된다.

(2) 점유의 취득

행위자가 재물에 대하여 방해받지 않는 사실상의 지배를 갖는 것을 말한다. 행위자 또는 제3자가 종국적이고 확실한 점유를 가질 것을 요하는 것은 아니지만, 피해자의 점유의 배제로 행위자 측에 새로운 점유가 취득되어야 한다.

(3) 절도죄의 착수시기와 기수시기

절도죄의 착수시기는 타인의 점유를 배제하는 행위를 개시한 때이다. 기수시기에 관하여는 접촉설, 은닉설, 이전설 등이 대립하고 있으나 재물을 취득한 때에 기수가 된다는 취득설이 통설이며, 또한 타당하다.

2. 주관적 구성요건

1) 고 의

절도죄가 성립하기 위한 주관적 구성요건인 고의는 타인이 점유하는 타인의 재물을 절취한다는 데 대한 인식과 의사이다. 이는 미필적 고의로도 족하다.

2) 불법영득의 의사

(1) 영득의사의 여부

절도죄의 주관적 구성요건으로 고의 이외에 불법영득의 의사가 있어야 하는가에 대하여 견해가 대립되고 있다. 불요설은 ① 절도죄의 보호법익은 점유에 있으며, ② 독일형법과 같이 이를 요한다는 명문의 규정이 없고, ③ 사용절도도 재물의 사용으로 피해자에게 중대한 가치의 감소를 초래한 경우에는 절도죄의 성립을 인정해야 하며, ④ 손괴의 의사로 타인의 점유를 침해한 때에도 절도죄의 성립을 인정할 필요가 있다는 것을 이유로 하고 있다. 이에 대하여 필요설은 절도죄의 성립에 불법영득의 의사가 필요하다는 입장을 취하고 있다. 생각건대 ① 절도죄에 있어서의 점유는 행위의 객체로서의 기능을 가지는 데 불과하고 절도죄의 보호법익은 어디까지나 소유권이며, ② 따라서 절도죄의 성립에 소유권을 침해한다는 의사로서 불법영득의 의사가 있어야 하고 소유권을 침해하지 않는 사용 절도는 원칙적으로 절도죄에 해당하지 않는다고 할 것이다. ③ 형법이 절도죄의 손괴죄보다 무겁게 벌하고 있는 점에 비추어 볼 때에 통설이 타당하다. 대법원도 일관하여 절도죄가 성립하기 위하여는 불법영득의 의사가 있어야 한다고 판시하고 있다. 다만 불법영득의 의사는 고의 이외의 초주관적 구성요건요소이므로 목적범에 있어서의 목적과 같이 확정적일 것을 요한다.

(2) 영득의사의 내용

대법원에 의하면 불법영득의 의사는 ① 권리자를 배제한다는 소극적 요소, 즉 제거와, ② 소요자로서 이를 이용한다는 적극적 요소, 즉 취득, ③ 경제적 용도에 따라 이용하는 의사를 말하며, 소유권범죄에 있어서 재물이 경제적 가치를 가질 것을 요하지 않는 것처럼 영득의 의사도 경제적 용도에 따라 이용할 의사임을 요하지 않는다. 따라서 영득의사의 내용으로는 적극적 요소와 소극적 요소만으로 족하다 할 것이다.

① 적극적 요소

영득의 의사는 타인의 재물에 대하여 소유권과 유사한 지위를 취득할 의사가 있음을 요한다. 따라서 재물을 절취하여도 소유권자로서 지배할 의사가 없으면 절도죄가 성립하지 않는다. 다만 이러한 의사는 일시적인 것으로 족하며, 영득의 동기도 문제되지 않는다.

② 소극적 요소

영득의 의사는 소유자를 종래의 지위에서 제거한다는 소극적인 요소가 있어야 한다. 소극적 요소는 영구적일 것을 요한다. 영득의 의사가 영구적 제거요소를 필요로 함에 의하여 절도죄는 일시적으로 타인의 재물을 이용하는 사용절도와 구별된다.

(3) 영득의사의 객체

① 학설의 대립

㉠ 물체설

물체설은 영득의사의 객체는 물체 그 자체라고 한다. 그러나 이에 의하면 물건 자체는 소유자에게 두고 그 가치만을 취거하거나, 일시 사용한 후에 물건을 반환한 때에는 영득의 의사를 인정할 수 없게 된다는 비판을 면할 수 없다.

㉡ 가치설

가치설은 영득의사의 객체는 물체 그 자체가 아니고 물체 속에 화체되어 있는 경제적 가치라고 한다. 그러나 가치설을 일관할 때에는 경제적 가치가 없는 재물을 절취한 때에는 영득의 의사를 인정할 수 없게 되어 절도죄의 객체인 재물이 경제적 가치를 가질 적을 요하지 않는 것과 모순된다.

㉢ 절충설

절충설은 영득의사의 객체를 물체 또는 그 물체가 가지고 있는 가치에 있다고 해석한다. 통설과 판례의 입장은 타당한 견해이다.

② 가치의 범위

영득의사의 객체를 물체 또는 그 가치라고 할 때에도 가치의 범위를 제한하지 않으면 영득의 의사와 이득의 의사를 구별할 수 없을 뿐만 아니라, 사용절도도 모두 절도라고 하는 결과를 초래하게 된다. 따라서 여기의 가치는 재물을 종류와 기능에 따라 개념적으로 결합되어 있는 재물의 특수한 기능가치만을 의미한다고 해야 한다.

(4) 절도와 사용절도의 한계

절도죄의 성립에는 불법영득의 의사가 필요하므로 타인의 재물을 일시적으로 사용한 후에 소유자에게 반환하는 사용절도는 원칙적으로 처벌되지 않는다. 그러나 양자의 한계가 반드시 명백한 것은 아니다. ① 재물의 사용으로 인하여 그 재물의 가치가 소멸되었거나 현저히 감소된 때에는 사용절도의 범위를 벗어나 절도가 된다. ② 사용절도는 반환의사를 본질로 한다. 따라서 재물을 일시적으로 사용한 후에 방치한 것만으로는 사용절도가 될 수 없다. 재물을 소유자의 지배범위에 돌려놓아서 권리자가 이를 확실하게 취득할 수 있도록 한 때에만 반환의사가 인정되어 사용절도가 될 수 있다.

(5) 영득의 불법

절도죄의 주관적 구성요건으로 요구되는 것은 불법영득의 의사이다. 즉 영득은 객관적으로 불법하여야 한다. 절도죄의 보호법익이 소유권인 이상 영득의 불법은 실질적으로 소유권에 일치하는 상태를 야기했느냐에 따라 결정하여야 할 것이다. 따라서 재물에 대한 물권적 청구권 또는 특정물채권에 의한 청구권이 있는 때에는 그 영득의 실질적 소유권질서와 일치하기 때문에 불법히다고 할 수 없나. 다만 대법원은 불법이란 영득의 불법을 의미하는 것이 아니라 절취의 불법을 의미하므로 절취가 적법하지 않으면 불법영득의 의사를 인정해야 한다는 입장을 취하고 있다.

3. 죄 수

1) 죄수판단의 기준

본 죄의 죄수는 구성요건적 행위인 절취의 수에 따라 결정되어야 한다. 또한 절도죄는 절도죄를 포함하고 있는 결합범 또는 결과적 가중범과 특별관계가 된다. 절도죄와 그 가중적 구성요건도 마찬가지다.

2) 불가벌적 사후행위

절도죄는 상태범이므로 절도가 기수로 된 후에 장물을 손괴하거나 처분하는 행위는 가벌적 사후행위로서 흡수관계에 해당한다. 그러나 사후행위가 다른 사람의 법익이나 다른 법익을 침해한 때, 또는 그 침해한 법익의 범위를 초과한 때에는 불가벌적 사후행위가 되지 않는다. 따라서 절취한 예금통장을 이용하여 예금을 인출하거나, 문서를 절취하여 피해자의 재물을 편취한 때에는 별죄를 구성하게 된다.

Ⅲ. 절도죄의 가중적 구성요건

1. 야간주거침입절도죄

1) 의 의

야간에 주거 등에 침입하여 타인의 재물을 절취함으로써 성립하는 범죄이다(제

330조). 본 죄의 본질은 야간이라는 시간적 제약을 받는 주거침입죄와 절도죄의 결합범이다(다수설). 따라서 주거침입이 야간에 이루어진 경우에는 주간에 절취한 때에도 본 죄가 성립한다.

2) 구성요건

(1) 야간의 의미

야간의 의미에 관하여는 일반인이 심리적으로 야간이라고 볼 수 있는 상태를 야간이라고 해야 한다는 견해(심리학적 해석)도 있지만, 통설과 판례는 이를 일몰 후 일출 전까지를 의미한다고 해석하고 있다(천문학적 해석).

(2) 본 죄의 착수와 기수시기

① 본 죄의 착수시기는 절도의 의사로 사람의 주거 등에 침입한 때이다. 피해자가 주거에 현존함을 요하지 않고, 주거침입이 기수인가 미수인가를 묻지 않는다. ② 본 죄는 재물의 절취에 의하여 기수가 된다.

2. 특수절도죄

1) 의 의

특수절도죄는 야간주거침입절도죄와 절도죄에 대한 가중적 구성요건이다. 형법 제331조는 1항에서 야간주거침입절도가 침입의 방법으로 문호 또는 장벽 기타 건조물의 일부를 손괴한 경우에 그 형을 가중하고 있으며, 제2항에서는 절도가 흉기를 휴대하거나 2인 이상이 합동하여 죄를 범한 경우를 규정하고 있다.

2) 형법 제331조 1항의 특수절도죄

문호 또는 장벽 기타 건조물의 일부를 손괴하고 야간주거침입절도죄를 범한 경우이다. 여기서 문호 또는 장벽 기타 건조물의 일부란 권한 없는 사람의 침입을 방지하기 위한 인공적 시설물을 의미하며, 착수시기는 건조물의 일부를 손괴하기 시작한 때이다. 본 죄와 손괴죄는 법조경합의 관계에 있으므로 본 죄에 해당한 때에는 손괴죄는 성립하지 않는다. 본 죄의 기수시기도 절취가 완성된 때이다.

3) 형법 제331조 제2항의 특수절도죄

(1) 흉기휴대절도

흉기를 휴대하고 타인의 재물을 절취함으로써 성립하는 범죄이다.

① 흉기의 의의

흉기란 「원래 사람의 살상이나 재물의 손괴를 목적으로 제작되고 또 그 목적을 달성하는 데 적합한 물건」을 의미하지만, 본 죄의 흉기는 이에 제한되지 아니하고 널리 위험한 물건과 같은 뜻으로 이해해야 한다.

② 휴대하여

휴대란 몸 가까기에 소지하는 것을 의미한다. 장소적으로 그 옆에서 쉽게 잡을 수 있는 상태에 있으면 족하고, 시간적으로는 행위시에 흉기를 휴대하여야 한다.

③ 주관적 구성요건

행위자에게 흉기를 사용할 의사까지 요하는 것은 아니지만, 행위자는 흉기를 휴대한다는 것을 인식해야 한다. 다른 정범 또는 공범이 흉기를 휴대하였음을 인식한 때에도 본 죄가 성립한다.

(2) 합동범

합동범이란 2인 이상이 합동하여 범하는 죄를 말하는 바, 형법은 2인 이상이 합동하여 타인의 재물을 절취한 자도 특수절도죄로 가중하여 벌하고 있다.

① 합동의 의의

㉠ 공모공동정범설

공동의사주체설을 공동정범에는 인정할 수 없지만 합동범에는 적용될 수 있다고 하여, 공모공동정범을 합동범의 경우에 한하여 인정해야 한다는 견해로서, 합동범에는 공동정범과 공모공동정범이 포함된다고 해석한다. 그러나 이 견해는 합동범의 범위를 지나치게 확대하여 합동범에 관하여는 총칙상의 교사범이나 종범에 대한 규정까지 무의미하다는 비판을 면할 수 없다.

㉡ 가중적 공동정범설

합동범은 집단범죄에 대한 대책상 특별히 형을 가중한 가중적 공동정범에 불과하다는 견해로서, 합동범은 폭력행위등처벌에관한법률 제2조 제2항의 「2인 이상이 공동하여」라는 규정과 같은 의미로 해석한다. 그러나 이 견해는 ⓐ 「2인 이상이 합동하여」를 형법 제30조의 「2인 이상이 공동하여」와 같은 의미로 해석할 근거가 없으며, ⓑ 가중적 공동정범에 관한 규정인 폭력행위등처벌에관한법률 제2조 제2항이 「2인 이상이 공동하여」라고 규정하고 있는 점에 비추어 볼 때 「2인 이상이 합동하여」는 단순히 가중적 공동정범을 규정한 것이 아니라고 해야 한다는 비판을 받고 있다.

㉢ 현장설

합동이란 시간적·장소적 협동을 의미한다고 해석하는 견해이다. 이에 의하면 합동범은 모두 때와 장소를 같이하여 상호 협력할 것을 요건으로 하므로, 공모공동정범은 물론 현장에서 공동하지 아니한 공동정범도 합동범이 될 수 없다. 우리나라의 통설로서 타당한 견해이다. 판례도 「합동절도가 성립하려면 주관적 요건으로서 공모 외에 실행행위의 분담이 있어야 하고, 그 실행행위에 있어서는 시간적으로나 장소적으로 합동관계가 있다고 볼 수 있어야 한다」고 판시하여 현장설의 태도를 취하고 있다.

② 합동범과 공범

합동의 의미에 관한 현장설을 따를 때 합동범에 대하여 공동정범의 규정이 적용될 수 있느냐가 문제되는 바, 합동범의 공동정범에 대한 특별규정이므로 시간적·장소적으로 협동한 자만이 합동범의 정범이 될 수 있고 합동범에 대하여는 공동정범의 규정이 적용될 수 없다고 보아야 할 것이다. 대법원도 합동범의 공동정범은 인정하지 않는다. 이에 반하여 합동범에 대하여도 교사 또는 방조는 가능하다.

3. 상습절도죄

상습으로 절도죄·야간주거침입절도죄 및 특수절도죄를 범한 경우에 성립하는 범죄이다(제332조). 상습이란 반복된 행위로 인하여 행위자의 습성 내지 경향 때문에 죄를 범하는 것을 말한다. 상습으로 범한 수개의 절도는 포괄일죄가 된다는 것이 통설·판례의 태도이며, 절도·야간주거침입절도 및 특수절도사실을 상습에 의하여 반복한 경우에는 가장 중한 상습특수절도죄의 포괄일죄만 성립한다.

Ⅳ. 자동차 등 불법사용죄

1. 의 의

권리자의 동의 없이 타인의 자동차·선박·항공기 또는 원동기장치자전거를 일시 사용하였을 때에 성립하는 범죄이다(제331조의 2). 1995년의 형법개정에 의하여 신설된 규정이며, 자동차와 자가운전자의 증가에 따라 자동차의 불법사용이 증가할 것으로 예상되고 이로 인한 실해와 피해자의 감점을 고려하여 자동차의 사용절도를 처벌하는 규정을 둔 것이다. 보호법익은 소유권이며, 본 죄는 불법영득의 의사 없이 소유권을 침해할 때에 성립하는 범죄이다.

2. 구성요건

권리자의 동의 없이 자동차·선박·항공기 또는 원동기장치자전거를 일시 사용함으로써 성립한다.

1) 행위의 객체

자동차·선박·항공기 또는 원동기장치자전거이다. 자동차란 원동기가 장치되어 동력에 의하여 움직이는 차를 말한다. 기관의 종류는 묻지 않으므로 내연기관뿐만 아니라 가스터빈이나 전동기에 의하여 움직이는 것도 포함한다. 원동기장치자전거도 반드시 2륜자동차에 제한되지 아니한다.

2) 행 위

권리자의 동의 없이 일시 사용하는 것이다. 사용이란 자동차등을 통행수단으로 이용하는 것을 말한다. 반드시 기관의 동력에 의하여 통행하였을 것을 요하는 것은 아니나, 기관의 시동을 걸었다는 것만으로는 족하지 않다. 통행수단으로 이용하였을 것을 요하므로 자동차 등에 들어가서 잠자거나, 장물을 자동차 안에 은닉하거나, 자동차의 라디오를 들었다는 것만으로는 사용이라고 할 수 없다. 본 죄는 계속범이다.

따라서 자동차 등을 사용함으로써 본 죄는 기수에 이르나 사용이 끝날 때까지 계속된다. 본 죄의 사용이란 불법하게 사용을 개시한 경우만을 의미하며, 따라서 택시기사가 택시를 사용으로 사용하거나 자동차를 빌린 사람이 권한 없이 처로 하여금 운전하게 한 경우에는 본 죄의 사용에 해당하지 않는다. 사용은 권리자의 동의가 없어야 한다. 권리자란 자동차 등의 소유자를 말한다. 권리자의 동의가 있는 때에는 본 죄의 구성요건해당성이 인정되지 않는다. 동의는 반드시 명시적으로 할 것을 요하는 것이 아니며 객관적 사정을 종합하여 추정할 수도 있다.

3) 주관적 구성요건

주관적 구성요건으로는 고의를 필요로 한다. 미필적 고의로 족한 것은 물론이다. 권리자의 동의가 없다는 점에 대한 인식도 내용이 된다.

3. 절도죄와의 관계

본 죄는 절도죄에 대하여 보충관계에 있다. 따라서 본 죄는 절도죄에 해당하지 않는 경우에만 인정되며, 절도죄에 해당하는 때에는 본 죄는 적용될 여지가 없다.

V. 친족상도례

1. 의의와 법적 성질

1) 의 의

강도죄와 손괴죄를 제외한 재산죄에 대하여 친족간의 범죄는 형을 면제하거나 고소가 있어야 공소를 제기할 수 있는 특례가 인정되고 있는 바, 이를 친족상도례라고 한다(제344조).

2) 법적 성질

친족상도례에 의하여 형을 면제하는 경우에 그 법적 성질은 인적 처벌조각사유이다(통설). 따라서 친족상도례는 범죄는 성립하지만 형벌권이 발생하지 않는 경우에 해당한다.

2. 친족의 범위

1) 친족관계의 존재범위

친족상도례가 적용되기 위하여는 친족관계가 행위자와 재물의 소유자뿐만 아니라 점유자 사이에도 있어야 한다고 해석하는 것이 통설·판례이다. 그러나 절도죄의 보호법익은 소유권이므로 행위자와 소유자 사이에 친족관계가 있으면 친족상도례가 적용된다고 해야 할 것이다.

2) 친족의 범위

친족 또는 가족의 범위는 민법에 따라 정하여진다. 동거친족이란 같은 주거에서 일상생활을 공동으로 하는 친족을 말하며, 일시적으로 숙박하고 있는 친족은 여기에 해당하지 않는다. 친족관계는 행위시에 존재하여야 한다.

3. 친족관계의 착오

친족상도례가 적용되기 위하여는 친족관계가 객관적으로 존재하면 족하고 행위자가 이를 인식할 것을 요하지 않는다. 따라서 친족관계에 대한 착오는 고의에 영향을 미치지 않으며, 범죄의 성립에 지장을 주지 않는다.

4. 친족상도례의 적용범위

친족상도례는 정범은 물론 공범에게도 적용된다. 그러나 정범과 공범은 물론 수인의 공범에 대하여도 친족상도례는 친족관계가 있는 자에게만 적용된다. 형법은 친족상도례를 권리행사방해죄에서 규정하고, 이를 절도의 죄 이외에 사기와 공갈의 죄(제354조), 횡령과 배임의 죄(제361조) 및 장물의 죄(제365조)에 준용하고 있다.

제 2 절 강도의 죄

Ⅰ. 서 론

1. 강도죄의 의의

폭행 또는 협박으로 타인의 재물을 강취하거나 기타 재산상의 이익을 취득하거나 제3자로 하여금 이를 취득케 함으로써 성립하는 범죄이다(제333조). 강도죄는 폭행 또는 협박을 수단으로 재산권을 침해하는 범죄이므로 그 주된 보호법익은 소유권 또는 재산권이지만 자유권, 즉 의사결정과 의사활동의 자유도 부차적인 보호법익이 되며, 보호받는 정도는 침해범이다.

2. 구성요건의 체계

강도의 죄의 기본적 구성요건은 단순강도죄(제333조)이며, 이에 대한 가중적 구성요건으로는 특수강도죄(제334조), 강도상해 · 치상죄(제337조), 강도살인 · 치사죄(제338조), 해상강도죄(제340조) 및 상습강도죄(제341조)가 있다. 또한 강도죄는 미수범(제342조)과 예비 · 음모(제343조)를 벌하며, 자격정지를 병과할 수 있도록 하고 있다(제345조).

Ⅱ. 강도죄

1. 객관적 구성요건

1) 행위의 객체

타인의 재물 또는 재산상의 이익이다. 재물은 절도죄에 있어서와 같이 타인의 점유에 속하는 타인 소유의 재물이어야 하며, 재산상의 이익이란 재물 이외의 일체의 재산적 가치 있는 이익을 말한다. 재산상의 이익을 형법상 어떻게 파악할 것인가에 관하여는 ① 재산을 재산상의 권리와 의무의 총체로 파악하는 법률적 재산설과, ② 재산을 경제적 이익의 총체로 파악하는 경제적 재산설, ③ 법률적·경제적 절충설 등이 있으나, 형법상의 재산개념으로서는 경제적 재산설에 따라 파악하는 것이 타당하다. 재산상의 이익에는 적극적 이익과 소극적 이익이 포함되며, 영구적 이익이든 일시적 이익이든 불문한다.

2) 행 위

폭행·협박으로 타인의 재물을 강취하거나 기타 재산상의 이익을 취득하거나 제3자로 하여금 이를 취득하게 하는 것이다.

(1) 폭행·협박

폭행이란 사람에 대한 직접 또는 간접적인 유형력의 행사를 말하며, 협박이란 해악을 고지하여 상대방에게 외포심을 일으키는 것을 말한다. 폭행과 협박은 상대방의 의사를 억압하여 반항을 불가능하게 할 정도에 이를 것을 요한다. 그러나 폭행·협박은 일반적·객관적으로 상대방의 반항을 억압하는 수단으로 가능하다고 인정되면 족하고, 현실적으로 반항을 억압하였을 것을 요하지 않는다. 여기서 상대방의 반항을 불가능하게 한다 함은 폭행·협박에 의하여 피해자가 정신적 또는 신체적 자유를 상실할 정도에 이른 것을 말한다. 상대방의 반항을 불가능하게 할 폭행·협박인가는 객관적 표준에 의하여 판단하여야 한다.

(2) 재물의 강취

강취란 폭행·협박에 의하여 피해자의 의사에 반하여 타인의 재물을 자기 또는 제3자의 점유로 옮기는 것을 말한다. 강도죄가 성립하기 위하여는 폭행·협박이 재물강취의 수단이 되어야 하며, 또한 그 사이에는 인과관계가 있어야 한다. 따라서 강도의 고의로 객관적으로는 상대방의 반항을 억압할 정도의 폭행·협박을 하였으나 상대방이 그 의사에 억압당하지는 않고 단순히 공포심 때문에 재물을 교부한 때에는 강도죄의 미수가 된다(다수설).

(3) 재산상의 이익의 취득

폭행·협박과 재산상의 이익의 취득도 목적과 수단의 관계에 있어야 하고, 인과관계가 필요하다. 재산상의 이익을 취득하는 것으로는 ① 피해자에게 일정한 처분을 시켜 이익을 취득하는 경우와, ② 정당한 대가를 지급하지 않고 피해자가 노무를 제공하는 경우, ③ 피해자에게 일정한 의사표시를 하게 하여 이익을 취득하는 경우가 있다. 재산상의 이익을 취득함에 있어서는 피해자의 의사표시나 처분행위를 요하지 않는다는 것이 통설이다.

(4) 착수와 기수시기

강도죄의 기수시기는 재물 또는 재산상의 이익을 취득한 때이고, 착수시기는 폭행·협박을 개시한 때이다. 다만 폭행·협박이 재물의 취득과 직접 연결되어야 실행의 착수가 인정된다. 따라서 강취와 시간적 연관이 없는 폭행·협박만으로는 본 죄는 착수가 있다고 할 수 없다.

2. 주관적 구성요건

행위자에게는 폭행 또는 협박으로 타인의 재물을 강취하거나 재산상의 이익을 취득한다는 인식이 있어야 한다. 미필적 고의로도 족하다. 고의 이외에 재물을 강취한 때에는 불법영득의 의사가, 재산상의 이득을 취득하는 때에는 불법이득의 의사가 있어야 한다.

3. 공범과 죄수

1) 공 범

본 죄의 공동정범은 스스로 폭행·협박과 재물의 강취를 모두 행할 것을 요하는 것은 아니다. 공동의 의사에 의하여 실행행위를 분담하면 족하다.

2) 죄 수

같은 사람이 관리하고 있는 수인의 소유에 속하는 재물을 강취한 때에는 본 죄는 단순일죄이나, 하나의 행위로 수인을 폭행·협박한 때에는 상상적 경합이 된다. 강도죄는 절도죄와 법조경합의 관계에 있다.

Ⅲ. 준강도의 죄

1. 준강도죄

1) 의 의

절도가 재물의 탈환을 항거하거나 체포를 면탈하거나 죄적을 인멸할 목적으로 폭행 또는 협박할 때에 성립하는 범죄이다(제335조). 준강도죄는 절도죄나 강도죄의 가중적 구성요건이 아니라, 그 위험성 때문에 강도죄와 같이 처벌하는 독립된 죄이다. 준강도를 강도와 같이 처벌하는 이유는 폭행 · 협박과 재물의 절취가 결합되어 그 불법내용을 강도죄와 같이 평가할 수 있다는 데 있다. 따라서 본 죄에 있어서도 폭행 · 협박이 절도의 기회에 행하여져야 할 뿐만 아니라, 그 정도도 강도죄의 경우와 같아야 한다.

2) 객관적 구성요건

절도가 폭행 또는 협박을 함으로써 성립한다.

(1) 행위의 주체

주체는 절도이다. 절도에는 단순절도뿐만 아니라 야간주거침입절도와 특수절도는 물론 절도죄의 구성요건으로 충족하는 재물에 대한 강도도 포함되며, 절도의 기수뿐만 아니라 미수범도 포함된다. 절도죄의 정범(공동정범)이 여기의 절도에 해당되지만, 절도죄의 교사범과 종범은 포함되지 않는다. 공범에게는 절도죄의 구성요건요소가 모두 구비되어 있지 않기 때문이다.

(2) 행 위

폭행 또는 협박하는 것이다.

① 폭행 · 협박의 정도

폭행 · 협박의 정도는 상대방의 반항을 억압할 정도에 이르러야 한다. 그러나 폭행 · 협박은 상대방의 반항을 현실적으로 억압하였을 것을 요하지 않으며, 또한 재물의 소유자 또는 점유자는 물론 제3자에게 가하여질 수도 있다.

(3) 절도의 기회

폭행 또는 협박은 절도의 기회에 행하여져야 한다. 즉 폭행·협박과 절취는 강도죄와 같이 평가될 수 있을 정도로 시간적·장소적 접근성이 인정되어야 한다. 이러한 ① 시간적 접근성은 폭행이나 협박이 적어도 절도의 실행에 착수한 이후부터 절도의 기수 직후까지 사이에 행하여질 때에 인정되며, ② 장소적 접근성은 폭행·협박이 절도현장 또는 직접 그 부근에서 행하여질 때에 인정된다.

(4) 미수범

본 죄의 미수와 기수를 어떤 기준에 의하여 판단할 것인가에 관하여는 ① 폭행 또는 협박의 기수·미수에 따라 결정해야 한다는 견해와, ② 절도의 기수·미수에 따라 결정해야 한다는 견해가 대립하고 있다. 대법원은 ①설을 취하고 있으나, 강도죄의 본질은 재산죄이고, 폭행·협박을 기준으로 하여 기수와 미수를 결정할 때에는 강도의 미수와 준강도의 기수로 처벌받는다는 불균형이 초래되므로 통설인 후설이 타당하다.

3) 주관적 구성요건

준강도죄가 성립하기 위하여는 고의 이외에 일정한 목적, 즉 재물의 탈환의 항거, 체포의 면탈, 죄적의 인멸의 목적이 있어야 성립하는 목적범이다.

4) 공범과 처벌

(1) 공 범

절도의 공범(공동정범) 가운데 1인이 본 죄를 범한 경우에 그 부분은 단독정범이 될 뿐이고 다른 공범자에게 본 죄의 성립을 인정할 수는 없다. 공동정범은 공동의사의 범위 안에서만 성립하기 때문이다. 그러나 대법원은 다른 공범자도 이를 예상할 수 없었다고 할 수 없다는 이유로 본 죄의 성립을 인정하고 있다.

(2) 처 벌

본 죄에 해당한 때에는 강도죄(제333조) 또는 특수강도죄(제334조)와 같이 취급한다(제335조).

(3) 죄 수

본 죄와 절도죄는 법조경합의 관계에 있다. 강도 또는 특수강도가 본 죄를 범한 때에는 강도죄 또는 특수강도죄가 성립한다. 그러나 강도가 특수강도의 준강도를 범한 때에는 특수강도의 준강도로 처벌받는다.

2. 인질강도죄

사람을 체포·감금·약취 또는 유인하여 이를 인질로 삼아 재물 또는 재산상의 이익을 취득하거나 제3자로 하여금 취득하게 함으로써 성립하는 범죄이다(제336조). 체포·감금·약취·유인죄와 공갈죄의 결합범이다. 본 죄의 객체는 미성년자에 한하지 않으며, 석방의 대상으로 재물을 취득함으로써 본 죄는 기수가 된다.

Ⅳ. 가중적 구성요건

1. 특수강도죄

본 죄는 ① 야간에 사람의 주거, 관리하는 건조물, 선박이나 항공기 또는 점유하는 방실에 침입하여 강도죄를 범하거나(제334조 제1항), ② 흉기를 휴대하거나 2인 이상이 합동하여 강도죄를 점함으로써 성립하는 범죄이다(제334조 제2항). 제1항은 야간주거침입절도죄와 제2항은 제331조의 제2항의 특수절도죄와 행위상황이 같다.

2. 강도상해·치상죄

1) 의 의

강도가 사람을 상해하거나 상해에 이르게 함으로써 성립하는 범죄이다(제337조).

2) 구성요건

(1) 주 체

강도이다. 여기의 강도에는 단순강도 뿐만 아니라, 특수강도·준강도 및 인질강도를 포함한다. 그 기수·미수도 불문한다.

(2) 행 위

사람을 상해하거나 상해에 이르게 하는 것이다. 상해란 상해에 대하여 고의가 있는 경우이다. 이에 반하여 강도치상죄는 결과적 가중범이다. 상해 또는 치상의 결과는 반드시 강도의 수단인 폭행으로 인한 것임을 요하지 않으며, 그 원인이 강도의 기회에 이루어진 것이면 족하다.

3) 공범과 미수

(1) 공 범

강도의 공범(공동정범) 중 1인이 강도의 기회에 상해 또는 치상의 결과를 발생케 한 경우에 다른 공범에게는 본 죄가 성립하지 않는다. 그러나 대법원은 강도의 공동정범은 다른 공범자가 강도의 기회에 한 상해행위에 대하여 책임을 면할 수 없다고 한다.

(2) 미수범

강도상해죄의 미수범은 처벌한다(제342조). 강도상해죄의 미수란 상해가 미수인 때를 말하며, 강도의 기수·미수와는 관계가 없다.

3. 강도살인·치사죄

1) 의 의

강도가 사람을 살해하거나 사망에 이르게 함으로써 성립하는 범죄이다(제338조). 강도살인죄는 강도죄와 살인죄의 결합범이며, 강도치사죄는 결과적 가중범이다.

2) 구성요건

(1) 주 체

강도이다. 그 범위는 강도상해·치상죄의 경우와 같다.

(2) 행 위

사람을 살해하거나 사망에 이르게 하는 것이다. 살해는 살인의 고의가 있는 경우이며, 사망에 이르게 하는 것은 고의 없이 사망의 결과가 발생한 경우이다. 살해 또는 사망에 이르게 하는 것은 반드시 강도의 수단인 폭행으로 인한 것임을 요하지 않고, 그 기회에 일어난 것으로 족하다.

(3) 미 수

강도살인죄의 미수범은 처벌되며(제342조), 이는 살인 기수·미수에 따라 결정된다.

3) 사자의 점유

강도의 고의 없이 사람을 살해하고 그의 재물을 영득한 때에는 살인죄와 점유이탈물횡령죄의 경합범이 된다. 이에 반하여 강도의 고의로 사람을 살해한 뒤에 재물을 탈취한 때에는 강도살인죄가 성립한다. 다만 이 경우에는 사자의 점유를 인정할 수 없으므로 피해자가 생전에 가지고 있던 점유를 침해한 것이다(다수설).

4. 강도강간죄

1) 의 의

강도가 부녀를 강간함으로써 성립하는 범죄이다(제339조).

2) 구성요건

강도가 부녀를 강간할 것을 요한다.

(1) 주 체

강도이며, 강도의 기수·미수를 묻지 않는다. 본 죄는 강도가 강간할 때에 성립하는 것이므로 강간범인일 때에는 본 죄에 해당하지 않고, 양죄의 경합범이 될 뿐이다.

(2) 행 위

부녀를 강간하는 것이다. 강간은 강도의 기회에 행하여짐을 요하며 그것으로 족하다. 강취의 전후를 묻지 않는다.

(3) 미 수

본 죄의 미수범은 처벌한다(제342조). 여기서 미수란 강간의 미수를 말한다.

5. 해상강도죄

1) 의 의

다중의 위력으로 해상에서 선박을 강취하거나 선박 내에 침입하여 타인의 재물을 강취함으로써 성립하는 범죄이다(제340조 제1항).

2) 해상강도상해 · 치상죄

해상강도가 사람을 상해하거나 상해에 이르게 함으로써 성립하는 범죄이다(제340조 제2항).

3) 해상강도살인 · 치사 · 강간죄

본 죄는 해상강도가 사람을 살해 또는 사망에 이르게 하거나 부녀를 강간함으로써 성립하는 범죄이다(제340조 제3항).

6. 상습강도죄

상습으로 강도죄 · 특수강도죄 · 약취강도죄 또는 해상강도죄를 범함으로써 성립하는 범죄이다(제341조).

Ⅴ. 강도예비 · 음모죄

강도를 목적으로 예비 또는 음모함으로써 성립하는 범죄이다(제343조).

제 3 절 사기의 죄

Ⅰ. 서 론

1. 사기죄의 의의

사람을 기망하여 재물을 편취하거나 재산상의 불법한 이익을 취득하거나 타인으로 하여금 이를 얻게 함으로써 성립하는 범죄를 말한다. 재물뿐만 아니라 재산상의 이익도 객체로 하는 점에서 재물죄인 동시에 이득죄이다.

2. 사기죄의 본질

1) 보호법익

사기죄의 보호법익이 재산권, 즉 전체로서의 재산이라는 데 대하여는 이론이 없으나, 재산권 이외에 거래의 진실성 또는 신의성실도 본 죄의 보호법익이 된다는 견해도 있다. 그러나 사기죄의 본질이 재산죄이고, 거래의 진실성은 사기죄에 있어서 재산침해의 태양에 불과하다 할 것이므로 사기죄의 보호법익은 재산권뿐이라고 해야 한다.

2) 재산상의 손해

사기죄의 성립을 위하여 피해자에게 재산상의 손해가 발생할 것을 요하는가에 관하여는 견해의 대립이 있으나, 사기죄는 재산권을 보호법익으로 하는 재산죄라는 점에 비추어 볼 때에 이를 긍정하는 것이 타당하다. 따라서 정당한 대가를 지급하고 재물 또는 재산상의 이익을 취득한 때에는 본 죄가 성립하지 않는다. 그러나 대법원은 일관하여 사기죄가 성립하는 데에는 현실적인 재산상의 손해 또는 손해의 발생을 요하지 않는다고 판시하고 있다.

3. 구성요건의 체계

기본적 구성요건은 사기죄(제347조)이며, 이에 대한 수정적 구성요건으로는 컴퓨터사기죄(제347조의 2), 준사기죄(제348조), 편의시설부정이용죄(제348조의 2) 및 부당이득죄(제349조)가 있고, 가중적 구성요건으로는 상습사기죄가 있다.

Ⅱ. 사기죄

1. 객관적 구성요건

객관적 구성요건으로는 ① 기망행위가 있고, ② 재물의 교부 또는 재산상의 이익의 취득이 있을 것은 물론, ③ 피기망자의 착오와, ④ 처분행위가 있어야 하며, ⑤ 재산상의 손해가 발생하였을 것을 요한다.

1) 행위의 객체

타인이 점유하는 타인의 재물 또는 재산상의 이익이다. 재물의 개념은 절도죄에서 검토한 바와 같다. 다만 본 죄의 재물에는 동산뿐만 아니라 부동산도 포함된다는 데 이론이 없다. 재산상의 이익은 적극적 이익이건 소극적 이익이건 불문하며, 영속적 이익인가 일시적 이익인가도 묻지 않는다. 또한 이익의 취득이 반드시 유효할 것도 요하지 않는다. 그러나 이익의 대상은 어디까지나 재산권이어야 하며, 구체적 이익일 것을 요한다.

2) 행 위

기망행위이다. 그런데 행위자의 기망행위는 피기망자에게 착오를 일으킬 것을 요한다.

(1) 기망행위

기망이란 널리 거래관계에서 지켜야 할 신의원칙에 반하는 행위로서 사람으로 하여금 착오를 일으키게 하는 것을 말한다.

① 기망행위의 대상

기망행위의 대상은 사실뿐만 아니라 가치판단에 대하여도 기망이 가능하다는 것이 통설이다. 그러나 가치판단은 개인적·주관적으로 해석될 수 있는 것이므로 순수한 가치판단 내지 의견의 진술은 제외하여야 할 것이다.

② 기망행위의 수단

기망행위의 수단·방법에는 제한이 없다. 따라서 명시적이든 묵시적이든, 작위이든 부작위이든 묻지 아니한다. 다만 부작위에 의한 기망행위가 사기죄를 구성하기 위하여는 행위자가 상대방의 착오를 제거하야 할 보증인지위에 있어야 한다.

③ 기망행위의 정도

기망행위는 단순히 사람을 착오에 빠뜨리는 것으로는 족하지 않고, 적어도 거래관계에 있어서 신의원칙에 반하는 정도에 이를 것을 요한다. 따라서 비록 상대방을 착오에 빠뜨렸다고 할지라도 그것으로 인하여 거래의 목적을 달성하기에 지장이 없을 때에는 기망행위가 있었다고 보기 어렵다. 예컨대 이중매매 내지 이중저당의 경우에 제2매수인 또는 제2저당권자가 소유권 또는 저당권을 유효하게 취득할 수 있는 한, 사기죄가 성립되지 않는다.

(2) 기망행위의 착오

사기죄는 기망행위로 상대방을 착오에 빠지게 함으로써 성립한다. 착오의 대상에 관하여 통설은 착오가 반드시 법률행위의 내용의 중요부분에 대한 것임을 요하지 않고 동기의 착오로도 족하며, 사실에 대한 것이든 가치판단에 대한 것이든 묻지 않는다고 한다. 그러나 기망행위가 거래관계에 있어서 신의원칙에 반하는 정도에 이를 것을 요하는 것과 같이 단순한 동기의 착오만으로는 착오라고 할 수 없으며, 그 대상도 사실에 제한된다고 해석하여야 할 것이다. 기망과 상대방의 착오 사이에는 인과관계가 있어야 하나, 피기망자는 반드시 피해자와 일치할 것을 요하지 않는다.

3) 처분행위

사기죄는 피기망자의 의사에 따른 처분행위에 의하여 재물을 교부하거나 재산상의 이익을 취득하게 하는 점에서 절도죄나 강도죄와 구별된다.

(1) 처분행위의 의의

처분행위란 직접 재산상의 손해를 초래하는 행위·수인 또는 부작위를 말하며, 순수한 사실상의 의미로 이해해야 한다. 따라서 그것은 법률행위이든 사실행위이든 묻지 아니하며, 법률행위의 경우에는 그것이 유효하건 무효이건 또는 취소할 수 있는 것이건 불문한다. 또한 처분행위자에게 행위능력이나 처분의사가 있을 것을 요하지도 않는다. 다만 판례는 처분의사가 있을 것을 요한다고 한다.

(2) 처분행위자

처분행위자는 피기망자와 일치하여야 한다. 그러나 처분행위자가 재산상의 피해자와 일치할 것을 요하는 것은 아니다. 처분행위자와 피해자가 일치하지 않는 경우 처분행위자는 사실상 타인(피해자)의 재물을 처분할 수 있는 지위에 있으면 족하다(지위설).

(3) 처분행위와 착오 및 손해

기망행위와 착오 사이에 있어서와 같이 피기망자의 착오와 처분행위 사이에도 인과관계가 있어야 한다. 또한 처분행위로 인하여 직접 재산상의 손해가 발생하여야 한다. 이를 처분효과의 직접성이라고 한다. 따라서 처분행위가 직접 재물의 교부를 결과한 때에는 사기가 됨에 반하여, 행위자가 별도의 행위에 의하여 재물을 취거한 때에는 절도가 된다.

4) 재산상의 손해

사기죄는 피해자에게 재산상의 손해가 발생함으로써 기수에 이르게 된다. 재산상의 손해란 재산가치의 감소를 의미하며, 이는 전체계산의 원칙에 따라 결정된다. 또한 재산상의 손해는 현실적으로 발생하여 계산상으로 증명할 수 있는 재산감소에 제한되지 않고, 재산가치에 대한 구체적 위험, 즉 재산의 위험만으로는 손해가 발생했다고 할 수 있다. 재산상의 손해가 있는가는 객관적·개별적 방법에 의하여 평가되어야 한다.

2. 주관적 구성요건

본 죄도 주관적 구성요건으로 고의를 필요로 한다. 따라서 행위자는 기망행위, 피기망자의 착오와 처분행위, 손해의 발생과 그 사이의 인과관계를 인식하여야 한다. 또한 사기죄는 전체로서의 재산을 보호법익으로 하는 재산죄이므로 고의 이외에 자기 또는 제3자에게 불법한 재산상의 이익을 취득하게 하는 것을 내용으로 하는 불법이득의 의사 또는 불법영득의 의사가 있음을 요한다.

3. 관련문제

1) 실행의 착수와 기수시기

실행의 착수시기는 편취의 의사로 기망행위를 개시한 때이며, 기수시기는 재산상의 손해가 발생한 때에다. 본 죄가 기수로 되기 위하여는 기망행위-착오-처분행위-재산상의 손해 사이에 인과관계가 있어야 하며, 그 사이에 인과관계가 인정되지 않을 때에는 미수가 된다.

2) 불법원인급여와 사기죄

사람을 기망하여 반환청구권이 없는 불법한 급여를 하게 하는 경우에 사기죄의 성립을 인정할 것인가에 관하여는 ① 민법상 피해자에게는 반환청구권이 없으므로 본 죄가 성립되지 않는다는 부정설과, ② 민법상의 반환청구권이 본 죄의 요건이 될 수 없고, 기망행위에 의하여 피해자에게 재산상의 손해를 입힌 것은 부정할 수 없으므로 본 죄가 성립한다는 긍정설이 대립하고 있다. ③ 생각건대 사람을 기망하여 피해자에게 재산상의 손해를 입힌 것이 명백하고, 사기죄의 성립을 형법 독자의 입장에서 판단해야 할 것이므로 사기죄의 성립을 인정하는 통설인 긍정설이 타당하다.

3) 친족상도례

사기죄에 대하여도 친족상도례가 적용된다(제354조). 본 죄에 친족상도례가 적용되기 위하여는 행위자와 피해자 사이에 친족관계가 존재하여야 한다.

4) 다른 범죄와의 관계

(1) 수뢰죄 · 위조통화행사죄와의 관계

공무원이 직무에 관하여 타인을 기망하여 재물을 교부받은 때에는 본 죄와 수뢰죄의 상상적 경합이 되며, 위조통화를 행사하여 타인의 재물을 편취한 때에는 위조통화행사죄와 본 죄의 경합범이 된다(판례).

(2) 횡령죄 및 배임죄와의 관계

자기가 점유하는 타인의 재물을 영득한 때에는 횡령죄만 성립하지만, 타인의 사무를 처리하는 자가 본인에 대하여 기망행위를 하여 재산상의 이익을 취득한 때에는 양죄의 상상적 경합이 된다. 다만 대법원은 사기죄만 성립한다는 태도를 취하고 있다.

(3) 도박죄와의 관계

사기도박에 있어서는 우연성이 없기 때문에 도박죄는 성립하지 아니하고 사기죄를 구성할 뿐이다.

Ⅲ. 수정적 구성요건

1. 컴퓨터사용 사기죄

1) 의 의

컴퓨터 등 정보처리장치에 허위의 정보 또는 부정한 명령을 입력하여 정보처리를 하게 함으로써 재산상의 이익을 취득하거나 제3자로 하여금 취득하게 함으로써 성립하는 범죄이며(제347조의 2), 이익사기죄의 특별유형이다. 컴퓨터 등 정보처리장치의 발달에 따라서 컴퓨터 등 정보처리장치에 의하여 자동적으로 처리되는 거래형태가 증가하고 있고, 이러한 거래형태를 악용하여 불법한 이익을 취득하는 행위가 사기죄 또는 절도죄로 처벌될 수 없는 처벌의 결함을 보완하기 위하여 신설한 규정이다. 보호법익은 재산상의 이익, 즉 재산권이다. 따라서 컴퓨터를 사용함으로써 얻게 되는 경제상의 일반적 이익은 반사적 효과에 불과하다.

2) 구성요건

(1) 주 체

제한이 없다. 프로그래머나 오퍼레이터 등의 사람일 필요는 없다. 기업내부인인가 아닌가도 불문한다. 본 죄의 주체가 직접 정보를 입력해야 하는 것도 아니다.

(2) 행 위

컴퓨터 등 정보처리장치에 허위의 정보 또는 부정한 명령을 입력하여 정보처리를 하게 하는 것이다. 정보처리장치란 자동적으로 계산 또는 정보처리를 행하는 전자장치를 말한다.

① 허위의 정보 또는 부정한 명령의 입력

정보처리의 수단은 허위의 정보 또는 부정한 명령을 입력하는 것이다. '허위의 정보를 입력한다'고 함은 내용인 진실에 반하는 정보를 입력하는 것을 말한다. 입금되지 않았음에도 불구하고 은행컴퓨터에 허위의 입금데이터를 입력하여 예금파일의 예금잔고를 증액시키는 것이 여기에 해당한다. '부정한 명령을 입력한다'는 것은 당해 시스템에 있어서 사무처리의 목적에 비추어 줄 수 없는 명령을 하는 것을 말한다. 프로그램을 조작하여 예금을 인출해도 잔고가 감소되지 않게 하는 경우가 여기에 해당한다. 그러나 진실한 정보의 부정한 사용은 부정한 명령을 입력한 경우에 해당한다고 할 수 없다.

② 이익의 취득

정보처리를 하게 함으로써 재산상의 이익을 취득하거나 제3자에게 취득하게 하여야 한다. 재산상의 이익을 취득한다고 함은 재물 이외의 재산상의 이익을 불법한 방법으로 얻는 것을 말한다. 본 죄는 컴퓨터 등 정보처리장치에 허위의 정보 또는 부정한 명령을 입력할 때에 실행의 착수가 있고, 재산상의 이익을 취득함으로써 기수가 된다.

3) 죄수 및 다른 범죄와의 관계

여러 번에 걸쳐 컴퓨터 등 정보처리장치에 허위의 정보를 입력하여 재산상의 이익을 취득한 때에는 포괄적 일죄가 된다. 본 죄는 사기죄에 대하여 보충관계에 있으므로 사기이득죄가 성립하는 경우에는 본 죄는 성립할 여지가 없다. 본 죄의 수단인 행위가 전자기록위작·변작죄(제227조의 2, 제232조의 2) 또는 동 행사죄(제229조, 제234조)에 해당할 때에는 본 죄와 상상적 경합이 된다. 한편 본 죄의 행위에 의하여 은행원장화일의 예금잔고기록을 부정하게 증액시켜 허위의 예금채권을 취득한 후 그 예금을 인출하여 현금을 취득한 때에는 현금을 취득한 행위는 불가벌적 사후행위가 된다.

2. 준사기죄

1) 의 의

미성년자의 지려천박 또는 심신장애를 이용하여 재물을 교부받거나 재산상의 이익을 취득하거나 또는 타인으로 하여금 이를 얻게 함으로써 성립하는 범죄를 말한다(제348조). 본 죄는 사기죄의 가중적 구성요건이 아니라 사기죄와는 다른 독립된 구성요건이다. 사기죄는 침해범임에 반하여 본 죄는 위태범이다.

2) 구성요건

미성년자의 지려천박 또는 심신장애상태를 이용하여 재물을 교부받거나 재산상의 이익을 취득할 것을 요한다. 미성년자란 민법상의 미성년자를 말하며, 심신장애란 재산상의 거래능력에 관한 정신기능의 장애를 말한다.

3. 편의시설부정이용죄

1) 의 의

부정한 방법으로 대가를 지급하지 아니하고 자동판매기, 공중전화 기타 유료자동설비를 이용하여 재물 기타 재산상의 이익을 취득함으로써 성립하는 범죄이다(제348조의 2). 자동판매기, 공중전화 기타 유료자동설비기술의 발달에 따라 사람이 없어도 부정을 행하지 않는다는 사회적 신뢰를 유지하여 자동설비의 사회적 기능을 보호하기 위하여 마련한 규정이다. 공중전화의 경우와 같이 자동설비에 의하여 편익 또는 재산상의 이익을 취득하는 경우에는 절도죄나 사기죄가 성립하지 아니하는 처벌의 흠결을 보충하는 보충적 구성요건임에 반하여, 자동판매기를 이용하여 재물을 취득하는 경우에는 대부분 사안이 경미하기 때문에 통상의 절도죄의 형에 의하여 처벌하는 것이 부적절하다는 이유로 본 죄에 의하여 처벌하게 하였다. 즉 본 죄는 일면에 있어서 사기죄의 처벌범위를 확대하면서, 한편으로는 절도죄의 적용범위를 제한하는 기능을 가지고 있다. 보호법익은 재산권이다.

2) 구성요건

부정한 방법으로 대가를 지급하지 아니하고 자동판매기, 공중전화 기타 유료자동설비를 이용하여 재물 또는 재산상의 이익을 취득함으로써 성립한다.

(1) 행위의 객체

부정이용의 객체는 자동판매기, 공중전화 기타 유료자동설비이다. 유료자동설비(Automat)란 대가를 지불하는 경우에 기계 또는 전자장치가 작용을 개시하여 일정한 물건 또는 편익을 제공하는 일체의 기계를 말한다. 자동판매기 또는 공중전화는 그 예시에 지나지 않는다. 공중전화, 텔레비전시청기, 뮤직박스, 자동놀이기구와 같은 편익제공 자동설비뿐만 아니라, 물건, 승차권, 담배 또는 음료수를 판매하는 자동판매기도 여기에 포함된다. 연극, 오페라 또는 영화관람과 같은 모임이나 목욕탕, 도서관 또는 박물관 등의 시설에 출입하거나 공중교통기관을 부정하게 이용하는 경우에도 그것이 무인화·자동화된 때에는 본 죄에 해당할 수 있다고 해야 한다. 자동설비를 대가를 받을 때에 작동되는 것임을 전제로 한다. 따라서 자동설비라 할지라도 타인의 재산권을 침해할 수 없는 경우, 예컨대 무료의 모임에 출입자를 제한하기 위한 자동설비를 부정이용한 때에는 본 죄에 해당하지 않는다.

(2) 행 위

자동설비를 이용하여 재물 또는 재산상의 이익을 취득하는 것이다. 즉 자동설비의 메커니즘을 비정상적으로 조종함으로써 재물 또는 재산상의 이익을 얻었을 것을 요한다. 자동설비의 작용을 필요로 하므로 자동판매기가 이미 고장이 나서 동전을 넣지 않아도 물건이 나오는 경우에 이를 가져가거나, 자동판매기를 손괴하고 그 안에 있는 물품을 가져가는 경우에는 본 죄에 해당하지 않는다.

(3) 주관적 구성요건

주관적 규성요건으로는 고의를 필요로 하며, 미필적 고의로 족하다. 대가를 지급하지 않는다는 것도 고의의 내용이 된다. 따라서 대가를 지급하지 않아도 오인한 때에는 구성요건적 사실의 착오가 된다.

4. 부당이득죄

1) 의 의

사람의 궁박한 상태를 이용하여 현저하게 부당한 이익을 취득하거나 제3자로 하여금 이를 취득하게 함으로써 성립하는 범죄이다(제349조). 본 죄의 보호법익은 전체로서의 재산이며, 보호법익이 보호받는 정도는 위태범이다.

2) 구성요건

타인의 궁박한 상태를 이용하여 현저하게 부당한 이익을 취득하여야 한다. ① 궁박한 상태라 함은 반드시 경제적 곤궁상태에 한하지 아니하며, 생명이나 명예에 대한 정신적·육체적 곤궁상태도 포함한다. ② 현저하게 부당한 이익이 있느냐는 행위시를 기준으로 구체적 사정에 따라 객관적으로 판단해야 하며, 부당한 이익을 가져온 법률행위의 유효·무효도 묻지 않는다. ③ 또한 행위자가 이익을 취득하기 위하여 상대방의 궁박한 상태를 이용하였을 것을 요한다. ④ 주관적 구성요건으로서 고의, 즉 상대방이 궁박한 상태에 있다는 것과 현저하게 부당한 이익을 취득한다는 인식이 있을 것을 요한다.

Ⅳ. 상습사기죄

상습으로 사기죄, 준 사기죄, 부당이득죄를 범함으로써 성립하는 범죄이다(제351조).

제 4 절 공갈의 죄

Ⅰ. 서 론

1. 공갈죄의 의의

사람을 공갈하여 재물을 교부받거나 재산상의 불법한 이익을 취득하거나 또는 타인으로 하여금 이를 얻게 함으로써 성립하는 범죄를 말한다(제350조). 공갈죄는 상대방의 하자 있는 의사에 의한 처분행위에 의하여 재물 또는 재산상의 이익을 취득하는 점에서 사기죄와 본질을 같이하나 그 수단에 있어서 차이가 있다.

2. 보호법익

공갈죄는 재산권을 주된 보호법익으로 하지만, 공갈을 수단으로 하여 사람의 의사결정과 행동의 자유를 침해하는 것을 내용으로 하는 죄이므로 자유권도 2차적인 보호법익이 된다. 보호법익이 보호받는 정도는 침해범이다.

Ⅱ. 공갈죄

1. 객관적 구성요건

공갈죄는 ① 사람을 공갈하여, ② 타인이 점유하는 재물 또는 재산상의 이익을 취득함은 물론, 이외에 ③ 피공갈자의 처분행위와, ④ 피해자의 재산상의 손해가 있을 것을 요함은 사기죄에 있어서와 같다.

1) 행위의 객체

타인이 점유하는 재물 또는 재산상의 이익으로서, 이는 사기죄에 있어서와 같다.

2) 행 위

공갈이란 재물을 교부받거나 재산상의 이익을 취득하기 위하여 폭행 또는 협박으로 외포심을 일으키게 하는 것을 말한다. 폭행 또는 협박은 사람의 의사 내지 자유를 제한하는 정도로 족하고, 반드시 상대방의 반항을 억압할 정도에 이를 것을 요하지 않는다. 피공갈자는 반드시 재산상의 피해자와 일치할 것을 요하지 않는다.

(1) 폭 행

폭행이란 사람에 대한 직접·간접의 유형력의 행사를 말하며, 본 죄의 폭행에는 강압적 폭력에 한하며 폭력은 포함되지 않는다.

(2) 협 박

협박이란 해악을 고지하여 상대방에게 외포심을 일으키는 것을 말한다. 통고하는 해악의 내용에는 제한이 없으며, 그 자체가 위법할 것을 요하는 것도 아니다. 또한 해악의 내용이 반드시 실현가능할 것을 요하지 않으며, 행위자에게 해악을 실현할 의사가 있어야 하는 것도 아니다. 해악을 통고하는 방법에도 제한이 없다. 명시적이건 묵시적이건 불문한다.

3) 처분행위

공갈죄가 성립하기 위하여도 피공갈자의 재물을 교부하거나 재산상의 이익을 공여하는 처분행위가 있어야 한다. 처분행위는 반드시 작위에 한하지 아니하고 부작위 또는 묵인으로도 족하다. 따라서 외포심을 일으켜 상대방이 묵인하고 있는 동안에 공갈자가 재물을 직접 탈취한 때에도 공갈죄가 성립한다(통설·판례). 처분행위와 공갈 사이에는 인과관계가 있어야 하며, 피공갈자와 피해자는 반드시 일치할 것을 요하지 않으나 피공갈자와 처분행위자는 동일인이어야 한다.

4) 재산상의 손해

재산상의 손해가 발생해야 한다는 것은 사기죄의 경우와 같다. 따라서 공갈죄는 피공갈자의 처분행위로 피해자에게 손해가 발생한 때에 기수로 된다.

2. 주관적 구성요건

공갈죄가 성립하기 위한 주관적 구성요건으로는 고의와 함께 불법이득의사가 있어야 한다. 따라서 재산상의 이득을 취득한 정당한 권리가 있는 때에는 불법한 이득이라고 할 수 없으므로 본 죄가 성립하지 않는다. 권리행사와 공갈죄에 관하여 대법원은 「정당한 권리를 가졌다 하더라도 그 권리실행의 수단 방법이 사회통념상 허용되는 범위를 넘는 때에는 공갈죄의 성립을 방해하지 않는다」고 판시하고 있다. 그러니 공갈죄의 불법이득의 의사에 있어서 불법이란 이득의 불법을 의미하므로 정당한 권리가 있을 때에는 공갈수단에 의하는 경우에도 본 죄는 성립하지 않고 폭행죄 또는 협박죄만 성립할 따름이다.

3. 위법성

대법원은 공갈의 수단에 의하더라도 그 방법이 사회통념상 인용된 범위를 일탈하지 아니한 때에는 본 죄는 성립하지 않는다고 한다. 즉 공갈행위가 정당행위로서 위법성이 조각될 것인가를 판단함에 있어서는 그 수단이 경제적 이익을 얻기 위하여 사회생활상 일반적으로 허용되는 수단이었는가 라는 목적과 수단의 관계를 고려해야 한다.

4. 관련문제

1) 죄 수

한 개의 공갈행위로 같은 피해자로부터 수회에 걸쳐 재물의 교부를 받거나 재물을 교부받고 재산상의 이익을 취득한 때에는 포괄일죄가 된다. 그러나 한 개의 공갈행위로 수인을 외포시켜 각자로부터 재물의 교부를 받은 때에는 상상적 경합이 된다. 공갈죄도 상태범이므로 갈취한 재물의 처분행위는 새로운 법익을 침해하지 않는 한 불가벌적 사후행위가 된다.

2) 다른 범죄와의 관계

(1) 사기죄와의 관계

기망과 공갈의 두 가지 수단을 병용하여 재물 등을 교부받은 때에는 기망과 공갈의 어느 요소가 피해자의 의사형성에 영향을 미쳤는가에 따라 결론을 달리한다.

(2) 수뢰죄와의 관계

공무원이 직무집행의 의사로 당해 직무와 관련하여 타인을 폭행 또는 협박하여 재물의 교부를 받은 때에는 수뢰죄와 공갈죄의 상상적 경합이 되지만, 직무집행의 의사 없이 직무집행을 빙자하여 재물을 교부받은 경우에는 공갈죄만 성립한다.

(3) 소요죄 · 체포감금죄 및 장물죄와의 관계

재물 또는 재산상의 이익을 얻기 위하여 다중이 집합하여 폭행 · 협박한 때에는 본 죄와 소요죄의 상상적 경합이 되며, 사람을 체포 · 감금하여 재물을 갈취한 때에는 양죄는 경합범이 된다. 그리고 장물을 갈취한 때에는 공갈죄만 성립한다.

Ⅲ. 상습공갈죄

상습으로 공갈죄를 범하는 것이다(제351조).

제 5 절 횡령의 죄

Ⅰ. 서 론

1. 횡령죄의 의의와 본질

1) 횡령죄의 의의

타인의 재물을 보관하는 자가 그 재물을 횡령하거나 반환을 거부하는 것을 내용으로 하는 범죄이다(제355조 제1항). 횡령죄의 보호법익은 소유권이고, 보호받는 정도는 위태범이다. 횡령죄는 타인에 대한 신임관계를 배반한다는 점에서 배임죄와 같은 성질을 가진다. 다만 횡령죄의 객체가 재물임에 반하여 배임죄의 객체는 재산상의 이익이라는 점에서 차이가 있을 뿐이다. 이러한 의미에서 횡령죄와 배임죄는 특별법과 일반법의 관계에 있다고 할 수 있다.

2) 횡령죄의 본질

횡령행위의 본질에 관하여는 월권행위설과 영득행위설이 대립하고 있으나, 횡령죄의 보호법익이 소유권인 이상 이를 침해하는 의사로서 불법영득의 의사가 있어야 함은 당연하다 할 것이므로 통설인 영득행위설이 타당하다. 대법원도 일관하여 불법영득의 의사가 없는 횡령죄의 성립을 부정하고 있다.

2. 구성요건의 체계

횡령죄의 기본적 구성요건은 단순횡령죄(제355조 제1항)이며, 업무상 횡령죄(제356조)는 이에 대한 가중적 구성요건이다. 그러나 점유이탈횡령죄는 신임관계의 침해를 내용으로 하지 않는 점에서 횡령죄와는 그 성질을 달리하는 별개의 범죄이다(다수설).

Ⅱ. 횡령죄

1. 객관적 구성요건

자기가 점유하는 타인의 재물을 횡령하거나 반환을 거부함으로써 성립한다.

1) 행위의 주체

위탁관계에 의하여 타인의 재물을 보관하는 자이다. 보관이라 함은 점유 또는 소지와 같은 의미로, 그것은 사실상의 재물지배를 뜻한다. 그러나 횡령죄에 있어서의 보관은 신분요소로서 가능하므로, 사실상의 재물지배뿐만 아니라 법률상의 지배도 포함되는 한편, 그것이 위탁관계에 의한 점유에 제한된다.

(1) 보 관

횡령죄에 있어서의 보관은 위탁자에 대한 관계에서 신임관계의 기초로서의 의미를 가진다. 여기서 횡령죄의 점유를 사실상의 지배 이외에 법률상의 지배까지 포함하는 개념이 된다. 법률상의 지배가 횡령죄의 보관에 해당하는 경우로는 다음의 세 가지 경우가 있다. 즉 ① 부동산을 사실상 지배하고 있는 자는 등기명의의 여하를 불문하고 그 부동산의 보관자가 되며, 부동산에 대하여 사실상의 지배가 없는 경우에도 등기명의를 가지고 있는 때에는 여기의 보관자에 해당한다. 따라서 부동산을 명의신탁받은 자도 그 부동산의 보관자가 된다. ② 유가증권을 소지한 경우나 타인의 돈을 위탁받아 은행에 예금한 경우에도 임치물 또는 돈에 대한 법률상의 지배가 인정된다(통설·판례). ③ 예컨대 미성년자의 법정대리인이나 후견인은 그 법률상의 권한에 의하여 미성년자 소유의 부동산을 점유하게 된다.

(2) 위임관계에 의한 보관

① 위임관계

횡령죄의 본질은 신임관계에 위배하여 타인의 재물을 영득한다는 배신성에 있는 바, 점유는 위탁관계에 의한 것임을 요한다. 이러한 의미에서 횡령죄의 주체는 위탁관계에 의하여 타인의 재물을 점유하는 신분자라고 할 수 있다. 위탁관계는 계약이나 법률의 규정에 의하여 발생하는 것이 보통이나, 이에 제한되지 않고 널리 거래의 신의성실에 비추어 재물의 보관에 대한 신임관계가 발생한 것으로 족하다.

② 불법원인급여와 횡령죄

위탁관계가 불법하여 위탁자가 보관자에 대하여 반환청구를 할 수 없는 경우에 보관자가 이를 영득한 때에 횡령죄가 성립하는가에 대하여는 견해가 대립하고 있다.

㉠ 소극설

소극설은 ⓐ 불법원인급여의 경우에 위탁자는 그 반환청구권을 상실하기 때문에 수탁자는 이를 자유롭게 처분할 수 있는 것이 되어 횡령죄가 성립할 여지가 없고, ⓑ 민법상 반환의무가 없는 자에게 형법이 제재를 가하여 그 반환을 강제하는 것은 법질서 전체의 통일을 깨뜨리는 결과가 될 뿐만 아니라, ⓒ 불법원인급여의 경우에 수탁자에게 소유권이 귀속되므로 타인의 재물이라고 할 수 없다는 것을 근거로 횡령죄의 성립을 부정한다. 판례도 소극설의 입장이다.

㉡ 적극설

적극설은 ⓐ 범죄의 성립여부는 형법의 독자적인 목적에 비추어 판단해야 하고, ⓑ 민법상 불법원인급여가 보호받지 못한다고 하여 위탁자가 소유권을 상실하는 것이 아니므로 점유자에 대하여는 여전히 타인의 재물이 되며, ⓒ 이 경우에도 신임관계를 인정할 수 있다는 점을 근거로 하여 횡령죄의 성립을 긍정한다. 다수설의 입장이다.

ⓒ 생각건대 횡령죄가 성립하기 위하여는 재물이 타인의 소유에 속할 것을 요한다. 그러나 불법원인급여의 경우에 위탁물의 소유권은 상대방에게 귀속된다. 따라서 이 경우에 타인의 재물임을 전제로 하는 횡령죄는 성립할 여지가 없다고 할 것이므로 소극설이 타당하다.

2) 행위의 객체

자기가 점유하는 「타인의 재물」이다.

(1) 재 물

객체는 재물에 한한다. 따라서 재산상의 이익은 본 죄의 객체가 될 수 없다. 다만 본 죄의 재물은 동산에 한하지 아니하고 부동산도 포함한다.

(2) 타인의 재물

재물은 타인의 재물이어야 한다. 타인의 재물이란 재물의 소유권이 타인에게 속하는 경우를 말하며, 행위자와 타인의 공동소유에 속하는 재물도 타인의 재물이다. 여기서 타인의 재물인가 또는 자기의 재물인가는 민법의 물권법 이론에 의하여 결정해야 한다. 따라서 ① 이중매매의 경우에 배임죄는 성립할 수는 있어도 횡령죄를 구성할 여지는 없다. ② 횡령죄에 대한 관계에서 유보부소유권 또는 담보부소유권은 완전한 소유권과 같이 취급된다. 따라서 양도담보의 경우에 채무자는 횡령죄의 주체가 될 수 없다. 형행법상으로는 정산형 양도담보가 인정될 뿐이고, 양도담보의 경우에 소유권은 채무자에게 남아있고 채권자는 양도담보권이라는 독특한 제한물권을 취득하는 것이기 때문이다. ③ 금전 기타 대체물이 특정물로서 위탁된 때에는 타인의 재물을 위탁받은 경우에 해당하지만, 소비임치의 경우에는 금전 등의 소유권이 수치인에게 이전되므로 수치인이 이를 영득하였다고 하여 본 죄가 성립하지 않는다. 문제는 일정한 용도나 목적을 정하여 위탁한 금전을 수탁자가 임의로 사용한 때에 이를 타인의 재물을 횡령한 것이라고 볼 수 있는가에 있다. 대법원은 이러한 경우에 일관하여 횡령죄의 성립을 인정하고 있다. 그러나 금전 기타의 대체물은 특정물로서 위탁된 경우 이외에는 그것이 가지는 고도의 유통성과 대체성 때문에 점유의 이전과 함께 소유권도 이전된다고 해야 한다. 따라서 이에 대하여 배임죄가 성립할 수는 있어도 횡령죄가 될 수는 없다고 할 것이다.

3) 행 위

(1) 횡령행위의 의의와 양태

횡령행위란 횡령을 하거나 반환을 거부하는 것으로 불법영득의 의사를 표현하는 행위를 말한다. 즉 영득의 의사가 객관적으로 판단하여 표현되었다고 볼 수 있는 행위가 횡령행위이며, 단순한 내적 의사만으로는 족하지 않다. 이러한 횡령행위는 사실행위이건 법률행위이건 묻지 않으며, 또한 법률행위가 유효한가 무효인가 또는 취소할 수 있는 것인가를 불문한다. 다만 대법원은 처분행위가 당연무효인 때에는 본 죄를 구성하지 않는다고 판시하고 있다. 부작위에 의한 횡령도 가능하며, 반환거부도 횡령행위에 해당한다.

(2) 횡령죄의 미수

우리 형법은 횡령죄의 미수범을 처벌하는 규정을 두고 있다. 그러나 횡령죄에 있어서는 불법영득의 의사가 외부적·객관적으로 표현되기만 하면 기수가 되므로 횡령죄의 미수는 이론상으로는 가능할지라도 실제상으로 인정하기 어려운 것이다.

2. 주관적 구성요건

본 죄가 성립하려면 고의 이외에 주관적 구성요건을 불법영득의 의사가 있어야 한다. 횡령죄에 있어서 불법영득의 의사는 자기 또는 제3자의 이익을 위하여 타인의 재물을 보관하는 자가 위탁의 취지에 반하여 그 재물을 자기의 소유인 것 같이 처분하는 의사를 말한다. 주식회사 1인주주가 회사의 재산을 임의로 처분한 경우에도 불법영득의 의사를 인정할 수 있다.

3. 공 범

횡령죄는 위탁관계에 의하여 타인의 재물을 점유하는 자만이 정범이 될 수 있는 진정신분범이다. 따라서 신분 없는 자는 본 죄의 단독정범이 될 수 없고, 공동정범·교사범 또는 종범이 될 뿐이다(제33조 본문). 타인의 재물을 보관하는 자가 업무상 보관자와 공범관계에 있을 때에는 형법 제33조 단서가 적용된다. 따라서 업무상 보관자라는 신분 없는 자는 본 죄의 공동정범·교사범 또는 종범이 되고, 업무상 보관자는 업무상 횡령죄에 의하여 처벌받는다. 본조의 신분은 구성적 신분이지만 업무상보관자의 신분은 가감적 신분이기 때문이다. 비보관자가 업무상 보관자와 공범관계에 있는 때에도 같다.

4. 죄수 및 다른 범죄와의 관계

1) 죄 수

위탁관계의 수를 기준으로 판단해야 한다. 따라서 한 개의 행위로 수인으로부터 위탁받은 재물을 횡령한 때에는 수죄로서 상상적 경합이 되지만, 1인으로부터 위탁받은 수인 소유인 재물을 횡령하여도 일죄가 된다. 횡령죄도 상태범이므로 횡령을 처분하는 행위는 새로운 법익을 침해하지 않는 한 불가벌적 사후행위가 된다.

2) 다른 범죄와의 관계

(1) 사기죄와의 관계

사기죄는 타인이 점유하는 재물만을 객체로 하는바, 자기가 점유하는 재물에 대하여 기망행위를 하여 이를 영득한 때에는 횡령죄만 성립한다.

(2) 장물죄와의 관계

① 장물의 보관을 위탁받은 자가 이를 영득한 때에는 장물보관죄만 성립하고 그 후의 횡령행위는 불가벌적 사후행위가 된다(판례). ② 횡령죄에 의하여 영득한 장물을 취득한 자는 횡령죄의 공범이 된다. 횡령에 의한 재물의 영득과 그 재물의 취득이 시간적으로 중복하는 때에는 장물죄가 성립할 수 없기 때문이다.

Ⅲ. 업무상 횡령죄

1. 의 의

업무상 임무에 위배하여 자기가 보관하는 타인의 재물을 횡령하는 것을 내용으로 하는 범죄이다(제356조). 횡령죄에 대하여 업무자라는 신분관계로 인하여 형이 가중되는 가중적 구성요건이다.

2. 구성요건

업무상 임무에 위배하여 타인의 재물을 횡령하는 것이다.

1) 업 무

본 죄의 업무가 계속성과 사회생활상의 지위를 요소로 한다는 점에서 형법 제268조의 업무와 그 내용을 같이한다. 다만 생명·신체에 위험을 가져올 사무에 제한되지 않고, 오히려 위탁관계에 의하여 타인의 재물을 보관·점유하는 것을 내용으로 하는 사무를 의미한다는 점에서 차이가 있다. 본 죄의 업무는 법령이나 계약에 근거가 있는 경우뿐만 아니라 관례에 따르거나 사실상의 것도 포함되며, 자기를 위한 사무이건 타인을 위한 사무이건, 주된 업무이든 부수적 업무이든 불문한다. 그러나 점유는 업무와 관련되어 있을 것을 요한다.

2) 횡 령

본 죄는 업무상 보관자라는 신분을 요하는 이외에 횡령죄의 구성요건을 충족해야 한다. 회사 또는 단체가 소유하는 금전을 그 조직 내부의 사무분담에 따라 관리·보전하는 자가 그 금전을 유용할 때에도 본 죄가 성립한다(판례). 금전이 대체물이라 할지라도 회사 또는 단체의 소유에 속할 때에는 타인의 재물이기 때문이다.

Ⅳ. 점유이탈물횡령죄

1. 의 의

유실물·표류물·매장물 기타 타인의 점유를 이탈한 재물을 횡령함으로써 성립하는 범죄이다(제360조 제1항). 본 죄는 위탁관계에 의하여 타인의 재물을 보관할 것을 요하지 않는다는 점에서 횡령죄나 업무상 횡령죄와는 그 성질을 달리하는 범죄이다.

2. 구성요건

1) 행위의 객체

타인의 점유를 이탈한 재물, 즉 점유이탈물이다. 점유이탈물이란 점유자의 의사에 의하지 않고 그 점유를 떠난 물건을 말하며, 유실물·표류물·매장물은 그 예시에 지나지 않는다. 따라서 어느 누구의 점유에도 속하지 않는 재물뿐만 아니라 점유자의 착오에 의하여 우연히 행위자의 점유에 들어온 재물도 또한 점유이탈물이다. 그러나 아직 타인의 점유를 벗어났다고 볼 수 없는 재물과 무주물은 점유이탈물이 아니다. 따라서 폭행 또는 강간의 현장에 떨어져 있는 피해자 물건은 점유이탈물이 아니다.

2) 행 위

횡령이다. 본 죄의 성립에도 불법영득의 의사가 있어야 하며, 불법영득의 의사를 외부적으로 표현하는 행위에 의하여 완성된다. 본 죄도 상태범이므로 습득한 자기앞수표를 현금과 교환하여도 불가벌적 사후행위로서 별죄를 구성하지 않는다.

제 6 절 배임의 죄

Ⅰ. 서 론

1. 배임죄의 의의

타인의 사무를 처리하는 자가 그 임무에 위배하는 행위로 재산상의 이익을 취득하거나 제3자로 하여금 이를 취득케 하여 본인에게 손해를 가하는 것을 내용으로 하는 범죄이다(제355조 제2항). 배임죄의 보호법익은 재산권이며, 보호법익이 보호받는 정도는 위태범이다.

2. 배임죄의 본질

배임죄의 본질을 어떻게 이해할 것인가에 관하여는 ① 배임죄의 본질이 법적 대리권의 남용에 있다고 하는 권한남용설과 ② 배임죄의 본질을 신의성실의 의무에 대한 위배 내지 신임관계의 침해에 있다고 하는 배신설이 대립하고 있다. 배임죄는 바로 신임관계에서 발생한 타인의 재산상의 이익을 보호할 의무를 침해하는 것을 말하는 것이므로 통설·판례인 후설이 타당하다. 따라서 횡령죄와 배임죄는 신임관계를 침해한다는 배신성에서 그 본질을 같이하며, 다만 행위의 객체를 달리할 뿐이다. 즉 횡령죄는 타인의 재물을 객체로 함에 대하여, 배임죄는 재산상의 이익을 객체로 한다.

Ⅱ. 배임죄

1. 객관적 구성요건

객관적 구성요건으로 「타인의 사무를 처리하는 배임행위를 하여 재산상의 이익을 취득하고 본인에게 손해를 가할 것」을 요한다.

1) 행위의 주체

주체는 「타인의 사무를 처리하는 자」이다. 이러한 의미에서 본 죄는 진정신분범이다. 타인의 사무를 처리하는 자란 타인과의 대내관계에서 신의성실의 원칙에 비추어 그 사무를 처리할 신임관계가 존재하는 자를 말한다. 그러나 이와 같이 배신설에 입각하여 타인의 사무를 처리한 자의 범위를 정하는 경우에는 그 범위가 지나치게 확대되므로 이를 엄격히 해석할 필요가 있다.

(1) 사무처리의 근거

법령·계약 또는 법률행위에 제한되지 않고, 사회윤리적 신임관계 또는 순수한 사실상의 신임관계가 인정되는 경우도 포함한다.

(2) 사무처리의 내용

사적 사무뿐만 아니라 공적 사무도 포함된다는 점에는 의문이 없으나, 그것이 반드시 재산상의 사무임을 요하는가에 대하여는 ① 재산상의 사무임을 요하지 않는다는 견해와, ② 반드시 재산상의 사무임을 요하지는 않지만 적어도 그것이 재산적인 이해관계를 가지는 사무임을 요한다는 견해가 있으나, ③ 본 죄의 사무는 재산상의 사무에 국한한다고 보는 견해가 타당하다. 배임죄는 횡령죄와 그 본질을 같이하는 재산죄일 뿐만 아니라 이를 재산상의 사무에 제한함으로써 배임죄의 부당한 확대적용을 막을 수 있기 때문이다.

(3) 타인의 사무처리

배임죄는 타인의 사무를 처리하는 자이다. 따라서 자기의 사무를 처리하는 자는 배임죄의 주체가 될 수 없다. 타인의 사무라고 하기 위하여는 본인의 재산보호가 신임관계의 전형적·본질적 내용이 되는 주된 의무가 아니면 안 되며, 단순히 부수적 의무가 되는 것으로는 족하지 않다. 또한 타인의 재산을 보호할 사무임과 동시에 자기의 사무로서의 성질을 가지고 있는 때에도 타인을 위한 사무가 본질적 내용을 이룰 때에는 타인의 사무를 처리하는 자에 해당한다.

(4) 사무처리의 독립성

배신설에 의한 배임죄의 구성요건의 무한한 확대를 방지하기 위하여는 사무처리자에게 일정한 범위에서 판단의 자유 내지 활동의 자유와 독립성과 책임이 있을 것을 요한다. 따라서 단순히 본인의 지시에 따라 기계적 사무에 종사하는 자는 여기에 해당하지 않는다.

2) 행 위

「배임행위로서 재산상의 이익을 취득하여 본인에게 손해를 가하는 것」이다.

(1) 배임행위

배임행위란 타인의 사무를 처리하는 자로서 임무에 위배하는 행위를 말한다. 그것이 권한의 남용이건 법률상의 의무위반이건 묻지 아니하며, 법률행위뿐만 아니라 사실행위도 포함한다. 작위뿐만 아니라 부작위에 의한 배임행위도 가능하다. 그러나 사무처리에 대하여 본인의 동의가 있는 때에는 배임행위라고 할 수 없다.

(2) 재산상의 손해와 이익의 취득

① 재산상의 손해

배임죄는 배임행위로 인하여 본인에게 재산상의 손해가 발생하여야 성립한다. 재산상의 손해라 함은 본인의 전체재산가치의 감소, 즉 총체적으로 본인의 재산상태에 손실을 가하는 경우를 말한다. 적극적 손해이건 소극적 손해이건 묻지 않으며, 현실적 손해가 발생하는 경우뿐만 아니라 재산상의 위험이 발생한 경우도 포함한다.

② 이익의 취득

배임죄는 본인에게 재산상의 손해를 가하면 바로 성립하는 것이 아니라, 배임행위로 인하여 재산상의 이익을 취득할 것을 요건으로 한다. 따라서 본인에게 손해를 가하였다고 할지라도 이익을 취득한 사실이 없으면 본 죄는 성립하지 않는다.

2. 주관적 구성요건

배임죄는 고의범이므로 객관적 구성요건에 대한 고의가 있음을 요한다. 따라서 행위자는 타인의 사무를 처리하는 자로서 임무에 위배하는 행위를 하여 자기 또는 제3자가 재산상의 이익을 취득하고, 본인에게 손해를 가한다는 인식과 의사가 있어야 한다. 또한 배임죄의 주관적 구성요건으로는 고의 이외에 불법이득의 의사가 있을 것을 요한다(통설·판례). 그러나 본인에게 손해를 가할 목적이 있을 것을 요하지는 않는다.

3. 이중저당과 이중매매의 형사책임

1) 의 의

소위 이중저당과 이중매매의 경우에 배임죄가 성립할 수 있는가의 문제는 이 경우에 저당권설정자 또는 매도인이 배임죄에 있어서의 「타인의 사무를 처리하는 자」에 해당하는가의 문제로 귀착된다.

2) 이중저당의 죄책

이중저당의 경우에 저당권설정자의 형사책임에 관하여는 사기죄가 성립한다는 견해와 배임죄가 성립한다는 견해가 대립하고 있으나, 제2저당권자가 유효하게 저당권을 취득하는 이상 저당권설정자에게 사기죄의 구성요건인 기망행위가 있다고 할 수 없으므로 사기죄의 성립은 부정해야 할 것이며, 배임죄의 성립을 인정하지 않을 없다.

(1) 계약금만 수령한 경우

먼저 매도인이 매매계약을 체결하고 계약금만을 받은 단계에서 이중으로 매도한 때에는 배임죄가 성립할 수 없다. 이는 민법상 계약금만 수령한 때에는 매도인은 언제든지 계약금의 배액을 배상하고 해약할 수 있기 때문이다(민법 제565조 제1항).

(2) 중도금 또는 잔금을 수령한 경우

매도인이 중도금을 수령하고도 이중으로 매도한 때에는 배임죄가 성립한다고 해야한다. 중도금을 지급하면 계약의 이행에 착수한 것이 되어 매도인은 계약을 일방적으로 해제할 수 없는 효과가 발생하므로(민법 제565조 제1항) 매수인의 소유권 취득에 협력해야 할 신의칙에 의한 신임관계가 발생했다고 보아야 하기 때문이다. 대법원도 중도금을 수령한 매도인이 이중으로 매매한 때에는 배임죄가 성립한다고 판시하고 있다. 또한 중도금을 수령한 매도인이 이중으로 매매한 경우뿐만 아니라 그 부동산에 대하여 가등기를 설정하거나, 전세등기를 경료한 경우에도 배임죄가 성립한다.

(3) 악의의 매수인의 죄책

이중매매의 경우에 악의의 제2매수인은 배임죄의 공범이 되고 장물취득죄가 성립하지 않는다. 장물이란 재산범죄에 의하여 영득한 재물을 의미하며, 재산범죄에 제공된 재물은 여기에 해당하지 않기 때문이다.

4. 다른 범죄와의 관계

1) 횡령죄와의 관계

횡령죄와 배임죄는 신임관계를 위배한다는 점에서 그 본질을 같이하며, 다만 그 객체의 성질에 따라 구별될 수 있을 뿐이라고 해야 한다. 즉 횡령죄는 재물죄이고 배임죄는 이득죄이다. 따라서 횡령죄는 배임죄에 대하여 특별관계에 있게 되어, 횡령죄가 성립하면 배임죄는 별도로 성립하지 않는다.

2) 사기죄와의 관계

타인의 사무를 처리하는 자가 그 임무에 위반하여 본인을 기망함으로써 본인에게 손해를 가한 경우에는 양죄는 상상적 경합에 해당한다.

3) 장물죄와의 관계

배임죄에 의하여 영득한 것은 재산상의 이익이며, 재물은 배임행위에 제공된 물건에 지나지 아니하므로 이를 취득하여도 장물죄가 성립할 여지는 없다.

Ⅲ. 업무상 배임죄

업무상 임무에 위배하여 재산상의 이익을 취득하거나 또는 제3자로 하여금 이익을 취득하게 하고 이로 인하여 본인에게 손해를 가함으로써 성립하는 범죄이다(제356조). 본 죄는 타인의 사무를 처리하는 자라는 신분과 업무자라는 신분, 즉 이중의 신분을 요하는 신분범이다. 전자는 구성적 신분이고, 후자는 가감적 신분이다. 따라서 업무상의 사무처리자라는 신분 있는 자가 그 신분 없는 자와 같이 본 죄를 범한 때에는 신분자는 본 죄에 해당하지만, 신분 없는 자는 배임죄의 공범은 될 수 있어도 동조 단서에 의하여 본 죄의 공범이 될 수 없다.

Ⅳ. 배임수증죄

1. 서 론

본 죄는 타인의 사무처리에 있어서의 공정과 성실의무를 지키고자 하는데 그 근본취지가 있다. 보호법익은 거래의 청렴성이다. 배임수증죄는 배임수재죄(제357조 제1항)와 배임증재죄(제357조 제2항)로 구별된다.

2. 배임수재죄

타인의 사무를 처리하는 자가 그 임무에 관하여 부정한 청탁을 받고 재물 또는 재산상의 이익을 취득함으로써 성립하는 범죄이다.

1) 주 체

타인의 사무를 처리하는 자이다. 따라서 본 죄도 진정신분범이다.

2) 부정한 청탁

본 죄의 임무에 관하여 부정한 청탁을 받을 것을 요건으로 한다. 「임무에 관하여」라고 함은 타인의 사무를 처리하는 자가 위탁받은 본래의 사무뿐만 아니라 그와 밀접한 관계가 있는 범위의 사무를 포함한다. 부정한 청탁이란 배임이 되는 내용의 부정한 청탁을 말하는 것이 아니라, 사회상규 또는 신의성실의 원칙에 반하는 것을 내용으로 하는 청탁이면 족하다.

3) 행 위

(1) 재물 또는 재산상의 이익의 취득

행위는 재물 또는 재산상의 이익을 취득하는 것이다. 재물 또는 재산상의 이익의 취득은 부정한 청탁과 관련된 것이어야 하며, 현실적인 취득이 있을 것을 요한다. 따라서 단순히 요구 또는 약속으로는 족하지 않다. 그러나 재물 또는 재산상의 이익의 취득이 있으면 본 죄는 기수에 이르며, 반드시 배임행위에 나갈 것은 요하지 않는다. 배임행위까지 한 때에는 본 죄와 배임죄의 경합범이 된다. 본인에게 손해가 발생하였는가의 여부도 본 죄의 성립에 영향이 없다.

(2) 미수범의 처벌

미수범은 처벌한다. 언제 본 죄의 미수가 되는가에 관하여는 견해의 대립이 있으나, 형법 제129조에 있어서의 요구 또는 약속이 바로 본 죄의 미수에 해당한다고 할 것이다.

4) 몰수 · 추징

범인이 취득한 재물은 몰수하며, 그 재물을 몰수할 수 없거나 재산상의 이익을 취득한 때에는 그 가액을 추징한다. 몰수 또는 추징은 필요적이다.

3. 배임증재죄

타인의 사무를 처리하는 자에게 그 임무에 관하여 부정한 청탁을 하고 재물 또는 재산상의 이익을 공여함으로써 성립하는 범죄이다. 본 죄는 배임수재죄와 필요적 공범의 관계에 있다. 그러나 그것은 증재자와 수재자가 같이 처벌받아야 한다는 것을 의미하지는 않는다. 본 죄도 재물 등을 현실적으로 공여하여야 기수가 되며, 공여의 의사표시 또는 약속만으로는 미수에 불과하다.

제 7 절 장물의 죄

Ⅰ. 서 론

1. 장물죄의 의의

장물을 취득·양도·운반·보관하거나 또는 이를 알선함을 내용으로 하는 범죄이다. 여기서 장물이란 재산범죄(영득죄)에 의하여 불법하게 영득한 재물을 말하며, 영득죄 자체 또는 그 범인을 본범이라고 한다. 보호법익은 재산권이며, 보호 정도는 위태범이다.

2. 장물죄의 본질

장물죄의 본질에 관하여는 ① 본범의 피해자가 점유를 상실한 재물에 대하여 추구·회복을 곤란하게 하는 데에 장물죄 본질이 있다는 추구권설(통설·판례)과, ② 장물죄의 본질이 본범에 의하여 이루어진 위법한 재산상태를 본범 또는 그 점유자와의 합의 아래 유지·존속하는 데 있다고 하는 유지설, ③ 장물죄는 본범에 의한 재산상태를 유지하는 것과 사법상의 추구권의 행사를 곤란하게 하는 것은 표리관계에 있다고 할 수 있을 뿐만 아니라, 형법이 장물죄의 본범을 재산범죄에 제한하고 장물양도죄를 신설한 점에 비추어 볼 때에 장물죄의 본질은 유지설과 추구권설의 조화에 의하여 해석하여야 할 것이다.

Ⅱ. 장물취득·양도·운반·보관·알선죄

1. 객관적 구성요건

1) 행위의 객체

장물, 즉 재산죄에 의하여 영득한 재물이다.

(1) 재 물

장물은 재물일 것을 요한다. 따라서 재산상의 이익이나 권리는 장물이 될 수 없다. 재물인 이상 동산인가 부동산인가는 묻지 않으며, 반드시 경제적 가치를 가질 것도 요하지 않는다.

(2) 본범의 성질

장물은 재산범죄에 의하여 영득한 재물을 의미한다.

① 재산범죄

본범은 재산범죄임을 요한다. 장물죄의 본범이 될 수 있는 형법상의 재산범죄는 절도·강도·사기·공갈·횡령죄 및 장물죄가 있다. 특별법상의 재산범죄도 포함한다.

② 재산범죄에 의하여 영득한 재물

장물은 재산범죄에 의하여 영득한 재물일 것을 요한다. 따라서 범죄에 의하여 작성한 물건은 물론, 재산범죄의 수단으로 사용된 재물도 장물이 될 수 없다. 따라서 이중매매된 부동산이나 양도담보로 제공된 부동산은 장물이 될 수 없다.

③ 재물성의 상실

재산범죄에 의하여 영득한 재물이라고 하여도 본범에 의하여 형성된 위법한 재산상태가 없어진 때에는 더 이상 장물이 될 수 없다. 따라서 본범 또는 제3자가 그 장물에 대하여 소유권을 취득한 때, 제3자가 선의취득한 재물 등은 장물이라고 할 수 없다. 그러나 불법한 원인에 의하여 급여된 재물은 장물성이 인정된다(유지설).

(3) 본범의 실현정도

장물은 본범의 구성요건에 해당하고 위법한 행위에 의하여 영득한 것임을 요한다. 그러나 본범의 행위가 유책할 것은 요하지 않는다. 또한 본범과 장물죄 사이의 시간적 관계에 관하여 장물죄가 범해지기 전에 본범이 종결되어야 한다. 여기서 본범이 종결되었는가를 판단함에 있어서 통설은 본범이 기수에 이를 것을 요한다고 하나, 본범에 의한 재물의 영득이 시간적으로 끝났는가를 기준으로 해야 할 것이다. 즉 장물은 본범에 의하여 불법하게 영득한 점유를 전제로 하며, 본범의 재물의 영득과 장물행위가 시간적으로 동시에 이루어진 때에는 장물죄는 성립할 여지가 없다. 따라서 타인의 재물을 보관하고 있는 갑이 그 정을 알고 있는 을에게 매도한 경우 을은 횡령죄의 공범이 된다.

(4) 장물의 동일성

장물은 재산범죄에 의하여 영득한 재물 그 자체임을 요한다. 즉 대체장물은 장물이 아니다. 따라서 장물을 매각한 대금으로 받은 돈이나, 장물과 교환한 재물은 물론, 장물을 전당잡힌 전당표도 장물이 되지 않는다. 그러나 장물인 금전을 다른 돈으로 환전한 경우는 장물성이 인정된다(통설). 또한 대체장물이 다른 재산범죄에 의하여 취득한 것이라고 인정될 때에는 장물이 될 수 있다.

2) 행 위

장물을「취득·양도·운반·보관 또는 알선하는 것」이다.

(1) 취 득

점유를 이전함으로써 재물에 대한 사실상의 처분권을 획득하는 것을 말한다. 따라서 취득이라고 하기 위하여는 재물에 대한 점유의 이전과 사실상의 처분권의 획득이라는 두 가지 요소가 있어야 한다. 취득은 유상이든 무상이든, 자기를 위한 취득이건 제3자를 위한 취득이건 불문한다. 장물취득죄는 즉시범이다. 따라서 행위자는 장물을 취득할 때에 장물에 대한 고의가 있어야 한다.

(2) 양 도

장물을 제3자에게 수여하는 것을 말한다. 유상인가 무상인가를 묻지 않으며, 양수인이 장물임을 알았는가도 문제되지 않는다. 양도죄의 성립에 있어서도 점유의 이전이 있어야 하나, 장물임을 알고 취득하여 이를 다른 사람에게 양도한 경우에는 장물취득죄만 성립하고, 양도행위는 불가벌적 사후행위에 지나지 않는다.

(3) 운 반

장물을 장소적으로 이전하는 것을 말하며, 운반의 대가유무나 운반의 방법은 묻지 않는다. 다만 장물임을 알고 운반할 것을 요함은 물론이다. 장물을 취득한 자가 이를 운반하거나, 운반한 자가 취득한 때에는 장물취득죄만이 성립할 뿐이다.

(4) 보 관

위탁을 받아 장물을 받아 자기의 점유하에 두는 것을 말한다. 유상·무상을 묻지 아니하며, 보관의 방법도 불문한다. 장물에 대한 사실상의 처분권이 없는 점에서 취득과 구별되지만, 현실적인 점유의 이전이 있어야 하는 것은 취득의 경우와 같다. 보관을 개시할 때에 장물인 정을 알아야 함은 물론이다. 장물을 취득한 자가 이를 보관하는 때에는 장물취득죄만 성립하나, 장물임을 모르고 취득한 자가 그 정을 알면서 보관한 때에는 장물보관죄가 성립한다. 장물을 보관하던 자가 횡령한 때에는 장물죄만 성립한다는 것이 통설·판례의 입장이다.

(5) 알 선

장물의 취득·양도·운반 또는 보관을 매개하거나 주선하는 것을 말한다. 자기이름으로 하거나, 본범의 이름으로 하거나, 대리인의 이름으로 하거나 묻지 않는다. 이를 통하여 이익을 얻을 것도 요하지 않는다. 알선죄의 성립시기에 관하여는 ① 사실상 알선행위만 있으면 본 죄는 기수가 된다는 견해(다수설)와, ② 적어도 계약의 성립이 필요하다는 견해가 있으나, ③ 알선과 취득 등의 경우에 균형을 유지하기 위하여는 알선에 있어서도 제3자에게 점유를 이전하여야 본 죄가 성립한다고 보는 것이 타당하다고 할 것이다.

2. 주관적 구성요건

장물죄도 고의범이다. 따라서 주관적 구성요건으로 모든 객관적 구성요건요소에 대한 고의가 있어야 하며, 특히 장물인 정에 대한 인식이 있어야 한다. 다만 장물에 대한 인식은 그 재물이 재산범죄에 의하여 영득된 것이라는 인식이 있으면 족하다. 그러나 고의 이외에 이득의 의사가 있음은 요하지 않는다.

3. 다른 범죄와의 관계

1) 본범과 장물죄와의 관계

장물죄는 타인이 불법하게 영득한 재물에 대하여만 성립한다. 따라서 본범의 정범 또는 공동정범에 대하여는 본범 이외에 별도로 장물죄가 성립하지 않는다. 그러나 교사범과 종범은 스스로 본범을 실행한 자가 아니라 타인의 범죄에 가공한 것에 불과하므로 장물죄를 범할 수 있다. 예컨대 절도를 교사한 자가 장물을 취득한 때에는 절도죄의 교사범과 장물취득죄의 경합범이 된다.

2) 장물에 대한 재산범죄와 장물죄와의 관계

장물을 횡령한 때에는 장물죄만 성립하고 횡령죄가 문제되지 않는다는 것이 통설·판례이다. 그러나 장물을 절취·강취·편취 또는 갈취한 때에는 절도죄·강도죄·사기죄 또는 공갈죄만 성립한다. 다만 추구권설에 의하면 이론상으로 소유자가 추구권을 가지는 이상 이 경우에도 장물죄가 성립한다는 결과가 된다.

4. 친족간의 범행

친족상도례에 관한 형법 제328조는 장물범과 피해자 사이에 친족관계가 있을 때에 적용되고(제365조 제1항), 장물죄를 범한 자와 본범 사이에 제328조 제1항의 신분관계가 있을 때에는 그 형을 감경 또는 면제한다(제365조 제2항).

Ⅲ. 상습장물취득·양도·운반·보관·알선죄

상습으로 장물을 취득·양도·운반·보관 또는 알선함으로써 성립하는 범죄이다(제368조 제1항).

Ⅳ. 업무상 과실 · 중과실 장물취득 · 운반 · 보관 · 알선죄

업무상 과실 또는 중과실에 의하여 장물을 취득·운반·보관 또는 알선함으로써 성립하는 범죄이다(제364조).

제 8 절 손괴의 죄

Ⅰ. 서 론

1. 손괴죄의 의의

타인의 재물, 문서 또는 전자기록 등 특수매체기록을 손괴 또는 은닉 기타의 방법으로 그 효용을 해하는 것을 내용으로 하는 범죄를 말한다(제366조). 재물(문서) 손괴죄(제366조)와 공익건조물파괴죄(제367조)가 기본적 구성요건이며, 양죄의 가중적 구성요건으로는 중손괴죄(제368조)와 특수손괴죄(제369조)가 있다. 특별구성요건으로 경계침범죄(제370조)를 규정하고 있다.

2. 보호법익

손괴죄는 재물손괴죄와 공익건조물파괴죄 및 경계침범죄의 세 가지 독립된 구성요건으로 되어 있는바, 그 보호법익도 달리한다. 즉 재물손괴죄의 보호법익은 소유권의 이용가치 또는 기능으로서의 소유권이고, 공익건조물파괴죄의 보호법익은 공익에 공하는 건조물의 유지에 대한 일반의 이익이며, 경계침범죄의 보호법익은 토지에 대한 권리와 중요한 관계를 가진 토지경계의 명확성이다(통설).

Ⅱ. 재물(문서)손괴죄

1. 의 의

타인의 재물, 문서 또는 전자기록 등 특수매체기록을 손괴 또는 은닉 기타의 방법으로 그 효용을 해함으로써 성립하는 범죄이다(제366조).

2. 객관적 구성요건

1) 행위의 객체

타인의 재물, 문서 또는 전자기록 등 특수매체기록이다.

본 죄에서 ① 재물은 동산·부동산을 불문하며, 경제적 가치 내지 교환가치를 가질 것을 요하지 않는다.

② 문서란 형법 제141조 1항의 서류에 해당하지 않는 모든 서류를 말한다. 사문서이든 공문서이든 불문한다.

③ 전자기록 등 특수매체기록은 사람의 지각에 의하여 인식될 수 없는 방식에 의하여 작성되어 컴퓨터 등 정보처리장치에 의한 정보처리를 위하여 제공된 기록을 말한다.

또한 재물, 문서 또는 전자기록 등 특수매체기록을 타인의 소유에 속하여야 한다.

여기서 타인이란 개인뿐만 아니라 국가·법인·법인격 없는 단체를 포함하며, 타인의 소유란 타인의 단독소유 또는 공동소유에 속하는 것을 말한다. 재물, 문서 또는 전자기록 등 특수매체기록은 타인의 소유에 속하면 족하므로 그것을 누가 점유하고 있는가는 문제되지 않으며, 문서의 작성명의인이 누구인가도 문제되지 않는다. 따라서 타인에게 교부한 자기명의의 영수증 또는 약속어음을 찢어버리는 경우에는 본 죄가 성립한다. 문서의 내용의 진위도 본 죄의 성립에 영향이 없다.

2) 행 위

손괴 또는 은닉 기타의 방법으로 그 효용을 해하는 것이다. ① 손괴란 재물 또는 문서 자체에 직접 유형력을 행사하여 그 이용가능성을 침해하는 것을 말하며, ②

은닉이란 재물 또는 문서의 소재를 불분명하게 하여 그 발견을 곤란 또는 불가능하게 함으로써 그 재물 또는 문서가 가진 효용을 해하는 것을 말한다. ③ 기타의 방법은 손괴 또는 은닉 이외의 방법으로 재물, 문서, 또는 전자기록 등 특수매체기록의 효용을 해하는 일체의 행위를 말하며, 여기에는 물질적 훼손뿐만 아니라 사실상 또는 감정상 그 물건을 본래의 용도에 사용할 수 없게 하는 일체의 행위를 포함한다. 문서위조는 문서의 효용과 그 내용을 부분적으로 변경하는 것임에 대하여, 문서의 손괴는 그 효용의 전부 또는 일부를 없애는 것이다.

3. 주관적 구성요건

본 죄가 성립하기 위하여는 주관적 구성요건으로 고의를 요한다. 본 죄의 고의는 타인의 재물 또는 문서의 이용가치의 전부 또는 일부를 침해한다는 인식을 내용으로 한다. 그러나 영득의 의사나 이득의 의사는 요하지 않는다.

Ⅲ. 공익건조물파괴죄

공익에 공하는 건조물을 파괴함으로써 성립하는 범죄이다(제367조).

1) 행위의 객체

공익에 공하는 건조물이다. 공익건조물이라고 하기 위하여는 그 건조물이 공공의 이익에 관한 것이라는 사용목적과 함께 일반인이 쉽게 접근할 수 있는 것이 아니면 안 된다. 건조물이 국가 또는 공공단체의 소유일 것을 요하지 않으며 사인의 소유라도 좋다. 타인의 소유일 것도 요하지 않는다. 다만 공무소에서 사용되는 건조물은 형법 제141조의 적용을 받으므로 여기서 제외된다.

2) 행 위

파괴하는 것이다. 파괴란 건조물의 중요부분을 손괴하는 것, 즉 건조물의 전부 또는 일부를 용도에 따라 사용할 수 없게 하는 것을 말한다. 파괴의 방법은 묻지 않는다.

Ⅳ. 가중적 구성요건

1. 중손괴죄

재물손괴죄와 공익건조물파괴죄의 결과적 가중범이다. 제368조 1항은 생명·신체에 대한 위험이 발생한 경우이고, 제368조 제2항은 사상이라는 결과가 발생한 경우이다. 결과적 가중범의 일반원리에 따라 손괴행위와 발생한 결과 사이에 인과관계가 있어야 하고, 그 결과는 예견할 수 있는 것이어야 한다.

2. 특수손괴죄

단체 또는 다중의 위력을 보이거나 위험한 물건을 휴대하여 재물손괴죄 또는 공익건조물파괴죄를 범함으로써 성립하는 범죄이다(제369조).

Ⅴ. 경계침범죄

1. 의 의

경계표를 손괴·이동 또는 제거하거나 기타의 방법으로 토지의 경계를 인식불능케 함으로써 성립하는 범죄이다.

2. 객관적 구성요건

1) 행위의 객체

토지의 경계이다. 토지의 경계란 소유권 등의 권리의 장소적 한계를 나타내는 지표를 말하며, 사법적 권리의 범위를 표시하건 공법적 권리의 범위를 표시하는 것이건 묻지 아니한다. 자연적 경계이건 인위적 경계이건 불문한다. 또한 그 경계가 실체법상의 권리와 일치할 것도 요하지 않는다. 따라서 현존하는 경계를 손괴하고 정당하다고 생각하는 경계를 만드는 것도 본 죄를 구성한다.

2) 행 위

경계표를 손괴·이동 또는 제거하거나 기타의 방법으로 경계를 인식불능케 하는 것이다. ① 경계표란 토지의 경계를 확정하기 위하여 그 토지에 만들어진 표지·공작물·입목 기타의 물건을 말한다. 그것이 타인의 소유이든 자기의 소유이든 무주물이든, 인위적인 것이든 자연적인 것이든, 영구적인 것이든 일시적인 것이든 불문한다. ② 손괴란 경계표를 물질적으로 훼손하는 것을 말하고, 제거는 원래 설치된 장소에서 취거하는 것이며, ③ 이동이란 경계표를 원래의 장소에서 다른 곳으로 옮기는 것이다. 본 죄는 이와 같은 행위로 인하여 토지의 경계가 인식불능케 되었을 때에 성립한다.

3. 주관적 구성요건

경계표를 손괴·이동·제거하거나 기타의 방법으로 경계를 인식불능케 한다는 인식을 요하며 또 그것으로 족하다. 그러나 본 죄의 성립에는 타인에게 손해를 가할 의사 또는 영득의사를 요하지 않는다.

제 9 절 권리행사를 방해하는 죄

Ⅰ. 서론

1. 권리행사방해죄의 의의

타인의 점유 또는 권리의 목적이 된 자기의 물건에 대한 타인의 권리행사를 방해하거나, 강제집행을 면할 목적으로 채권자를 해하는 것을 내용으로 하는 범죄이다. 형법 제37장의 권리행사를 방해하는 죄에는 권리행사죄(제323조), 점유강취죄·준점유강취죄(제325조) 및 강제집행면탈죄의 세 가지 기본적 구성요건이 포함되어 있다. 점유강취죄에 대하여는 결과적 가중범에 의한 가중적 구성요건으로 중권리행사방해죄(제326조)가 있다.

2. 보호법익

보호법익은 소유권이 아닌 제한물권 또는 채권이다. 즉 권리행사방해죄의 보호법익은 용익권·담보권 혹은 채권이고, 점유강취죄의 보호법익은 자유권과 제한물권이며, 강제집행면탈죄의 보호법익은 채권자의 채권이다.

Ⅱ. 권리행사방해죄

1. 객관적 구성요건

타인의 점유 또는 권리의 목적이 될 자기의 물건 또는 전자기록 등 특수매체기록을 취거·은닉 또는 손괴함으로써 성립한다.

1) 행위의 객체

타인의 점유 또는 권리의 목적이 된 자기의 물건 또는 전자기록 등 특수매체기록이다.

(1) 자기의 물건

본 죄의 객체는 자기의 물건이다. 자기의 물건이란 자기소유의 물건을 말한다. 자기와 타인의 공유에 속하는 물건은 타인의 물건이므로 여기에 해당하지 않는다. 물건이란 재산죄에 있어서 재물과 같은 의미다. 동산에 한하지 않고 부동산도 포함한다.

(2) 타인의 점유의 목적

타인이란 자기 이외의 자를 말하며, 자연인은 물론 법인이나 법인격 없는 단체를 포함한다. 타인의 점유의 목적이 된 물건이면 족하므로 자기와 타인이 공동점유하는 물건도 여기에 해당한다. 본 죄의 점유는 보호법익으로서의 기능을 가지고 있기 때문에 적법한 권원에 의한 점유에 제한된다. 그러나 점유는 법적근거를 가질 것을 요하지 않고, 계약상의 근거 또는 유언의 효과에 의하여 점유가 개시된 경우도 포함한다.

(3) 타인의 권리의 목적

타인의 제한물권 또는 채권의 목적이 된 물건을 말한다. 채권의 목적이 된 물건에 있어서는 그것이 반드시 점유를 수반하는 것임을 요하지 않는다.

2) 행 위

취거·은닉 또는 손괴하여 타인의 권리행사를 방해하는 것이다.

(1) 취거·은닉·손괴

취거란 점유자의 의사에 반하여 그 점유물에 대한 점유자의 사실상의 지배를 제거하고 자기 또는 제3자의 사실상의 지배에 옮기는 것을 말하고, 은닉이란 물건의 소재의 발견을 불가능하게 하거나 또는 현저히 곤란한 상태에 두는 것을 말하며, 손괴는 물건의 전부 또는 일부에 대하여 그 용익적 또는 가치적 효용을 해하는 것을 말한다. 본 죄의 행위는 취거·은닉 또는 손괴에 제한된다.

(2) 권리행사방해

타인의 권리행사를 방해한다 함은 타인의 권리행사가 방해될 우려 있는 상태에 이른 것을 말하며, 현실로 권리행사가 방해되었을 것을 요하는 것은 아니다.

2. 주관적 구성요건

본 죄는 영득죄가 아니다. 따라서 본 죄의 성립에는 주관적 구성요건으로서 고의 이외에 불법영득의 의사를 요하지 않는다.

3. 친족간의 범죄의 특칙

본 죄에는 친족상도례가 적용된다.

Ⅲ. 점유강취죄

1. 점유강취죄 · 준점유강취죄

1) 점유강취죄

폭행 또는 협박으로 타인의 점유에 속하는 자기의 물건을 강취함으로써 성립한다(제325조 제1항). 강도죄에 대응하는 범죄로서 폭행 · 협박은 강도죄에 있어서와 같이 상대방의 의사를 억압할 정도에 이를 것을 요한다.

2) 준점유강취죄

준강도죄에 대응하는 범죄로서 타인의 점유에 속하는 자기의 물건을 취거함에 당하여 그 탈환을 항거하거나 체포를 면탈하거나 죄적을 인멸할 목적으로 폭행 · 협박함으로써 성립하는 범죄이다(제325조 제2항).

2. 중권리행사방해죄

점유강취죄 · 준점유강취죄를 범하여 사람의 생명에 대한 위험이 발생하면 그 형을 가중하는 결과적 가중범이다(제326조).

Ⅳ. 강제집행면탈죄

1. 의 의

강제집행을 면할 목적으로 재산을 은닉 · 손괴 · 허위양도 또는 허위의 채무를 부담하여 채권자를 해함으로써 성립하는 범죄이다(제327조).

2. 객관적 구성요건

1) 강제집행을 받을 객관적 상태

강제집행을 받을 위험 있는 객관적 상태라 함은 민사소송에 의한 강제집행 또는 가압류·가처분 등의 행동을 당할 구체적 염려가 있는 상태를 말한다. 민사소송법에 의한 강제집행인 이상 금전채권의 강제집행뿐만 아니라 소유권이전등기의 강제집행도 여기에 포함된다. 그러나 본 죄는 채권자의 채권을 보호하는데 그 근본취지가 있는 것이므로 기본이 되는 채권의 존재를 전제로 한다.

2) 행위의 객체

재산이다. 여기서 재산이란 재물뿐만 아니라 권리도 포함되며, 재물은 동산·부동산을 불문한다. 다만 그것이 강제집행의 대상이 될 수 있는 것이어야 함은 당연하다.

3) 행 위

재산을 은닉·손괴·허위양도 또는 허위의 채무를 부담하여 채권자를 해하는 것이다.

(1) 은닉·손괴·허위양도 또는 허위의 채무부담

은닉이란 강제집행을 실시하려는 자에 대하여 재산의 발견을 불가능하게 하거나 곤란하게 만드는 것을 말하고, 손괴란 재물의 물질적 훼손뿐만 아니라 그 가치를 감소케 하는 일체의 행위를 의미하며, 허위양도란 실제로 재산의 양도가 없음에도 불구하고 양도한 것으로 가장하여 재산의 명의를 변경하는 것을 말한다. 허위의 채무를 부담한다 함은 채무가 없음에도 불구하고 채무를 부담한 것처럼 가장하는 것을 말한다.

(2) 채권자를 해할 것

본 죄는 위험범이므로 채권자가 현실적으로 해를 입을 것을 요하는 것이 아니라 채권자를 해할 위험성이 있으면 족하다. 채권자를 해하였는가는 행위시를 기준으로 하여 구체적으로 판단해야 한다.

3. 주관적 구성요건

주관적 구성요건으로는 행위자에게 강제집행을 받을 우려 있는 객관적 상태에서 재산을 은닉·손괴·허위양도 또는 허위의 채무를 부담하여 채권자를 해한다는 고의가 있어야 한다. 또한 본 죄는 고의 이외에 강제집행을 면할 목적이 있어야 성립하는 목적범이다.

기출문제 및 해설

1. 甲은 乙을 살해하려고 철야기도를 하였는데, 우연히 乙이 병으로 사망하였다. 甲의 죄책은? 02. 일반

① 살인죄 ② 무죄

③ 살인죄 불능미수 ④ 살인예비 · 음모

정답: ② (해설) 甲은 저주 · 기도 등의 미신적 방법에 의하여 살해하려한 미신범으로, 실행의 착수로 인정할 수 있는 행위조차 없고 인과관계도 인정되지 아니하므로 살인죄는 성립하지 않는다.

2. 다음 중 존속살해죄에 해당하는 것은? 00. 경감승진

① 법률상의 양모를 살해한 경우

② 사실상의 계모를 살해한 경우

③ 사망한 남편의 모를 살해한 경우

④ 인지 없는 혼인 외의 출생자가 그 생부를 살해한 경우

정답: ① (해설) 존속살해죄의 객체는 자기 또는 배우자의 직계존속이다. 직계존속이란 법률상 개념으로 사실상의 계모는 이에 해당되지 않으며, 혼인 외의 출생자의 경우에 생부는 인지한 경우에만 법률상의 직계존속이 된다. 그러나 입양의 경우에 양친은 법률상의 직계존속이 된다. 배우자 또는 법률상의 배우자만을 의미하므로 사실혼관계에 있는 자나 이혼한 자는 이에 해당하지 않는다. 그리고 배우자는 생존하는 배우자를 의미하므로 사망한 배우자의 직계존속을 살해하면 보통살인죄가 성립한다.

3. 甲이 乙에게 乙의 父를 살해하라고 교사한 경우 甲의 죄책은? 00. 일반

① 존속살해교사죄

② 보통살해교사와 존속살해교사죄의 경합범

③ 보통살해교사죄

④ 보통살해교사와 존속살해교사죄의 상상적 경합범

정답: ③ (해설) 형법 제33조 단서에 의하면 신분자와 비신분자가 공범관계에 있을 때, 신분관계로 인하여 형의 경중이 있는 때에는 비신분자는 보통의 법정형에 의해 처벌된다. 따라서 甲은 보통살인죄의 교사범, 乙은 존속살해죄의 정범이 된다. 만약, 甲의 父를 살해하라

고 교사한 경우에는 甲은 존속살해죄의 교사범, 乙은 보통살인죄의 정범이 된다.

4. 甲은 자신의 아버지인 줄 모르고 아버지를 친구 乙과 함께 살해하였다. 그러나 친구 乙은 범행 당시 甲의 아버지인 사실을 알고 있었다. 甲과 乙의 죄책은? 02. 101단
① 甲은 존속살해죄, 乙은 보통살인죄의 공동정범으로 처벌한다.
② 甲, 乙 모두 보통살인죄로 처벌한다.
③ 甲, 乙 모두 존속살해죄의 공동정범으로 처벌한다.
④ 甲은 보통살인죄, 乙은 존속살해죄로 처벌한다.

정답: ② (해설) 甲은 자신의 아버지인 줄 모르고 살해하였으므로 형법 제15조 제1항이 적용되어 중한 죄인 존속살해죄로 벌할 수 없고 보통살인죄가 성립한다. 乙에게는 직계비속이라는 신분이 없으므로 형법 제33조 단서가 적용되어 보통살인죄가 된다.

5. 사생아 甲은 생부 乙이 생모 丙에게 폭행·협박을 가한 행위와 甲 자신을 호적상 子로 등재하지 않는다는 이유로 乙을 살해하였다. 甲의 죄책은? 02. 여경
① 보통살인죄 ② 존속살해죄
③ 존속상해죄 ④ 상해죄

정답: ① (해설) 존속살해죄의 객체는 자기 또는 배우자의 직계존속이다. 직계존속이란 법률상 개념으로 혼인 이외의 출생자의 경우에 생부는 인지한 경우에만 법률상의 직계존속이 된다. 따라서 사생아 甲이 생부 乙을 살해한 경우는 보통살인죄가 된다.

6. 사실상 동거관계에 있는 甲과 乙女 사이에서 분만된 영아를 甲男이 치욕을 은폐하기 위하여 살해한 경우에 甲男의 형사책임은? (판례에 의함) 00. 경사승진
① 보통살인죄 ② 영아살해죄
③ 촉탁살인죄 ④ 존속살인죄

정답: ① (해설) 영아살해죄의 주체인 직계존속을 법률상의 직계존속 이외에 사실상의 직계존속도 포함된다고 보는 것이 통설인 반면, 판례는 법률상의 직계존속만을 의미한다고 한다(大判 1970.3.10, 69도2285).

7. 甲은 생활고를 비관한 나머지 妻子와 동반자살하려고 몰래 독약을 먹이고 자기도 음독하였으나 처자만 사망하고 甲은 생존하였다. 甲의 죄책은? 99. 검찰9급
① 위계의 의한 살인죄 ② 자살방조죄

③ 촉탁살인죄 ④ 살인죄

정답: ④ (해설) 설문은 합의에 의한 공동자살이 아니므로 자살교사·방조죄가 될 수 없고, 처자의 촉탁이나 승낙이 없었으므로 촉탁살인죄나 위계에 의한 살인죄는 성립하지 않고 몰래 독약을 먹여 사망케 하였으므로 살인죄가 된다.

8. 다음 중 옳지 않은 것은?(다툼이 있는 경우 판례에 의함) 02. 사시

① 사실상 동거관계에 있는 甲男과 乙女 사이에 영아가 분만되어 甲이 영아를 살해한 경우 甲은 보통살인죄가 성립한다.

② 양자로 입양된 甲이 자신의 생모를 살해한 경우 존속살해죄가 성립한다.

③ 甲男은 乙女와 정교를 맺어 乙이 A를 출산하자 자신의 처인 丙 몰래 A를 자신과 丙사이의 혼인 중의 출생자로 호적신고를 한 경우 A가 甲을 살해하였더라도 존속살해죄가 성립하지 않는다.

④ 무술교관출신인 甲이 인체의 급소를 잘 알고 있으면서도 무술의 방법으로 피해자의 울대(蔚帶)를 가격하여 사망케 한 경우 살인죄의 범의를 인정할 수 있다.

⑤ 甲은 乙을 살해하려 하였으나 미수에 그친 경우 乙로부터 사후의 승낙을 받았다 하더라도 甲은 승낙살인죄의 미수범이 아니라 살인미수죄로 처벌된다.

정답: ③ (해설) ③ 생부인 甲이 혼인 외의 출생자인 A를 혼인 중의 출생자로 신고한 경우 그 신고는 친생자 출생신고로는 무효이지만 인지신고로는 유효하다(大判 1971.11.15, 71다1983). 따라서 甲은 A의 법률상 직계존속이 되어 A가 甲을 살해한 경우 존속살해죄가 성립한다.

9. 다음 중 옳지 않는 것은? 04. 여경

① 사실상의 동거관계에 있는 甲과 乙의 사이에 난 영아를 甲이 살해하면 보통살인죄이다.

② 버려진 아이를 입양요건이 없이 출생신고만 하여 기르다가 살해되면 존속살해죄이다.

③ 5세 아이에게 동반자살을 유도하여 엄마만 살아남은 경우 보통살인죄이다.

④ 무술교관출신인 甲이 급소를 찔러 사망한 경우 살인의 범의를 인정할 수 있다.

정답: ② (해설) ② 피해자가 그의 문전에 버려진 영아인 피고인을 주워다 기르고 그 夫와의 친생자인 것처럼 출생신고를 하였으나 입양요건을 갖추지 아니하였다면 피고인과의 사이에 모자관계가 성립될 리 없으므로 피고인이 동녀를 살해하였다고 하여도 존속살해죄로 처벌할 수 없다(大判 1981.10.13, 81도2466).

① 大判 1970.3.10, 69도2285. ③ 大判 1987.1.20, 86도2395. ④ 大判 2000.8.18, 2000도2231.

10. 다음 중 판례의 입장에 배치되는 것은? 05. 일반

① 호적상 甲男과 乙女 사이에 태어난 친생자로 등재되었으나 사실은 乙이 타인과 정교를 맺어 출생한 丙이 甲男에게 상해를 가한 경우, 존속상해죄가 성립될 수 없다.

② 혼인 이외 출생자가 인지되지 않은 생모를 살해하면 보통살인죄가 성립한다.

③ 乙女는 문 앞에 버려진 영아 甲을 주워다 기르고 친생자인 것처럼 출생신고를 하였으나, 甲과 乙女 사이에 입양의 요건을 갖추지 않은 상태에서 성인이 된 甲이 乙女를 살해한 경우 보통살인죄가 성립한다.

④ 甲은 乙을 살해하려고 하였으나 캄캄한 밤중이라 자신의 장모인 丙을 乙로 오인하고, 살해한 경우 甲에게는 보통살인죄가 성립한다.

정답: ② (해설) ② 혼인 이외의 출생자와 생모 간에는 생모의 인지나 출생신고를 기다리지 않고 자의 출생으로 당연히 법률상의 친족관계가 생기는 것이다(大判 1980.9.9, 80도1731).

11. 판례에 의할 때 옳은 것은 모두 몇 개인가? 07. 일반

㉠ 보호자가 치료를 요하는 환자의 퇴원을 강청하여 피고인인 전문의가 치료중단 및 퇴원을 허용하는 조치를 취함으로써 환자를 사망에 이르게 한 행위는 부작위에 의한 살인방조죄가 성립한다.

㉡ 출원에 대한 심사업무를 담당하는 공무원이 출원인의 출원사유가 허위라는 사실을 알면서도 결재권자로 하여금 오인, 착각, 부지를 일으키게 하고 그 오인, 착각, 부지를 이용하여 인·허가 처분에 대한 결재를 받아낸 경우에는 위계에 의한 공무집행방해죄가 성립한다.

㉢ 법인은 범죄능력이 없으므로 그 범인을 대표하는 자연인인 대표기관이 범죄주체로서 형사책임을 지는 것이지만, 양벌규정을 법률로 명시한 경우에는 행위자가 아닌 법인에 대하여도 벌금형을 과할 수 있게 된다.

㉣ 고속도로의 노면이 결빙된 데다가 짙은 안개로 시계가 20m정도 이내였다면 차량운전자는 제한시속에 관계없이 장애물 발견 즉시 제동 정지할 수 있을

> 정도로 속도를 줄이는 등의 조치를 취하였어야 할 것이므로 단순히 제한속도를 준수하였다는 사실만으로는 주의의무를 다하였다 할 수 없다.

① 1개 ② 2개
③ 3개 ④ 4개

정답: ③ (해설) ③ 옳은 것은 ㉡㉢㉣ 3개이다. ㉠ 의사인 피고인들이 인턴에게 피해자를 집으로 후송하고 호흡보조장치를 제거할 것을 지시하는 등의 적극적 행위를 통하여 원심공동피고인(피해자의 처)의 부작위에 의한 살인행위를 도운 것이므로, 이를 작위에 의한 방조범으로 봄이 정당하나.
㉡ 大判 1997.2.28, 96도2825. ㉢ 大判 1992.8.14, 92도299. ㉣ 大判 1990.12.26, 89도2589.

12. 甲은 사업상 원한관계에 있는 을을 야산으로 유인한 후 골프채로 을의 머리를 강타하여 살해하였다. 甲은 을의 인적사항을 모르게 하기 위하여 살해된 을의 주머니에서 지갑을 꺼낸 후 살해도구로 이용한 골프채와 범행당시 입었던 옷 등 다른 증거물들과 함께 자신의 차량 트렁크에 싣고 서울로 오던 중 그의 지갑을 쓰레기 소각장에서 태워버렸다. 甲의 죄책에 대한 타당한 설명은? (판례에 의함) 05. 일반

① 살인죄는 성립하지만 절도죄는 성립할 수 없다.
② 살인죄와 증거인멸죄가 성립한다.
③ 강도살인죄와 증거인멸죄가 성립한다.
④ 살인죄와 사체유기죄가 성립하지만 증거인멸죄는 성립할 수 없다.

정답: ① (해설) 살인, 강도살인 등의 목적으로 사람을 살해한 자가 그 살해의 목적을 수행함에 있어 사후 사체의 발견이 불가능 또는 심히 곤란하게 하려는 의사로 인적이 드문 장소로 피해자를 유인하거나 실신한 피해자를 끌고 가서 그곳에서 살해하고 사체를 그대로 둔 채 도주한 경우에는 비록 결과적으로 사체의 발견이 현저하게 곤란을 받게 되는 사정이 있다 하더라도 별도로 사체은닉죄가 성립되지 아니한다(大判 1986.6.24, 86도891). 또한 증거물을 태워 버린 것은 영득의사가 없어 절도죄는 성립되지 않으며, 자기의 증거를 인멸하였으므로 증거인멸죄는 성립되지 않는다.

13. 판례의 태도와 일치하는 것은? 04. 일반

① 조산원이 분만중의 태아를 질식사에 이르게 한 경우에는 낙태죄가 성립한다.
② 살인죄의 범의가 인정되기 위해서는 사망의 결과가 발생할 것을 희망할 것은 필요치 않으나 그 인식 또는 예견이 확정적인 것이어야 한다.
③ 양자로 입양된 자가 자신의 생모를 살해한 경우 보통살인죄가 성립한다.

④ 혼인신고를 하지 않고 동거하던 남녀 사이에 태어난 영아를 동거남이 살해한 경우에는 보통살인죄가 해당한다.

정답: ④ (해설) ④ 남녀가 동거관계에 있고 그 사이에서 영아가 분만되었다고 하여도 그 남자와 영아와의 사이에는 법률상 직계존속·비속의 관계에 있다고 할 수 없으므로 그 남자가 영아를 살해한 경우에는 보통살인죄가 된다(大判 1970.3.10, 69도2285).

14. 원칙적으로 상해죄에 해당하지 않는 것은? 00. 여경

① 이성에 성병을 감염시키는 행위

② 부패한 음식을 제공하여 설사케 한 행위

③ 처녀막 파열행위

④ 자상행위

정답: ④ (해설) 상해죄의 객체로 사람의 신체는 타인의 신체를 의미하므로 자신의 신체를 상해하는 자상행위는 별도의 규정에 의한 경우(병역법 제75조)를 제외하고는 상해죄의 적용대상이 아니다.

15. 다음 중 상해죄가 성립하는 경우는? 01. 101단

① 일시적으로 고함을 질러 놀라게 한 경우

② 모발을 절단한 경우

③ 타인의 얼굴에 계속해서 담배연기를 뿜은 경우

④ 성병을 감염시킨 경우

정답: ④ (해설) 통설·판례에 의하면 상해란 생리적 기능의 훼손, 즉 육체적·정신적 병적 상태의 야기와 증가를 의미한다(생리적 기능훼손설). 성병감염, 처녀막파열, 수면장애, 설사, 실신 등은 상해가 되나, ①②③은 폭행죄에 해당된다.

16. 상해의 고의로써 구타한바 단순한 폭행의 정도에 그쳤다. 이 경우에 행위자의 책임은? 02. 일반

① 폭행죄 ② 폭행치상죄

③ 상해죄 ④ 상해미수죄

정답: ④ (해설) 상해의 고의가 있었다면 비록 폭행의 결과만이 발생하였더라도 상해미수죄가 성립한다. 반대로 상해의 의사 없이 폭행의 고의로 상해의 결과를 발생한 때에는 폭행

치상죄가 성립한다.

17. 이시(異時)에 甲과 乙이 의사연락 없이 丙에게 상해를 가하여 丙이 사망하였으나, 누구의 행위인지 판명되지 아니한 경우 틀린 설명은? 03. 여경

① 강간치상죄에는 동시범특례가 적용되지 않는다.

② 원인된 행위가 판명되지 아니한 경우 甲과 乙은 공동정범의 죄책을 지게 된다.

③ 상해치사죄에는 동시범특례가 적용되지 않는다.

④ 자기의 행위가 원인이 아니라는 거증책임은 甲 또는 乙에게 있다.

정답: ③ (해설) 동시범의 특례를 규정한 형법 제263조는 상해치사와 폭행치사의 경우에도 적용된다(大判 1985.5.14, 84도2118).

18. 상해죄의 동시범 특례(제263조)에 관한 판례의 입장으로 맞지 않는 것은? 01. 일반

① 형법 제263조는 강간치상죄에는 적용되지 않는다.

② 형법 제263조는 상해치사죄에는 적용되지 않는다.

③ 형법 제263조는 폭행치상죄에도 적용된다.

④ 이시(異時)의 독립행위가 경합한 경우에도 형법 제263조가 적용된다.

정답: ② (해설) 판례에 의하면 상해죄의 동시범 특례규정은 상해죄, 폭행치상죄뿐만 아니라 폭행치사죄나 상해치사죄에도 적용된다고 한다. 반면 강도치상죄나 강간치상죄에는 적용되지 않는다고 한다.

19. 甲은 乙에게 약 2시간 동안 계속하여 회칼로 죽여 버리겠다고 하고 소주병을 깨어 찌를 듯한 태도를 협박하다가 손바닥으로 乙의 얼굴과 목덜미를 수회 때리자, 乙은 극도의 공포심을 이기지 못하고 기절하였다가 한참 후에 정신을 차렸다. 甲의 죄책은? 02. 일반

① 협박죄는 상해죄에 흡수되어 상해죄만 성립한다.

② 협박죄와 폭행죄는 실체적 경합이다.

③ 협박과 폭행의 행위는 포괄하여 폭행치상의 일죄만 성립한다.

④ 폭행치상죄와 상해죄의 상상적 경합이다.

정답: ① (해설) 오랜 시간 동안의 협박과 폭행을 이기지 못하고 실신하여 범인들이 불러온 구급차 안에서야 정신을 차리게 되었다면, 외부적으로 어떤 상처가 발생하지 않았다고 하더라도 생리적 기능에 훼손을 입어 신체에 대한 상해가 있었다(大判 1996.12.10, 96도

2529). 사례에서 협박과 폭행은 상해죄에 흡수된다.

20. 甲은 임신 7개월의 乙녀가 자신에게 욕을 하자 오른쪽 팔꿈치로 乙女의 복부를 때려 그 자리에 쓰러지게 하였다. 쓰러진 乙女는 4일 후 병원에서 낙태를 하고 그 다음날 낙태로 유발된 심근경색증으로 사망하였다. 판례에 의할 때 甲의 죄책은? 02. 경감승진

① 상해치사죄

② 상해치사죄와 낙태치사죄의 상상적 경합

③ 낙태치사죄

④ 상해치사죄와 낙태죄의 상상적 경합

정답: ① (해설) 피고인의 강타로 인하여 임신 7개월의 피해자가 지상에 넘어져서 4일 후에 낙태하고 위 낙태로 유발된 심근경색증으로 죽음에 이르게 된 경우 피고인의 구타행위와 피해자의 사망 간에는 인과관계가 있다(大判 1972.3.28, 72도296). 따라서 상해치사죄가 성립한다.

21. 甲은 계속 교제하기를 원하는 자신의 제의를 乙녀가 거절한다는 이유로 乙녀의 얼굴을 수회 때리자 乙은 이에 대항하여 甲의 손가락을 깨물었고 이에 격분한 甲은 乙의 머리카락을 잡아 흔들고 발로 배를 수회 차는 등 폭행을 가하자 이에 견디다 못한 乙은 甲의 폭행을 피하려고 도로를 건너 도주하다가 차량에 치어 사망하였다. 甲의 죄책은? 03. 일반

① 강간치사 ② 폭행치사

③ 상해치사 ④ 살인죄

정답: ③ (해설) 상해행위를 피하려고 하다가 차량에 치어 사망한 경우 상해행위와 피해자의 사망 사이에 상당인과관계가 있다(大判 1996.5.10, 72도296).

22. 다음 중 연결이 틀린 것은? 01. 일반

① 중감금죄 - 학대 ② 특수폭행죄 - 위험한 물건

③ 중상해죄 - 불구 ④ 준사기죄 - 심신장애

정답: ① (해설) 형법상 '생명에 대한 위험발생'을 구성요건으로 하는 구체적 위험범에는 ㉠ 중상해죄, ㉡ 중유기죄, ㉢ 중권리행사방해죄, ㉣ 중손괴죄(생명 또는 신체에 대한 위험 발생)로 '重'자가 붙어 있다. 그러나 중체포죄, 중감금죄는 '가혹한 행위'가 구성요건으로, 구체적 위험범이 아니다.

23. 다음 중 서로 관련되지 않는 것은? 01. 여경, 03. 일반

① 중상해죄 - 신체에 대한 위험발생 ② 준사기죄 - 심신장애
③ 중체포죄 - 가혹한 행위 ④ 준강도죄 - 죄적인멸

정답: ① (해설) 중상해죄는 생명에 대한 위험을 발생하게 하거나, 불구 또는 불치나 난치의 질병에 이르게 함으로써 성립하는 범죄이다.

24. 폭행죄에 대한 설명으로 틀린 것은? 00 · 01. 일반

① 반의사불벌죄이다.
② 폭행죄의 미수범은 처벌한다.
③ 상습범은 가중처벌한다.
④ 신체에 대한 유형력의 행사는 폭행죄이다.

정답: ② (해설) 폭행죄는 구성요건의 내용이 결과의 발생을 요하지 않고 범에 규정된 행위를 함으로써 성립하는 형식범으로 미수범 처벌규정이 없다.

25. 폭행죄에 있어서의 폭행의 개념으로 틀린 것은? 00. 여경

① 사람 · 물건에 대한 모든 종류의 유형력 행사
② 사람에 대한 직 · 간접적인 유형력의 행사
③ 사람의 신체에 대한 직 · 간접적인 유형력의 행사
④ 상대방의 반항을 억압할 만한 유형력의 행사

정답: ③ (해설) 형법상 폭행은 그 대상이나 정도에 따라 개념이 네 가지로 분류된다.
① 최광의의 폭행(일체의 유형력행사) - 다중불해산죄, 소요죄, 내란죄
② 광의의 폭행(사람에 대한 유형력 행사) - 공무집행방해죄, 특수도주죄, 강요죄
③ 협의의 폭행(신체에 대한 유형력 행사) - 폭행죄, 특수공무원폭행죄
④ 최협의의 폭행(상대방의 반항을 억압할 정도의 유형력의 행사) - 강도죄, 강간죄, 준강간죄

26. 폭행의 의미가 가장 넓게 해석되는 범죄는? 02. 여경

① 강도죄 ② 다중불해산죄
③ 공무집행방해죄 ④ 폭행죄

정답: ② (해설) ① 최협의, ② 최광의, ③ 광의, ④ 협의

27. 폭행죄의 '폭행'의 개념과 같은 것은? 02. 여경

① 강간죄에 있어서 폭행 ② 다중불해산죄에 있어서 폭행
③ 소요죄에 있어서 폭행 ④ 특수공무원폭행죄에 있어서 폭행

정답: ④ (해설) 폭행죄의 폭행은 협의의 폭행으로 사람의 신체에 대한 유형력 행사를 말한다. 같은 의미의 폭행으로는 특수공무원폭행죄(폭행 · 가혹행위죄)의 폭행이다.

28. 폭행죄(형법 제260조)와 협박죄(형법 제283조)에 관한 다음 설명 중 옳지 않은 것은? 04. 법무사

① 양죄 모두 반의사불벌죄에 해당한다.
② 양죄 모두 상습적으로 범한 경우 가중처벌된다.
③ 폭행죄는 미수범처벌규정이 없으나, 협박죄의 미수범은 처벌된다.
④ 인분을 타인의 집 마당에 던진 행위는 폭행죄에 해당한다고 함이 대법원 판례이다.
⑤ 양죄 모두 객체가 직계존속인 경우 가중처벌한다.

정답: ④ (해설) ④ 비닐봉지에 넣어 둔 인분을 타인의 집 앞마당에 던졌을 뿐 사람의 신체에 대하여 공격한 것이 아니면 이 사실만으로 형법상 폭행의 범주에 들어간다고 할 수 없다(大判 1977.2.8, 75도2673).

29. 폭행죄의 폭행에 해당하는 것은 몇 개인가? 05. 일반

㉠ 근접하여 욕설을 하면서 때릴 듯이 손발이나 물건을 휘두르거나 던진 행위 ㉡ 전화수화기에 대고 고성을 지르고 전화내용을 녹음한 후 들려 준 행위 ㉢ 폭언을 하면서 시정된 방문을 발로 차는 행위 ㉣ 음모를 절단한 행위 ㉤ 침을 뱉는 행위 또는 손이나 옷을 잡아당기는 행위 ㉥ 상대방에 대하여 욕설이나 폭언을 한 경우

① 1개 ② 2개
③ 3개 ④ 4개

정답: ③ (해설) 폭행죄의 폭행은 사람의 신체에 대한 유형력의 행사를 의미한다. 여기에 해당되는 경우는 ㉠㉣㉤ 3개이다. 반면 ㉡㉢㉥은 폭행죄의 폭행으로 볼 수 없다.

㉠ 직접 피해자의 신체에 접촉하지 않았다고 하여도 피해자에 대한 불법한 유형력의 행사로서 폭행에 해당한다(大判 1990.2.13, 89도1406).
㉡ 거리상 멀리 떨어져 있는 사람에게 전화기를 이용하여 전화하면서 고성을 내거나 그 전화대화를 녹음 후 듣게 하는 경우에는 특수한 방법으로 수화자의 청각기관을 자극하여 그 수화자로 하여금 고통스럽게 느끼게 할 정도의 음향을 이용하였다는 등의 특별한 사정이 없는 한 신체에 대한 유형력의 행사를 한 것으로 보기 어렵다(大判 2003.1.10, 2000도716).
㉢ 피해자 집의 대문을 발로 찬 것이 막바로 또는 당연히 피해자의 신체에 대하여 유형력을 행사한 경우에 해당한다고 할 수도 없다(大判 1991.1.29, 90도2153).
㉣ 폭행에 해당한다(大判 2000.3.23, 99도3099).
㉤ 폭행은 그 성질상 반드시 신체의 가해의 결과를 야기함에 족한 완력의 행사를 요하거나 육체상 고통을 수반하는 것도 아니므로 폭행에 해당한다.
㉥ 단순히 욕설을 한 것만으로는 피해자에게 불쾌감을 주는데 그칠 뿐 피해자의 신체에 대한 유형력의 행사라고 보기 어려워 폭행죄를 구성한다고 할 수 없다(大判 2001.3.9, 2001도277).

30. 폭행죄(제260조)에 있어 폭행에 해당하지 않는 것은? (판례에 의함) 02. 법무사

① 비닐봉지에 넣은 인분을 남의 집 마당에 던지는 행위
② 이웃의 소음중단요구를 묵살하고 확성기를 계속 틀어 놓는 행위
③ 맹인으로부터 지팡이를 뺏어버리는 행위
④ 타인의 얼굴에 침을 뱉는 행위
⑤ 타인의 수염을 강제로 자르는 행위

정답: ① (해설) 비닐봉지에 넣어 둔 인분을 타인의 집 앞마당에 던졌을 뿐 사람의 신체에 대하여 공격한 것이 아니면 이 사실만으로 형법상 폭행의 범주에 들어간다고 할 수 없다(大判 1977.2.8, 75도2673).

31. 운전자 甲은 견인료 납부를 요구하면서 승용차의 앞을 가로막고 있는 교통관리직원인 乙의 다리부분을 위 승용차 앞 범퍼부분으로 들이받고 약 1m정도 진행하여 乙을 땅바닥에 넘어뜨렸다. 甲의 죄책은? (판례에 의함) 02. 101단

① 살인미수죄
② 상해미수죄
③ 업무상 과실치사죄
④ 특수폭행죄

정답: ④ (해설) 자동차도 그것이 사람의 생명・신체에 해를 가하는 데 사용되었다면 특수폭행죄의 '위험한 물건'이라 할 것이며, 한편 이러한 물건을 '휴대하여'라는 말은 소지뿐만 아니라 널리 이용한다는 뜻도 포함하고 있다(大判 1997.5.30, 97도597).

32. 甲은 고속도로 상에서 승용차로 乙이 타고 가는 승용차 뒤를 바싹 따라붙어 운전을 방해하고 甲차량 앞으로 몰고 가 급제동하여 乙로 하여금 충돌을 피하기 위하여 급제동 하거나 급차로 변경을 하게하고, 甲 차량을 차량의 옆으로 바싹 밀어 붙여 乙로 하여금 중앙분리대와 충돌할 위험에 처하게 하고, 乙이 고속도로를 빠져나가지 못하게 하였다. 甲의 죄책은? 04. 일반

① 강요죄 ② 협박죄

③ 폭행죄 ④ 특수폭행죄

정답: ④ (해설) 폭력행위등처벌에관한법률 제3조 제1항에 있어서 위험한 물건을 "휴대하여" 라는 말은 소지뿐만 아니라 널리 이용한다는 뜻도 포함하는 것인 바, (중략) 이는 위험한 물건인 자동차를 이용하여 피해자를 폭행한 것이라고 하지 않을 수 없다(大判 2001.2.23, 2001도271).

33. 다음 중 과실치사상죄가 성립하지 않은 것은? (판례에 의함) 06. 일반

① 공사현장감독자가 도로에 웅덩이를 판 후 안전조치를 취하지 않고 그대로 방치하여 야간에 그곳을 지나가던 통행인이 위 웅덩이에 떨어져 상해를 입었다.

② 의사가 연탄가스중독환자에게 병명을 알려주지 않은 채 퇴원시켜 그 환자가 다시 그 방에서 잠을 자가다 재차 연탄가스에 중독되었다.

③ 의사 甲은 간호사에게 수혈을 맡겼는데 그 간호사가 다른 환자에게 수혈할 혈액을 당해 환자에게 잘못 수혈하여 환자가 사망하였다.

④ 산부인과 의사 甲은 제왕절개수술을 하는 도중 산모가 갑자기 출혈을 하였지만 수혈용 혈액을 미리 준비하지 않아 산모가 사망하였다.

정답: ④ (해설) ④ 제왕절개분만을 함에 있어서 산모에게 수혈을 할 필요가 있을 것이라고 예상할 수 있었다는 사전이 보이지 않는 한, 산후과다출혈에 대비하여 제왕절개수술을 시행하기 전에 미리 혈액을 준비할 업무상 주의의무가 있다고 보기 어렵다(大判 1997.4.8, 96도3082).
② 大判 1991.2.12, 90도2547. ③ 大判 1998.2.27, 97도2812.

34. 원동기 무면허 우유배달원이 우유를 배달하다가 사람을 치어 상해한 경우 죄책은? 00. 일반

① 업무상 과실치상죄 ② 무 죄

③ 과실치상죄 ④ 상해죄

정답: ① (해설) 업무상 과실치상죄에 있어서 업무란 사람의 사회생활상 하나의 지위로서 계속적으로 종사하는 사무를 말하며, 계속성이 있으면 면허(자격)의 유무는 불문한다.

35. 업무상 과실치상죄에 관한 것으로 틀린 것은? 04. 일반

① 적법한 업무이어야 한다.

② 1회의 행위라도 업무에 해당할 수 있다.

③ 업무는 공적인 것이든 사적인 것이든 불문한다.

④ 생명과 신체에 위험한 업무임을 요한다.

정답: ① (해설) 업무상 과실치사상죄에서의 업무는 공무(公務), 보수유무, 본래의 사무와 부수적 사무 여부를 불문하며, 면허가 있거나 적법한 사무일 필요도 없다.

36. 다음 중 업무상 과실치사상죄가 성립하지 않는 것은? (판례에 따름) 05. 일반

① 의사 甲은 연탄가스 중독환자에게 원인을 알려주지 않아 그 환자가 퇴원후 사고가 난 방에서 취침하다가 다시 연탄가스에 중독된 경우

② 회복실에서 혼자 남아 자기 환자를 돌보던 간호사가 인계 받지 않은 다른 환자의 호흡이 중단된 사실을 미처 발견하지 못하여 방치함으로서 그 환자가 사망한 경우

③ 甲은 자동차를 몰고 가다가 주의의무를 게을리 하여 열차건널목을 그대로 건너는 바람에 자동차가 열차좌측모서리와 충돌하여 20여 미터쯤 열차가 진행방향으로 끌려 다니면서 튕겨 나갔고 乙은 타고 가던 자전거에서 내려서 위 자동차 왼쪽에서 열차가 지나가기를 기다리고 있다가 위 충돌 사고로 넘어져서 상처를 입은 경우

④ 산부인과 의사 甲은 산모인 태반조기박리에 대한 대응조치로서 응급 제왕절개수술을 시행하였는데, 수혈용 혈액을 미리 준비하지 않아 산모가 출혈과다로 사망한 경우

정답: ② (해설) 피해자를 감시하도록 업무를 인계 받지 않은 간호사가 자기 환자의 회복처치에 전념하고 있었다면 회복실에 다른 간호사가 남아 있지 않은 경우에도 다른 환자의 이상증세가 인식될 수 있는 상황에서라야 이에 대한 조치를 할 의무가 있다고 보일 뿐 회복실 내의 모든 환자에 대하여 적극적, 계속적으로 주시, 점검을 할 의무가 있다고 할 수 없다(大判 1994.4.26, 92도3283).

37. 업무상 과실치사상죄와 업무방해죄에 있어서의 '업무'의 의의에 관한 다음 기술 중 잘못된 것은? 02. 일반

① 업무상 과실치사상죄에 있어서의 업무는 공적인 것이든 사적인 것이든 불문하나 업무방해죄에 있어서의 업무는 공적인 업무가 포함되는가에 대해서는 다툼이 있다.

② 업무상 과실치사상죄에 있어서의 업무는 생명·신체에 위험한 업무임을 요하나 업무방해죄에 있어서의 업무는 그런 규정이 없다.

③ 업무상 과실치사상죄의 업무나 업무방해죄에 있어서의 업무는 반복계속할 의사로 행한 것으로는 부족하고, 실제로 반복 계속하여 행하지 않는 한 업무라고 할 수 없다.

④ 업무상 과실치사상죄에 있어서의 업무는 위법한 업무도 포함되나 업무방해죄에 있어서의 업무에는 형법적으로 보호할 가치 없는 위법한 업무는 포함되지 않는다.

정답: ③ (해설) 업무상 과실치사상죄에 있어서 뿐만 아니라 업무방해죄에 있어서도 객관적으로 계속된 사무뿐만 아니라 계속할 의사로 시작한 사무도 업무의 개념에 포함된다. 따라서 반복계속할 의사로 행한 것으로 족하고 실제로 반복해서 행할 필요는 없다.

38. 업무에 관한 다음 기술 중 업무상 과실치상죄와 업무방해죄에 공통적으로 타당한 것은? 01. 일반

① 주된 업무뿐만 아니라 부수적 업무도 포함한다.

② 공무도 업무이다.

③ 오락이나 취미로 하는 수렵도 업무이다.

④ 위험을 수반하는 업무 내지 그것을 방지하는 업무에 한정되어 있어야 할 것이다.

정답: ① (해설) 업무상 과실치상죄나 업무방해죄의 업무는 사회생활상 지위에서 행하여지는 계속·반복적 사무일 것을 요하며, 보수유무, 영리의 유무, 주된 업무, 부수업무를 불문한다.

②③④ 업무방해죄에서 업무에 공무는 제외된다는 것이 다수설이며, 오락을 위한 업무는 제외되며, 생명신체에 관한 업무에 국한되지 않는다.

39. 업무상 과실치사상죄에 대한 설명으로 틀린 것은? 05. 일반

① 무면허로 병원을 운영하는 자가 치료를 잘못하여 환자가 사망한 경우 업무상 과실치사죄가 성립한다.

② 업무자라는 신분관계로 인하여 형이 가중되는 가중적 구성요건이다.

③ 사무인 이상 직업이나 영리를 목적으로 하는 영업이 필요는 없고 주된 사무에 포함된 부수적인 사무도 포함된다.

④ 업무는 형법상 보호가치가 있는 업무이어야 한다.

정답: ④ (해설) 업무상 과실치상죄의 업무는 면허가 있거나 적법한 사무일 필요는 없다. 예를 들어 무면허로 병원을 운영하던 자가 환자를 사망케 한 경우나 무면허운전자가 운전 중 사람을 사망케 하였다면 업무상 과실치사죄가 성립한다.

40. 다음 중 업무상 과실이 있는 경우를 모두 고르면? (판례에 의함) 04. 일반

㉠ 甲은 야간에 오토바이를 운전하던 중 전방 좌우 주시의무를 소홀히 하여 무단횡단자를 발견하지 못하고 충돌하였고, 쓰러진 무단횡단자는 지나가던 다른 차량에 치어 사망하였다.
㉡ 담임교사 甲은 학생들에게 유리창 청소시에 교실안쪽에서 닦을 수 있는 유리창만 닦도록 지시하였으나 학생 乙은 이러한 담임교사의 주의를 무시하고 종례 후 유리창 바깥쪽을 닦으려고 나가다가 발을 헛디뎌 추락하여 크게 다쳤다.
㉢ 교사 甲은 징계목적으로 회초리로 학생들의 손바닥을 때리기 위해 회초리를 들어 올리는 순간 이를 구경하기 위해 옆으로 고개를 돌려 일어나는 다른 학생의 눈을 찔러 그로 하여금 우안 실명의 상해를 입게 하였다.
㉣ 의가 甲은 간호사에게 수혈을 맡겼는데 그 간호사가 다른 환자에게 수혈할 혈액을 당해 환자에게 잘못 수혈하여 환자가 사망하였다.
㉤ 산부인과 의사 甲은 제왕절개수술을 하는 도중에 산모가 갑자기 출혈을 하였지만 수혈용 혈액을 미리 준비하지 않아 산모가 사망하였다.

① ㉠,㉢ ② ㉡,㉢
③ ㉣,㉤ ④ ㉠,㉣

정답: ④ (해설) 업무상 과실이 인정되는 경우는 ㉠와 ㉣이다. 반면 ㉡㉢㉤은 업무상 과실이 부정된다.
㉠ 大判 1990.5.22, 90도580. ㉡ 大判 1989.3.28, 89도108. ㉢ 大判 1985.7.9, 84도822. ㉣ 大

判 1998.2.27, 97도2812. ㉣ 大判 1997.4.8, 96도3082.

41. 甲이 84세의 여자노인과 11세 여자아이를 상대로 안수기도를 함에 있어서 한 손 또는 두 손으로 그들의 배와 가슴부분을 세게 때리고 누르는 등의 행위를 노인에게는 약 20분간 여자아이에게는 약 30분간 반복함으로써 그들을 사망하게 하였다. 甲의 죄책은? (판례에 의함) 04. 여경

① 폭행치사죄 ② 과실치사죄
③ 중과실치사죄 ④ 폭행치사죄이나 위법성이 조각된다.

정답: ③ (해설) 고령의 여자 노인이나 나이 어린 연약한 여자아이들은 약간의 물리력을 가하여도 골절이나 타박상을 당하기 쉽고, 더욱이 배나 가슴 등에 그와 같은 상처가 생기면 치명적 결과가 올 수 있다는 것은 피고인 정도의 연령이나 경험 지식을 가진 사람으로서는 약간의 주의만 하더라도 쉽게 예견할 수 있음에도 그러한 결과에 대하여 주의를 다하지 않아 사람을 죽음으로까지 이르게 한 행위는 중대한 과실로서 중과실치사죄가 인정된다(大判 1997.4.22, 97도538).

42. 임신한 甲은 태아가 딸임을 알게 되자 산부인과 의사인 乙에게 부탁하여 낙태수술을 받았다. 甲과 乙의 죄책은? 01. 사시, 03. 여경

① 甲, 乙은 업무상 동의낙태죄의 공동정범
② 甲은 자기낙태죄, 乙은 업무상 동의낙태죄
③ 甲은 자기낙태죄, 乙은 무죄
④ 甲, 乙은 자기낙태죄의 공동정범
⑤ 甲은 무죄, 乙은 업무상 동의낙태죄

정답: ② (해설) 자기낙태죄와 업무상 동의낙태죄는 필요적 공범관계에 있지만, 甲은 자기낙태죄, 乙은 업무상 동의낙태죄의 책임을 진다.

43. 임산부가 낙태하려는 사실을 알면서 알고 지내는 의사를 소개하여 준 자의 죄책은? 02. 여경

① 낙태죄의 교사범 ② 낙태죄의 종범
③ 낙태죄의 간접정범 ④ 낙태죄의 공모공동정범

정답: ② (해설) 임산부가 낙태하려는 사실을 알면서 의사를 소개하는 행위는 임부의 낙태행위를 방조하는 행위로서 자기낙태죄의 종범이 성립한다.

44. 임신한 부녀가 산부인과의 간호원인 옆집 여자의 도움을 받아 낙태하였다. 각자의 죄책은? 03. 입법고시

① 임부 - 자기낙태죄, 간호원 - 업무상 동의낙태죄

② 임부 - 자기낙태죄, 간호원 - 자기낙태죄의 종범

③ 임부와 간호원 - 자기낙태죄의 공동정범

④ 임부 - 자기낙태죄, 간호원 - 동의낙태죄

⑤ 임부와 간호원 - 업무상 동의낙태죄의 공동정범

정답: ④, ② (해설) 임부는 자기낙태죄가 된다. 문제는 간호원의 죄책인데, 간호원이 스스로 낙태행위를 하였다면 동의낙태죄가 인정된다(간호원은 업무상 동의낙태죄의 주체가 아니다). 그러나 간호원이 낙태하는 임부를 도와준 것에 불과하다면 자기낙태죄의 종범에 해당할 뿐이다.

45. 甲은 승용차를 운전하여 시속 60km의 속도로 왕복 8차선 도로상의 육교 밑을 진행하다가 갑자기 길을 건너려 차도에 뛰어든 乙을 발견하고 급제동하였으나 정지하지 못하고 乙에게 중상을 입혔다. 甲은 당황한 나머지 그대로 도주하였고 방치되어 있던 乙은 사망하고 말았다. 신뢰의 원칙을 적용하고 乙의 상처로 보아 즉시 병원으로 옮겨졌더라도 乙은 살 수 없었던 사정 하에서 甲의 죄책은? 02. 입법고시

① 부작위에 의한 살인죄 ② 유기치사죄

③ 유기죄 ④ 무 죄

⑤ 특정범죄가중처벌등에관한법률 위반죄(업무상 과실치사죄)

정답: ③ (해설) 육교 밑 차도에서는 일반보행자들이 차도를 횡단하지 않고 육교를 이용하여 횡단할 것을 신뢰하여 운행하면 족하다 할 것이고, 불의에 뛰어드는 보행자를 예상하여 사고를 사전에 방지해야 할 조치를 취할 업무상 주의의무는 없다(大判 1985.9.10, 84도1572). 다만 도로교통법 제 50조의 구조의무에 의하여 요부조자를 보호할 법률상의 의무에 해당하므로 유기죄에 해당한다. 다만, 즉시 병원으로 옮겨졌더라도 乙은 살 수 없었던 사정이었으므로 유기치사죄는 성립하지 않는다.

46. 다음 중 판례가 협박죄 성립을 인정한 경우는? 05. 일반

① 甲이 乙과 언쟁 중에 “입을 찢어버릴라.”라고 말한 경우

② 甲이 한마디 말도 없이 가위로 乙의 목을 찌를 듯한 태도를 취한 경우

③ 수박밭 주인 甲이 수박밭에 들어와 두리번거리는 乙에게 “앞으로 수박이 없어지면, 모두 네 책임으로 한다.”라고 말한 경우

④ 甲은 경찰서에서 연행되어 혐의 사실을 추궁당하면서 빰까지 맞자 "너희들의 목을 자른다, 내 동생을 시켜서라도 자른다."라는 취지의 말을 한 경우

정답: ② (해설) 해악고지는 보통 언어에 의하는 것이나 경우에 따라서는 한마디 말도 없이 거동에 의하여도 조치할 수 있는 것이므로 가위로 찌를 듯이 하였다면 신체에 대한 고지로 못 볼 바 아니므로 이를 협박죄로 단정한 원심 판결은 정당하다(大判 1975.10.7, 74도2727).

47. 아버지가 아들한테 말을 듣지 않는다고 야구방망이로 때릴 듯하면서 죽이겠다고 욕한 것은 다음 중 어느 것에 해당하는가? 03. 일반

① 협박죄
② 사회상규에 위반되지 않는 죄
③ 징계행위에 위반되지 않는 죄
④ 폭행죄

정답: ① (해설) 스스로의 감정을 이기지 못하고 야구방망이로 때릴 듯이 피해자에게 "죽여 버린다."고 말하여 협박하는 것은 그 자체로 피해자의 인격 성장에 장해를 가져올 우려가 커서 이를 교양권의 행사라고 보기도 어렵다(大判 2002.2.8, 2001도6468).

48. 甲女는 자신의 남편 乙이 같은 집에 세 들어 사는 丙女와 불륜관계에 빠지자 丙女로부터 사과를 받으려고 하였으나 丙女가 나타나지 않자 丙女의 아버지와 언니에게 "丙女를 빨리 찾아내어 해결해야 할 것 아닌가. 그렇지 않으면 丙女를 간통죄로 고소하겠다. 딸이 가정파괴범이다. 시집을 보내려고 하느냐 안 보내려고 하느냐"라고 말하였다. 甲女의 죄책은? (판례에 의함) 02. 일반

① 공갈죄
② 협박죄
③ 강요죄
④ 무 죄

정답: ④ (해설) 해악의 고지가 있다 하더라도 그것이 사회의 관습이나 윤리관념 등에 비추어 볼 때에 사회통념상 용인할 수 있을 정도의 것이라면 협박죄는 성립하지 아니한다(大判 1998.3.10, 98도70).

49. 협박죄에 관한 설명 중 맞는 것은? 02. 법무사

① 영아도 협박죄의 객체가 될 수 있다.
② 협박죄는 피해자의 명시한 의사에 반하여 처벌할 수 없는 반의사불벌죄이다.
③ 협박죄는 위태범이라는 것이 통설적 입장이다.
④ 익명으로 작성된 문서에 의한 해악의 고지는 협박이 될 수 없다.

⑤ 고지하는 해악의 내용은 범죄가 되거나 불법성을 가져야 한다.

정답: ② (해설) ② 제283조 제2항.
① 영아는 해악의 고지로 공포심을 일으킬만한 의사능력자가 아니므로 협박죄의 객체가 아니다.
③ 침해범으로 보는 것이 통설이다.
④ 해악의 고지에 협박자가 명시될 필요는 없다.
⑤ 고지되는 내용이 불법할 필요가 없고 정상적인 권리행사도 무방하다(다수설).

50. 열차시간에 쫓기던 甲은 급박한 나머지 자가승용차를 정차시킨 후 운전자를 협박하여 역까지 운행하게 하였다. 甲의 죄책은? 98. 경위승진, 02. 여경

① 강도죄
② 협박죄
③ 강요죄
④ 무 죄

정답: ③ (해설) 협박하여 자가승용차 운전자에게 의무 없는 일을 하게 하였으므로 강요죄에 해당한다.

51. 인질강요죄에 대한 설명으로 옳지 않은 것은? 01. 사시

① 강요를 당하는 자는 인질 혹은 제3자이다.
② 친족간의 범행특례규정이 적용되지 않는다.
③ 성년자와 미성년자 모두 인질대상이다.
④ 인질을 안전한 장소에 풀어주더라도 처벌된다.
⑤ 노조간부에 대한 고발취소 및 석방을 요구하며 사장을 인질로 삼은 경우에도 성립한다.

정답: ① (해설) ① 인질강요죄에서 강요당하는 상대방은 제3자이며, 인질에 대한 강요는 본죄에 해당하지 않는다. ④ 형법 제324조6의 석방감경규정은 임의적 감경사유이다. 따라서 인질을 안전한 장소에 풀어준 경우에는 감경된 형으로 처벌될 수 있다.

52. 다음 중 피해자를 풀어준 경우에 형을 감경할 수 있는 범죄가 아닌 것은? 00. 경사승진

① 인질강요죄
② 부녀매매죄
③ 체포감금죄
④ 약취・유인의 죄

정답: ③ (해설) 피해자를 안전한 장소로 풀어준 때에 그 형을 감경할 수 있는 소위 석방감

경규정은 약취 · 유인의 죄, 인질강요죄, 인질상해 · 치상죄, 부녀매매죄에서 규정하고 있으나, 체포 · 감금죄, 인질강도죄, 인질살해 · 치사죄에는 규정이 없다.

53. 甲은 A를 여관으로 납치하여 감금한 후 그의 친구 乙을 불러내어 함께 A를 교대로 감시하면서 구타하였다. 甲과 乙의 형법상 책임은? 01. 사시

① 甲과 乙은 중감금죄의 공동정범

② 甲은 감금죄와 폭행죄의 실체적 경합범, 乙은 폭행죄

③ 甲과 乙은 공동정범으로서 감금죄와 폭행죄의 상상적 경합범

④ 甲은 감금죄만 성립하며 폭행죄는 불가벌적 수반행위, 乙은 폭행죄

⑤ 甲은 감금죄와 폭행죄의 상상적 경합범, 乙은 폭행죄

정답: ① (해설) 감금한 후 구타까지 하였다면 가혹한 행위로서 중감금죄에 해당하며, 감금죄는 계속범이므로 기수이후에도 실질적인 종료시까지 공범성립이 가능하다. 따라서 乙은 공동정범이 성립한다.

54. 옥상에 있는 사람에 대하여 사다리를 제거하는 행위는 다음 어느 죄에 해당하는가? 00. 일반

① 협박죄 ② 폭행죄

③ 감금죄 ④ 권리행사방해죄

정답: ③ (해설) 감금죄는 사람을 일정한 장소 밖으로 나가지 못하게 하여 신체활동의 자유를 장소적으로 제한함으로써 성립하는 범죄로, 감금의 수단과 방법에는 제한이 없으며, 탈출이 절대적으로 불가능 할 것을 요하는 것이 아니라 탈출이 곤란한 경우까지 포함한다.

사회적 법익에 대한 죄

제 1 장

공공의 안전과 평온에 관한 죄

제1절 공안을 해하는 죄

Ⅰ. 서 론

공안을 해하는 죄란 공공의 법질서 또는 공공의 안전과 평온을 해하는 것을 내용으로 하는 범죄를 말하며, 형법상의 범죄단체조직죄, 소요죄, 다중불해산죄, 전시공수계약불이행죄 및 공무원자격사칭죄가 이에 해당한다. 공안을 해하는 죄의 본질에 관하여 다수설은 공공의 안전 또는 공공의 평온을 보호하기 위한 사회적 법익에 대한 범죄라고 해석하고 있으나, 전시공수계약불이행죄와 공무원자격사칭죄는 국가의 기능을 보호하기 위한 국가적 법익에 대한 죄라고 해야 한다. 이들 범죄는 공공의 법질서와 안전 또는 평온과는 아무런 관련이 없는 범죄이기 때문이다.

Ⅱ. 범죄단체조직죄

1. 의 의

본 죄는 범죄를 목적으로 단체를 조직 또는 이에 가입하거나, 병역 또는 납세의무를 거부할 목적으로 단체를 조직 또는 가입함으로써 성립하는 범죄이다(제114조).

2. 객관적 구성요건

본 죄의 행위는 범죄를 목적으로 단체를 조직 또는 이에 가입하거나, 병역 또는 납세의무를 거부할 목적으로 단체를 조직 또는 가입하는 것이다. 본 죄의 단체라고 하기 위해서는 단체를 주도하는 최소한도의 통솔체제를 갖추고 있을 것을 요하지만, 단체를 조직하거나 가입하는 방법에는 제한이 없다. 또한 목적한 범죄를 실행하였는가는 본 죄의 성립에 영향이 없다.

3. 주관적 구성요건

본 죄가 성립하기 위하여는 주관적 구성요건으로서의 고의 이외에 범죄를 범하거나 병역 또는 납세의무를 거부할 목적이 있어야 한다.

Ⅲ. 소요죄 · 다중불해산죄

1. 소요죄

1) 의의와 본질

다중이 집합하여 폭행 · 협박 또는 손괴행위를 함으로써 성립하는 범죄이다(제115조). 본 죄는 다중의 집합을 요건으로 하는 필요적 공범이며, 공공의 안전을 보호법익으로 하는 추상적 위험범이다(통설). 따라서 한지방의 평온을 해할 정도의 폭행 · 협박 · 손괴가 있으면 본 죄는 성립한다.

2) 객관적 구성요건

다중이 집합하여 폭행 · 협박 또는 손괴의 행위를 함으로써 성립한다.

(1) 주 체

통설은 본 죄의 주체를 집합한 다중이라고 해석하나, 다중의 집합은 본 죄의 행위의 태양에 불과하고 집합한 다중이 본 죄의 주체가 될 수는 없다고 할 것이므로 본 죄의 주체는 다중을 구성한 개인이라고 해야 한다.

(2) 행 위

다중이 집합하여 폭행·협박 또는 손괴하는 것이다.

① 다중의 집합

㉠ 다중이란 규범적 기준에 의하여 한지방의 안전을 해할 수 있는 정도의 폭행·협박 또는 손괴를 할 수 있을 정도의 다수인임을 요하며(통설), ㉡ 집합이란 다수인이 일정한 장소에 모여 집단을 이루는 것을 말한다. 그러나 그 집단이 조직적일 것을 요하지 않으며 반드시 주모자가 있어야 하는 것도 아니다.

② 폭행·협박·손괴

㉠ 폭행·협박은 최광의의 그것을 의미한다. 즉 폭행이란 사람 또는 물건에 대한 일체의 유형력을 의미하며, 협박이란 공포심을 일으키기 위하야 해악을 고지하는 일체의 행위를 말한다. ㉡ 손괴도 재물의 효용가치를 해하는 일체의 행위를 의미한다. 다만 여기의 폭행·협박·손괴는 사람 또는 물건에 대한 공격적이고 적극적인 행위일 것을 요할 뿐만 아니라 그 성질상 공공의 안전을 위험하게 할 수 있을 정도에 이르러야 하며, 또한 집합된 다중의 합동력에 의하는 것이어야 한다.

3) 주관적 구성요건

본 죄의 고의로는 소요에 대한 인식이 있어야 한다. 소요의 인식이란 다중의 합동력으로 폭행·협박 또는 손괴한다는 의사, 즉 공동의사를 의미한다. 따라서 공동의 의사 없이 다중이 집합한 때에 폭행·협박하는 것은 다수인의 행위라 할지라도 본 죄가 성립하지 않고 특수폭행죄 또는 특수협박죄가 성립할 뿐이다.

4) 관련문제

(1) 공범규정의 적용

본 죄는 필요적 공범에 해당하는 집합범이므로 다중의 구성원으로서 소요행위를 한 자에 대하여는 공범규정이 적용될 여지는 없으나, 집단 외에서 가담한 자에 대하여는 교사·방조가 가능하다고 본다.

(2) 다른 범죄와의 관계

폭행죄·협박죄 및 손괴죄는 소요죄에 흡수된다는 점에는 이론이 없다. 이 이외에는 소요죄보다 법정형이 중한 살인죄·방화죄는 본 죄와 상상적 경합의 관계에 있지만 형이 경한 공무집행방해죄나 주거침입죄는 모두 소요죄에 흡수된다는 것이 다수설이다. 그러나 공무집행방해죄나 주거침입죄는 본 죄와 보호법익을 달리하므로 특수폭행·협박·손괴죄 이외의 범죄는 모두 본 죄와 상상적 경합의 관계가 있다고 보는 것이 타당하다.

2. 다중불해산죄

1) 의 의

폭행·협박 또는 손괴의 행위를 할 목적으로 다중이 집합하여 그를 단속할 권한 있는 공무원으로부터 3회 이상의 해산명령을 받고 해산하지 아니함으로써 성립하는 진정부작위범이다(제116조). 이는 소요죄의 예비단계의 행위를 독립한 구성요건으로 규정한 것이다.

2) 객관적 구성요건

(1) 주 체

본 죄의 주체는 폭행·협박 또는 손괴행위를 할 목적으로 집합한 다중을 구성한 자이다.

(2) 행 위

단속할 권한 있는 공무원으로부터 3회 이상의 해산명령을 받고 해산하지 아니하는 것이다. ① 단속할 권한 있는 공무원이란 법령에 근거한 해산명령권을 가진 공무원을 말한다. ② 3회 이상이란 적어도 3회라는 의미이며, 각 회마다 해산에 필요한 시간적 간격이 있어야 한다. ③ 해산이란 다중의 분산을 의미하며, 본 죄의 완성을 최종의 해산명령시를 기준으로 판단해야 하며, 따라서 그 후의 명령에 따라 해산한 때에도 본 죄는 성립하지 않는다(다수설).

3) 주관적 구성요건

본 죄는 목적범이다. 따라서 본 죄가 성립하기 위해서는 고의 이외에 폭행・협박 또는 손괴의 행위를 할 목적이 있어야 한다.

Ⅳ. 전시공수계약불이행죄

전시・천재 기타 사변에 있어서 국가 또는 공공단체와 체결한 식량 기타 생활필수품의 공급계약을 정당한 이유 없이 이행하지 않거나 계약이행을 방해함으로써 성립하는 범죄이다(제117조).

Ⅴ. 공무원자격사칭죄

공무원의 자격을 사칭하는 직권을 행사함으로써 성립하는 범죄이다.(제118조), 따라서 본 죄가 성립하기 위하여는 고의 이외에 공무원의 자격을 사칭하고 직권을 행사한다는 두 가지 요건이 구비되어야 한다. 여기서 「공무원의 자격을 사칭」한다는 것은 자격 없는 자가 공무원의 자격을 가진 것처럼 오신케 하는 일체의 행위를 말하며, 비공무원이 공무원이라고 사칭하는 경우는 물론 공무원이 다른 공무원의 자격을 사칭하는 경우도 포함한다.

제 2 절 폭발물에 관한 죄

Ⅰ. 서 론

1. 의 의

폭발물에 관한 죄는 폭발물을 사용하여 공중의 생명・신체 또는 재산을 해하거나 기타 공안을 문란케 함으로써 성립하는 범죄이다.

2. 보호법익

폭발물에 관한 죄의 보호법익에 대하여는 이를 국가적 법익에 대한 죄라고 해석하는 견해도 있지만, 본 죄는 폭발물의 사용으로 인하여 사회공동질서가 침해된다는 사회적 위험성을 고려한 사회적 법익에 대한 죄라고 보는 것이 타당하다(통설). 보호법익이 보호받는 정도는 구체적 위험범이다.

Ⅱ. 폭발물사용죄

1. 폭발물사용죄

1) 의 의

폭발물을 사용하여 사람의 생명·신체 또는 재산을 해하거나 기타 공안을 문란케 함으로써 성립하는 공공위험범죄이다(제119조 제1항).

2) 행위의 태양

폭발물을 사용하여 생명·신체 또는 재산을 해하거나 기타 공안을 문란케 하는 것이다. ① 폭발물의 사용이란 폭발가능성이 있는 물건을 그 용법에 따라 폭발시키는 것을 말한다. 여기서 폭발물은 이화학적 개념이 아니라 법률적 개념 또는 규범적 개념이므로 폭발의 파괴력이 사람의 생명·신체 또는 재산을 해하거나 공안을 문란케 할 정도에 이르러야 한다. ② 공안의 문란이란 폭발물을 사용하여 한 지방의 법질서를 교란할 정도에 이르는 것을 말한다. 생명·신체·재산을 해하는 것은 그 예시에 지나지 않는다. ③ 본 죄는 폭발물을 폭발하여 공안을 문란케 하였을 때에 기수가 된다.

3) 주관적 구성요건

본 죄의 성립에는 폭발물을 사용한다는 점에 대한 고의뿐만 아니라, 생명·신체 또는 재산을 해하고 공안을 문란케 한다는 점에 대한 고의도 필요하다(통설·판례)

4) 위법성

공장 또는 연구소에서 안전수칙을 준수한 폭발물의 사용은 위법성을 조각한다. 그러나 피해자의 동의는 본 죄의 성립에 영향을 미치지 않는다.

2. 전시폭발물사용죄

전시·천재 기타 사변에 있어서 폭발물사용죄의 형이 가중되는 경우이다(제119조 제2항).

Ⅲ. 폭발물사용 예비·음모죄

1. 예비·음모·선동죄

폭발물사용죄를 범할 목적으로 예비·음모 또는 선동함으로써 성립하는 범죄이다(제120조). 예비란 폭발물을 사용하기 위한 준비행위를 말하고, 음모는 위 죄를 실행하기 위한 2인 이상의 모의를 말하며, 선동이란 타인에 대하여 정당한 판단을 잃게 하여 범죄실행의 결과를 하게 하거나 이미 되어 있는 결의를 조장하도록 자극을 주는 것을 말한다.

2. 전시폭발물 제조·수입·수출·수수·소지죄

전시 또는 사변에 있어서 정당한 이유 없이 폭발물을 제조·수입·수출·수수 또는 소지함으로써 성립하는 범죄이다(제121). 여기서 「정당한 이유 없이」란 법률의 규정에 의하지 아니하거나 국가기관의 허가가 없음을 뜻한다.

제 3 절 방화와 실화의 죄

I. 서 론

1. 의의와 본질

1) 방화죄와 실화죄의 의의

방화죄와 실화죄는 고의 또는 과실로 불을 놓아 현주건조물·공용건조물·일반건조물 또는 일반물건을 소훼하는 것을 내용으로 하는 공공위험죄를 말한다.

2) 보호법익

(1) 견해의 대립

방화죄의 본질, 즉 그 보호법익이 무엇인가에 대하여는 ① 방화죄의 보호법익은 공공의 안전과 평온이라는 사회적 법익이며 재산죄와는 관계가 없다는 공공위험죄설과, ② 방화죄는 공공의 안전이라는 사회적 이익을 보호하기 위한 범죄이지만 부차적으로 개인의 재산, 즉 소유권도 보호법익으로 한다는 이중성격설(통설, 판례), ③ 방화죄는 공공의 안전을 보호법익으로 하는 공공위험죄이지만 타인소유의 건조물 또는 물건에 대한 방화죄는 손괴죄에 대한 가중적 구성요건이라는 이원설이 대립하고 있다.

(2) 비 판

방화죄가 공공의 안전을 보호하기 위한 공공위험죄라는 점에는 이론이 없다. 문제는 통설과 같이 방화죄가 동시에 재산죄로서의 성질을 가졌다고 볼 수 있느냐에 있는바, 이는 공공위험죄의 본질과 관련하여 검토되어야 한다. 공공위험죄는 일반에 대한 위험이라는 사회적 법익을 보호하기 위한 것으로서 방화죄가 그 대표적인 예에 속한다. 따라서 공공위험죄에 침해범인 손괴죄를 전제로 한다거나 이에 의하여 소유권을 보호한다는 것은 그 자체가 논리적 모순이라고 하지 않을 수 없다. 즉 방화죄는 순수한 공공위험죄이고, 형법이 타인의 소유물과 자기소유물에 대하여 처벌의 차이를 두고 있는 것(제166조, 제167조)은 그 불법의 차이를 고려한 것에 지나지 않는 것이다.

(3) 보호의 정도

위험범은 보호의 정도에 따라 추상적 위험범과 구체적 위험범으로 구별되는바, 형법 제164조, 제165조 및 제166조 제1항의 범죄가 전자에 속하고, 제166조 제2항과 제167조의 범죄가 후자에 해당한다.

2. 방화죄와 공공위험죄의 본질

1) 공공위험죄의 본질

(1) 공공의 위험의 의의와 표준

공공의 위험이란 불특정 또는 다수인의 생명·신체·재산에 대한 위험을 의미하며, 이를 판단함에 있어서는 구체적 사정을 고려하여 경험칙상 결과가 발생할 가능성이 있는가를 객관적으로 판단하여야 한다.

(2) 방화죄와 피해자의 승낙

통설은 방화죄가 공공위험죄인 동시에 재산죄의 성격을 가진다는 이유로 현주건조물방화의 경우에도 거주자의 동의가 있으면 일반건조물방화죄(제166조)가 되고, 타인의 물건에 대한 방화는 자기물건방화죄(제167조 제2항)로 처벌받는다고 해석하고 있다. 그러나 공중의 생명과 신체에 대한 위험을 처분할 수 있는 법익이 아니므로 피해자의 승낙이 영향을 미칠 수 있는 것은 일반건조물방화죄의 일반물건방화죄에 제한된다고 해석해야 한다.

(3) 방화죄와 위험의 고의

방화죄에 있어서 공공의 위험에 대한 고의가 있을 것을 요하는 가에 대하여는 보호법익에 대한 보호의 정도에 따라 다르다. 즉 구체적 위험범에 있어서 위험은 구성요건요소이므로 행위자는 공공의 위험에 대한 인식이 있을 것을 요함에 반하여, 추상적 위험범에 있어서는 공공의 위험이 고의의 내용에 포함되지 않는다.

(4) 방화죄의 수죄

한 개의 방화행위로 수개의 건조물을 소훼한 때에도 한 개의 방화죄가 성립할 따름이다. 건조물의 수인의 소유에 속한 때에도 같다.

2) 구성요건의 관계

형법의 방화와 실화의 죄는 방화죄와 준방화죄 및 실화죄로 나눌 수 있다. 방화죄의 기본적 구성요건은 일반물건방화죄(제167조)이며, 현주건조물등 방화죄(제164조), 공익건조물등 방화죄(제165조) 및 일반건조물등 방화죄(제166조)는 이에 대한 가중적 구성요건이다. 준방화죄에는 진화방해죄(제169조), 폭발성물건파열죄(제172조), 가스·전기등 방류죄(제172조), 가스·전기등 방류죄(제172조의 2) 및 가스·전기 공급방해죄(제173조)가 있다.

3. 방화죄의 기수시기

1) 견해의 대립

방화죄의 기수시기에 대하여는 ① 불이 매개물을 떠나 목적물에 독립하여 연소할 수 있는 상태에 이르렀을 때에 방화죄는 기수가 된다는 독립연소설(판례), ② 화력에 의하여 목적물의 중요부분이 소실되어 그 효용이 상실된 때에 기수가 된다는 효용상실설(다수설), ③ 목적물의 중요부분에 연소가 개시되었을 때에 방화죄는 기수가 된다는 중요부분연소개시설, ④ 목적물의 일부분의 손괴가 있을 때에 기수가 된다는 일부손괴설 등이 대립하고 있다.

2) 비 판

방화죄의 기수시기는 공공위험죄라는 방화죄의 본질과 관련하여 공공의 위험이 발생하였는가라는 점을 기준으로 해야 하며, 소훼의 개념을 지나치게 강조하는 것은 타당하다고 할 수 없다. 이러한 의미에서 방화죄의 기수시기는 독립연소설에 의하여 파악하는 것이 타당하다. 다만 독립연소설도 목적물 그 자체, 또는 그 중요부분에 연소가 개시된 때에 기수가 된다.

Ⅱ. 방화죄

1. 현주건조물등 방화죄

1) 의 의

본 죄는 불을 놓아 사람이 주거로 사용하거나 사람이 현존하는 건조물 등을 소훼함으로써 성립하는 추상적 위험범이다(제164조 전단).

2) 객관적 구성요건

(1) 행위의 객체

사람이 주거로 사용하거나 사람이 현존하는 건조물 · 기차 · 전차 · 자동차 · 선박 · 항공기 또는 광갱이다.

① 사람이 주거로 사용하거나 현존하는

㉠ 여기서 「사람」이란 범인 이외의 사람을 말한다. ㉡ 「사람이 주거로 사용한다」는 것은 행위자 이외의 사람이 일상생활의 장소로 사용한다는 것을 의미하며, 사실상 주거로 사용하고 있을 것을 요하고 또한 이로써 족하다. 따라서 사실상 주거에 사용되는 주택인 한 행위시에 주거자가 없는 경우에도 본 죄가 성립한다. ㉢ 「사람이 현존하는」이란 건조물 등의 내부에 범인 이외의 사람이 존재하는 것을 말하며, 사람이 현존하는 때에는 주거에 사용될 것을 요하지 않는다.

② 건조물 · 기차 · 전차 · 자동차 · 항공기 · 선박 · 광갱

건조물이란 가옥 기타 이에 준하는 공작물로서 토지에 정착하여 내부에 사람이 출입할 수 있는 것을 말한다. 토막굴이나 방갈로 · 천막 등도 여기에 해당할 수 있으나, 가옥과 접속되지 않은 축사나 천막은 건조물이 아니다.

(2) 행 위

불을 놓아 목적물을 소훼하는 것이다. 방화의 방법에는 제한이 없다. 직접 목적물에 방화하건 매개물을 이용하여 방화하건 불문한다. 또한 부작위에 의한 방화도 가능하다.

3) 주관적 구성요건

불을 놓아 주거에 사용하거나 사람이 현존하는 건조물 등을 소훼한다는 점에 대한 고의가 필요하다. 그러나 본 죄는 추상적 위험범이므로 행위자에게 위험의 고의가 있을 필요는 없다.

4) 현주건조물등 방화치사상죄

현조건조물등 방화죄를 범하여 사람을 사상에 이르게 하였을 때에 성립하는 결과적 가중범이다. 따라서 사상의 결과에 대하여 인과관계가 있고, 결과를 예견할 수 있었을 것을 요한다. 본 죄는 중한 결과에 대하여 과실이 있는 경우뿐만 아니라 고의가 있을 때에도 성립하는 부진정결과적 가중범이다. 따라서 고의 있는 경우에는 본 죄와 살인죄 또는 상해죄의 상상적 경합이 된다. 판례도 본 죄는 부진정결과적 가중범이라고 해석하고 있다.

2. 공용건조물등 방화죄

불을 놓아 공용 또는 공익에 공하는 건조물 등을 소훼함으로써 성립하는 추상적 위험범이다(제165조). 공용에 공한다는 것은 국가 또는 공공단체의 이익을 위하여 사용된다는 것을 의미하고, 공익에 공한다는 것은 공중의 이익을 위하여 사용된다는 의미이다.

3. 일반건조물등 방화죄

불을 놓아 사람의 주거에 사용되거나 사람이 현존하지 않고 공용 또는 공익에 공하지 않는 일반건조물을 소훼한 때에 성립하는 범죄이다(제166조). 건조물 등의 소유권이 타인에게 속한 때에는 추상적 위험범임에 반하여(제166조 제1항), 자기소유인 때에는 구체적 위험범이므로 공공의 위험이 발생할 경우에 한하여 본 죄가 성립한다(제166조 제2항). 「자기소유에 속하는」이란 건조물 등이 행위자 또는 공범자의 소유에 속하는 것을 말한다. 타인의 소유에 속한 때에 소유권자의 동의가 있는 경우는 물론, 무주물인 때에도 자기소유인 경우에 준한다. 그러나 자기 소유에 속하는 건조물 등이라도 압류 기타 강제집행을 받거나 타인의 권리 보험의 목적이 된 때에는 타인의 물건으로 간주한다(제176조).

4. 일반물건방화죄

본 죄는 불을 놓아 제164조 내지 제166조에 기재된 이외의 물건을 소훼하여 공공의 위험을 발생케 함으로써 성립하는 구체적 위험범이다(제167조). 따라서 불을 놓아 본 죄의 객체인 물건을 소훼한 때에도 공공의 위험이 발생하지 않은 때에는 본 죄가 성립하지 않는다.

5. 연소죄

본 죄는 자기소유 건조물 또는 물건에 대한 방화가 확대되어 타인소유물에 연소한 경우를 처벌하기 위한 자기소유물에 대한 방화죄의 결과적 가중범이다(제168조). 여기서 연소란 행위자가 예견할 수 없었던 물체에 불을 이전되어 소훼하게 하는 것을 말한다.

6. 방화예비 · 음모죄

현주건조물등 방화죄, 공익건조물등 방화죄, 타인소유의 일반건조물등 방화죄와 폭발물파열죄, 가스 · 전기등 방류죄 또는 가스 · 전기등 공급방해죄를 범할 목적으로 예비 · 음모함으로써 성립한다(제175조).

Ⅲ. 준방화죄

1. 진화방해죄

1) 의 의

화재가 일어난 경우에 진화용의 시설 또는 물건을 은닉 또는 손괴하거나 기타의 방법으로 진화를 방해함으로써 성립하는 범죄이다(제169조). 「화재에 있어서」에는 이미 화재가 발생한 경우뿐만 아니라 화재가 발생하고 있는 경우를 포함하며, 화재의 원인도 불문한다.

2) 구성요건

(1) 행위의 객체

진화용의 시설 또는 물건이다. 시설 또는 물건이 타인의 소유이건 자기의 소유이건 불문이다.

(2) 행 위

은닉 또는 손괴하거나 기타의 방법으로 진화를 방해하는 것이다. ① 은닉이란 시설이나 물건의 발견을 불가능 또는 곤란하게 하는 행위를 말하며, ② 손괴는 물질적 훼손에 의하여 효용을 해하는 일체의 행위이다. ③ 기타의 방법에 의하여 진화를 방해하는 것에는 소방차를 못가게 하거나 소방관을 폭행 · 협박하는 경우가 포함된다. 진화방해는 부작위에 의하여도 행할 수 있다.

3) 주관적 구성요건

본 죄의 성립을 위하여 행위자는 화재시라는 행위상황을 인식하고 진화를 방해한다는 사실에 대한 고의가 있어야 한다.

2. 폭발성물건파열죄

보일러, 고압가스 기타 폭발성 있는 물건을 파열시켜 사람의 생명 · 신체 또는 재산에 대하여 위험을 발생케 함으로써 성립하는 구체적 위험범이다(제172조 제1항). 폭발성 있는 물건이란 급격하게 파열하여 물건을 파괴하는 성질을 가진 물질을 말하며, 보일러, 고압가스는 그 예시에 불과하다. 그러나 총포는 여기의 폭발성물건이라고 할 수 없다. 파열시킨다는 것은 물질의 급격한 팽창력을 생기게 하는 일체의 행위를 포함한다. 본 죄가 성립하기 위하여는 폭발성물건의 파열로 사람의 생명 · 신체 또는 재산에 대한 구체적 위험이 발생해야 한다. 폭발성물건파열치사상죄는 보일러, 고압가스 기타 폭발성물건을 파열하게 하여 사람을 사상에 이르게 함으로써 성립하는 범죄이다(제172조 제2항), 폭발성물건파열죄의 결과적 가중범이다.

3. 가스 · 전기등 방류죄

가스 · 전기 · 증기 또는 방사선이나 방사성물질을 방출, 유출 또는 살포시켜 사람의 생명·신체 또는 재산에 대하여 위험을 발생케 함으로써 성립하는 구체적 위험범이다(제172조의 2 제1항). 방사선이란 전자파 또는 입자선 중 직접 또는 간접으로 공기를 전이하는 능력을 가진 것을 말하며(원자력법 제2조 제7호), 방사성물질이란 핵연료물질, 사용후 핵연료, 방사성동위원소 및 원자핵분열생성물을 말한다(동조 제5호). 가스·전기등 방류치사상죄는 가스·전기·증기 또는 방사선이나 방사성물질을 유출, 방출 또는 살포시켜 사람을 사상에 이르게 함으로써 성립하는 결과적 가중범이다(제172조의 2 제2항). 치상죄는 상해의 결과에 대하여 과실이 있는 경우뿐만 아니라 고의 있는 때에도 성립하는 부진정결과적 가중범이지만, 치상죄는 과실 있는 때에만 성립하는 진정결과적 가중범이다.

4. 가스·전기등 공급방해죄

가스·전기 또는 증기의 공작물을 손괴·제거하거나 기타 방법으로 그 공급이나 사용을 방해함으로써 성립하는 범죄이다(제173조).

Ⅳ. 실화죄

1. 단순실화죄

과실로 제164조, 제165조 또는 타인의 소유에 속한 제166조의 물건을 소훼한 때에 성립하는 범죄이다(제170조).

2. 업무상 실화·중실화죄

업무상 과실 또는 중과실로 인하여 실화죄를 범한 경우에 형을 가중하는 것이다(제171조). 업무상 실화는 업무자의 예견의무로 인하여 책임이 가중되는 경우임에 반하여, 중실화는 과실이라는 불법이 가중되는 경우이다.

3. 과실폭발성물건파열죄, 업무상과실·중과실폭발성물건파열죄

과실폭발성물건파열죄는 과실로 보일러, 고압가스 기타 폭발성물건을 파열시키거나, 가스·전기·증기 또는 방사선이나 방사성물질을 방출, 유출 또는 살포시켜 사람의 생명·신체 또는 재산의 위험을 발생케 하거나, 가스·전기등 공급을 방해하여 공공의 위험을 발생케 하거나 공공용의 가스·전기등의 공급이나 사용을 방해함으로써 성립하는 범죄이다. 업무상 과실·중과실폭발물건파열죄는 업무상과실·중과실로 인한 가중적 구성요건이다.

제 4 절 일수와 수리에 관한 죄

Ⅰ. 서 론

일수죄는 수해를 일으켜 공공의 안전을 해하는 것을 내용으로 하는 범죄이다. 공공의 평온을 보호법익으로 하는 공공위험죄라는 점에서 방화죄와 본질을 같이하나, 본 죄는 수력에 의한 파괴력을 이용한다는 점에 특색이 있다. 보호법익이 보호받는 정도는 추상적 위험범이다. 다만 자기물건 일수죄는 구체적 위험범에 해당한다. 이에 반하여 수리방해죄(제184조)는 수리권을 보호법익으로 하는 범죄이며 공공위험죄가 아니다. 일수와 수리에 관한 죄의 기본적 구성요건은 일반건조물등 일수죄(제179조)와 수리방해죄(제184조)이다. 일수죄에 대한 가중적 구성요건으로는 현주건조물등 일수죄(제177조)와 공용건조물등 일수죄(제178조)가 있는 이외에, 방수방해죄(제180조)와 과실일수죄(제181조)를 처벌한다. 일수죄에 관하여도 미수범(제182조)과 예비·음모(제183조)를 처벌하고 있다.

Ⅱ. 일수죄

1. 현주건조물등 일수죄

본 죄는 물을 넘겨 사람의 주거에 사용하거나 사람의 현존하는 건조물 등을 침해함으로써 성립하는 추상적 위험범이다. 현주건조물등 방화죄에 대응하는 범죄이다. 「물을 넘겨」란 제한되어 있는 물의 자연력을 해방시켜 계역(界域) 밖으로 범람하게 하는 것을 말하며, 그 수단과 방법에는 제한이 없다. 이로 인하여 사람을 사상케 한 때에는 결과적 가중범이 성립한다. 다만 이는 사상의 결과에 대하여 고의가 있는 때에도 성립하는 부진정결과적 가중범이다.

2. 공용건조물등 일수죄

물을 넘겨 공용 또는 공익에 공하는 건조물 등을 침해함으로써 성립하는 범죄이다(제178조).

3. 일반건조물등 일수죄

물을 넘겨 현주건조물 또는 공용건조물 이외의 건조물 기타 물건을 침해함으로써 성립하는 범죄이다(제179조), 타인소유의 물건인 때에는 추상적 위험범임에 반하여(제179조 제1항), 자기소유의 물건인 때에는 구체적 위험범이다(제179조 제2항). 다만 자기의 소유에 속하는 건조물 등이라도 압류 기타 강제집행을 받거나 타인의 권리 또는 보험의 목적이 된 때에는 타인의 물건으로 간주한다(제179조 제3항, 제176조).

4. 방수방해죄

수재에 있어서 방수용의 시설 또는 물건을 손괴 또는 은닉하거나 기타의 방법으로 방수를 방해함으로써 성립하는 범죄이다(제180조). 방화죄에 있어서의 진화방해죄와 그 본질을 같이한다.

5. 과실일수죄

과실로 인하여 현주건조물등 일수죄 또는 공용건조물등 일수죄에 기재된 물건을 침해하거나, 일반건조물등 일수죄에 기재한 물건을 침해하여 공공의 위험을 발생케 한 경우에 성립하는 범죄이다(제181조).

6. 일수예비, 음모죄

현주건조물등 일수죄, 공용건조물등 일수죄 및 타인소유의 일반건조물등 일수죄를 범할 목적으로 예비·음모함으로써 성립하는 범죄이다(제183조).

Ⅲ. 수리방해죄

제방을 결궤하거나 수문을 파괴하거나 기타의 방법으로 수리를 방해함으로써 성립하는 범죄이다(제184조). 본 죄의 보호법익은 수리권이다. 따라서 본 죄가 성립하기 위하여는 현존하는 수리의 이익이 있어야 한다. 여기서 수리란 관개·목축·수차발전 등 일체의 물의 이용을 의미한다. 물이 자연력인가 인공수인가도 불문한다. 수리권의 근거는 법령·계약뿐만 아니라 관습에 의한 경우도 포함한다.

제 5 절 교통방해의 죄

Ⅰ. 서 론

1. 의의와 본질

교통방해죄는 교통로 또는 교통기관 등 교통설비를 손괴 또는 불통하게 하여 교통을 방해하는 것을 내용으로 하는 범죄이다. 본 죄의 보호법익에는 교통안전뿐만 아니라 생명·신체 또는 재산의 위험도 포함되며, 보호법익이 보호받는 정도는 추상적 위험범이다. 여기서 교통방해죄도 공공위험죄로서의 성격을 가지게 된다.

2. 구성요건의 체계

교통방해죄의 기본적 구성요건은 일반교통방해죄(제185조)이며, 기차·선박 등 교통방해죄(제186조), 기차 등 전복죄(제187조)와 교통방해치사상죄(제188조)는 이에 대한 가중적 구성요건이다. 형법은 이외에도 교통방해죄의 미수범(190조)과 과실범(제189조)을 처벌하고, 가중교통방해죄에 대하여는 예비·음모(제191조)를 처벌하고 있다.

Ⅱ. 교통방해죄

1. 일반교통방해죄

1) 의 의

육로·수로 또는 교량을 손괴 또는 불통하게 하거나 기타 방법으로 교통을 방해함으로써 성립하는 범죄이다(제185조).

2) 객관적 구성요건

(1) 행위의 객체

본 죄의 객체는 육로·수로 또는 교량이다. ① 육로란 공중의 왕래에 사용되는 육상의 도로를 말하며, 관리자나 소유자가 누구인가는 불문한다. ② 수로란 선박의 항해에 제공되어 있는 하천·운하·해협·호소 등을 말한다. ③ 교량이란 일반의 교통에 제공된 다리를 말하며, 그 형태와 대소 또는 재질과 소유권의 여하는 묻지 않는다.

(2) 행위의 태양

손괴 또는 불통하게 하거나 기타의 방법으로 교통을 방해하는 것이다. ① 손괴란 교통을 방해할 수 있을 정도의 물질적 훼손을 의미하며, 불통하게 하는 것은 장애물을 사용하여 왕래를 방해하는 일체의 행위를 말한다. 손괴와 불통은 교통방해의 예시이므로 기타의 방법에 의하여도 교통을 방해할 수 있다. ② 교통의 방해란 교통을 불가능하게 하는 경우뿐만 아니라 교통을 현저히 곤란하게 하는 경우를 포함한다. 그러나 이러한 상태가 발생하면 본 죄는 기수가 되며, 교통방해의 결과가 현실적으로 발생하여야 하는 것은 아니다.

3) 주관적 구성요건

본 죄가 성립하기 위하여는 행위자에게 교통을 방해한다는 고의가 있어야 한다. 그러나 본 죄는 공공위험죄이므로 공공의 위험에 대한 인식은 고의의 내용이 되지 않는다.

2. 기차 · 선박 등 교통방해죄

본 죄는 궤도 · 등대 또는 표지를 손괴하거나 기타 방법으로 기차 · 전차 · 자동차 · 선박 또는 항공기의 교통을 방해함으로써 성립하는 범죄이다(제186조). 교통을 방해하는 행위를 하면 족하며 교통방해의 실태가 발생하였거나 공공의 위험이 발생하였을 것을 요건으로 하지 않는다.

3. 기차등 전복죄

1) 의 의

본 죄는 사람이 현존하는 기차 · 전차 · 자동차 · 선박 또는 항공기를 전복 · 매몰 · 추락 또는 파괴함으로써 성립하는 범죄이다(제187조).

2) 객관적 구성요건

(1) 행위의 객체

사람이 현존하는 기차 · 전차 · 자동차 · 선박 또는 항공기이다. 「사람이 현존한다」 함은 당해 행위자 이외의 사람이 실행행위를 개시할 때에 현존함을 의미한다. 기차 등이 반드시 현재 진행 중일 것을 요하지 않는다.

(2) 행위의 태양

본 죄의 행위는 전복 · 매몰 · 추락 또는 파괴하는 것이다. 전복이란 교통기관을 탈선시켜 넘어가게 하는 것이다. 매몰은 선박을 침몰시키는 것이다. 추락이란 자동차와 항공기가 높은 곳에서 아래로 떨어지는 것을 말한다. 파괴는 교통기관으로서의 기능의 전부 또는 일부를 불가능하게 할 정도의 손괴임을 요한다(통설, 판례).

3) 주관적 구성요건

본 죄가 성립하기 위해서는 사람이 현존하는 기차 · 전차 · 자동차 · 선박 또는 항공기를 전복 · 매몰 · 추락 또는 파괴한다는 인식, 즉 고의가 있어야 한다.

4. 교통방해치사상죄

본 죄는 일반교통방해죄, 기차 · 선박 등 교통방해죄, 기차 등 전복죄를 범하여 사람을 사상에 이르게 한 결과가 발생하였을 때에 성립하는 결과적 가중범이다(제188조). 여기서 사람이란 교통기관 안에 현존하는 사람뿐만 아니라 보행자 또는 부근에 있던 다른 사람들을 포함한다. 본 죄를 모두 부진정결과적 가중범이라고 해석하는 견해도 있으나, 교통방해치사죄는 진정결과적 가중범이고, 치상죄는 부진정결과적 가중범이라고 해석해야 한다.

Ⅲ. 과실에 의한 교통방해죄

1. 과실교통방해죄

과실로 일반교통방해죄, 기차 · 선박 등 교통방해죄 및 기차 등 전복죄를 범한 경우에 성립한다(제189조).

2. 업무상 과실 · 중과실교통방해죄

업무상 과실 또는 중과실로 인하여 교통을 방해한 때에 성립하는 범죄이다.

제 2 장

공공의 신용에 대한 죄

제 1 절 통화에 관한 죄

I. 서 론

1. 통화에 관한 죄의 의의

행사할 목적으로 통화를 위조·변조하거나, 위조·변조한 통화를 행사·수입·수출 또는 취득하거나, 통화유사물을 제조함으로써 성립하는 범죄를 말한다. 형법은 통화의 위조와 변조 및 행사죄(제207조)를 기본적 구성요건으로 하고 있으며, 위조통화취득죄(제208조), 위조통화취득후지정행사죄(제210조), 통화유사물제조등죄(제211조)를 규정하고 있다.

2. 보호법익

본 죄의 보호법익은 통화에 대한 거래상의 안전과 신용이라 함이 다수설의 입장이지만, 국가의 화폐주조권도 보충적으로 보호되고 있다고 보는 것이 타당하다.

Ⅱ. 통화위조죄와 위조통화행사죄

1. 내국통화위조 · 변조죄

1) 객관적 구성요건

본 죄는 통용하는 대한민국의 통화를 위조 또는 변조함으로써 성립하는 범죄이다(제207조 제1항).

(1) 행위의 객체

통용하는 대한민국의 통화이다. ① 「통화」란 국가 또는 국가에 의하여 발행권한이 부여된 기관에 의하여 금액이 표시된 지불수단으로서 강제통용력이 인정된 것을 말하며, 형법은 통화를 화폐 · 지폐 · 은행권으로 구별하고 있다. ② 「통용하는」이란 법률에 의하여 강제통용력이 인정되는 것을 말한다.

(2) 행 위

본 죄의 행위는 위조 또는 변조하는 것이다. ① 위조란 통화의 발행권자 아닌 자가 통화의 외관을 가지는 물건을 작성하는 것을 말하며, 위조의 방법에는 제한이 없다. 위조의 정도는 일반인이 통화라고 오인할 우려가 있는 외관을 갖추면 족하다. ② 변조란 진정한 통화에 가공하여 그 가치를 변경하는 것을 말한다. 변조는 진정한 통화를 전제로 하므로 가공으로 인하여 진화의 외관 내지 진화의 동일성이 상실되지 않을 것을 요한다는 점에서 위조와 구별된다. 변조의 정도도 일반인이 진정한 통화로 오인할 수 있을 것임을 요한다.

2) 주관적 구성요건

본 죄가 성립하기 위하여는 고의 이외에 행사의 목적이 있어야 한다. 여기의 행사의 목적에는 자기가 행사하는 경우뿐만 아니라 타인으로 하여금 진정한 통화로 유통케 할 목적인 경우도 포함한다.

3) 죄 수

통화를 위조하고 위조통화를 행사한 때에는 본 죄와 위조통화행사죄의 경합범이 된다고 해석하는 것이 다수설이지만, 목적범에 있어서 목적을 달성할 때까지의 행위는 하나의 행위가 된다고 할 수 있으므로 상상적 경합이 된다고 해석하는 것이 타당하다고 생각된다.

2. 내국통화 외국통화위조 · 변조죄

행사할 목적으로 내국에서 유통하는 외국의 통화를 위조 또는 변조함으로써 성립하는 범죄이다(제207조 제2항). 본 죄의 객체는 내국에서 유통하는 외국의 통화이다. 따라서 외국통화가 본국에서 강제통용력을 가질 것을 요하지 않는다.

3. 외국통화 외국통화위조 · 변조죄

행사할 목적으로 외국에서 통용하는 외국의 통화를 위조 또는 변조함으로써 성립하는 범죄이다(제207조 제3항).

4. 위조 · 변조통화행사등의 죄

1) 구성요건

본 죄는 위조 또는 변조한 통화를 행사하거나 행사할 목적으로 수입 또는 수출함으로써 성립한다(제207조 제4항).

(1) 행위의 객체

행위의 객체는 위조 또는 변조한 통화이다.

(2) 행 위

행사 · 수입 또는 수출하는 것이다. 본 죄에 있어서 행사란 위조 또는 변조된 통화의 점유 또는 처분권을 타인에게 이전하여 통화로서 유통될 수 있게 하는 것을 말한다. 통화를 유통시킬 것을 요하므로 단순히 자기의 신용력을 보이기 위하여 위조통화를 제시한 것만으로는 행사에 해당하지 않는다. 또한 통화로 유통시킬 것을 요하므로 위조화폐를 명가 이하의 상품으로 매매하는 것도 행사라고 할 수 없다.

(3) 주관적 구성요건

행사에 있어서는 고의만으로 족하나, 수입과 수출에 있어서는 고의 이외에 행사의 목적이 있어야 한다.

2) 사기죄와의 관계

위조 또는 변조통화를 행사하여 재물을 취득한 때에는 본 죄 이외의 사기죄의 구성요건이 충족되는 것이 일반적이다. 이 경우에 판례는 본 죄와 사기죄가 경합범의 관계에 있다고 판시하고 있으며, 다수설은 사기죄는 본 죄에 흡수되어 별도로 성립하지 않는다고 한다. 그러나 양 죄는 보호법익을 달리할 뿐만 아니라, 위조통화의 행사와 기망행위는 한 개의 행위로 인한 것이므로 양 죄의 상상적 경합이 된다고 해석하는 것이 타당하다.

Ⅲ. 통화위조죄의 수정적 구성요건

1. 위조 · 변조통화 취득죄

행사할 목적으로 제207조에 의하여 위조 또는 변조된 대한민국이나 외국의 통화를 취득함으로써 성립하는 범죄이다(제208조). ① 본 죄의 객체는 제207조에 의하여 위조 · 변조된 통화이고, ② 본 죄의 행위는 취득이다. 취득이 유상인가 무상인가를 묻지 않으며, 방법도 문제되지 않는다. ③ 위화에 대한 고의 이외에 행사의 목적을 필요로 한다.

2. 위조통화취득후 지정행사죄

위조 또는 변조된 통화임을 모르고 취득한 후에 그 정을 알고 행사한 때에 성립하는 범죄이다. 본 죄의 행위는 정을 모르고 취득한 후에 행사하는 것이다. 따라서 정을 알고 취득한 후에 행사한 경우에는 위조통화취득죄(제208조)와 위조통화행사죄(제207조 제4항)의 두 죄가 성립한다. 취득의 적법여부는 물론 유상인가 무상인가도 문제되지 않는다.

3. 통화유사물제조죄

판매할 목적으로 내국 또는 외국에서 통용하거나 유통하는 통화유사물을 제조 ·

수입 또는 수출하거나 이를 판매함으로써 성립하는 범죄이다. 본 죄의 객체인 통화유사물이란 통화와 유사한 외관을 갖추었으나 위조 또는 변조의 정도에 이르지 않는 모조품을 말한다.

4. 통화위조 예비 · 음모죄

본 죄는 내국통화위조 · 변조죄(제207조 제1항), 내국유통 외국통화위조 · 변조죄(제207조 제2항) 또는 외국통용 외국통화위조 · 변조죄(제207조 제3항)를 범할 목적으로 예비 · 음모하는 것을 특별히 처벌하는 것이다(제213조).

제 2 절 유가증권 · 인지와 우표에 관한 죄

Ⅰ. 서 론

1. 의의와 본질

유가증권에 관한 죄란 행사할 목적으로 유가증권을 위조 · 변조 또는 허위작성하거나 위조 · 변조 · 허위작성한 유가증권을 행사 · 수입 또는 수출함으로써 성립하는 범죄를 말하며, 유가증권에 관한 법적 거래의 신용과 안전을 보호법익으로 하는 범죄이다.

2. 유가증권의 의의

유가증권이란 증권상에 표시된 재산상의 권리의 행사와 처분에 그 증권의 점유를 필요로 하는 것을 말한다. 유가증권에 화체된 재산권은 물권인가 채권인가 또는 사원권인가를 불문하며, 증권의 형식도 문제되지 않는다. 유가증권에는 법률상의 유가증권과 사실상의 유가증권이 포함되며, 그것이 사법상 유효할 것도 요하지 않는다. 유가증권의 발행자가 사인인가 국가 또는 공공단체인가를 불문하며, 명의인이 실재함을 요하지도 않는다(통설 · 판례). 또한 형법상의 유가증권에는 유통성이 있을 것을 요하지 않는다.

3. 구성요건의 체계

형법은 유가증권에 관한 죄를 유가증권위조죄(제214조, 제215조)와 허위유가증권의 작성죄(제216조), 위조유가증권 등의 행사죄(제217조)및 인지와 우표 등에 관한 죄(제218조, 제219조, 제221조, 제222조)의 네 가지 유형으로 나누어 규정하고 있다.

Ⅱ. 유가증권위조죄

1. 유가증권위조 · 변조죄

1) 구성요건

본 죄는 행사할 목적으로 대한민국 또는 외국의 공채증서 기타 유가증권을 위조 또는 변조함으로써 성립한다(제214조 제1항).

(1) 행위의 객체

대한민국 또는 외국의 공채증서 기타 유가증권이다. 유가증권에 관하여 형법은 공채증서를 예시하고 있다.

(2) 행 위

본 죄의 행위는 위조 또는 변조이다. 다만 여기의 위조 또는 변조는 기본적 증권행위에 대한 것임을 요한다. ① 위조란 작성권한 없는 자가 타인명의의 유가증권을 작성하는 것을 말한다. 대리권의 범위 안에서 유가증권을 작성하는 경우는 물론, 대리 또는 대표권을 모용하여 유가증권을 작성한 때에도 여기의 위조에 해당하지 않는다. 위조의 방법에는 제한이 없으나, 외형상 일반인에게 진정하게 작성된 유가증권이라고 오신케 할 정도의 유가증권이 작성될 것을 요한다. ② 변조란 진정하게 성립된 유가증권의 내용에 권한 없는 자가 그 유가증권의 동일성을 해하지 않는 범위에서 변경을 가하는 것을 말한다. 따라서 이미 실효된 유가증권에 가공하여 새로운 유가증권을 작성하는 경우나 유가증권의 동일성이 유지되지 않는 경우는 변조가 아니라 위조에 해당한다.

(3) 주관적 구성요건

본 죄가 성립하기 위하여는 고의 이외에 행사의 목적이 있어야 한다.

2) 죄수 및 다른 범죄와의 관계

(1) 죄 수

본 죄의 죄수는 유가증권의 수를 기준으로 결정된다. 따라서 한 통의 유가증권에 수개의 위조 또는 변조가 있을 때에는 포괄적으로 일죄가 성립할 뿐이다.

(2) 다른 범죄와의 관계

유가증권을 위조하는 방법으로 인장을 위조한 때에는 인장위조죄는 본 죄에 흡수된다. 절취 또는 횡령한 유가증권용지를 이용하여 이를 위조·변조한 때에는 양죄의 경합범이 된다.

2. 기재의 위조·변조죄

본 죄는 행사할 목적으로 유가증권의 권리의무에 관한 기재를 위조 또는 변조함으로써 성립하는 범죄이다(제214조 제2항). 여기서 유가증권의 권리의무에 관한 기재라 함은 배서·인수·보증과 같은 부수적 증권행위의 기재사항을 말한다.

3. 자격모용에 의한 유가증권작성죄

행사할 목적으로 타인의 자격을 모용하여 유가증권을 작성하거나 유가증권의 권리의무에 관한 사항을 기재함으로써 성립하는 범죄이다(제215조). 「타인의 자격을 모용하여」란 대리 또는 대표권 없는 자가 타인의 대리인 또는 대표자로서 유가증권을 작성하는 것을 말한다.

Ⅲ. 허위유가증권작성죄

행사할 목적으로 허위의 유가증권을 작성하거나 유가증권에 허위의 사항을 기재함으로써 성립하는 범죄이다(제216조). ① 허위의 유가증권을 작성한다는 것은 작성권한 있는 자가 작성명의를 모용하지 않고 단순히 유가증권에 허위의 내용을 기재하는 것을 말하며, ② 허위의 사항을 기재하는 것은 기재권한 있는 자가 기존의 유가증권에 진실에 반하는 사항을 기재하는 것을 말한다. 허위를 기재하는 사항은 기본적 증권행위에 속하는가 또는 부수적 증권행위에 속하는가를 불문한다. 다만 권리의무에 아무런 영향을 미치지 않는 사항을 허위기재하는 것은 본 죄에 해당하지 않는다. ③ 본 죄의 성립에도 고의 이외에 행사의 목적이 있어야 한다.

Ⅳ. 위조 등 유가증권행사죄

본 죄의 위조·변조·작성 또는 허위기재한 유가증권을 행사하거나 행사할 목적으로 수입 또는 수출하는 것을 내용으로 하는 범죄이다(제217조). 여기서 「행사」란 위조·변조·작성 또는 허위기재한 유가증권을 진정하게 작성된 진실한 내용의 유가증권으로 사용하는 것을 말하며, 반드시 유가증권을 유통에 놓을 것을 요하지 않는다는 점에서 위조통화행사죄의 그것과 구별된다. 주관적 구성요건은 행사의 경우에는 고의가 있으면 족함에 반하여, 수입 또는 수출의 경우에는 행사의 목적을 요한다.

Ⅴ. 인지·우표에 관한 죄

1. 인지·우표 등 위조·변조죄

행사할 목적으로 대한민국 또는 외국의 인지, 우표 기타 우편요금을 표시하는 증표를 위조 또는 변조함으로써 성립하는 범죄이다(제218조 제1항). 본 죄의 객체는 대한민국 또는 외국의 인지, 우표 기타 우편요금을 표시하는 증표이고, 본 죄의 행위는 위조 또는 변조이다.

2. 위조·변조인지·우표등 행사죄

위조 또는 변조한 대한민국 또는 외국의 인지, 우표 기타 우편요금을 표시하는 증표를 행사하거나 또는 행사할 목적으로 수입 또는 수출하는 것을 내용으로 하는 범죄이다(제218조 제2항). 여기서 「행사」란 위조 또는 변조한 대한민국 또는 외국의 우표 등을 진정한 우표로 사용하는 것을 말한다.

3. 위조인지 · 우표등 취득죄

행사할 목적으로 위조 또는 변조한 대한민국 또는 외국의 인지, 우표 기타 우편요금을 표시하는 증표를 취득하는 것을 내용으로 하는 범죄이다(제219조). 다만 행위자는 위조 또는 변조한 인지 또는 우표라는 정을 알면서 취득하였을 것을 요한다.

4. 인지 · 우표의 소인말소죄

본 죄는 행사할 목적으로 위조 또는 변조한 대한민국 또는 외국의 인지, 우표 기타우편요금을 표시하는 증표의 소인을 말소함으로써 성립하는 범죄이다(제221조).

5. 우표등의 유사물제조죄

판매할 목적으로 대한민국 또는 외국의 공채증서 · 인지, 우표 기타 우편요금을 표시하는 증표에 유사한 물건을 제조 · 수입 · 수출하거나 이를 판매함으로써 성립하는 범죄이다(제222조 제1항).

Ⅵ. 예비 · 음모죄

유가증권위조 · 변조죄(제214조 제1항), 기재의 위조 · 변조죄 및 자격모용에 의한 유가증권작성죄(제215조)와 인지 · 우표위조죄(제218조 제1항)를 범할 목적으로 예비 · 음모함으로써 성립하는 범죄이다(제224조).

제3절 문서에 관한 죄

Ⅰ. 서 론

1. 의의와 본질

1) 문서에 관한 죄의 의의와 보호법익

문서에 관한 죄란 행사할 목적으로 문서를 위조 또는 변조하거나, 허위의 문서를 작성하거나, 위조·변조·허위작성된 문서를 행사하거나 문서를 부정행사함으로써 성립하는 범죄를 말하며, 문서에 대한 거래의 안전과 신용을 보호법익으로 한다.

2) 문서에 관한 죄의 본질

문서에 관한 죄가 문서의 성립의 진정을 보호하는가 또는 내용의 진실을 보호하는 것인가에 대하여 형식주의와 실질주의가 대립하고 있으나, 우리 형법은 형식주의를 원칙으로 하면서 예외적으로 실질주의(제233조, 제227조)를 인정하고 있다.

3) 구성요건의 체계

형법의 문서에 관한 죄에는 다섯 가지 유형이 있다. 문서위조·변조죄, 허위문서작성죄, 위조등문서행사죄, 문서부정행사죄 및 전자기록등 위작·변작죄가 그것이다. 자격모용에 의한 문서작성죄는 문서위조·변조죄의 특수한 경우를 규정한 것이고, 공정증서원본 등 부실기재죄는 간접정범의 형태에 의한 허위공문서작성죄를 특별히 규정한 것이다.

2. 문서의 개념

문서위조죄의 객체가 되는 문서는 법적으로 중요한 사실을 증명할 수 있고 명의인을 표시하는 내용의 문자 또는 부호에 의하여 화체된 사람의 의사를 의미한다.

여기서 문서는 그 개념요소로서 계속적 기능과 증명적 기능 및 보장적 기능을 필요로 하게 된다. 광의의 문서에는 이러한 협의의 문서 이외에 도화가 포함된다.

1) 계속적 기능

문서는 유체물에 결합되어 계속성을 가지는 사람의 의사표시이다

(1) 의사표시

의사표시란 사법상의 의사표시를 의미하는 것이 아니라 단순한 사상 또는 관념의 표시이다. 검증의 목적이나 표지는 물론 외적상황을 복사한 것에 지나지 않는 기계적 기록은 문서가 아니다. 다만 전자복사기, 모사전송기 기타 이와 유사한 기기를 사용하여 복사한 문서 또는 도화의 사본은 문서 또는 도화로 본다(제237조의 2). 의사표시의 방법은 반드시 문자에 의할 것을 요하지 않으며 속기용의 부호, 전신부호 등의 가독적 부호에 의하는 경우를 포함한다. 따라서 접수일부인의 날인도 문서에 해당한다.

(2) 의사표시의 계속성

의사표시가 물체에 고정되어 계속성을 가져야 하며 이는 시각적 방법에 의하여 이해할 수 있는 것임을 요한다. 따라서 계속성이 인정되는 경우라 할지라도 음반이나 녹음테이프와 같이 청각에 의하여 내용을 파악할 수 있는 것은 문자가 아니다.

2) 증명적 기능

물체에 기재된 의사표시는 일정한 법률관계를 증명할 수 있고 또 증명하기 위한 것이어야 한다. 따라서 문서의 증명적 기능은 증명력과 증명의사를 내용으로 한다고 할 수 있다.

(1) 증명능력

문서의 내용은 법적으로 중요한 사실, 즉 법률관계와 사회생활상의 중요사항을 증명할 수 있는 것이어야 한다. 법적 중요성이란 권리 또는 의무의 발생・변경・소멸에 관한 사실을 의미하며, 그것이 공법관계인가 사법관계인가는 문제되지 않는다. 따라서 단순히 사상을 표현하는 데 지나지 않는 소설이나 시가 등의 예술작품은 문서가 될 수 없다. 다만 문서의 증명능력은 진정한 문서를 전제로 한다.

(2) 증명의사

문서는 법률관계를 증명하기 위한 것이어야 한다. 이러한 증명의사는 확정적 의사임을 요하므로 초안과 같은 것은 문서가 아니다.

3) 보장적 기능

문서는 문서의 작성자 또는 보증인을 의미하는 명의인이 표시되어야 하며, 명의인이 없으면 문서가 될 수 없다. 이를 문서의 보장적 기능이라고 한다. 여기서 명의인이란 법적 거래에 있어서 문서의 표현내용이 귀속하는 자, 즉 의사표시의 주체를 뜻한다.

(1) 사자와 허무인 명의의 문서

명의인이 실재함을 요하는가에 대하여 통설은 이를 요하지 않는다는 전제하에서 사자나 허무인 명의의 문서도 문서에 해당한다고 해석하고 있다. 그러나 판례는 공문서에 있어서는 이를 요하지 않으나, 사문서는 명의인의 실재를 요한다는 태도를 취하고 있다. 생각건대 문서위조죄는 문서에 대한 거래의 안전과 신용을 보호법익으로 하는 추상적 위험범이므로 일반인에게 진정한 문서라고 오신할 염려가 있으면 본 죄는 성립한다 할 것이므로 통설이 타당하다.

(2) 복본 · 등본 · 사본

문서는 명의인의 의사를 표현한 물체 그 자체를 의미한다. 따라서 복본은 문서에 해당하지만, 사본 또는 등본은 인증이 없는 한 문서라고 할 수 없다.

3. 문서의 종류

1) 공문서와 사문서

공문서란 공무소 또는 공무원이 직무에 관하여 작성한 문서를 말하고, 사문서란 사인 명의로 작성된 문서를 말하며, 그 중 권리 · 의무와 사실증명에 관한 문서만 사문서가 될 수 있다.

2) 문서의 특수형태

문서의 특수형태로는 개별문서에 대하여 전체문서와 결합문서가 있다. 전자는 예금통장, 상업장부 등과 같이 개별적인 문서가 계속적인 형태에 의하여 통일된 전체로 결합되어 독자적인 표시내용을 가지는 경우를 말하고, 후자는 사진을 첨부한 증명서와 같이 문서가 검증의 목적물과 장소적으로 결합되어 통일된 증명내용을 가지는 경우를 말한다.

Ⅱ. 문서위조 · 변조죄

1. 사문서위조 · 변조죄

1) 의 의

행사할 목적으로 권리 · 의무 또는 사실증명에 관한 타인의 문서 또는 도화를 위조 또는 변조함으로써 성립하는 범죄이다(제231조).

2) 행위의 객체

권리 · 의무 또는 사실증명에 관한 타인의 문서 또는 도화이다. 권리 · 의무에 관한 문서란 공법상 또는 사법상의 권리 · 의무의 발생 · 변경 · 소멸에 관한 사항을 기재한 문서를 말하고, 사실증명에 관한 문서는 권리 · 의무에 관한 문서 이외의 문서로서 거래상 중요한 사실을 증명하는 문서를 말한다.

3) 행 위

위조 또는 변조하는 것이다.

(1) 위 조

위조란 작성권한 없는 자가 타인명의를 모용하여 문서를 작성하는 것을 말하며, 광의의 위조에는 권한 없이 타인명의의 문서를 작성하는 유형위조와 권한 있는 자가 진실에 반하는 내용의 문서를 작성하는 무형위조가 포함된다. 그러나 형법은 무형위조를 작성이라고 하여 유형위조인 위조와 구별하고 있다.

① 권한 없는 자

위조란 권한 없는 자가 타인명의의 문서를 작성하는 것을 말한다. 위탁된 범위를 초월하여 위탁자 명의의 사문서를 작성하는 경우에도 위조에 해당한다. 그러나 대리권 또는 대표권 없는 자가 대리인으로서 본인명의의 문서를 작성하는 경우는 위조가 아니라 자격모용에 의한 문서작성(제226조, 제232조)에 해당한다. 또한 대리권자 또는 대표권자가 권한의 범위 내에서 권한을 남용하여 문서를 작성한 경우도 위조에 해당하지 않는다(통설 · 판례).

② 타인명의의 모용

「타인의 명의를 모용한다」고 함은 실질적인 명의인에 대한 착오를 야기 · 유지하기 위한 행위, 즉 동일성의 사칭을 의미한다. 문서의 기재내용이 진실인가의 여부는 문제되지 아니하며, 명의인이 실재할 것도 요하지 않는다.

③ 문서의 작성

문서작성의 방법에는 제한이 없으며, 작성된 문서는 일반인으로 하여금 진정한 문서로 오인할 정도로 문서로서의 형식과 외관을 갖추고 있으면 족하며, 이로 인하여 본 죄는 기수가 된다.

(2) 변 조

변조란 권한 없이 이미 진정하게 성립된 타인명의의 문서내용에 「그 동일성을 해하지 않을 정도로」 변경을 가하는 것을 말한다. 따라서 문서의 중요부분에 변경을 가하거나, 효력을 상실한 문서에 변경을 가하여 새로운 증명력을 가진 문서를 작성하게 한 경우에는 변조가 아니라 위조에 해당하게 된다. 또한 변조의 대상은 진정하게 성립된 문서에 한하며, 타인명의의 문서일 것을 요한다.

4) 주관적 구성요건

본 죄가 성립하기 위하여는 고의 이외에 행사의 목적이 있어야 한다. 여기서 「행사할 목적」이란 위조 또는 변조된 문서를 진정한 문서로 효력을 발생케 할 목적을 말한다.

5) 죄수 및 타죄와의 관계

(1) 죄 수

문서에 관한 죄의 죄수를 결정함에 있어서 판례는 명의인의 수를 기준으로 하여 2인 이상의 연명으로 된 문서를 위조한 때에는 수죄의 상상적 경합이 된다고 한다.

그러나 죄수를 결정함에 있어서는 법익을 기준으로 하면서 행위와 범죄의사도 함께 고려해야 할 것이므로 하나의 행위로 수인 명의의 사문서를 위조한 경우는 물론 공문서위조와 사문서위조 또는 사문서위조와 변조가 행하여진 때에도 일죄만 성립한다고 해야 한다. 본 죄와 위조문서행사죄와의 관계는 양자의 경합범이 된다는 것이 판례이다.

(2) 다른 범죄와의 관계

명의인이 문맹임을 이용하여 문서를 작성하게 한 때에는 본 죄와 사기죄와의 관계가 문제된다. 명의인이 문서의 내용을 모르고 문서를 작성한 경우에는 본 죄가 성립하지만, 그 내용을 안 때에는 사기죄를 구성한다고 해야 한다. 또한 자기명의의 문서에는 문서손괴죄가 성립할 뿐이다.

6) 몰 수

위조문서는 원칙적으로 제48조 1항에 의하여 몰수할 수 있다. 문서 또는 도화의 일부가 몰수에 해당하는 경우에는 그 부분을 폐기한다(제48조 제3항).

2. 자격모용에 의한 사문서작성죄

행사할 목적으로 타인의 자격을 모용하여 권리·의무 또는 사실증명에 관한 문서 또는 도화를 작성함으로써 성립하는 범죄이다(제232조). 대리권 또는 대표권을 가지지 아니하는 자가 타인의 대리자격 또는 대표자격이 있는 것으로 가장하여 문서를 작성하는 경우를 처벌하기 위한 것이다.

3. 공문서위조·변조죄

본 죄는 행사할 목적으로 공무원 또는 공무소의 문서 또는 도화를 위조 또는 변조함으로써 성립하는 범죄이다(제225조). 본 죄의 객체인 공문서는 공무원 또는 공무소가 직무상 작성한 문서를 말하며, 공법관계에서 작성된 것인가 사법에서 작성된 것인가는 불문한다.

4. 자격모용에 의한 공문서작성죄

행사할 목적으로 공무원 또는 공무소의 자격을 모용하여 문서 또는 도화를 작성함으로써 성립하는 범죄이다(제226조). 여기서 자격을 모용하여 공문서를 작성한다는 것은 일정한 지위를 허위로 기재한다는 것을 의미한다.

Ⅲ. 허위문서작성죄

1. 허위진단서등 작성죄

1) 의 의

의사·한의사·치과의사 또는 조산사가 진단서·검안서 또는 생사에 관한 증명서를 허위로 작성한 때에 성립하는 범죄이다(제233조). 사문서의 무형위조를 예외적으로 처벌하는 경우이다.

2) 객관적 구성요건

(1) 행위의 주체

의사·한의사·치과의사 또는 조산사에 제한된다. 간접정범에 의하여는 본 죄가 성립할 수 없다는 의미에 본 죄는 자수범이다.

(2) 행위의 객체

진단서·검안서 또는 생사에 관한 증명서이다.

(3) 행 위

문서를 허위로 작성하는 것이다. 허위란 진실에 반하는 것을 말하며, 사실에 관한 것이건 판단에 관한 것이건 불문한다.

3) 주관적 구성요건

본 죄가 성립하기 위하여는 의사 등의 행위자가 자기의 신분뿐만 아니라 진단서·검안서 또는 생사에 관한 증명서를 작성한다는 사실과 기재내용이 허위라는 사실을 인식할 것을 요한다. 그러나 행사의 목적이 있을 것은 요하지 않는다. 허위라고 인식한 때에도 객관적 진실과 일치하는 때에는 본 죄가 성립하지 않는다.

2. 허위공문서작성죄

1) 의 의

공무원이 직무에 관하여 허위의 문서 또는 도화를 작성하거나 변개함으로써 성립하는 범죄이다(제227조). 공문서위조와 같이 문서의 성립의 진정을 보호하는 것이 아니라 내용의 진실을 보호하는 범죄이다. 문서의 무형위조를 예외적으로 처벌하는 경우이다.

2) 구성요건

(1) 주 체

본 죄의 주체는 직무에 관하여 문서 또는 도화를 작성할 권한이 있는 공무원이다. 따라서 공무원이라 할지라도 문서의 작성권한이 없는 자는 본 죄의 주체가 될 수 없다.

(2) 행위의 객체

공문서이다. 공문서란 공무소 또는 공무원이 직무에 관하여 작성한 문서를 말한다. 직무에 관한 문서란 공무원이 직무권한 내에서 작성한 문서를 말하며, 직무권한은 법률에 근거를 가질 것을 요하지 않는다. 명령·내규 또는 관례에 의한 직무집행으로 작성되는 경우를 포함한다.

(3) 행 위

문서 또는 도화를 허위로 작성하거나 변개하는 것이다. ① 문서를 허위로 작성한다 함은 작성권한 있는 문서에 허위내용을 기재하는 것을 말한다. 신고에 의하여 문서의 내용을 기재함에 있어서 공무원이 실질적 심사권을 가지는 경우에 허위인 정을 알면서 이를 기재하면 본 죄가 성립한다는 점에 다툼이 없으나, 형식적 심사권만 인정된 경우에는 본 죄의 성립을 부정하는 것이 다수설이다. 그러나 신고사실이 허위인 것을 알고 문서를 작성한 이상 공문서에 대한 공공의 신용을 침해한 것이라고 보아야 하며, 공무원은 그 기재를 거부할 수 있다고 해야 하므로 본 죄의 성립을 인정하는 것이 타당하다. 판례도 긍정한다. ② 변개란 작성권한 있는 공무원이 기존문서를 허위로 고치는 것을 말한다. ③ 본 죄는 문서에 허위사실을 기재함에 의하여 기수가 된다.

(4) 주관적 구성요건

본 죄가 성립하기 위하여는 고의 이외에 행사의 목적이 있어야 한다.

3) 간접정범의 성부

작성권한 있는 공무원이 본 죄의 간접정범이 될 수 있다는 점에는 의문이 없다. 문제는 작성권한 없는 자가 본 죄의 간접정범이 될 수 있는가에 있다.

(1) 공무원 아닌 자의 경우

공무원 아닌 자가 공무원을 이용하여 간접정범으로 본 죄를 범할 수 있는가에 대하여 판례는 일관하여 공무원 아닌 자는 본 죄의 간접정범이 될 수 없다고 판시하고 있으며, 학설도 간접정범의 성립을 부정하는 데 견해가 일치하고 있다. 다만 그 근거에 관하여는 견해가 대립하고 있으나, 공무원 아닌 자가 본 죄의 간접정범이 될 수 없는 것은 공무원 아닌 자가 본 죄의 정범이 될 수 있는 자격이 없기 때문이라고 보는 것이 타당하다.

(2) 공무소내의 공무원인 경우

문서의 작성권한은 없지만 당해 사무를 담당하는 공무원이 상사에게 허위보고를 하여 허위공문서를 작성한 경우에 본 죄의 간접정범이 성립한다는 것이 통설·판례이다. 그러나 진정신분범에 있어서 신분 없는 자가 신분 있는 자를 이용한 간접정범은 성립할 수 없다고 해야 하므로 이 경우에도 간접정범은 성립할 수 없다고 해석하는 것이 타당하다고 생각된다.

4) 타범죄와의 관계

공무원인 의사가 허위진단서를 발행한 때에는 본 죄와 허위진단서작성죄는 상상적 경합이 되며, 직무유기죄와는 법조경합의 관계에 있다. 따라서 허위공문서를 작성하는 것이 동시에 직무유기가 되는 때에는 본 죄만 성립하고 직무유기죄는 별도로 성립하지 않는다.

3. 공정증서원본등의 부실기재죄

1) 의 의

공무원에 대하여 허위신고를 하여 공정증서원본 또는 이와 동일한 전자기록 등 특수매체기록이나 면허증, 허가증, 등록증 또는 여권에 부실의 사실을 기재, 기록하게 함으로써 성립하는 범죄이다(제228조). 본 죄는 간접정범의 형태에 의한 허위공문서작성죄를 특별히 규정하여 허위공문서작성죄에 의한 처벌의 결함을 보충하기 위한 범죄이다.

2) 구성요건

(1) 주 체

본 죄의 주체에는 제한이 없다. 공무원도 또한 본 죄의 주체가 될 수 있다.

(2) 행위의 객체

본 죄의 객체는 공정증서원본 또는 이와 동일한 전자기록 등 특수매체기록, 면허증, 허가증, 등록증 또는 여권이다. ① 공정증서란 공무원이 직무상 작성하는 문서로서 권리·의무에 관한 사실을 증명하는 효력을 가지는 것을 의미하며, 그 권리·의무는 반드시 재산상의 권리의무에 한하지 않고 신분상의 그것도 포함한다. 예컨대 호적부·부동산등기부·상업등기부 또는 화해조서 등이 여기에 해당한다. 공정증서원본과 동일한 전자기록 등 특수매체기록이란 공정증서원본에 상당하는 권리·의무에 관한 일정한 사실을 공적으로 증명하는 효력을 가진 전자기록 등을 말한다. 예컨대 전산자료화한 부동산등기파일, 자동차등록파일, 특허원부 또는 호적파일 등이 여기에 해당한다. ② 면허증이란 특정인에게 특정된 기능을 부여하기 위하여 공무원이 작성하는 증서를 말한다(의사면허증, 자동차 운전면허증). ③ 허가증 또는 등록증이란 일정한 영업 또는 업무를 허가하였거나 등록하였다는 사실을 증명하는 공무소의 증명을 말한다(주류판매의 영업허가증, 자동차의 등록증). ④ 여권이란 공무소가 여행자에게 발행하는 허가증을 말한다.

(3) 행 위

공무원에 대하여 허위신고를 하여 부실의 사실을 기재하게 하는 것이다. 따라서 허위신고와 부실기재와의 사이에는 인과관계가 있어야 한다. ① 허위신고란 일정한 사실에 대하여 진실에 반하는 신고를 하는 것을 말하며, 내용이 허위인 경우뿐만 아니라 신고인이 자격을 사칭하는 경우를 포함한다. 신고의 방법에는 제한이 없다. ② 「부실의 사실을 기재하게 한다」 함은 중요한 점에 있어서 진실에 반하는 사실을 기재하게 하는 것을 말한다. ③ 본 죄의 착수시기는 허위신고시를 기준으로 하며, 허위신고에 의하여 공정증서원본 등에 부실의 기재가 된 때에 본 죄는 기수에 이르게 된다.

(4) 고 의

본 죄도 고의범이므로 허위신고에 의하여 부실의 사실을 기재한다는 점에 대한 인식이 있을 것을 요한다.

Ⅳ. 위조등 문서행사죄

1. 위조 · 변조 · 작성사문서행사죄

1) 의 의

사문서위조 · 변조죄에 의하여 위조 · 변조되거나, 자격모용에 의한 사문서작성죄에 의하여 작성된 사문서 또는 의사 등에 의하여 작성된 허위진단서 등을 행사함으로서 성립하는 범죄이다(제234조).

2) 객관적 구성요건

(1) 주 체

본 죄의 주체에는 제한이 없다. 위조 · 변조 또는 작성한 범인도 본 죄의 주체가 된다.

(2) 행위의 객체

위조 · 변조 또는 자격모용에 의하여 작성된 사문서와 허위진단서 및 검안서 또는 생사에 관한 증명서이다.

(3) 행 위

본 죄의 행위는 행사하는 것이다. ① 행사란 위조 또는 변조된 문서를 진정한 문서로 사용하는 것, 즉 법적 거래에 있어서 문서의 기능적 이용을 말한다. ② 행사의 상대방에는 제한이 없다. 다만 상대방은 문서가 위조 또는 변조된 사실을 모를 것을 요한다. ③ 행사의 방법에는 제한이 없으며, 상대방이 인식할 수 있는 상태에 두면 족하다. 따라서 교부 또는 제시뿐만 아니라 등기부와 같이 비치하여 열람할 수 있는 상태에 두는 것도 본 죄의 행사에 해당한다. 다만 행사는 위조 또는 변조된 문서 자체에 대한 것임을 요한다. ④ 행사는 문서를 상대방에게 인식할 수 있는 상태에 둠으로써 기수가 되며, 상대방이 문서의 내용을 인식하였거나 문서에 대한 사회적 신용이 침해되었을 것을 요하지 않는다.

3) 주관적 구성요건

본 죄가 성립하기 위하여는 위조·변조·자격모용에 의하여 작성된 사문서 또는 허위작성된 진단서 등에 대한 인식과 이를 행사한다는 점에 대한 고의가 있어야 한다.

2. 위조·변조등 공문서행사죄

본 죄는 위조·변조한 공문서, 자격모용에 의하여 작성한 공문서, 허위작성한 공문서 또는 부실기재한 공정증서원본 등을 행사함으로써 성립하는 범죄이다(제229조).

V. 문서 부정행사죄

1. 사문서 부정행사죄

권리·의무 또는 사실증명에 관한 타인의 문서 또는 도화를 부정행사함으로써 성립하는 범죄이다(제236조). 여기서 부정행사란 권리·의무 또는 사실증명에 관한 진정 성립된 타인의 사문서를 사용할 권한 없는 자가 문서명의자로 가장 행세하여 이를 사용하거나 또는 사용할 권한이 있더라도 본래의 사용목적 이외의 다른 사실을 증명하는 용도에 이를 사용하는 것을 말한다. 객체가 진정한 사문서라는 점에서 위조·변조 등 사문서행사죄와 구별된다.

2. 공문서등 부정행사죄

공문서의 사용목적이 특정되어 있는 경우에 그 사용권한 없는 자가 사용권한 있는 것처럼 가장하여 부정한 목적으로 행사하거나, 권한 있는 자라도 그 정당한 용법에 반하여 부정하게 행사하는 경우에 성립하는 범죄이다(230조).

Ⅵ. 전자기록 위작·변작죄

1. 의 의

사무처리를 그르치게 할 목적으로 전자기록 등 특수매체기록을 위작 또는 변작함으로써 성립하는 범죄이다. 매체에 기록되어 출력되기 전의 전자기록은 문서의 요건인 가시성과 가독성이 없고, 전자기록에 있어서는 입력된 정보가 기존의 데이터와 함께 처리 가공되어 만들어지고 기록에 명의인이 없거나 분명하지 않은 경우가 많아서 문서의 경우와 같은 명의인을 생각하는 것도 곤란하다. 이러한 의미에서 본죄는 문서범죄에 있어서의 처벌의 흠결을 보완하여 컴퓨터범죄에 효율적으로 대처하기 위하여 신설된 규정이다. 형법은 공문서와 사문서를 구별하는 태도에 따라 전자기록에 관하여도 공전자기록 위작·변작죄와 사전자기록 위작·변작죄를 구별해서 규정하고 있다. 본 죄의 보호법익은 전자기록에 대한 거래의 안전과 신용이다.

2. 사전자기록 위작·변작행사죄

사무처리를 그르치게 할 목적으로 권리·의무 또는 사실증명에 관한 타인의 전자기록 등 특수매체기록을 위작 또는 변작하거나, 위작·변작된 특수매체기록을 행사함으로써 성립하는 범죄이다(제232조의 2, 제234조).

1) 행위의 객체

권리·의무 또는 사실증명에 관한 전자기록 등 특수매체기록이다. 전자기록이란 일정한 매체에 전기적 · 자기적 방식으로 저장된 기록을 말한다. 일정한 매체란 집적회로, 자기디스크, 자기테이프 등을 의미하고, 특수매체기록에는 전자기록 이외에 광기술이나 레이저기술을 이용한 기록을 포함한다. 그러나 본 죄의 전자기록은 문서죄와의 관계에서 의사가 표현된 것임을 요하므로 컴퓨터에 대한 작업명령을 내용으로 하는 프로그램은 여기의 기록에 해당하지 않는다. 권리 · 의무에 관한 전자기록을 말하며, 사실증명에 관한 전자기록은 법률상 또는 사회생활상 중요한 사실의 증명과 관계있는 전자기록을 말한다.

2) 행 위

행위는 위작 · 변작 또는 행사하는 것이다. 위작 또는 변작은 권한 없이 또는 권한의 범위를 일탈하여 전자기록을 작성하거나 변경하는 것을 말한다. 전자기록의 작성권은 어떤 기록을 만드는가에 대한 결정권을 포함하므로 작성권자가 허위내용의 기록을 만드는 때에는 본 죄에 해당하지 않는다. 따라서 컴퓨터시스템의 설치 · 운영주체인 개인영업자가 탈세를 위하여 거래에 관한 허위의 데이터를 자기파일에 입력한 경우는 본 죄를 구성하지 않는다. 행사란 위작 또는 변작된 전자기록을 타인의 사무실을 위하여 컴퓨터에 사용할 수 있는 상태에 두는 것을 말한다.

3) 주관적 구성요건

본 죄가 성립하기 위하여는 고의가 필요한 이외에 사무처리를 그르치게 할 목적이 있어야 한다. '사무처리를 그르치게 할 목적'이란 위작 · 변작된 특수매체기록이 사용됨으로써 사무처리가 그르치게 되도록 할 목적을 말하며, '그르치게' 한다는 것은 정당하거나 정상적인 사무처리 이외의 하자 있는 처리를 하게 하는 모든 경우를 포함한다.

3. 공전자기록 위작 · 변작행사죄

사무처리를 그르치게 할 목적으로 공무원 또는 공무소의 전자기록 등 특수매체기록을 위작 또는 변작하거나, 위작 · 변작된 특수매체기록을 행사함으로써 성립하는 범죄이다(제227조의 2, 제229조).

1) 행위의 객체

공무원 또는 공무소의 전자기록 등 특수매체기록이다. '공무원 또는 공무소의 전자기록이란' 공무원 또는 공무소의 직무수행상 만들어지도록 되어 있거나 이미 만들어진 전자기록 등 특수매체기록을 말한다. 예컨대, 주민등록이나 등기부등본의 파일, 자동차등록파일이나 특허등록 매스터파일 등이 여기에 해당한다.

2) 행 위

위작·변작 또는 행사하는 것이다. 위작이란 처음부터 허위의 기억을 만들어 저장, 기억케 하는 행위를 말하고, 변작이란 기존의 기록을 부분적으로 고치거나 말소하여 기록의 내용을 변경하는 것을 말한다. 위작·변작은 문서죄에 있어서의 위조·변조에 대응하는 개념이다. 다만, 위작과 변작에는 시스템운용주체의 의사에 반하여 권한 없이 또는 권한을 남용하여 전자기록을 작성하거나 변경한 경우뿐만 아니라 공무원이 내용허위의 전자기록을 만드는 경우도 포함된다고 하지 않을 수 없다. 권한 있는 공무원이 허위의 기록을 만든 경우는 실질적으로 권한의 범위를 일탈했다고 할 수 있기 때문이다.

제 4 절 인장에 관한 죄

Ⅰ. 서 론

1. 의의와 본질

인장에 관한 죄란 행사할 목적으로 인장·서명·기명 또는 기호를 위조 또는 부정사용하거나, 위조 부정사용한 인장·서명 등을 행사하는 것을 내용으로 하는 범죄를 말한다. 인장에 관한 죄의 보호법익은 인장·서명 등의 진정에 대한 공공의 신용, 즉 인장의 사회생활에 있어서의 거래상의 신용과 안전이다. 형법은 인장에 관한 죄에 대하여 인장위조죄와 행사죄를 규정하고 있다. 사인위조죄(제239조 제1항)

와 위조사인행사죄(제239조 제2항)가 기본적 구성요건이며, 공인위조죄(제238조 제1항)와 위조공인행사죄는 이에 대한 가중적 구성요건이다. 인장에 관한 형법의 규정은 성립의 진정만을 보호하고 내용의 진실은 문제삼지 않는다.

2. 인장 · 서명 · 기명 · 기호

본 죄의 객체는 인장 · 서명 · 기명 또는 기호이다.

1) 인 장

인장이란 특정인의 인격과 그 동일성을 증명하기 위하여 사용하는 상징을 의미한다. 상형으로는 반드시 성명임을 요하지 않으며, 문자임을 필요로 하는 것도 아니다. 인장에는 인영과 인과가 포함된다(통설).

2) 서명 · 기명

서명이란 특정인이 자기를 표시하는 문자를 말한다. 성명을 표시하는 것이 보통이나, 성 또는 명을 표시하거나 상호 · 약호 또는 아호를 표시하는 경우도 포함한다. 다만 서명은 자서에 한한다. 기명이란 특정인의 주체를 표시하는 문자로서 자서가 아닌 것을 말한다.

3) 기 호

기호란 물건을 압날하여 그 동일성을 증명하는 점에서 인장의 일종이나, 인장이 인격의 동일성을 증명하는 것임에 대하여 기호는 기타의 사항을 증명함을 목적으로 한다는 점에서 구별된다.

Ⅱ. 사인등 위조 · 행사죄

1. 사인위조죄

본 죄는 행사할 목적으로 타인의 인장 · 서명 · 기명 또는 기호를 위조 또는 부정사용함으로써 성립한다.

1) 행위의 객체

행위의 객체는 타인의 인장·서명·기명 또는 기호로서, 적어도 사실증명에 관한 것임을 요한다.

2) 행 위

위조 또는 부정행사이다.

(1) 위 조

위조란 권한 없이 타인의 인장·서명·기명 또는 기호를 작성내지 기재하여 일반으로 하여금 명의인의 진정한 인장·서명·기명 또는 기호로 오신케 하는 것을 말한다. 대리권 또는 대표권을 가진 자가 그 권한 이외의 무권대리행위로 서명·날인하는 경우도 포함하며, 명의인이 실재할 것도 요하지 않는다. 다만 판례는 사자 명의의 인장위조는 성립하지 않는다고 한다.

(2) 부정사용

부정사용이라 함은 인장 등을 권한 없는 자가 사용하거나 권한 있는 자가 그 권한을 남용하여 부당하게 사용하는 것을 말한다.

3) 주관적 구성요건

본 죄가 성립하기 위하여는 고의 이외에 행사의 목적이 있어야 한다.

2. 위조사인행사죄

본 죄는 위조 또는 부정사용한 타인의 인장·서명·기명 또는 기호를 행사함으로써 성립하는 범죄이다(제239조 제2항). 여기서 행사란 위조된 인장을 진정한 것처럼 사용하는 것을 말한다.

Ⅲ. 공인위조 · 행사죄

1. 공인등 위조죄

행사할 목적으로 공무원 또는 공무소의 인장 · 서명 · 기명 또는 기호를 위조 또는 부정사용함으로써 성립하는 범죄이다(제238조 제1항). 공무원의 인장이란 공무원이 공무상 사용하는 모든 인장을 말하고, 공무소의 인장이란 공무소가 그 사무에 관하여 문서에 사용하는 인장을 말하며, 청인 또는 서인 등이 여기에 포함된다.

2. 위조공인등 행사죄

본 죄는 위조 또는 부정사용한 공무원 또는 공무소의 인장 · 서명 · 기명 또는 기호를 행사함으로써 성립하는 범죄이다(제238조 제2항).

제 3 장

공중의 건강에 대한 죄

제 1 절 음용수에 관한 죄

Ⅰ. 서 론

1. 의의와 보호법익

음용수에 관한 죄란 음용에 공할 정수 또는 그 수원에 오물·독물 기타 건강을 해할 물건을 혼입하거나, 수도 기타의 시설을 손괴 또는 기타의 방법으로 불통하게 하여 공중의 음용수의 이용과 그 안전을 위태롭게 함으로써 성립하는 범죄이다. 공중의 건강 또는 공중의 보건을 보호법익으로 하며, 보호법익이 보호받는 정도는 추상적 위험범이다.

2. 구성요건의 체계

음용수에 관한 죄의 기본적 구성요건은 음용수 사용방해죄(제192조 제1항)이며, 음용수 유해물혼입죄(제192조 제2항), 수도음용수 사용방해죄(제193조 제1항), 수도음용수 유해물혼입죄(제193조 제2항) 및 수도불통죄(제195조)는 이에 대한 가중적 구성요건이다. 음용수혼독치사상죄(제194조)는 결과적 가중범에 관한 규정이다.

Ⅱ. 음용수 사용방해죄

1. 의 의

사람의 일상음용에 공하는 정수에 오물을 혼입하여 음용하지 못하게 함으로써 성립하는 범죄이다(제192조 제1항).

2. 행위의 객체

본 죄의 객체는 일상음용이 공하는 정수이며, 이는 불특정 또는 다수인이 반복·계속하여 사용하는 정수를 의미한다. 정수란 사람의 음용에 적합할 정도로 청결한 물을 말한다.

3. 행 위

오물을 혼입하여 음용하지 못하게 하는 것이다. ① 오물이란 독물 이외에 이를 혼입하면 정수로서의 이용에 지장을 줄 수 있는 일체의 물질을 말하며, ② 음용하지 못하게 한다 함은 물리적·심리적으로 음용수로서 사용할 수 없게 하는 것을 말한다.

4. 주관적 구성요건

본 죄의 성립에도 일상음용에 공하는 정수에 오물을 혼입하여 음용하지 못하게 한다는 고의가 필요하다.

Ⅲ. 가중적 구성요건

1. 음용수 유해물혼입죄

일상음용에 공하는 정수에 독물 기타 건강을 해하는 물건을 혼입함으로써 성립하는 범죄이다(제192조 제2항). 본 죄는 음용수 사용방해죄에 대하여 특별관계에 있다.

2. 수도음용수 사용방해죄

수도에 의하여 공중의 음용에 공하는 정수 또는 그 수원에 오물을 혼입하여 음용하지 못하게 함으로써 성립하는 범죄이다(제193조 제1항). 본 죄에서 수도란 정수를 공급하기 위한 인공적 설비를 말하며, 공중의 음용에 공하는 정수란 공급중인 정수를 말한다.

3. 수도음용수 유해물혼입죄

본 죄는 수도에 의하여 공중의 음용에 공하는 정수 또는 그 수원에 독물 기타 건강을 해할 물건을 혼입함으로써 성립하는 범죄이다(제193조 제2항).

4. 음용수 혼독치사상죄

본 죄는 음용수 유해물혼입죄와 수도음용수 유해혼입죄를 범하여 사상의 결과가 발생한 때에 성립하는 결과적 가중범이다(제194조). 사망의 결과가 발생한 때에는 진정결과적 가중범이지만 상해의 결과가 발생한 때에는 부진정결과적 가중범이다.

5. 수도불통죄

공중의 음용수를 공급하는 수도 기타 시설을 손괴 기타 방법으로 불통하게 함으로써 성립하는 범죄이다(제195조). 본 죄에 있어서 수도란 음용수를 공급하는 인공적 시설을 말하며, 반드시 적법한 절차를 밟은 수도임을 요하지 않는다. 기타 시설은 공중의 음용수를 공급하는 수도 이외의 시설을 말한다.

제 2 절 아편에 관한 죄

Ⅰ. 서 론

1. 의의와 본질

아편에 관한 죄는 아편을 흡식하거나, 아편 또는 아편흡식기구를 제조·수입·판매 또는 소지하는 것을 내용으로 하는 범죄로서, 공중의 건강을 보호법익으로 하는 추상적 위험범이다.

2. 구성요건의 체계

아편에 관한 죄의 기본적 구성요건은 아편흡식죄등(제201조 제1항)이다. 동 장소제공죄(제201조 제2항)는 위의 죄에 대한 방조를 특별히 규정한 것이다. 아편등 제조·수입·판매 또는 판매목적소지죄(제198조)와 아편흡식기 제조·수입·판매 또는 판매목적소지죄(제199조) 및 세관공무원의 아편등 수입죄(제200조), 상습범(제203조)은 이에 대한 가중적 구성요건이다. 감경적 구성요건으로는 아편등 소지죄(제205조)가 있다. 아편흡식죄등 죄의 예비행위를 독립하여 규정한 것이다.

Ⅱ. 아편흡식·동 장소제공죄

1. 아편흡식죄등

1) 의 의

아편을 흡식하거나 몰핀을 주사함으로써 성립하는 범죄이다(제201조 1항).

2) 구성요건

아편을 흡식하거나 몰핀을 주사하는 것이다. 아편에는 아편연뿐만 아니라 그 원

료인 생아편을 포함하며, 흡식 또는 주사의 목적은 묻지 않는다.

3) 아편등 소지죄와의 관계

아편을 흡식하거나 몰핀을 주사하기 위하여 이를 일시 소지한 경우에는 본 죄만이 성립하지만, 아편·몰핀 또는 아편흡식기를 소지하고 있던 자가 후에 흡식한 때에는 양죄의 경합범이 된다.

2. 아편흡식등 장소제공죄

본 죄는 아편흡식 또는 몰핀주사의 장소를 제공하여 이익을 취득함으로써 성립하는 범죄이다(제201조 제2항). 본 죄가 성립하기 위하여는 이익을 취득한 결과가 발생하였을 것을 요한다. 이익이란 장소사용과 관련된 일체의 적극적·소극적 이익을 포함하며, 재산상의 이익에 제한되지 않는다.

Ⅲ. 가중적 구성요건

1. 아편등 제조·수입·판매·판매목적소지죄

1) 의 의

본 죄는 아편·몰핀 또는 그 화합물을 제조·수입 또는 판매하거나 판매할 목적으로 소지함으로써 성립하는 범죄이다(제198조).

2) 객관적 구성요건

(1) 행위의 객체

아편·몰핀 또는 그 화합물이다.

(2) 행 위

행위의 태양은 제조·수입 또는 판매하거나 판매할 목적으로 소지하는 것이다.

3) 주관적 구성요건

본 죄가 성립하기 위하여는 고의가 있어야 하며, 소지의 경우에는 판매의 목적이 있어야 한다.

2. 아편흡식품 제조 · 수입 · 판매 · 판매목적소지죄

아편을 흡식하는 기구를 제조·수입 또는 판매하거나 판매할 목적으로 소지할 때에 성립하는 범죄이다(제199조). 본 죄에서 아편을 흡식하는 기구란 특별히 아편의 흡식에 사용하기 위하여 제조한 기구를 말한다. 따라서 아편의 흡식에 사용되더라도 이를 위하여 만든 것이 아닐 때에는 여기에 포함되지 않는다.

3. 세관공무원의 아편등 수입 · 수입허용죄

본 죄는 세무공무원이 아편 등을 수입하거나 수입을 허용함으로써 성립하는 범죄이다(제200조). 세무공무원의 의무를 강조하여 형이 가중되는 신분범이다. 수입의 허용은 작위뿐만 아니라 부작위에 의할 수도 있다. 본 죄에 대한 공범규정의 적용여부에 관하여, 수입죄의 경우에는 총론상의 공범과 신분에 관한 규정(제32조)이 적용된다. 따라서 신분자와 비신분자가 같이 수입한 때에는 신분자에게는 본 죄, 비신분자에게는 제198조와 제199조가 적용된다(제33조 단서). 이에 반하여 수입허용죄는 수입죄의 공범을 독립죄로 규정한 것이므로 총론의 공범에 관한 규정은 적용될 여지가 없다.

4. 상습아편흡식, 아편등 제조 · 수입 · 판매등의 죄

본 죄는 상습으로 아편등 제조·수입·판매·판매목적소지죄, 아편흡식기 제조·수입·판매·판매목적소지죄, 세관공무원의 아편등 수입·수입허용죄, 아편흡식·동장소제공죄 및 동 미수죄(제202조)를 범할 때에 성립한다.

Ⅳ. 아편등 소지죄

본 죄는 아편·몰핀이나 그 화합물 또는 아편흡식기구를 소지함으로써 성립하는 범죄이다(제205조). 기본적 구성요건인 아편의 흡식이나 몰핀의 주사를 위한 예비행위를 독립된 구성요건으로 규정한 것이다.

제 4 장

사회의 도덕에 대한 죄

제 1 절 성풍속에 관한 죄

Ⅰ. 서 론

1. 성풍속에 관한 죄의 의의

성풍속에 관한 죄란 성도덕 또는 건전한 성적 풍속을 보호하기 위한 성생활에 관계된 범죄를 말하며, 형법상의 성풍속에 관한 죄에는 간통죄(제241조) · 음행매개죄(제242조) · 음란물죄(제243조, 제244조) 및 공연음란죄(제245조)가 있다.

2. 보호법익

본 죄의 보호법익은 일률적으로 설명할 수 없다. 음란물죄와 공연음란죄의 보호법익은 선량한 성풍속의 보호에 있으나, 간통죄와 음행매개죄의 보호법익에 대하여는 견해가 대립되고 있다. 생각건대 간통죄의 보호법익은 성풍속이 아니라 가정의 기초가 되는 제도로서의 혼인이며, 음행매개죄의 주된 보호법익은 선량한 성풍속이며 음행매개자의 정조는 부수적인 보호법익이 된다고 해석하는 것이 타당하다. 다만 통설은 간통죄의 보호법익을 성적 풍속으로서의 성도덕이라고 해석하고 있다.

3. 간통죄의 존재론

간통을 처벌할 것인가에 대하여는 ① 처의 간통만을 처벌하는 불평등주의, ② 범죄의 성립과 처벌에 차별을 두는 차별주의, ③ 부부의 간통을 평등하게 처벌하는 쌍벌주의, ④ 불법주의 등의 네 가지 입법주의가 있으며, 우리 형법은 쌍벌주의의 입장이다. 간통죄를 존치해야 한다는 견해도 있지만, 형법에 의하여 윤리나 도덕이 강제되어서는 안 된다는 점에 비추어 간통죄를 폐지함이 타당하다.

Ⅱ. 간통죄

1. 의 의

배우자 있는 자가 간통하거나 그와 상간하는 것을 내용으로 하는 범죄이다(제241조 제1항). 본 죄는 필요적 공범이며, 대향범이다. 또한 본 죄의 불법은 간접정범에 대하여는 범할 수 없는 간통에 있다는 점에서 자수범이다.

2. 구성요건

1) 주 체

본 죄의 주체는 배우자 있는 자와 그와 상간하는 자이다. 상간하는 자에게 배우자가 있을 필요는 없다. 여기서 배우자란 법률상의 배우자를 말한다.

2) 행 위

간통하는 것이다. 간통이란 배우자 이외의 자와의 성교를 말한다. 간통죄의 죄수는 성교행위마다 한 개의 범죄가 성립한다. 동일인과의 성교가 반복된 경우에도 성교시마다 간통죄가 성립하여 수 개의 간통죄의 경합범이 된다는 것이 통설·판례이다. 그러나 연속범의 요건을 충족하는 때에는 이 경우에도 포괄일죄가 된다고 하는 것이 타당하다.

3) 주관적 구성요건

본 죄가 성립하기 위하여도 고의가 있어야 한다.

3. 친고죄

본 죄는 친고죄이므로 배우자의 고소가 있어야 한다. 그러나 간통죄의 고소는 혼인이 해소되거나 이혼소송을 제기한 후가 아니면 할 수 없으며, 배우자가 간통을 종용 또는 유서한 때에는 고소할 수 없다(제241조 제2항). 종용은 간통에 대한 사전 동의이고, 유서는 사후의 승낙을 의미한다.

Ⅲ. 음행매개죄

1. 의 의

본 죄는 영리를 목적으로 미성년 또는 음행의 상습 없는 부녀를 매개하여 간음하게 함으로써 성립하는 범죄이다(제242조).

2. 구성요건

1) 주 체

본 죄의 주체에는 제한이 없다. 다만 매개되어 간음행위를 한 부녀와 상대방은 본 죄의 주체가 될 수 없다.

2) 행위의 객체

미성년 또는 음행의 상습 없는 부녀이다. ① 미성년의 부녀란 13세 이상 20세 미만의 부녀를 말하며, 음행의 상습이 있거나 음행에 동의하였는가는 문제되지 않는다. ② 음행의 상습 없는 부녀란 매춘부 기타 불특정한 남자를 상대로 성생활을 하고 있는 부녀 이외의 부녀를 말한다.

3) 행 위

부녀를 매개하여 간음케 하는 것이다. ① 매개란 부녀를 간음에 이르게 알선하는 것을 말하며, ② 간음이란 부부 사이 이외의 성교를 말한다. 간음케 함을 요하므로 간음이란 결과가 일어나야 한다.

4) 주관적 구성요건

본 죄가 성립하기 위하여는 고의 이외에 영리의 목적이 필요하다. 영리의 목적이란 재산적 이익을 취득할 목적을 말한다. 일시적 이익이건 영구적 이익이건 불문한다. 목적의 달성 여부도 문제되지 않으며, 재산적 이익이 현실로 발생하였을 것도 요하지 않는다.

Ⅳ. 음란물죄와 공연음란죄

1. 음서등 반포 · 판매 · 임대 · 공연전시죄

1) 의 의

음란한 문서 · 도화 기타 물건을 반포 · 판매 기타 임대하거나 공연히 전시 또는 상영함으로써 성립하는 범죄이다(제243조). 선량한 성풍속을 보호하기 위한 추상적 위험범이다.

2) 행위의 객체

본 죄의 객체는 음란한 문서 · 도화 기타 물건이다.

(1) 음란성

① 의의와 판단기준

본 죄의 객체가 되는 문서 · 도화 기타 물건은 음란성이 인정되어야 한다. 음란성이란 보통인의 성적 수치심과 도의감을 현저히 침해하는데 객관적으로 적합한 것을 말한다. 판례는 음란성의 유무를 제조자나 판매자의 주관적인 의도에 관계없이 객관적으로 판단해야 한다고 하고 있는바, 음란성은 보통인, 즉 통상의 성인을 기준으로 하여 문서의 전체를 대상으로 판단하여야 한다.

② 과학서 · 예술작품과 음란성

과학서 또는 예술작품이라고 하여 당연히 음란성이 부정되는 것은 아니다(통설 · 판례). 그러나 과학성 · 예술성과 음란성을 완화 또는 배제할 수 있다고 해야 한다.

③ 상대적 음란개념의 이론

이 이론은 문서의 음란성은 문서의 내용 이외에 작자나 출판자의 의도, 광고, 선전, 판매의 방법, 독자의 상황 등을 고려하여 상대적으로 판단하지 않으면 안 된다는 이론을 말하며, 고야의 나체화에 대한 판례의 태도도 이에 입각하고 있다. 그러나 상대적 음란개념을 인정하는 것은 문서자체의 예술성과 같은 사회적 가치를 고려하지 않고 음란한 문서로 도화의 범위도 명백하지 않아 금지된 행위를 명시할 수 없다.

(2) 문서 · 도서 기타 물건

사진과 필름도 도화에 해당하며, 기타 물건에는 조각품 · 음반 또는 녹음테이프 등이 포함된다.

3) 행 위

본 죄의 행위는 반포 · 판매 · 임대 또는 공연전시하는 것이다.

(1) 반포 · 판매 · 임대

반포는 불특정 또는 다수인에게 무상으로 교부하는 것을 말하고, 판매란 불특정 또는 다수인에 대한 유상양도를 말한다. 반포 또는 매매는 단순한 우송 또는 매매계약만으로 족하지 않고 현실의 인도가 있을 것을 요한다. 임대란 유상의 대여를 말하며, 반드시 영업으로 행할 것을 요하지 않는다. 형법은 반포 · 판매 · 임대만을 특별히 처벌하고 있으므로 그 상대방은 본 죄의 공범으로 처벌받지 않는다.

(2) 공연전시 또는 상영

공연히 전시한다는 것은 불특정 또는 다수인이 관람할 수 있는 상태에 두는 것을 말하며, 유상인가 무상인가를 불문한다. 상영이란 필름을 영사하여 공개하는 것을 말한다.

4) 주관적 구성요건

본 죄가 성립하기 위하여는 문서 · 도하 기타 물건을 반포 · 판매 · 임대 · 공연전시 또는 상영한다는 점에 대한 고의가 있어야 한다. 문서의 음란성에 대한 인식도 고의의 내용이 된다.

2. 음서등 제조 · 소지 · 수입 · 수출죄

본 죄는 반포 · 판매 · 임대 또는 공연전시할 목적으로 음란한 물건을 제조 · 소지 · 수입 또는 수출함으로써 성립하는 범죄이다(제244조). 음화등 반포 · 판매 · 임대 또는 공연전시의 예비에 해당하는 범죄를 독립한 구성요건으로 규정한 것이다.

3. 공연음란죄

1) 의 의

공연히 음란한 행위를 함으로써 성립하는 범죄이다(제245조). 음란물죄가 음란한 물건에 대한 범죄임에 대하여 본 죄는 음란한 행위 자체를 처벌하는 것이다.

2) 행 위

공연히 음란한 행위를 하는 것이다. 「공연히」란 불특정 또는 다수인이 알 수 있는 상태를 의미하며, 장소의 공연성만으로는 족하지 않다. 음란행위란 성욕을 자극 또는 흥분케 하여 성적 수치심과 성도덕을 침해하는 행위를 말한다. 따라서 음란행위는 성행위일 것을 요하며, 이는 외적 상황을 기준으로 판단해야 한다.

3) 주관적 구성요건

본 죄가 성립하기 위하여도 공연히 음란한 행위를 한다는 고의가 있어야 한다.

제 2 절 도박과 복표에 관한 죄

Ⅰ. 서 론

1. 의의와 보호법익

도박과 복표에 관한 죄라 함은 도박하거나 도박을 개장하거나 복표를 발매 · 중개 또는 취득함으로써 성립하는 범죄를 말하며, 건전한 기업활동의 기초가 되는 국민의 근로관념과 공공의 미풍양속 내지 근로라는 사회의 경제도덕을 보호하기 위한 범죄이다.

2. 구성요건의 체계

도박에 관한 죄의 기본적 구성요건은 단순도박죄(제246조 1항)이고, 도박개장죄(제247조)와 상습도박죄(제246조 제2항)는 이에 대한 가중적 구성요건이다. 복표에 관한 죄로는 복표의 발매·중개 및 취득죄(제248조)가 있다.

Ⅱ. 도박죄

1. 단순도박죄

1) 구성요건

본 죄는 재물로 도박함으로써 성립한다(제246조 1항).

(1) 주 체

주체에는 제한이 없다. 본 죄는 필요적 공범이다.

(2) 행 위

본 죄의 행위는 「재물로써 도박」하는 것이다. ① 「재물로써」란 재물을 걸고 라는 의미이며, 이는 재물을 승자에게 줄 것을 약속하는 것을 말한다. 여기의 재물에는 재산상의 이익도 포함하며, 가액의 다과나 교환가치의 유무도 묻지 않는다. ② 「도박」이란 재물을 걸고 우연에 의하여 재물의 득실을 결정하는 것을 말한다. 다만 도박이라고 하기 위하여는 당사자 쌍방에 우연할 것을 요한다(통설). ③ 본 죄는 추상적 위험범이므로 도박행위에 착수하면 기수에 이르며, 승패가 결정되거나 현실로 재물의 득실이 있었을 것도 요하지 않는다.

2) 위법성

일시 오락의 정도에 불과한 때에는 본 죄는 성립하지 않는다. 일시 오락의 정도는 도박죄의 위법성조각사유가 된다. 일시 오락의 정도에 불과한 것인가는 도박의 시간과 장소, 도박에 건 재물의 가액, 도박에 가담한 자들의 사회적 지위나 재산정도 및 도박으로 인한 이득의 용도 등 여러 가지 사정을 종합하여 판단해야 할 것이다.

2. 상습도박죄

1) 의 의

상습으로 도박죄를 범한 경우에 성립하는 범죄이다(제246조 2항).

2) 상습성판단의 기준과 죄수

(1) 상습성의 판단

상습이란 반복하여 도박행위를 하는 습벽을 말하며, 상습성을 인정하기 위하여는 전과와 범죄사실의 반복, 시간적 간격 등을 고려하여 도박의 습성이 발현되었는가를 판단해야 할 것이다.

(2) 죄 수

상습도박죄는 집합범이므로 수회에 걸쳐 도박행위를 한 때에도 포괄일죄가 된다는 것이 통설・판례이다

3) 공 범

상습성은 행위자의 속성이다. 따라서 상습범은 상습성으로 인하여 형이 가중되는 부진정신분범이다. 따라서 상습자가 비상습자와 같이 도박한 때에는 상습자에게는 본 죄가, 비상습자에게는 단순도박죄가 성립하게 된다(제33조 단서).

3. 도박개장죄

1) 의 의

영리의 목적으로 도박장을 개장함으로써 성립하는 범죄이다(제247조). 성질상 본죄는 도박행위를 교사하거나 준비시키는 예비행위에 불과하나 형법은 이를 독립된 범죄로 규정하고 있다.

2) 구성요건

영리의 목적으로 도박장을 개장하는 것이다. ① 도박장을 개장한다 함은 스스로

주재자가 되어 그 지배하에 도박의 장소를 개설하는 것을 말한다. 설비의 정도는 문제되지 않으며, 상설일 것도 요하지 않는다. 주재자가 되지 않고 도박장소를 제공하였을 뿐인 때에는 도박죄의 종범이 될 뿐이다. ② 본 죄가 성립하기 위하여는 고의 이외에 영리의 목적이 있어야 한다. 영리의 목적이란 재산상의 이익을 얻을 목적을 말한다. ③ 도박을 개장하면 족하며 도박을 유인하거나 자신이 함께 도박행위를 할 것을 요하지 않는다.

Ⅲ. 복표발매 · 중개 · 취득죄

본 죄는 법령에 의하지 아니한 복표를 발매 · 발매중개 또는 취득함으로써 성립하는 범죄이다(제249조). 복표란 특정한 표찰을 발매하여 다수인으로부터 금품을 모아 추첨 등의 방법에 의하여 당선자에게 재산상의 이익을 제공하고 다른 참가인에게 손해를 주는 것을 말한다.

제 3 절 신앙에 관한 죄

Ⅰ. 서 론

1. 종교범죄와 형법

신앙에 관한 죄란 종교적 평온과 종교감정을 침해하는 것을 내용으로 하는 범죄이다. 형법은 신앙에 관한 죄로 장례식등 방해죄(제158조), 사체등 오욕죄(제159조), 분묘발굴죄(제160조), 사체등 영득죄(제161조) 및 변사체검시방해죄(제163조)를 규정하고 있다.

2. 보호법익

신앙에 관한 죄의 보호법익은 사회풍속으로 되어 있는 종교적 감정이라고 해석하는 견해도 있지만, 본 죄의 보호법익에는 종교적 감정 이외에 종교적 평온이 포함되어 있다고 해야 한다. 그러나 변사자검시방해죄의 보호법익은 종교적 평온이나 감정과 아무런 관련이 없다.

Ⅱ. 장례식 · 제사 · 예배 · 설교방해죄

1. 의 의

본 죄는 장례식 · 제사 · 예배 또는 설교를 방해함으로써 성립하는 범죄이다(제158조).

2. 객관적 구성요건

1) 행위의 객체

본 죄의 객체는 장례식 · 제사 · 예배 또는 설교이다. ① 장례식이란 사자를 장사지내는 일을 말하며, 이에는 비종교적 장의식도 포함한다. ② 제사란 제사지내는 의식을 말하며, 종교적 의식도 여기에 해당한다. ③ 예배란 종교단체의 규칙과 관례와 형식에 따라 신에게 기도하고 숭경하는 종교적 의식을 말한다. ④ 설교란 종교상의 교의를 해설하는 것을 말한다.

2) 행 위

방해하는 것이다. 방해란 장례식 등의 정상적인 진행을 곤란하게 하는 것을 말하며, 그 방법에는 제한이 없다. 다만 문서를 반포하여 비난하는 것은 방해라고 할 수 없다. 본 죄는 추상적 위험범이므로 장례식 등을 방해하면 기수가 된다.

3. 주관적 구성요건

본 죄가 성립하기 위하여는 고의가 필요하다. 드러나 방해의 목적이 있어야 하는 것은 아니다.

Ⅲ. 사체에 관한 죄

1. 사체 · 유골 · 유발오욕죄

1) 의 의

사체 · 유골 · 유발을 오욕함으로써 성립하는 범죄이다(제159조).

2) 행위의 객체

사체 · 유골 또는 유발이다. ① 사체란 사람 모양의 통일체로 결합되어 있는 사람의 시체를 말하며, 인체의 형태를 갖춘 사체도 사체에 포함된다(통설). 사체의 전부뿐만 아니라 일부도 포함된다. ② 유골이란 화장 기타의 방법에 의하여 백골이 된 사체의 일부분을 말하며, 유발은 사자를 기념하기 위하여 보존한 모발이다. 다만 유골이나 유발이라 할지라도 학술상 표본이 된 것은 여기에 포함하지 않는다.

3) 행 위

본 죄의 행위는 오욕하는 것이다. 여기서 오욕이란 폭행 기타의 유형력의 행사에 의하여 모욕적인 의사를 표현하는 것을 말한다. 따라서 언어에 의한 경우에는 오욕이라고 할 수 없다.

2. 분묘발굴죄

본 죄는 분묘를 발굴함으로써 성립하는 범죄이다(제160조). ① 본 죄의 객체인 분묘한 사람의 사체 · 유골 · 유발을 매장하여 사자를 제사 또는 기념하는 장소를 말한다. 반드시 적법하게 매장된 분묘일 것을 요하지 않는다. 다만 제사나 예배의 대상이 되지 않는 고분은 분묘라고 할 수 없다. ② 발굴이란 복토의 전부 또는 일부를 제거하거나 묘석 등을 파괴하여 분묘를 손괴하는 것을 말하며, 관이나 사체 또는 유골이 외부에 표출되어야 한다(외부인지설)는 것이 통설이다. 다만 판례는 이를 요하지 않는 복토제거설의 입장이다. 미수범을 벌하고 있는 형법의 태도에 비추어 통설이 타당하다.

3. 사체등 손괴 · 유기 · 은닉 · 영득죄

1) 의 의

사체 · 유골 · 유발 또는 관내에 장치한 물건을 손괴 · 유기 · 은닉 또는 영득함으로써 성립하는 범죄이다(제161조 제1항).

2) 구성요건

(1) 주 체

본 죄의 주체에는 제한이 없다.

(2) 행위의 객체

사체 · 유골 · 유발 또는 관내에 장치한 물건이다.

(3) 행 위

손괴 · 유기 · 은닉 또는 영득이다. ① 손괴란 종교적 감정을 해할 정도의 물리적 훼손 또는 파괴를 말하며, ② 유기란 사체 등을 종교적 · 사회적으로 매장이라고 인정되는 방법에 의하지 아니하고 방기하는 것을 말하며, ③ 은닉이란 사체 등의 발견을 불가능하게 하거나 심히 곤란하게 하는 것을 말하며, ④ 영득이란 사체의 점유를 불법하게 취득하는 것을 말한다.

3) 분묘발굴 사체 등에 대한 손괴 · 유기 · 은닉 · 영득죄

본 죄는 분묘를 발굴하여 사체 · 유골 · 유발 또는 관내에 장치한 물건을 손괴 · 유기 · 은닉 또는 영득함으로써 성립하는 범죄이다(제161조 2항). 즉 본 죄는 분묘발굴죄와 사체등 영득죄의 결합범이다.

Ⅳ. 변사체검시방해죄

변사자의 시체 또는 변사의 의심 있는 사체를 은닉 또는 변경하거나 기타 방법으로 검사를 방해함으로써 성립하는 범죄이다(제163조). 종교적 평온과 종교감정을 보호하기 위한 범죄가 아니라 공무방해의 죄로서의 성질을 가진 범죄이다.

행위의 객체는 변사자의 사체 또는 변사의 의심 있는 사체이다. 변사자란 자연사 또는 통상의 변사가 아닌 사체로서 죄로 인한 사망이라는 의심이 있는 것을 말한다. 변사자의 사체뿐만 아니라 변사의 의심 있는 사체도 행위의 객체에 포함된 것은 형사소송법 제222조가 이를 검시의 대상으로 규정하고 있기 때문이다.

행위는 사체를 은닉 또는 변경하거나 기타 방법으로 검시를 방해하는 것이다. 검시를 방해한다는 것은 검시를 불가능하게 하거나 현저히 곤란하게 하는 것을 말한다. 은닉이란 변사체의 소재를 불분명하게 하여 그 발견을 곤란하게 하는 일체의 행위를 의미하며, 변경은 사체의 현상을 바꾸는 행위를 말한다. 기타 방법으로 검시를 방해하는 경우로는 사체를 화장하거나 손괴하는 경우를 들 수 있다.

기출문제 및 해설

1. 다음 중 공무원자격사칭죄에 해당하는 경우는? 01. 일반1차
   ① 경찰관이라 사칭하고 세금을 징수하는 경우
   ② 판사라고 사칭하고 경찰관을 폭행한 경우
   ③ 경찰관이라 사칭하고 피의자를 수색하는 경우
   ④ 구청공무원이라고 사칭하고 피의자를 경찰관서로 임의동행한 경우

정답: ③ (해설) ③ 공무원자격사칭죄는 공무원의 자격을 사칭하여 '그 직권을 행사하는' 경우에 성립한다(제118조). 경찰관이라고 사칭하고 피의자를 수색한 경우가 이에 해당한다.

2. 판례에 의할 때 방화죄의 기수시기는? 01. 여경1차
   ① 독립연소설 ② 효용상실설
   ③ 기능상실설 ③ 일부손괴설

정답: ① (해설) ① 방화죄는 화력이 매개물을 떠난 스스로 연소할 수 있는 상태에 이르렀을 때에 기수가 된다(大判 1970.3.24, 70도330). 독립연소설이 통설과 판례의 입장이다.

3. 방화죄 중 추상적 위험범인 것은? 01. 일반3차
   ① 자기소유 일반건조물 방화죄 ② 자기소유 일반물건 방화죄
   ③ 타인소유 일반건조물 방화죄 ④ 타인소유 일반물건 방화죄

정답: ③ (해설) ③ 타인소유 일반건조물방화죄는 불을 놓아 타인소유 일반건조물을 소훼함으로써 성립하며 공공의 위험발생을 요하지 않는 추상적 위험범이다. 그러나 ①②④는 '공공의 위험'이 발생한 때 성립하는 구체적 위험범이다.

4. 방화죄에 관한 다음 설명 중 틀린 것은?(다툼이 있으면 판례에 의함) 02. 경사승진
   ① 방화죄는 화력이 매개물을 떠나 스스로 연소할 수 있는 상태에 이르렀을 때에 기수가 된다.
   ② 피고인이 방화의 의사로 뿌린 휘발유가 인화성이 강한 상태로 주택주변과 피해자의 몸에 적지 않게 살포되어 있는 사정을 알면서도 라이터를 켜 불꽃을 일으킴으로써 피해자의 몸에 불이 붙은 경우 현존건조물방화죄의 실행에 착

수에 이른 것이다.

③ 피해자들의 재물을 강취한 후 그들을 살해할 목적으로 현주건조물에 방화하여 사망에 이르게 한 경우 강도살인죄와 현주건조물방화치사죄의 실체적 경합범이 성립한다.

④ 사람이 거주하는 가옥의 일부로 되어 있는 우사에 대한 방화는 현주건조물방화에 해당한다.

정답: ③ (해설) 피고인들이 피해자들의 재물을 강취한 후 그들을 살해할 목적으로 현주건조물에 방화하여 사망에 이르게 한 경우, 피고인들의 행위는 강도살인죄와 현주건조물방화치사죄에 모두 해당하고 그 두 죄는 상상적 경합범관계에 있다(大判 1998.12.8, 98도3416).
① 大判 1970.3.24, 70도330. ② 大判 2002.3.26, 2001도6641. ④ 大判 1967.8.29, 67도925.

5. 다음 중 틀린 것은? 02. 여경1차

① 방화죄에 있어서 방화는 부작위에 의해서도 가능하다.

② 방화죄의 기수시기에 대해 판례는 독립연소설에 의한다.

③ 사실상 주거로 사용되는 주택이 방화행위시 주거자가 없는 경우 현주건조물방화죄가 성립하지 않는다.

④ 일반물건방화죄에 있어서도 공공의 위험을 인식하여야 고의가 인정될 수 있다.

정답: ③ (해설) ③ 현주건조물방화죄의 객체는 사람이 주거에 이용하거나 사람이 현존하는 건조물이다. 주거에 이용되고 있는 이상 방화 당시에 사람이 현존하지 않아도 현주건조물방화죄는 성립한다.

6. 甲은 자기 아버지와 동생이 자고 있는 방에 불을 질러 두 사람을 살해하였다. 甲의 죄책은?(판례에 의함) 01. 경사승진

① 존속살해죄와 현주건조물방화치사죄의 실체적 경합

② 존속살해죄와 현주건조물방화치사죄의 상상적 경합

③ 살인죄, 존속살해죄, 현주건조물방화치사죄의 실체적 경합

④ 살인죄, 존속살해죄, 현주건조물방화치사죄의 상상적 경합

정답: ② (해설) (설문과 같은 경우) 사람을 살해할 목적으로 현주건조물에 방화하여 사망에 이르게 한 경우에는 현주건조물방화치사죄로 의율하여야 하고 이와 더불어 살인죄와의 상상적 경합범으로 의율할 것은 아니며 다만 존속살인죄와 현주건조물방화치사죄는 상상적

경합범 관계에 있으므로 법정형이 중한 존속살인죄로 의율함이 타당하다(大判 1996.4.26, 96도485). 다만, 이는 1995.12.29. 형법 개정전 판례임을 유의하여야 한다.

7. 甲과 乙이 야간에 A주거에 침입, 재물강취를 하여 A를 살해할 목적으로 불을 질렀다. 죄책은? 04. 여경3차

① 강도살인죄

② 현주건조물방화치사죄

③ 강도살인과 현주건조물방화치사죄의 상상적 경합

④ 강도살인과 현주건조물방화치사죄의 실체적 경합

정답: ③ (해설) 재물을 강취한 후 피해자를 살해할 목적으로 현주건조물에 방화하여 사망에 이르게 한 경우, 피고인의 행위는 강도살인죄와 현주건조물방화치사죄에 모두 해당하고 그 두 죄는 상상적 경합범관계에 있다(강도살인죄와 현주건조물방화치사죄 - 大判 1998.12.8, 98도3416).

8. 다음 중 방화죄에 관한 연결이 옳은 것은? 03. 남경1차

① 甲과 乙이 공모하여 甲의 부인이 없는 틈을 타 방화했을 경우 - 일반건조물방화죄

② 자기혼자 거주하는 임대건물을 방화했을 경우 - 타인소유일반건조물방화죄

③ 자기소유가 아닌 건조물에 불을 놓아 자기소유물에 옮겨 붙었을 경우 - 연소죄

④ 승객이 있는 비행기에 불을 놓은 경우 - 일반건조물 방화죄

정답: ② (해설) ② 범인이 혼자 사는 임대건물을 방화하였으므로 일반건조물방화죄가 성립한다. 일반건조물방화죄는 건물의 자기소유 · 타인소유를 불문한다.

① 현주건조물방화죄에 해당한다.

③ 일반건조물방화죄가 성립한다. 연소죄는 자기소유 일반건조물에 불을 놓아 그 불이 타인소유 일반건조물 또는 현주건조물에 옮겨 붙는 경우이다.

④ 현주건조물방화죄가 성립한다. 현주건조물방화죄는 불을 놓아 사람이 주거로 사용하거나 사람이 현존하는 건조물·기차· 전차·자동차·선박 또는 항공기나 관객을 소훼함으로써 성립하는 범죄이다.

9. 다음 중 현주건조물방화죄에 성립되지 않는 것은? 02. 남경1차

① 사람이 살고 있던 집에 불을 질렀으나 당시 집은 비어 있었다.

② 자기가 혼자 살고 있는 집에 불을 질렀다.

③ 일부만 거주인 집에 사람이 살지 않는 부분에 불을 질렀다.

④ 사람이 자고 있는 천막에 불을 질렀다.

정답: ② (해설) ② 현주건조물방화죄의 객체는 사람이 주거로 사용하거나 사람이 현존하는 건조물을 의미한다. 이때 사람이란 범인 또는 공범자 이외의 모든 자연인을 말한다. 따라서 범인이 혼자 살고 있는 집을 방화한 경우에는 현주건조물방화죄가 아니라 형법 제166조 일반건조물방화죄가 성립한다.

10. 甲은 화재보험에 가입된 독거하고 있는 자기 가옥을 보험금을 사취할 목적으로 방화하였다. 甲의 죄책은? 03. 일반2차

① 현주건조물 등의 방화죄

② 자기소유 아닌 일반건조물방화죄

③ 현주건조물 등 방화죄와 사기미수죄

④ 자기소유에 속한 일반건조물방화죄와 사기미수죄

정답: ② (해설) ② 자기소유에 속하는 물건이라도 압류 기타 강제처분을 받거나 타인의 권리 또는 보험을 목적물이 된 때에는 타인의 물건으로 간주한다(형법 제176조). 따라서 甲은 자기소유 아닌 일반건조물방화죄의 죄책을 진다.

11. 다음 중 폭발물에 관한 죄에 규정이 없는 죄는? 03. 남경1차

① 폭발성물건 파열죄
② 폭발물사용죄
③ 전시폭발물사용죄
④ 폭발물사용선동죄

정답: ① (해설) ① 폭발성물건파열죄는 형법 제2편 제13장 방화와 실화의 죄에서 규정하고 있다. 형법 제2편 제6장의 폭발물에 관한 죄에서는 폭발물사용죄, 폭발물사용예비음모죄, 전시폭발물제조수입수출수수소지죄가 있다.

12. 다음 중 방화와 실화의 죄에 대한 설명으로 옳지 않은 것은? 05. 일반1차

① 판례는 존속살해의 고의로 현주건조물에 방화하여 존속을 질식사하게 한 행위는 존속살해죄와 현주건조물방화치사죄의 상상적 경합범으로 본다.

② 현주건조물방화죄의 성립 시기는 사람이 현존하는 건조물을 소훼한다는 점과 공공의 위험 발생에 대한 고의가 필요하다.

③ 목조 건물이 많은 경우에는 독립연소설은 중지미수의 여지가 거의 없다는 비판을 받는다.

④ 연소죄는 언제나 자기소유건조물 방화죄 또는 자기물건방화죄의기수를 전제

로 한다.

정답: ② (해설) ② 현주건조물의 주관적 구성요건은 주거에 사용하거나 사람이 현존하는 건조물 등을 소훼한다는 점에 대한 고의가 있어야한다. 그러나 공공의 위험에 대한 인식은 필요 없다(추성적 위험범이므로). 추상적 위험범이란 행위자체가 현실적 위험결과를 발생시킬 필요 없이 일반적인 위험성만 노출시켰으면 가벌성이 인정되는 범죄를 말한다. 추상적 위험범에서 위험의 발생은 객관적 구성요건요소가 아니다. 당해 행위가 경험칙상 위험을 야기할 수 있는 일반적인 경향을 갖고 있기만 하면 된다. 주요 범죄는 현주건조물방화죄, 위증죄, 무고죄, 유기죄, 낙태죄, 명예훼손죄, 업무방해죄가 이에 해당한다.

13. 甲은 한 마을에 식수를 공급하는 수도관을 끊었다. 甲의 형사책임은? 00. 경사승진

① 수도불통죄

② 음용수사용방해죄

③ 손괴죄

④ 수도불통죄와 음용수사용방해죄의 상상적 경합

정답: ① (해설) 공중의 식용수를 공급하는 수도를 손괴하여 불통(식용수의 공급을 불가능)하게 한 경우이므로 수도불통죄(제195조)에 해당한다. 불통의 정도에 이르지 못한 경우에는 손괴죄가 성립한다.

14. 甲은 심심풀이로 자기 집에 기념품으로 보관된 외국화폐를 인쇄기로 위조하여 보았다. 甲의 죄책은? 01. 일반1차

① 무 죄 ② 통화위조죄

③ 통화위조예비죄 ④ 통화유사물제조죄

정답: ① (해설) ① 설문의 경우 '행사할 목적'을 인정하기 어려우므로 통화위조죄가 성립한다고 볼 수 없다.

15. 甲은 여관비를 지불하면서 거스름돈을 받았으나 나중에 그 중에 위조통화가 있다는 것을 발견하였다. 甲은 이후 丙에게 물건을 사면서 그 위조통화를 지불하였다. 甲의 죄책은?(판례에 의함) 02. 경사승진

① 위조통화행사죄와 사기죄의 상상적 경합

② 위조통화행사죄와 사기죄의 실체적 경합

③ 위조통화취득 후 지정행사죄와 사기죄의 상상적 경합

④ 위조통화취득 후 지정행사죄와 사기죄의 실체적 경합

정답: ④ (해설) ④ 위조통화를 취득한 후 그 정을 알고 행사하는 경우에는 위조통화취득 후 지정행사죄가 성립한다(제210조). 또한 위조통화를 행사하여 재물을 불법하게 영득한 때에는 사기죄도 성립하고 양죄는 실체적 경합범의 관계에 있다(大判 1979.7.10, 79도840).

16. 甲은 폐공중전화카드를 자기기록 부분에 전자정보를 입력하여 사용가능한 공중전화카드를 만들었다. 甲의 죄책은? 03. 여경2차

① 허위유가증권변조죄 ② 유가증권위조죄

③ 유가증권변조죄 ④ 무 죄

정답: ② (해설) ② 형법 제214조에서 유가증권이라 함은, 증권 상에 표시된 재산상의 권리의 행사와 처분에 그 증권의 점유를 필요로 하는 것을 총칭하는 것인바, 공중전화카드는 그 표면에 전체 통화가능 금액과 발행인이 문자로 기재되어 있고, 자기기록 부분에는 당해 카드의 진정성에 관한 정보와 잔여 통화가능 금액에 관한 정보가 전자적 방법으로 기록되어 있어, 사용자가 카드식 공중전화기의 카드 투입구에 공중전화카드를 투입하면 공중전화기에 내장된 장치에 의하여 그 자기정보가 해독되어 당해 카드가 발행인에 의하여 진정하게 발행된 것임이 확인된 경우 잔여 통화가능금액이 공중전화기에 표시됨과 아울러 그 금액에 상당하는 통화를 할 수 있도록 공중전화기를 작동하게 하는 것이어서, 공중전화카드는 문자로 기재된 부분과 자기기록 부분이 일체로써 공중전화 서비스를 제공받을 수 있는 재산상의 권리를 화체하고 있고, 이를 카드식 공중전화기의 카드 투입구에 투입함으로써 그 권리를 행사하는 것으로 볼 수 있으므로, 공중전화카드는 형법 제214조의 유가증권에 해당한다. 폐공중전화카드의 자기기록 부분에 전자정보를 기록하여 사용가능한 공중전화카드를 만든 행위를 유가증권위조죄로 의율한 원심판결을 긍정한 사례(大判 1998.2.27, 선고, 97도2483 판결).

17. 리조트에 근무하던 甲은 매표소에서 판매할 목적으로 권한 없이 리프트 탑승권 발매기를 조작하여 리프트 탑승권 100장을 부정발급하여 취득하였다. 이러한 丁을 잘 하는 乙은 甲으로부터 이를 매수하였다. 이 때 甲과 乙의 죄책은? 04. 여경2차·일반2차

① 甲은 유가증권위조죄 및 동행사죄, 乙은 위조유가증권행사죄와 장물취득죄

② 甲과 乙은 모두 유가증권위조죄 및 동행사죄의 공동정범

③ 甲은 허위유가증권작성 및 동행사죄, 乙은 위조유가증권행사죄

④ 甲은 유가증권위조 및 동행사죄와 절도죄, 乙은 장물취득죄

정답: ④ (해설) [1] 스키장의 리프트탑승권이 형법상 유가증권이라고 본 사례, [2] 유가증권도 그것이 정상적으로 발행된 것은 물론 비록 작성권한 없는 자에 의하여 위조된 것이라고 하더라도 절차에 따라 몰수되기까지는 그 소지자의 점유를 보호하여야 한다는 점에서 형법상 재물로서 절도죄의 객체가 된다, [3] 리프트탑승권 발매기를 전산 조작하여 위조한 탑승권을 발매기에서 뜯어간 행위는 탑승권 위조행위와 위조 탑승권 절취행위가 결합된

것이라는 이유로, 위조탑승권의 장물성을 인정한 사례이다.

18. 다음( )안의 범죄가 성립하는 경우는? 04. 경사승진

① 행사할 목적으로 복권의 당첨번호를 변경하였다(유가증권위조죄).

② 행사할 목적으로 무기명정기예금증서를 위조하였다(유가증권위조죄).

③ 행사할 목적으로 기간이 지난 승차권의 유효기간을 변경하였다(유가증권변조죄).

④ 행사할 목적으로 지급은행과 당좌거래 사실이 없음에도 수표를 발행하였다(유가증권위조죄).

정답: ① (해설) ① 복권의 당첨번호는 복권의 본질적 부분으로 이를 고치는 행위는 유가증권위조죄에 해당한다.

② 무기명정기예금증서는 유가증권이 아니다.

③ 승차권의 유효기간을 변경하는 것은 본질적 부분을 고치는 행위로 유가증권위조죄에 해당한다.

④ 지문과 같은 경우는 허위유가증권작성죄가 성립하고 특히 수표이므로 특별법인 부정수표단속법에 의하여 처벌된다.

19. 백지어음에 대하여 취득자가 보충권의 한도를 넘어 보충을 한 경우의 죄책은?

04. 여경2차·일반2차

① 유가증권위조죄 ② 유가증권변조죄

③ 유가증권허위기재죄 ④ 허위유가증권작성죄

정답: ① (해설) 백지어음에 대하여 취득자가 발행자와의 합의에 의하여 정하여진 보충권의 한도를 넘어 보충을 한 경우에는 발행인의 서명날인 있는 기존의 약속 어음용지를 이용하여 새로운 약속어음을 발행하는 것에 해당하므로 위와 같은 보충권의 남용행위는 유가증권위조죄를 구성한다(大判 1989.12.12, 89도1264).

20. 다음 중 옳지 않은 것은?(다툼이 있는 경우 판례에 의함) 03. 경사승진

① 위조된 유가증권임을 알고 있는 자에게 교부할 경우 피교부자가 이를 유통시킬 것임을 인식하고 교부하였다면 위조유가증권행사죄가 성립한다.

② 위조된 백지어음을 알면서 행사할 목적으로 이를 구입하여 금액란을 보충하였더라도 별도의 유가증권위조죄가 성립하지 않는다.

③ 행사할 목적으로 폐공중전화카드의 자기기록부분에 전자정보를 기록하여 사

용 가능한 공중전화카드로 만든 경우 유가증권위조죄가 성립한다.

④ 행사할 목적으로 허무인 명의의 약속어음을 작성하여도 일반인을 오신케 할 수 있을 정도라면 유가증권위조죄가 성립한다.

정답: ② (해설) ② 유가증권위조죄가 성립한다.

21. 다음 중 판례에 의할 때 허위유가증권작성죄가 성립하지 않는 것은? 04. 일반1차

① 원인 채무관계가 존재하지 않음에도 불구하고 약속어음을 발행한 경우

② 지급은행과 당좌거래 사실이 없었는데 수표를 발행한 경우

③ 실재하지 아니하는 회사명의의 약속어음을 발행한 경우

④ 발행인명의 아래진실에 반하는 피고인의 인장을 날인하여 약속어음을 발행한 경우

정답: ① (해설) ① 발행된 약속어음은 원인채무의 존부와 관계없이 그 어음상의 문언에 따라 어음상의 권리의무관계가 생기는 것이 약속어음의 무인증권성과 설권증권성의 원리에 비추어 명백하다 할 것이므로 원인채무관계가 존재하지 않는다는 이유만으로는 약속어음의 발행행위를 허위유가증권작성죄로 문의할 수는 없다(大判 1977.5.24, 76도4132).

22. 다음 중 판례에 의할 때 허위유가증권작성죄가 성립하지 않는 것은? 04. 일반1차

① 당좌거래은행에 자금 없음을 알면서 수료를 발행한 경우

② 선적한 사실이 없는 화물을 선적하였다는 내용의 선하증권을 발행한 경우

③ 지급은행과 당좌거래사실이 없거나 거래정리를 당하였음에도 불구하고 수표를 발행한 경우

④ 실재하지 아니하는 회사명의의 약속어음을 발행한 경우

정답: ① (해설) 수표발행인이 당좌거래은행에 그 자금이 고갈되었거나 또는 부족함을 알면서 공수표나 과액수표를 발행한 경우 그 자금은행과의 거래가 계속되는 한 허위의 수표를 발행하였다고 볼 수 없어 허위유가증권작성죄의 성립을 부정(大判 1960.11.30, 4293형상787).

23. 문서위조죄에 관한 설명이다. 틀린 것은? 05. 일반1차

① 유형위조는 형식주의에 따르면 위조가 아니다.

② 공문서와 사문서의 구별기준은 작성명의인이다.

③ 형식주의는 문서성립의 진정을 본 죄의 보호대상이라 한다.

④ 현행 형법은 형식주의를 원칙으로 하고 예외적으로 실질주의를 인정하고 있다.

정답: ① (해설) 형식주의는 위조란 성립의 부진정, 즉 작성권한 없이 문서를 작성하는 것을 의미하므로 유형위조만 위조에 해당한다.

24. 문서위조죄에 있어 '문서'라고 할 수 없는 것은? 00. 경감승진

① 추천서 ② 영수증

③ 소개장 ④ 기차승차권

정답: ④ (해설) ④ 기차승차권은 유가증권에 해당한다.

25. 행사목적으로 폐품반납증을 권한 없이 변경하였으나 그 폐품반납증은 공무원 乙이 허위내용을 작성한 것이었다. 죄책은? 01. 일반2차

① 공문서 위조죄 ② 공문서 변조죄

③ 허위공문서 작성죄 ④ 무 죄

정답: ④ (해설) ④ 공문서변조라 함은 권한 없이 이미 진정하게 성립된 공무원 또는 공무소 명의의 문서내용에 대하여 그 동일성을 해하지 아니할 정도로 변경을 가하는 것을 말한다 할 것이므로 이미 허위로 작성된 공문서는 형법 제225조 소정의 공문서변조죄의 객체가 되지 아니한다(大判 1986.11.11, 86도1984).

26. 甲은 입사시험을 본 후 성적이 나쁠 것으로 생각하고 몰래 회사 사무실에 들어가 성적이 좋을 것으로 보이는 乙의 답안지와 자기의 답안지의 성명을 바꾸어 기재하였다. 甲의 죄책은? 04. 여경3차

① 주거침입죄, 업무방해죄

② 주거침입죄, 문서손괴죄

③ 주거침입죄, 문서손괴죄, 문서위조죄

④ 주거침입죄, 문서손괴죄, 문서위조죄, 업무방해죄

정답: ④ (해설) [1] 주거침입죄 : 甲이 타인의 회사에 불법의 목적으로 들어갔기 때문에 성립

[2] 문서위조죄 : 甲이 타인의 문서인 답안지에 자신의 이름을 기재하여 유형위조를 범했으므로 문서위조죄 성립

[3] 업무방해죄 : 甲이 문서위조를 범한 기회에 타인의 업무를 방해하였으므로 업무방해죄(문서위조와 업무방해의 상상적 경합)

[4] 문서손괴죄 : 甲이 회사의 소유인 자신의 답안지에 乙의 이름을 기재하여 손괴를 범하였으므로 문서손괴죄가 성립

27. 문서위조에 관한 다음의 연결이 잘못된 것은? 01. 경사승진

① 공문위조죄 - 유형위조

② 허위진단서작성죄 - 유형위조

③ 허위공문서작성죄 - 무형위조

④ 공정증서원본불실기재죄 - 무형위조

정답: ② (해설) ② 허위진단서작성죄는 유형위조가 아니라 무형위조에 해당한다.

28. 문서위조에 관한 설명 중 틀린 것은? 01. 여경1차

① 유형위조 - 작성권한 없는 자

② 무형위조 - 작성권한 있는 자

③ 공정증서원본불실기재죄 - 유형위조

④ 허위공문서작성죄 - 무형위조

정답: ③ (해설) ③ 유형위조는 문서를 작성할 권한이 없는 자가 타인면의를 사칭하여 타인명의의 문서를 작성하는 경우를 말하며, 무형위조는 문서를 작성할 권한이 있는 자가 진실에 반하는 내용의 문서를 작성하는 경우를 말한다. 공정증서불실기재죄는 허위공문서작성죄의 간접정범 중 특수한 경우를 독립범죄로 규정한 것으로서 공무원을 이용한 간접적인 허위공문서작성죄이다. 즉 공문서의 무형위조에 해당하는 경우이다.

29. 甲이 친구 乙의 운전면허증을 빌려서 전자복사기를 이용하여 복사한 다음 복사한 사본에 자기 사진을 붙인 후 운전 중 교통경찰관의 신분증제시 요구에 친구의 운전면허증을 제시하였다. 죄책은? 02. 남경1차

① 공문서변조 및 동행사　　② 사문서위조 및 동행사

③ 공문서 위조 및 동행사　　④ 사문서 변조 및 동행사

정답: ③ (해설) ③ 타인의 운전면허증의 사진 란에 피고인의 사진을 붙여 복사하여 행사하는 것은 공문서 위조죄 및 동행사죄에 해당한다. 전자복사기로 복사한 문서의 사본도 문서위조죄 및 동행사죄의 객체인 문서에 해당하고, 전자복사기로 복사하여 그 사본을 만드는 행위도 공공의 신용을 해할 우려가 있는 별개의 문서사본을 창출하는 행위로서 문서위조행위에 해당한다(大判 1996.5.14 96도 785).

30. 다음 중 문서에 관한 설명 중 틀린 것은?(판례에 의함) **02. 여경2차**

① 문서변조죄의 문서는 진정하게 성립된 문서가 아니면 문서변조죄의 객체가 될 수 없다.

② 문서의 작성명의인 이 실재하지 않아도 외관상 일반인으로 하여금 문서라고 오신케 한 정도이면 문서이다.

③ 유효기간이 경과한 문서의 날짜를 고치는 것은 변조가 아니라 위조이다.

④ 사문서의 객체에 허무인명의문서도 사문서 위조죄의 객체에 해당한다.

정답: ④ (해설) ④ 판례는 공문서의 경우에는 명의인의 실재를 요하지 않으나 사문서의 경우에는 명의인이 실재해야 한다고 한다. 다만 사자명의의 사문서에 있어서는 작성일자가 생존 중의 일자인 경우에 한하여 사문서위조죄가 성립한다.

31. 사무를 보조하는 공무원이 임의로 상관의 결재를 받지 않고 허위공문서를 작성한 경우의 죄책은? **01. 일반3차**

① 공문서위조죄 ② 허위공문서 작성죄

③ 자격모용에 의한 공문서작성죄 ④ 무 죄

정답: ① (해설) ① 보조공무원이 허위공문서를 기안하여 정을 모르는 상사의 결재를 받은 경우에는 허위공문서작성죄의 간접정범이 성립하나, 결재를 받지 아니하고 허위공문서를 작성한 경우에는 공문서위조죄가 성립한다.

32. 사법경찰관 甲은 강도살인 피의자 乙을 신문하면서 乙이 허위의 진술을 하고 있다는 사실을 알면서도 그 진술을 그대로 피의자신문조서에 기재하였다. 甲의 죄책은? **02. 경사승진**

① 무 죄 ② 허위공문서작성죄

③ 직무유기죄 ④ 공문서위조죄

정답: ① (해설) ① 사법경찰관이 피의자를 신문하는 경우 진술자의 진술이 허위임을 알면서도 이것을 조서에 기재하더라도 이는 적법한 조서작성일 뿐 특별히 죄가 된다고 하기 어렵다.

33. 다음 중 공정증서원본이 아닌 것은? **03. 여경1차**

① 주민등록부 ② 상업장부

③ 여 권 ④ 면허증

정답: ① (해설) ① 공정증서란 공무원이 직무상 작성하는 공문서로서 권리·의무에 관한 사실을 증명하는 효력을 갖는 것을 말한다. 주민등록부는 권리·의무관계를 증명하는 것이 아니므로 공정증서원본이 아니다.

34. 다음 중 공정증서원본불실기재죄의 객체로 볼 수 없는 것은? 04. 경사승진

① 부동산등기부 ② 허위혼인신고서

③ 상업등기부 ④ 주민등록부

정답: ④ (해설) 주민등록부, 인감대장, 토지대장, 가옥대장, 주민등록증, 공증인이 인정한 사서증서, 공정증서원본이 아닌 호적등본・초본・사본, 지적도, 임야도, 전화가입신청서원부, 지급명령원본, 수사기관 진술조서 등은 본 죄의 객체로 볼 수 없다.

35. 다음 중 위조문서행사죄에 있어 '행사'에 해당하지 않는 것은? 01. 경감승진

① 문제를 제시하는 것

② 문서를 교부하는 것

③ 문서의 내용을 구두로 고지하는 것

④ 문서를 비치하여 열람이 가능한 상태에 두는 것

정답: ③ (해설) ③ 문서의 내용을 구두로 고지하는 것은 사기죄는 성립할 여지가 있으나 그것을 두고 위조문서 '행사'라고는 할 수 없다.

36. 위조문서행사죄에 있어 '행사'라고 할 수 없는 것은? 01. 여경2차

① 문서의 내용이 아니라 그 형식만을 사용한 경우

② 위조문서의 내용을 타인에게 구술로 고지하는 경우

③ 위조문서를 단순히 비치함에 그친 경우

④ 위조문서를 자기 방어수단으로 경찰관에게 제시한 경우

정답: ② (해설) ② 통설에 의할 때 이는 위조문서의 '행사'에 해당하지 아니한다.

37. 甲은 乙의 자동차를 훔쳐 자신의 낡은 자동차 번호판을 떼어 훔친 차에 부착하고 다니다가 경찰로부터 음주단속검문을 당하여 운전면허증 제시를 요구받자 빌려 소지하고 있던 丙의 운전면허증을 자기 것처럼 제시하였다. 그러나 이를 알아차린 경찰관에 의해 체포되었다. 甲의 형법상 책임으로 타당한 것은? 03. 남경3차

① 절도죄, 공기호부정사용죄, 위계에 의한 공무집행방해죄의 미수

② 절되죄, 부정사용공기호행사죄, 공문서부정행사죄

③ 절도죄, 공기호부정사용죄, 부정사용공기호행사죄, 공문서부정행사죄

④ 자동차등불법사용죄, 공기호부정사용죄, 공문서부정행사죄

정답: ③ (해설) ③ 甲의 자동차를 훔친 행위와 관련하여 절도죄가 성립하고 자신의 낡은 자동차 번호판을 떼어 훔친 차에 부착하고 다닌 행위는 공기호부정사용죄와 부정사용공기호행사죄에 해당한다. 아울러 경찰관에게 병의 운전면허증을 제시한 행위는 공문서 부정행사죄에 해당한다.

38. 甲이 이동전화기 대리점 직원에게 며칠 전에 습득한 乙녀 주민등록증을 내보이고 乙녀가 甲의 어머니인데 어머니의 허락을 받았다고 속여 동인의 이름으로 이동전화 가입신청을 하여 이동전화기를 교부받았다면, 甲의 죄책은? 04. 경감승진

① 공문서부정행사죄 ② 절도죄

③ 공정증서원본불실기재죄 ④ 사기죄와 사문서위조와 동행사죄

정답: ④ (해설) 피고인이 기왕에 습득한 타인의 주민등록증을 피고인 가족의 것이라고 제시하면서 그 주민등록증상의 명의 또는 가명으로 이동전화 가입신청을 한 경우, 타인의 주민등록증을 본래의 사용용도인 신분확인용으로 사용한 것이라고 볼 수 없어 공문서부정행사죄가 성립하지 않는다.

39. 甲은 이동전화기 대리점 직원에게 기왕에 습득한 乙의 주민등록증을 내보이고 乙이 자신의 어머니인데 어머니의 허락을 받았다고 속여 乙의 이름으로 이동전화 가입신청을 하여 이동전화기를 교부받았다. 甲의 죄책은? 04. 일반1차

① 사기죄

② 공문서부정행사죄

③ 사기죄, 사문서위조죄와 동행사죄

④ 사기죄, 사문서위조죄와 동행사죄, 공문서부정행사죄

정답: ③ (해설) ③ 피고인이 기왕에 습득한 타인의 주민등록증을 피고인 가족의 것이라고 제시하면서 그 주민등록증상의 명의 또는 가명으로 이동전화 가입신청을 한 경우, 타인의 주민등록증을 본래의 사용용도인 신분확인용으로 사용한 것이라고 볼 수 없어 공문서부정행사죄가 성립하지 않는다고 한 사례(大判 2003.2.26, 2002도4935). 그러나 이동전화 가입신청서를 작성한 것에 대해 사문서 위조죄와 그것을 제출한 행위는 동행사죄가 되고 이동전화기를 교부받은 행위는 사문서 위조죄와 동행사를 통한 기망행위를 통해 처분을 받은 경우에 해당하므로 사기죄가 되어 사기죄와 사문서위조죄와 동행사죄의 실체적 경합범으로 처벌을 받는다.

40. 간통죄에 관한 다음 설명 중 틀린 것은? (판례에 의함) 01. 여경1차

① 간통사건에 피고인이 피해자에게 '미안하다'는 말을 했더라도 그것만으로 피해자에게 분명히 피고인에 처벌을 희망하지 않는 의사가 있었다고 할 수 없다.

② 강간죄는 필요적 공범이다.

③ 피해자인 배우자가 간통을 종용해도 간통죄는 성립한다.

④ 乙남와 甲녀가 간통 후 乙남이 돈을 요구하며 협박해도 간통죄만 성립한다.

정답: ④ (해설) ④ 이 경우에는 간통죄에 외에 공갈죄도 성립한다.

41. 간통죄에 대한 설명 중 틀린 것은? 02. 남경3차

① 통설은 본 죄의 비범죄화를 주장하고 있다.

② 필요적 공범이며 대향범이다.

③ 쌍벌주의를 취하고 있다.

④ 사실상 동거 중에 있는 배우자도 본 죄의 객체에 포함된다.

정답: ④ (해설) ④ 간통죄의 주체인 배우자 있는 자에서 배우자는 법률상의 배우자만을 의미한다.

42. 간통죄에서의 고소에 관한 판례의 입장에 합치되지 않는 것은? 04. 경감승진

① 공소제기까지 혼인이 해소되지 않거나 이혼소송을 제기하지 않은 채 고소만 제기한 경우에는 공소제기의 절차가 법률의 규정에 위반하여 무효인 때에 해당한다.

② 이혼심판청구사건이 취하간주되면 그 취하간주가 간통사건에 대한 제1심 판결선고 후일지라도 그로 인한 간통고소는 장래에 향하여만 효력을 잃는다.

③ 간통고소 전에 이혼심판청구를 제기하였다 하더라도 그 청구가 기각되어 확정된 경우에는 그 이후의 간통고소는 부적법하게 된다.

④ 이혼소송을 취하한 때라 함은 쌍방불출석 사유로 이혼심판청구가 취하 간주된 때를 포함한다.

정답: ② (해설) ② 간통죄에 대한 제1심 판결선고 후 고소인이 이혼심판청구를 취하하였다면 취하의 소급효로 인하여 간통고소 역시 소급하여 그 효력을 상실하므로, 간통죄의 공소

또한 소추조건을 결한 것으로 공소제기절차가 법률의 규정에 위반하여 무효인 때에 해당한다.

43. 甲은 사람을 살해 한 후 범죄를 은폐 목적으로 사체를 화장하였으나 화장시 예의를 갖춰 장례 절차에 따라 진행하였다. 甲의 죄책은? 03. 남경3차

① 살인과 사체유기죄의 경합범 ② 살인과 사체손괴죄의 경합범

③ 살인죄와 사체모욕죄 ④ 살인죄

정답: ④ (해설) ④ 甲은 살인죄로만 처벌받는다.

사체유기죄는 사자에 대한 사회적 풍속으로서 종교적 감정 또는 종교적 평온을 보호법익으로 하는 것으로서 법률, 계약 또는 조리상 사체에 대한 장제 또는 감호할 의무가 있는 자가 이를 방치하거나 그 의무 없는 자가 그 장소적 이전을 하면서 종교적, 사회적 풍습에 따른 의례에 의하지 아니하고 이를 방치하는 경우에 성립하는 것이므로 일반 화장절차에 따라 피해자의 시신을 화장하여 일반의 장제의 의례를 갖추었다면 비록 그것이 범행을 은폐한 목적이었다고 하더라도 사자에 대한 종교적 감정을 침해하여 사체를 유기한 것이라고 볼 수 없다(大判 1998.3.10, 98도51).

44. 도박죄에 대한 다음 기술 중 옳지 않은 것은? 98. 경찰간부후보

① 도박행위에 착수한 때 도박죄의 기수가 된다.

② 사기도박의 경우 사기도박을 한 자는 사기죄, 그 상대방은 무죄이다.

③ 도박을 개장한 자가 도박에 가담하면 도박개장죄와 도박죄의 경합범이 된다.

④ 상습도박죄의 형은 도박죄에 정한 형의 2분의 1까지 가중한다.

정답: ④ (해설) 상습도박죄는 별도의 법정형이 규정되어 있다(제246조 제2항).

45. 도박에 관한 죄에 대한 다음 설명 중 틀린 것은? 99. 법원서기보

① 사기도박의 경우는 도박죄가 아닌 사기죄만 성립한다.

② 단순도박죄는 법정형에 징역형이 없다.

③ 도박개장죄는 목적범이라고 할 수 없다.

④ 도박의 습벽이 있는 자가 도박과 도박방조를 한 때에는 상습도박죄만 성립한다.

정답: ③ (해설) 도박개장죄는 영리의 목적을 필요로 하는 목적범이며, 도박장을 개장하면 기수가 된다.

46. 도박전과가 없는 甲은 1년 동안 10회에 걸쳐 乙, 丙, 丁 등과 도박을 하다가 경찰관에게 체포되었다. 甲의 형사책임은?(판례에 의함) 00. 경사승진

① 1개의 단순도박죄 ② 1개의 상습도박죄

③ 10개의 단순도박죄의 경합범 ④ 10개의 상습도박죄

정답: ② (해설) 동종의 수개의 행위에 상습성이 인정된다면 그 중 형이 중한 죄에 나머지 행위를 포괄시켜 처단하는 것이 상당하다(大判 1982.9.28, 82도1669).

국가적 법익에 대한 죄

제 1 장

국가의 존립과 권위에 대한 죄

제 1 절　내란의 죄

Ⅰ. 서 론

1. 의의와 보호법익

1) 의 의

내란죄란 폭동에 의하여 국가의 존립과 헌법질서를 위태롭게 하는 범죄, 즉 국토를 참절하거나 국헌을 문란할 목적으로 폭동함으로써 성립한다. 내란의 죄는 외환의 죄와 함께 국가보호형법의 전통적 기초에 속하는 범죄이다. 우리 형법은 내란의 죄에 관하여 내란죄(제87조)와 내란목적 살인죄(제88조)를 규정하고 있을 뿐이다.

2) 보호법익

본 죄의 보호법익은 국가의 존립과 헌법질서, 즉 국가의 내적안전이며, 보호법익이 보호받는 정도는 위태범이다.

2. 내란죄의 본질

1) 공범규정의 적용

집합범인 내란죄에 총론상의 공범규정이 적용되는가에 관하여 다수설은 총론의 공범규정은 임의적 공범에 관한 것이므로 필요적 공범에 대하여는 적용되지 않는다고 한다. 그러나 내란죄에 공동정범의 규정이 적용될 여지는 없으나, 내란을 교사하거나 집단 외에서 자금을 제공하여 실행을 용이하게 하는 방조는 가능하므로 협의의 공범에 관한 규정은 적용된다고 보는 것이 타당하다.

2) 국가보안법과의 관계

국가보안법은 내란의 죄, 특히 내란예비·음모에 대한 관계에서는 형법에 대한 특별법이므로 형법에 우선하여 적용된다. 그러나 내란죄 자체는 동법에 규정하지 않고 있으므로 내란행위에 나아간 때에는 형법의 내란죄가 적용된다.

Ⅱ. 내란죄

1. 의 의

국토를 참절하거나 국헌을 문란할 목적으로 폭동함으로써 성립하는 범죄이다(제87조).

2. 객관적 구성요건

1) 주 체

본 죄의 주체에는 제한이 없으나, 형법은 관여의 정도에 따라 처벌을 달리하고 있다. 다만 본 죄는 집합범으로서의 성질상 상당수의 다수인의 공동을 필요로 한다.

2) 행 위

행위는 폭동하는 것이다. 여기서 폭동이란 다수인이 결합하여 폭행·협박하는 것을 말한다. 폭행·협박은 최광의의 그것이다. 따라서 폭행은 사람뿐만 아니라 물건에 대한 유형력의 행사를 포함한다. 다만 폭행·협박은 한 지방의 평온을 해할 정도일 것을 요하며, 국토참절이나 국헌문란의 목적을 위한 수단일 것을 요한다. 폭동에 수반하여 살인·상해·강도·손괴·방화 등의 행위가 있는 때에 통설은 살인죄·상해죄 또는 방화죄 등은 본 죄에 흡수된다고 한다. 그러나 본 죄와 살인죄·상해죄·강도죄·방화죄는 보호법익을 달리하므로 본 죄와 상상적 경합이 된다고 하는 것이 타당하다(판례).

3. 주관적 구성요건

본 죄는 고의범이므로 다수인이 폭동하는 고의가 있어야 하는 이외에 국토를 참절하거나 국헌을 문란하게 할 목적이 있어야 한다. 국토를 참절할 목적이란 영토내란의 목적을 말하는 것이며, 국헌을 문란하게 할 목적은 헌법내란의 목적을 의미한다. 형법 제91조는 국헌문란의 목적을 구체적으로 정의하고 있다.

Ⅲ. 내란목적 살인죄

1. 의 의

본 죄는 국토를 참절하거나 국헌을 문란케 할 목적으로 사람을 살해함으로써 성립하는 범죄이다(제88조). 본 죄에 있어서 내란의 목적은 살인의 목적을 이루는 데 불과하므로 본 죄는 살인죄에 대한 가중적 구성요건으로서의 성질을 가진다.

2. 구성요건

본 죄는 국토참절과 국헌문란, 즉 내란목적으로 사람을 살해함으로써 성립한다.

1) 행위의 객체

본 죄의 객체는 사람이며, 반드시 요인임을 요하지 않는다.

2) 행 위

살해하는 것이며, 폭동의 전후를 불문한다.

3) 주관적 구성요건

본 죄가 성립하려면 사람을 살해한다는 고의 이외에 내란의 목적이 있어야 한다.

3. 다른 범죄와의 관계

폭동행위 중 내란의 목적으로 사람을 살해한 때에는 본 죄와 내란죄의 상상적 경합이 되며, 폭동의 준비단계에서 일반인을 살해한 경우에도 본 죄와 내란예비죄의 상상적 경합이 된다.

Ⅳ. 내란예비 · 음모 · 선동 · 선전죄

내란죄 또는 내란목적 살인죄를 범할 목적으로 예비 · 음모 · 선동 · 선전함으로써 성립하는 범죄이다(제90조). 예비란 범죄실행을 목적으로 한 준비행위를 말하며, 음모는 이를 위한 통모 내지 합의이다. 선동이란 타인에게 자극을 주어 정당한 판단을 잃게 하고 범죄실행을 결의하게 하거나 이미 존재하는 결의를 촉구하는 것을 말하며, 선전이란 불특정다수인에게 내란의 취지를 와해시키고 알리는 것을 말한다. 내란을 예비 · 음모한 자가 실행에 이르기 전에 자수한 때에는 그 형을 감경 또는 면제한다.

제 2 절 외환의 죄

Ⅰ. 서 론

1. 의의와 보호법익

외환의 죄란 외환을 유치하거나 대한민국에 항적하거나 적국에 이익을 제공하여 국가의 안전을 위태롭게 하는 범죄를 말한다. 내란죄의 보호법익이 국가의 내적 안전임에 반하여, 본 죄의 보호법익은 국가의 외적 안전이다. 여기서 국가의 외적 안전이란 대한민국에 대한 외부로부터의 공격과 강제조치 또는 방해에 대하여 방위할 수 있는 국가의 능력을 의미한다.

2. 구성요건의 체계

형법상의 외환의 죄는 외환유치죄(제92조)・여적죄(제93조)・이적죄(제94조 내지 제97조, 제99조)・간첩죄(제98조) 및 전시군수계약불이행죄(제103조)로 구성되어 있다. 이적죄의 기본적 구성요건은 일반이적죄(제99조)이며, 모병이적죄(제94조)・시설제공이적죄(제95조)・시설파괴이적죄(제96조) 및 물건제공이적죄(제97조)는 가중적 구성요건이다.

Ⅱ. 외환유치죄와 여적죄

1. 외환유치죄

본 죄는 외국과 통모하여 대한민국에 대하여 전단을 열게 하거나 또는 외국인과 통모하여 대한민국에 항적함으로써 성립하는 범죄이다(제92조). ① 외국이란 대한민국 이외의 국가를 말하며, 반드시 국제법상 승인된 국가임을 요하지 않는다. 다만 여적죄와의 관계상 적국 이외의 국가를 의미한다. ② 외국과 통모한다는 것은 외국의 정부기관과 의사를 연락하는 것을 말하며, 전단을 연다는 것은 전투 행위를 개시하는 것을 말한다. ③ 외국인이란 외국을 대표하는 정부기관 이외의 외국인 개인과 사적 단체를 말하며, 항적한다 함은 적국의 군무에 종사하여 대한민국에 적대행위를 하는 것을 말한다.

2. 여적죄

본 죄는 적국과 합세하여 대한민국에 항적함으로써 성립하는 범죄이다(제93조). ① 적국이란 국제법상 선전포고를 하여 전쟁을 수행하는 국가뿐만 아니라 사실상 전쟁을 수행하고 있는 나라도 포함된다. 대한민국에 적대하는 외국 또는 외국인의 단체도 적국으로 간주된다(제102조). ② 항적이란 대한민국에 대하여 적대행위를 하는 것을 말한다.

Ⅲ. 이적죄

1. 모병이적죄

적국을 위하여 모병하거나 모병에 응함으로써 성립하는 범죄이다(제94조). 주관적구성요건으로는 고의 이외에 적국을 이롭게 할 이적의사가 있어야 한다.

2. 시설제공이적죄

군사시설 또는 병기·탄약 기타 군사상 필요한 물건을 적국에 제공함으로써 성립하는 범죄이다(제95조).

3. 시설파괴이적죄

적국을 위하여 대한민국의 군사시설·병기·탄약 기타 군용물건을 파괴하거나 사용할 수 없게 함으로써 성립하는 범죄이다(제96조).

4. 물건제공이적죄

군용에 직접 제공되지 않지만 병기·탄약 기타 전투용에 공할 수 있는 물건을 적국에 제공함으로써 성립하는 범죄이다(제97조).

5. 일반이적죄

본 죄는 외환의 죄에 대한 기본적 구성요건으로 일반적으로 적국에 군사상의 이익을 제공하거나 대한민국의 군사상의 이익을 해함으로써 성립한다(제99조). 다만 본 죄는 외환유치죄·여적죄·모병이적죄·시설제공이적죄·시설파괴이적죄·물건제공이적죄 또는 간첩죄에 대한 보충적 규정이므로 위의 죄를 구성하는 때에는 본 죄에 해당하지 않는다.

6. 이적예비·음모·선동·선전죄

모병이적죄·시설제공이적죄·시설파괴이적죄·물건제공이적죄 또는 일반이적죄를 범할 목적으로 예비·음모·선동 또는 선전함으로서 성립하는 범죄이다(제101조).

Ⅳ. 간첩죄

1. 의 의

적국을 위하여 간첩하거나 적국의 간첩을 방조하거나 또는 군사상의 기밀을 적국에 누설함으로써 성립하는 범죄이다(제98조). 여기서 간첩죄는 ① 적국을 위하여 간첩하거나, ② 적국의 간첩을 방조하거나, ③ 군사상의 기밀을 적국에 누설하는 세 가지 행위의 태양으로 이루어진다.

2. 간 첩

간첩이란 적국을 위하여 국가기밀을 탐지·수집하는 것을 말한다.

1) 적 국

적국을 위한 것이어야 하므로 적국과의 의사의 연락이 있을 것을 요하며, 편면적 간첩은 있을 수 없다. 여기서 적국이란 국제법상의 국가에 한하지 않고, 사실상 국가에 준하는 단체를 포함한다.

2) 국가기밀의 개념

간첩행위의 객체는 국가기밀이다. 국가기밀이란 제한된 범위의 사람에게만 알려져 있고 대한민국의 외적 안전에 대한 중대한 불이익을 초래할 위험을 방지하기 위하여 적국에 대하여 비밀로 하여야 할 사실·대상 또는 지식을 말한다.

이러한 국가기밀은 군사기밀에 한하지 않고, 정치·경제·사회 등에 대한 기밀도 포함된다. 국내에서 공지된 사실이 국가기밀로 될 수 있는가에 관하여 판례는 긍정하고 있으나, 공지의 사실은 이미 기밀이 아니며 적국에 대하여 기밀로 해야 할 이익도 없다고 해야 한다. 그러나 위법한 국가기밀은 본 죄의 기밀에 해당한다.

3) 간첩의 착수와 기수시기

판례는 일관하여 본 죄는 간첩을 위하여 국내에 잠입 또는 입국하였을 때에 실행의 착수가 있다고 판시하고 있으나, 간첩죄의 착수시기는 국가기밀을 탐지·수집하는 행위에 착수한 때라고 해야 한다. 간첩죄는 국가기밀을 탐지·수집함으로써 기수가 된다. 탐지·수집한 국가기밀을 적국에 제보하여 누설하였다고 하여도 양죄는 포괄일죄가 된다.

3. 간첩방조

간첩방조는 적국의 간첩임을 알면서 그 실행을 용이하게 하는 일체의 행위를 말한다. 그러나 간첩방조는 간첩행위를 직접적으로 용이하게 하는 것임을 요하므로 간첩에게 숙식을 제공하거나, 안부편지를 전달해주는 것은 간첩방조에 되지 않는다.

4. 군사상의 기밀누설

군사상의 기밀을 누설한다는 것은 군사기밀임을 알면서 이를 적국에 알리는 것을 말한다. 알리는 방법에는 제한이 없다. 다만 본 죄는 직무에 관하여 군사상의 기밀을 지득한 자가 그 기밀을 누설함으로써 성립하는 신분범이다.

V. 전시군수계약불이행죄

전시 또는 사변에 있어서 정당한 이유 없이 정부에 대한 군수품 또는 군용공작물에 관한 계약을 이행하지 않거나 계약이행을 방해함으로써 성립하는 범죄이다(제103조).

제3절 국기에 관한 죄

Ⅰ. 서 론

국기에 관한 죄란 국가 또는 국장을 손상·제거·오욕 또는 비방하는 것을 내용으로 하는 범죄이다. 형법은 국기에 관한 죄로 국기·국장모독죄(제105조)와 국기·국장비방죄(제106조)를 규정하고 있다. 본 죄의 보호법익은 국가의 권위, 국가존립의 체면 또는 국가의 권위와 체면이다.

Ⅱ. 국기·국장모독죄

1. 의 의

대한민국을 모욕할 목적으로 국기 또는 국장을 손상·제거 또는 오욕함으로써 성립하는 범죄이다(제105조). 모욕의 목적이 있어야 성립하는 목적범이다.

2. 구성요건

1) 행위의 객체

국기 또는 국장이다. 국기란 국가의 권위를 상징하기 위하여 일정한 형식에 따라 제작된 기를 말하며, 국장이란 국가를 상징하는 국기 이외의 휘장을 말한다. 국기 또는 국장은 공용에 공하는 것임을 요하지 않고 사용에 공하는 것도 포함된다.

2) 행 위

손상·제거 또는 오욕이다. ① 손상이란 국기나 국장을 절단하는 것과 같은 물질적인 파괴 내지 훼손을 말하고, ② 제거는 국기·국장 자체를 손상하지 않고 이를 철거 또는 차폐하는 것을 말하며, ③ 오욕이란 국기·국장을 불결하게 하는 일체의 행위를 말한다. 이러한 손상·제거 또는 오욕은 대한민국의 권위와 체면을 손상시킬 정도에 이를 것을 요한다.

3) 주관적 구성요건

본 죄가 성립하기 위하여는 고의 이외에 모욕의 목적이 있어야 한다.

Ⅲ. 국기 · 국장비방죄

대한민국을 모욕할 목적으로 국기 또는 국장을 비방함으로써 성립하는 범죄이다(제106조). 여기서 비방이란 언어나 거동, 문장이나 회화에 의하여 모욕의 의사를 표현하는 것을 말한다.

제 4 절 국교에 관한 죄

Ⅰ. 서 론

1. 의의와 보호법익

국교에 관한 죄는 외국과의 평화로운 국제관계를 침해하여 국제법상 보호되는 외국의 이익을 해하고, 외국과의 국교관계 내지 자국의 대외적인 지위를 위태롭게 하는 범죄를 말한다. 본 죄의 보호법익이 무엇인가에 대하여는 견해가 대립하고 있으나, 본 죄는 주로 외국의 이익을 보호하기 위한 범죄이지만 동시에 국가의 대외적 지위를 보호하는 면이 있음을 부정할 수 없다고 본다. 특히 외교상의 기밀누설죄는 국가의 대외적 지위를 보호하는 범죄이다.

2. 구성요건의 체계

형법상의 국교에 관한 죄는 세 가지 유형으로 구별할 수 있다. 즉 ① 외국원수에 대한 폭행등의죄(제107조)와 외교사절에 대한 폭행등의죄(제108조) 및 외국국기 · 국장모독죄(제109조), ② 외국에 대한 사전죄(제111조)와 중립명령위반죄(제112조),

③ 외교상 기밀누설죄(제113조)가 그것이다.

Ⅱ. 외국원수 · 사절 및 국기에 대한 죄

1. 외국원수에 대한 폭행 등의 죄

1) 의 의

대한민국에 체재하는 외국원수에 대하여 폭행 · 협박 · 모욕 또는 명예를 훼손함으로써 성립하는 범죄이다(제107조).

2) 구성요건

(1) 행위의 객체

대한민국에 체재하는 외국원수이다. 원수란 외국의 헌법에 의하여 국가를 대표할 권한이 있는 자를 말하며, 외국의 대통령 또는 군주가 이에 해당한다. 그러나 내각책임제하의 수상은 일반적으로 원수라고 할 수 없다.

(2) 행 위

폭행 · 협박 · 모욕 또는 명예훼손이다. 본 죄가 성립할 때에는 폭행죄 등이 별도로 성립하지 않는다. 본 죄는 그 외국정부의 명시한 의사에 반하여 공소를 제기할 수 없는 반의사불벌죄이다(제110조).

(3) 주관적 구성요건

대한민국에 체재하는 외국원수를 폭행 · 협박 · 모욕 또는 명예훼손한다는 고의가 있어야 한다.

2. 외국사절에 대한 폭행 등의 죄

대한민국에 파견된 외국사절에 대하여 폭행 · 협박 · 모욕 또는 명예훼손을 함으로써 성립하는 범죄이다(제108조 제1항). 외교사절이란 대사 · 공사 등을 말하며, 외교사절인 이상 상설사절인가 임시사절인가, 정치적 사절인가 의례적 사절인가를 불문한다. 그러나 외교사절은 대한민국에 파견된 자임을 요한다. 본 죄도 반의사불벌죄이다(제110조).

3. 외국 국기 · 국장모독죄

외국을 모욕할 목적으로 공용에 공하는 외국의 국기 또는 국장을 손상 · 제거 또는 오욕함으로써 성립하는 범죄이다(제109조). 「공용에 공하는」이란 국가의 권위를 나타내기 위하여 그 나라의 공적 기관이나 공무소에서 사용되는 것을 말한다. 본죄 또한 반의사불벌죄이다(제110조).

Ⅲ. 외국에 대한 사전 · 중립명령위반죄

1. 외국에 대한 사전죄

1) 의 의

외국에 대하여 사전하거나 사전할 목적으로 예비 또는 음모함으로써 성립하는 범죄이다(제111조).

2) 구성요건

본 죄는 외국에 대하여 사전함으로써 성립한다. 사전이란 국가의 전투명령을 받지 않고 함부로 외국에 대하여 전투행위를 하는 것을 말하며, 사전의 상대방은 외국이다.

3) 사전예비 · 음모죄

외국에 대하여 사전할 목적으로 예비 · 음모함으로써 성립한다. 본 죄는 독립된 예비 · 음모죄가 아니라, 일반적 예비 · 음모를 규정한 것에 지나지 않는다. 따라서 본 죄에 대한 방조는 성립할 수 없다.

2. 중립명령위반죄

1) 의 의

외국간의 교전에 있어서 중립명령을 위반함으로써 성립하는 범죄이다(제112조). 백지형법의 대표적인 예라고 할 수 있다.

2) 구성요건

본 죄의 구성요건은 행위상황으로 외국간의 교전이 있어야 하며, 중립명령에 위반하는 것이다. 중립명령이란 교전국의 어느 편에도 가담하지 않고 불편부당의 지위를 지키는 국외중립선언에 따르는 명령을 말한다.

Ⅳ. 외교상 기밀누설죄

외교상의 기밀을 누설함으로써 성립하는 범죄이다(제113조 제1항). 본 죄의 주체에는 제한이 없으며, 행위의 객체는 외교상의 기밀, 즉 외국과의 관계에서 국가가 보지해야 할 기밀을 말한다. 본 죄의 행위인 누설이란 외교상의 기밀을 외국에 알리는 것을 말하며, 그 수단과 방법에는 제한이 없다. 누설할 목적으로 외교상의 기밀을 탐지·수집한 자도 같은 형으로 처벌한다(제113조 제2항). 다만 외교상의 기밀을 탐지·수집하는 때에는 고의 이외에 누설할 목적이 있어야 한다.

제 2 장

국가의 기능에 대한 죄

제 1 절 공무원의 직무에 관한 죄

Ⅰ. 서 론

1. 직무범죄의 의의

공무원의 직무에 관한 죄란 공무원이 의무에 위배하거나 직권을 남용하여 국가기능의 공정을 해하는 것을 내용으로 하는 범죄, 즉 공무원의 직무범죄를 말한다. 본죄의 보호법익은 국가기능이며, 특히 국가질서에 대한 내부로부터의 침해에 그 본질이 있다. 형법이 규정하고 있는 공무원의 직무에 관한 죄는 직권남용죄와 직무위배죄 및 뇌물죄의 세 가지 유형으로 분류되고 있다.

2. 직무범죄의 본질과 공무원의 의의

1) 직무범죄의 본질과 종류

공무원의 직무에 관한 직무범위는 행위자가 행위시에 공무원일 것을 요하는 신분범이다. 다만 공무상 비밀누설죄(제127조)와 사전수뢰죄(제129조 제2항)의 주체에는 공무원이었던 자와 공무원이 될 자가 포함된다.

(1) 진정직무범죄와 부진정직무범죄

전자는 공무원만 정범이 될 수 있는 범죄를 말하며, 여기서 공무원의 신분은 구성적 신분으로서 기능한다. 이에 반하여 후자는 공무원 아닌 자에 의하여도 범하여질 수 있지만 공무원이 행한 경우에 형이 가중되는 범죄를 말한다.

(2) 일반직무범죄와 특수직무범죄

전자는 모든 공무원이 범할 수 있는 범죄임에 반하여, 후자는 구성요건이 전제하고 있는 특수한 지위에 있는 공무원만 범할 수 있는 범죄를 말한다. 불법체포·감금죄(제124조), 폭행·가혹행위죄(제125조), 피의사실공표죄(제126조) 및 선거방해죄(제128조)가 이에 해당한다.

2) 공무원의 의의

일반적으로 공무원이란 「법령에 의하여 국가 또는 지방자치단체의 사무에 종사하는 직원」을 말한다. 그러나 공무원의 범위는 공법상의 공무원이 아니라 형법의 독자적인 입장에 의하여 결정되어야 할 것이다. 따라서 특수경력직공무원 가운데 단순한 노무에 종사하는 고용직공무원(청소부·인부 또는 사환)은 여기서 제외되어야 한다. 또한 통설과 판례는 개별적으로 검토하여 행정기관에 준하는 공법인의 직원은 공무원에 속한다고 한다.

Ⅱ. 직무유기죄

1. 직무유기죄

1) 의 의

공무원이 정당한 이유 없이 직무수행을 거부하거나 직무를 유기함으로써 성립하는 범죄이다(제122조). 본 죄는 국가의 기능을 보호법익으로 하는 구체적 위험범이다.

2) 구성요건

본 죄가 성립하기 위하여는 주관적으로 직무의 수행을 거부하거나 이를 버린다는 인식과 객관적으로는 직무 또는 직장을 벗어나는 행위가 있어야 한다.

(1) 주 체

본 죄의 주체는 공무원이다. 진정직무범죄에 해당한다.

(2) 행 위

직무수행을 거부하거나 직무를 유기하는 것이다. ① 직무란 공무원법상의 본래의 직무 또는 고유한 직무를 말하며, 직무의 내용은 성문에 의한 법령의 근거가 있거나 특별한 지시 또는 명령이 있어야 한다. ② 직무수행을 거부하는 것은 직무를 능동적으로 수행할 의무 있는 자가 이를 행하지 않는 것을 말하고, 직무유기란 직무에 관한 의식적인 방임 내지 포기 등 정당한 이유 없이 직무를 수행하지 않는 경우를 말한다.

직무를 유기할 것을 요하므로 직무를 집행한 때에는 직무집행에 있어서 법정절차를 이행하지 않았거나, 내용이 부실하다고 하여도 본 죄는 성립하지 않는다.

(3) 고 의

본 죄의 성립에는 직무를 유기한다는 인식이 있을 것을 요한다.

2. 피의사실공표죄

1) 의 의

검찰·경찰 기타 범죄수사에 관한 직무를 행하는 자 또는 이를 감독하거나 보조하는 자가 직무를 수행함에 있어서 알게 된 피의사실을 공판청구전에 공표함으로써 성립하는 범죄이다(제126조). 본 죄의 보호법익은 국가의 범죄수사권과 피의자의 인권이다.

2) 구성요건

(1) 주 체

검찰·경찰 기타 범죄수사에 관한 직무를 행하는 자 또는 이를 감독하거나 보조하는 자이다. 진정직무범죄이다.

(2) 행위의 객체

직무를 행함에 당하여 지득한 피의사실이다. 피의사실은 진실한 것임을 요하지 않는다.

(3) 행 위

공판청구전에 피의사실을 공표하는 것이다. 공표란 불특정 또는 다수인에게 그 내용을 알리는 것을 말하며, 작위에 한하지 않고 부작위에 의한 경우도 포함한다. 다만 공판청구전, 즉 공소제기전일 것을 요한다.

3) 위법성

피의자의 승낙은 본 죄의 성립에 영향을 미치지 못하며, 수사활동상 필요하다고 인정되는 경우에도 정당행위로 위법성이 조각될 수 없다.

3. 공무상 비밀누설죄

1) 의 의

본 죄는 공무원 또는 공무원이었던 자가 법령에 의한 직무상 비밀을 누설하였을 때에 성립하는 범죄이다(제127조). 본 죄의 보호법익은 비밀의 누설에 의하여 위협되는 국가의 기능이다.

2) 구성요건

(1) 주 체

본 죄의 주체는 공무원뿐만 아니라 공무원이었던 자를 포함한다.

(2) 행위의 객체

법령에 의한 직무상의 비밀이다. 직무상의 비밀이란 직무상 알게 된 비밀을 의미하며, 그것은 법령에 의한 것이어야 한다. 법령에 의한 비밀의 의미에 관하여 통설은 법령에 의하여 비밀로 분류된 것임을 요한다고 해석하고 있음에 반하여, 판례는 법령에 의하여 비밀로 분류된 경우뿐만 아니라, 객관적·일반적으로 외부에 알려지지 않은 것에 상당한 이익이 있는 사항을 포함한다고 해석하고 있다.

(3) 행 위

본 죄의 행위는 누설하는 것이다. 누설이란 비밀사항을 제3자에게 알리는 것을 말한다. 알리는 방법에는 제한이 없다. 작위뿐만 아니라 부작위에 의한 경우도 포함한다.

Ⅲ. 직권남용죄

1. 일반공무원 직권남용죄

1) 의 의

공무원이 일반적 권한을 가지고 있는 사항에 대하여 직권을 남용하여 사람에게 의무 없는 일을 행하게 하거나 권리행사를 방해함으로써 성립하는 범죄이다(제123조). 본 죄의 성질에 관하여 다수설은 강요죄(제324조)의 가중적 구성요건이라고 해석하고 있으나, 본 죄의 보호법익은 국가기능의 공정한 행사를 보호함에 있으므로 강요죄와는 그 성질을 달리한다고 해야 한다.

2) 구성요건

(1) 주 체

공무원이다. 다만 본 죄의 성질상 본 죄의 주체는 강제력을 수반할 수 있는 직무를 행하는 자임을 요한다.

(2) 행 위

직권을 남용하여 사람으로 하여금 의무 없는 일을 행하게 하거나 권리행사를 방해하는 것이다.

① 직권남용

「직권을 남용하여」란 형식적으로 일반적 직무권한에 속하는 사항에 대하여 목적·방법 등에 있어서 실질적으로 위법한 조치를 취하는 것을 말한다.

② 권리행사방해

의무 없는 일을 행하게 하는 것은 법률상 전혀 의무 없는 경우뿐만 아니라 의무의 태양을 변경하여 행하게 하는 경우를 포함하며, 권리행사를 방해한다는 것은 법률상 가지고 있는 권리를 행사하지 못하게 하는 것을 말한다.

③ 기수시기

본 죄가 기수로 되기 위하여는 권리행사를 방해하는 결과가 발생하였을 것을 요한다. 그러나 이로 인하여 국가의 기능이 현실적으로 침해되어야 하는 것은 아니다.

2. 불법체포 · 감금죄

1) 의 의

본 죄는 인신구속에 관한 직무를 행하는 특별공무원이 직권을 남용하여 사람을 체포·감금한 때에 성립한다(제124조 제1항). 다수설은 본 죄를 체포·감금죄(제276조)에 대하여 책임이 가중되는 부진정신분범이라고 해석하나, 본 죄는 구속에 관한 국가기능의 공정을 보호하는 데 중점을 둔 특수직무범죄로서 체포·감금죄와는 그 성질을 달리한다고 해야 한다.

2) 구성요건

(1) 주 체

재판·검찰·경찰 기타 인신구속에 관한 직무를 행하는 자 또는 이를 보조하는 자이다.

(2) 행 위

직권을 남용하여 사람을 체포·감금하는 것이다. 직권을 남용할 것을 요하므로 직권과 관계없이 체포·감금한 때에는 제276조에 해당한다.

3. 폭행 · 가혹행위죄

1) 의 의

인신구속에 관한 직무를 행하는 특별공무원이 폭행 또는 가혹행위를 한 때에 성립하는 범죄이다(제125조).

2) 구성요건

(1) 주체와 객체

본 죄의 주체는 재판 · 검찰 · 경찰 기타 인신구속에 관한 직무를 행하는 자 또는 이를 보조하는 자이며, 객체는 형사피의자 기타의 사람이다. 기타의 사람이란 피고인 · 증인 · 참고인 등 재판이나 수사에 있어서 조사의 대상이 된 사람을 말한다.

(2) 행 위

본 죄의 행위에는 직무를 행함에 당하여 폭행 또는 가혹한 행위를 하는 것이다. ① 「직무를 행함에 당하여」란 직무를 행하는 기회에 있어서란 의미이며, 직무와 사항적 · 내적 관련이 있을 것을 요한다. ② 폭행이란 신체에 대한 유형력의 행사를 말하며, 가혹한 행위란 폭행 이외의 방법에 의하여 정신적 · 육체적으로 고통을 주는 일체의 행위를 말한다.

4. 선거방해죄

검찰 · 경찰 또는 군의 직에 있는 공무원이 법령에 의한 선거에 관하여 선거인 · 입후보자 또는 입후보자가 되려는 자에게 협박을 가하거나 기타 방법으로 선거의 자유를 방해한 때에 성립하는 범죄이다(제128조). 본 죄는 민주주의 국가의 기본이 되는 선거의 자유, 즉 정치적 의사결정과 의사표현의 자유를 보호하기 위한 범죄이다. 선거의 자유를 방해할 행위를 하면 족하며, 현실적으로 방해의 결과가 발생하였을 것을 요하지 않는다.

Ⅳ. 뇌물죄

1. 서 론

1) 뇌물죄의 본질

(1) 의의와 보호법익

뇌물죄란 공무원 또는 중재인이 직무행위에 대한 대가로 법이 인정하지 않는 이익의 취득을 금지하는 것을 내용으로 하는 범죄이다. 형법의 뇌물죄는 수뢰죄와 증뢰죄로 규정되어 있다. 통설과 판례는 뇌물죄의 보호법익을 직무행위의 불가매수성에 있다고 한다. 그러나 직무행위에 대한 일반의 신뢰는 직무행위의 매수에 관한 외관에 의하여 침해되는 것이므로 뇌물죄의 보호법익은 직무행위에 대한 불가매수성과 이에 대한 일반의 신뢰에 있다고 보는 것이 타당하다.

(2) 수뢰죄와 증뢰죄의 관계

수뢰죄와 증뢰죄의 관계에 대하여는 양죄가 필요적 공범인가의 여부와 공범규정의 적용범위가 문제된다.

① 필요적 공범인가

이에 관하여는 필요적 공범설(판례)과 별개범죄설이 대립하고 있으나, 뇌물죄 가운데 수수와 공여·약속의 경우는 필요적 공범이지만 요구와 공여의 의사표시는 별개의 독립된 범죄에 불과하다고 해야 한다.

② 공범규정의 적용범위

공무원의 신분이 없는 증뢰자는 증뢰죄에 의하여 처벌받으며 제33조는 본문이나 단서를 적용할 필요는 없다. 그러나 수뢰자 상호간이나 증뢰자 사이에서는 공범규정이 당연히 적용된다고 해야 한다. 이 경우에는 교사 또는 방조의 규정뿐만 아니라 당연히 적용된다고 해야 한다. 이 경우에는 교사 또는 방조의 규정뿐만 아니라 공동정범의 규정도 당연히 적용된다고 해야 한다.

2) 뇌물의 개념

뇌물죄의 본질적 구성요건요소인 뇌물은 직무에 관한 부당한 이익을 말한다.

(1) 직무에 관하여

① 직 무

「직무」란 공무원이 그 직위에 따라 공무로 담당하는 일체의 집무를 말한다. 직무의 범위 내지 직무권한은 법령뿐만 아니라 지령·훈령 또는 행정처분에 의하는 경우는 물론, 관례상 또는 상사의 명령에 의하여 소관 이외의 사무를 일시 대리할 경우의 직무를 포함한다. 사학적·장소적 관할이 필요한 것도 아니다. 직무행위는 작위인가 부작위인가, 정당한가 또는 부정한가, 적법한가 또는 위법한가도 문제되지 않는다.

② 직무에 관하여

「직무에 관하여」란 권한에 속하는 직무행위뿐만 아니라 직무행위에는 속하지 않더라도 직무행위와 밀접한 관계가 있거나, 직무행위와 관련하여 사실상 처리하던 직무를 포함한다.

(2) 부당한 이익

① 대가관계

뇌물에 관한 부당한 이익 내지 불법한 보수이다. 즉 뇌물이 되기 위하여는 직무에 대한 대가관계가 인정되어야 한다. 따라서 직무에 관한 대가관계가 인정되지 않는 단순한 사교적 증여는 뇌물이 아니다. 판례는 사교적 의례에 속하는 선물의 뇌물성을 부정하면서도, 대가관계가 인정되는 때에는 금액의 다소나 규모의 대소를 불문하고 뇌물이 된다고 한다.

② 이 익

이익이란 수령자의 경제적·법적·인격적 지위를 유리하게 하여 주는 것을 말한다. 재산적 이익뿐만 아니라 일체의 유형·무형의 이익이 포함된다. 따라서 향응의 제공 또는 이성간의 정교나 성행위도 뇌물에 해당하게 된다.

2. 단순수뢰죄

1) 구성요건

공무원 또는 중재인이 직무에 관하여 뇌물을 수수·요구 또는 약속함으로써 성립하는 범죄이다(제129조). 뇌물죄의 기본적 구성요건이다.

(1) 주 체

공무원 또는 중재인이다. 공무원이란 국가 또는 지방자치단체의 사무에 종사하는 자로서 그 직무의 내용이 단순한 기계적·육체적인 것에 한정되어 있지 않는 자를 말하며, 중재인이란 법령에 의하여 중재의 직무를 담당하는 자를 말하며 사실상 중재를 하는 것만으로는 족하지 않다.

(2) 행위의 태양

직무에 관하여 뇌물을 수수·요구 또는 약속하는 것이다. 공무원에게 청탁하였을 것을 요하지 않는다. ① 수수란 뇌물을 영득의 의사로 취득하는 것을 말한다. ② 요구란 뇌물을 취득할 의사로 상대방에게 그 교부를 청구하는 것을 말하며, 상대방이 이에 응하였는가는 문제되지 않는다. ③ 약속이란 양당사자 사이에 뇌물의 수수를 합의하는 것을 말한다. ④ 동일인에 대하여 순차로 요구·약속·수수한 때에는 포괄하여 한 개의 수수죄가 성립할 뿐이다.

(3) 주관적 구성요건

직무에 관하여 뇌물을 수수·요구 또는 약속한다는 사실에 대한 고의가 있어야 한다. 직무의 대가에 대한 인식도 있어야 한다. 그러나 뇌물을 받은 대가로 직무집행을 할 의사가 있을 것을 요하지 않는다.

2) 타죄와의 관계

(1) 공갈죄와의 관계

공무원이 직무집행의 의사로 직무에 관하여 상대방을 공갈하여 뇌물을 수수한 때에는 본 죄와 공갈죄의 상상적 경합이 된다. 그러나 직무집행의 의사 없이 타인을 공갈하여 재물의 교부를 받은 때에는 공갈죄만 성립한다.

(2) 사기죄와의 관계

공무원이 직무에 관하여 타인을 기망하여 재물을 교부받은 때에는 본 죄와 사기죄의 상상적 경합이 된다.

3) 뇌물의 몰수와 추징

(1) 형법 제134조의 의의

형법 제134조는 「범인 또는 정을 아는 제3자가 받은 뇌물 또는 뇌물에 공할 금품은 몰수한다. 몰수하기 불가능한 때에는 그 가액을 추징한다」고 규정하여 제48조에 대한 특칙으로 뇌물의 몰수와 추징이 필요적임을 규정하고 있다.

(2) 몰수 · 추징의 대상자

뇌물의 보유자로부터 몰수해야 한다. 따라서 수뢰자가 뇌물을 그대로 보관하였다가 증뢰자에게 반환하였을 때에는 증뢰자로부터 몰수 또는 추징하여야 한다. 그러나 증뢰자로부터 몰수 또는 추징하는 것은 수뢰자가 뇌물 그 자체를 반환하였을 때에 한한다.

(3) 몰수 · 추징의 방법

수인이 공모하여 뇌물을 수수한 경우에는 각자가 실제로 수수한 금품을 몰수하거나 그 가액을 개별적으로 추징하여야 하며, 개별적으로 알 수 없는 경우에는 평등하게 몰수 또는 추징하여야 한다. 뇌물의 추징가액산정의 기준이기는 몰수할 수 없게 된 사유가 발생한 때를 기준으로 한다는 것이 다수설이다.

3. 사전수뢰죄

공무원 또는 중재인이 될 자가 그 담당할 직무에 관하여 청탁을 받고 뇌물을 수수 · 요구 또는 약속함으로써 성립하는 범죄이다(제129조). ① 본 죄의 주체는 공무원 또는 중재인이 될 자이며, ② 본 죄의 행위는 직무에 관하여 청탁을 받고 뇌물을 수수 · 요구 또는 약속하는 것이다. 여기서 청탁이란 일정한 직무행위를 할 것을 의뢰하는 것이다. ③ 본 죄는 또한 공무원 또는 중재인이 될 자가 공무원 또는 중재인이 된 것을 요건으로 한다. 여기서 공무원 또는 중재인이 된 때는 객관적 처벌조건에 해당한다(통설).

4. 제3자 뇌물공여죄

공무원 또는 중재인이 그 직무에 관하여 부정한 청탁을 받고 제3자에게 뇌물을 공여하거나 공여를 요구 또는 약속함으로써 성립하는 범죄이다(제130조).

본 죄의 성질에 관하여는 간첩수뢰죄를 규정한 것이라고 보는 견해도 있으나, 본 죄의 성립을 위하여 공무원과 제3자 사이에 이해관계가 있을 것을 요하지 않으므로 본 죄는 간접수뢰죄와 구별된다고 해야 한다.

본 죄에서 ① 제3자란 행위자와 공동정범자 이외의 사람을 말하며, 교사범이나 종범도 여기에 포함될 수 있다. 그러나 처나 기타 생활이익을 같이하는 가족은 여기의 제3자가 될 수 없다. ② 부정한 청탁이란 위법한 것뿐만 아니라 부당한 경우를 포함한다.

5. 수뢰후 부정처사죄

공무원 또는 중재인이 수뢰행위를 하여 부정한 행위를 함으로써 성립하는 범죄이다(제131조 제1항). 부정한 행위란 공무원 또는 중재인이 직무에 위배하는 일체의 행위를 포함한다. 작위인가 부작위인가를 불문한다. 다만 그것은 직무위반행위일 것을 요하므로 직무 이외의 사적 행위에 대하여는 본 죄가 성립하지 않는다.

6. 사후수뢰죄

본 죄는 공무원 또는 중재인이 그 직무상 부정한 행위를 한 후 뇌물을 수수·요구 또는 약속하거나 제3자에게 이를 공여하게 하거나 공여를 요구 또는 약속하는 경우(제131조 제2항)와 공무원 또는 중재인이었던 자가 그 재직중에 청탁을 받고 직무상 부정한 행위를 한 후 뇌물을 수수·요구 또는 약속하는 경우(제131조 제3항)에 성립하는 범죄이다.

7. 알선수뢰죄

1) 의 의

공무원이 그 지위를 이용하여 다른 공무원의 직무에 속한 사항의 알선에 관하여 뇌물을 수수·요구 또는 약속함으로써 성립하는 범죄이다(제132조).

2) 구성요건

(1) 주 체

공무원이다. 다만 공무원이 지위를 이용하였을 것을 요하므로 단순히 공무원의 신분만 있는 것으로는 부족하고, 직무를 처리하는 공무원과 직무상 직접 또는 간접의 연관관계를 가지고 법률상 또는 사실상 영향을 미칠 수 있는 공무원일 것을 요한다.

(2) 행 위

행위는 다른 공무원의 직무의 알선에 관하여 뇌물을 수수·요구 또는 약속하는 것이다. 알선이란 일정한 사항을 중개하는 것을 말한다. 알선행위는 과거의 것이거나 현재의 것이거나 불문하며, 정당한 직무행위이건 부정행위이건 불문한다.

8. 증뢰물전달죄

1) 의 의

증뢰물전달죄 또는 증뢰죄는 뇌물을 약속·공여 또는 공여의 의사를 표시하거나, 이에 공할 목적으로 제3자에게 금품을 교부하거나 그 정을 알면서 교부받을 때에 성립하는 범죄이다(제133조).

2) 구성요건

(1) 주 체

주체에는 제한이 없다. 따라서 공무원도 본 죄의 주체가 될 수 있다.

(2) 행 위

뇌물을 약속·공여 또는 공여의 의사를 표시하거나, 이에 공할 목적으로 제3자에게 금품을 교부하거나 그 정을 알면서 교부받는 것이다. 공여란 뇌물을 취득하게 하는 것을 말하며, 공여의 의사표시는 상대방에게 뇌물을 공여하려는 의사를 표시하는 것이다.

3) 죄 수

한 개의 행위로 수인의 공무원에게 증뢰한 때에는 공무원의 수에 따라 증뢰죄의 상상적 경합이 된다. 약속 또는 공여의 의사표시를 한 후에 뇌물을 공여한 때에 공여죄에 다른 범죄는 흡수된다.

제 2 절 공무방해에 관한 죄

Ⅰ. 서 론

1. 공무방해죄의 의의

공무방행의 죄란 국가 또는 공공기관이 행사하는 기능을 방해함으로써 성립하는 범죄를 말한다. 본 죄의 보호법익은 공무원에 의하여 실현되는 국가기능으로서의 공무이다.

2. 구성요건의 체계

공무방해에 관한 죄의 기본적 구성요건은 공무집행방해죄(제136조 제1항)이며, 직무강요죄(제136조 제2항)와 위계에 의한 공무집행방해죄(제137조)는 방법이 다른 경우에 대한 수정적 구성요건이다. 법정・국회의장모욕죄(제138조), 인권옹호직무방해죄(제139조), 공무상 비밀표시무효죄(제140조) 등은 보호의 객체가 특수한 공무에 제한되는 경우를 규정한 것이며, 특수공무방해죄(제144조)는 가중적 구성요건이다.

Ⅱ. 공무집행방해죄

1. 객관적 구성요건

직무를 집행하는 공무원에 대하여 폭행・협박하는 것이다(제136조 제1항).

1) 주 체

본 죄의 주체에는 제한이 없다.

2) 행위의 객체

직무를 집행하는 공무원이다. 직무집행에 관하여는 직무집행의 범위와 그 적법성이 문제된다.

(1) 직무집행의 범위

직무의 집행이란 널리 공무원이 직무상 취급할 수 있는 사무를 행하는 것을 말한다. 직무집행이 강제적 성질을 가질 필요도 없다. 「직무를 집행하는」이란 공무원이 현재 구체적인 직무를 집행하고 있음을 요하므로 시간적인 관계에서 직무를 개시하여 종료하지 않았을 것을 요한다. 다만 직무의 집행에 착수하기 이전의 준비행위도 직무집행과 불가분의 관계에 있을 때에는 여기에 포함된다.

(2) 직무집행의 적법성

① 적법성의 여부

공무집행방해죄가 성립하기 위하여 공무원의 직무집행이 적법함을 요하는가에 관하여 형법은 명문의 규정을 두고 있지 않지만, ㉠ 위법한 공무집행에 대한 반항을 처벌하는 것은 법의 적정한 집행을 저해하는 결과를 초래하며, ㉡ 직무집행이 위법한 경우까지 형법에 의하여 보호할 수 없을 뿐만 아니라, ㉢ 국민은 위법한 직무집행에 대하여는 정당방위를 할 수 있다는 점에 비추어 직무집행이 적법할 것을 요한다고 해야 한다(통설 · 판례).

② 적법성의 요건

직무행위의 적법성은 실질적 정당성이 아니라 형식적 적법성을 기준으로 판단해야 한다. 따라서 직무집행의 적법성을 인정하기 위하여는 행위가 당해 공무원의 추상적(일반적) 직무권한에 속하여야 함은 물론 당해 공무원의 구체적 권한에도 속하여야 하며, 그 행위는 법령이 정한 방식과 절차에 따른 것이어야 한다.

③ 적법성의 판단기준

직무집행이 적법한가를 판단하는 기준에 대하여는 객관설, 주관설, 절충설 및 일반인표준설이 대립하고 있으나, 법원이 법령을 해석하여 객관적으로 판단해야 한다는 객관설이 타당하다(다수설 · 판례). 상관의 위법한 명령에 따라 행한 직무집행이 적법하게 될 수 있는가에 대하여 견해의 대립이 있으나, 상관의 명령이 위법한 이상 그 직무집행도 당연히 위법하다고 해석하는 것이 타당하다.

④ 적법성의 체계적 지위

직무행위의 적법성의 체계에 관하여는 ㉠ 직무집행의 적법성이 객관적 처벌조건이라는 처벌조건설과, ㉡ 직무집행이 위법할 때에는 반항행위의 위법성을 조각시키는 위법성조각사유가 된다고 해석하는 위법성조각사유설, ㉢ 직무집행의 적법성이 구성요건요소라고 이해하여 이에 대한 착오는 사실의 착오로 고의를 조각한다는 구성요건요소설이 대립하고 있다.

생각건대 법치국가에 있어서 적법한 직무집행에 대하여만 국가가 그 방해행위를 처벌할 이익이 있다고 할 것이며 직무행위의 적법성은 처벌할 만한 행위의 전제가 된다고 할 것이므로 그것은 구성요건요소가 되지 않을 수 없다.

(3) 행 위

본 죄의 행위는 폭행·협박이다. 폭행이란 사람에 대한 유형력의 행사를 의미하며, 협박은 해악을 고지하는 것을 말한다. 해악을 고지하는 방법에는 제한이 없다. 명시적 방법에 의하건 묵시적 방법에 의하건, 직접적이건 간접적이건 묻지 않는다. 폭행과 협박은 공무원에 대한 것임을 요하지만, 광의의 폭행·협박을 의미한다.

따라서 폭행은 반드시 사람의 신체에 대한 것임을 요하지 않고 물건에 대한 유형력의 행사일지라도 간접적으로 사람에 대한 것이면 족하다. 다만 폭행·협박은 공무집행을 방해할 수 있을 정도에 이를 것을 요하며, 적극적인 작위에 의할 것을 요한다. 본 죄는 추상적 위험범이므로 공무원에 대하여 폭행·협박을 하면 본 죄는 기수에 이르게 된다.

2. 주관적 구성요건

본 죄의 고의는 직무를 집행하는 공무원에 대하여 폭행·협박한다는 사실에 대한 인식을 의미한다. 직무집행의 적법성도 구성요건요소이므로 이에 대한 인식도 고의의 내용이 된다. 따라서 상대방이 공무원인 사실을 모르거나 적법성에 대한 착오는 사실의 착오로서 고의를 조각한다. 고의 이외에 공무집행을 방해할 의사가 있어야 한다고 해석하는 견해도 있지만 보호법익을 침해할 의사가 필요한 것은 아니므로 이는 부당하다.

3. 죄수 및 타죄와의 관계

1) 죄 수

본 죄의 죄수를 결정하는 기준에 대하여 판례는 공무원의 수에 따라 결정하고 있으나, 본 죄의 보호법익은 공무 자체이기 때문에 본 죄의 죄수는 공무의 수를 기준으로 판단해야 한다. 따라서 하나의 공무를 집행하는 수인의 공무원을 폭행한 때에도 하나의 공무집행방해죄가 성립한다고 해야 한다.

2) 타죄와의 관계

본 죄와 폭행죄 또는 협박죄는 법조경합의 관계에 있다. 그러나 단순한 폭행·협박의 정도를 넘어 상해죄·살인죄·강도죄를 구성하는 경우에는 본 죄와 상상적 경합의 관계가 된다.

Ⅲ. 수정적 구성요건

1. 직무·사직강요죄

1) 의 의

공무원에 대하여 그 직무상의 행위를 강요 또는 저지하거나 그 직을 사퇴하게 할 목적으로 폭행·협박함으로써 성립하는 범죄이다(제136조 제2항). 본 죄는 공무원의 장래의 공무집행을 보호하는 범죄이며, 목적범이라는 점에 특색이 있다. 본 죄의 보호법익은 공무원의 직무집행뿐만 아니라 그 직무상의 안전도 포함되며, 보호법익이 보호받는 정도는 추상적 위험범이다.

2) 구성요건

(1) 객관적 구성요건

주체에는 제한이 없고, 객체는 공무원이며, 행위는 폭행·협박이다.

(2) 주관적 구성요건

본 죄가 성립하기 위하여는 고의 이외에 직무상의 행위를 강요 또는 저지하거나 그 직을 사퇴하게 할 목적이 있어야 한다. 직무상의 행위란 당해 공무원이 직무에 관하여 할 수 있는 일체의 행위를 말한다. 직무권한 내의 행위가 당해 공무원의 추상적 권한에 속하는 것으로 족하지만, 직무행위가 적법할 것을 요한다. 다만 강요의 경우에는 직무행위가 반드시 적법할 것을 요하지 않는다. 직무강요는 그 자체가 위법하기 때문이다.

2. 위계에 의한 공무집행방해죄

1) 의 의

위계에 의하여 공무원의 직무집행을 방해함으로써 성립하는 범죄이다. 공무집행방해의 수단이 폭행·협박이 아니라 위계일 뿐이며, 대상에 있어서도 현재 직무를 집행하고 있는 공무원일 것을 요하지 않고 장래의 직무집행을 예상한 경우도 포함된다는 점에서 협의의 공무집행방해죄와 구별된다.

2) 객관적 구성요건

위계로 공무집행을 방해하는 것이다. 본 죄의 행위인 위계란 타인의 부지 또는 착오를 이용하는 일체의 행위를 말한다. 기망뿐만 아니라 유혹의 경우를 포함하며, 위계의 상대방이 직접 직무를 담당하는 공무원일 것을 요하지도 않는다. 또한 반드시 직무집행이 방해된 결과가 현실로 발생할 것을 요하지 않는다(다수설).

3) 주관적 구성요건

본 죄가 성립하기 위하여는 고의 이외에 공무집행을 방해할 의사가 있어야 한다는 것이 판례의 일관된 태도이다. 그러나 위계에 의하여 공무집행을 방해하는 경우에만 특히 공무집행을 방해할 의사가 필요하다가 해석해야 할 근거는 없다고 본다.

Ⅳ. 특수한 공무에 대한 공무방해죄

1. 법정 · 국회회의장모욕죄

1) 의 의

법원의 재판 또는 국회의 심의를 방해 또는 위협할 목적으로 법정이나 국회회의장 또는 그 부근에서 모욕 또는 소동함으로써 성립하는 범죄이다(제138조).

2) 구성요건

(1) 주 체

본 죄의 주체에는 제한이 없다. 따라서 국회의원도 주체가 될 수 있다.

(2) 행 위

법정이나 국회회의장 또는 그 부근에서의 모욕 또는 소동이다. 모욕이란 경멸의 의사를 표시하는 것을 말하며, 상대방은 법관이나 국회의원 뿐만 아니라 증인이나 검사도 포함한다. 소동이란 재판 또는 심의를 방해할 정도로 소음을 내는 문란한 행위를 말한다. 법정 등의 부근이란 심리나 심의에 영향을 미칠 수 있는 장소를 의미한다.

(3) 주관적 구성요건

고의 이외에 재판 또는 국회의 심의를 방해 또는 위협할 목적이 있어야 한다.

2. 인권옹호직무방해죄

1) 의 의

경찰의 직무를 행하는 자 또는 이를 보조하는 자가 인권옹호에 관한 검사의 직무집행을 방해하거나 그 명령을 준수하지 아니함으로써 성립하는 범죄이다(제139조).

2) 구성요건

(1) 주 체

본 죄의 주체는 경찰의 직무를 행하는 자 또는 이를 보조하는 자이다. 검사의 지휘를 받아 수사를 행하는 사법경찰관과 이를 보조하는 사법경찰리를 말한다.

(2) 행 위

인권옹호에 관한 검사의 직무집행을 방해하거나 그 명령을 준수하지 않는 것이다. 검사의 직무집행을 방해하는 방법에는 제한이 없으나, 검사의 직무와 명령은 적법할 것을 요한다. 다만 다수설은 검사의 직무 특히 명령이 적법함을 요하지 않는다고 한다.

3. 공무상 비밀표시무효죄

1) 공무상 봉인 등의 표시무효죄

본 죄는 공무원이 그 직무에 관하여 실시한 봉인 또는 압류나 기타 강제처분의 표시를 손상·은닉 기타 방법으로 효용을 해함으로써 성립하는 범죄이다(제140조).

(1) 행위의 객체

공무원이 그 직무에 관하여 실시한 봉인 또는 압류나 기타 강제처분의 표시이다. 봉인이란 물건에 대한 임의의 처분을 금지하기 위하여 그 물건에 시행한 봉함 기타 이와 유사한 설비를 말하며, 압류 기타 강제처분의 표시란 압류 기타 강제처분을 명시하기 위하여 특히 시행한 표시를 말한다. 봉인 또는 압류의 표시는 강제처분이 유효할 것을 전제로 하나, 강제처분이 정당한가의 여부는 불문한다. 그러나 본 죄도 공무를 보호하기 위한 범죄이므로 봉인·압류 기타 강제처분은 적법해야 한다.

(2) 행 위

봉인·압류 기타 강제처분의 표시를 손상·은닉 기타 방법으로 효용을 해하는 것이다. 손상이란 물질적 파괴를 말하고, 은닉이란 소재를 불명하게 하여 발견을 곤란하게 하는 것을 말하며, 기타의 방법으로 효용을 해한다고 함은 봉인 기타 강제처분의 표시를 물질적으로 파괴하지 않고 사실상 효력을 상실할 수 있게 하는 것을 말한다.

(3) 주관적 구성요건

본 죄가 성립하기 위하여는 봉인·압류 기타 강제처분의 표시를 손상·은닉 기타 방법으로 효용을 해한다는 것에 대한 고의가 있어야 한다.

2) 공무상 비밀침해죄

공무원이 그 직무에 관하여 봉함 기타 비밀장치한 문서 또는 도화를 개봉하거나 봉함 기타 비밀장치한 문서, 도화 또는 전자기록 등 특수매체기록을 기술적 수단을 이용하여 알아냄으로써 성립하는 범죄이다(제140조). 본 죄는 비밀침해죄에 대하여 불법이 가중되는 가중적 구성요건이다.

3) 부동산강제집행효용침해죄

강제집행으로 명도 또는 인도된 부동산에 침입하거나 기타 방법으로 강제집행의 효용을 해함으로써 성립하는 범죄이다(제140조의 2). 본 죄의 주체에는 제한이 없으므로 채무자 이외의 제3자도 본 죄를 범할 수 있다. 행위의 객체는 강제집행으로 명도 또는 인도된 부동산이다. 강제집행은 적법해야 한다. 행위는 침입하거나 기타 방법으로 강제집행의 효용을 해하는 것이다. 본 죄가 성립한 때에는 주거침입죄나 손괴죄가 별도로 성립하지 않는다.

4. 공용서류 등의 무효죄

1) 의 의

본 죄는 공무소에서 사용하는 서류 기타 물건 또는 전자기록 등 특수매체기록을 손상·은닉 기타의 방법으로 효용을 해함으로써 성립하는 범죄이다(제141조).

2) 구성요건

(1) 행위의 객체

공무소에서 사용하는 서류 기타 물건 또는 전자기록 등 특수매체기록이다. 공무소란 공무원이 직무를 집행하는 관공소 기타의 조직체를 말하며, 공무소에서 사용하는 서류 기타 물건은 공무소에서 보관하는 있는 일체의 물건을 말한다. 공문서인가 사문서인가, 정식절차를 밟아 접수되었는가, 소유권이 누구에게 있는가, 위조문서인가, 작성자가 누구인가 불문한다.

(2) 행 위

정당한 권한없이 손상·은닉 기타의 방법으로 효용을 해하는 것이다.

(3) 고 의

본 죄의 고의로는 공무소에서 사용하는 서류 기타 물건이라는 사실과 이를 손상·은닉 기타의 방법으로 효용을 해한다는 사실을 인식할 것을 요한다.

5. 공용물파괴죄

공무소에서 사용하는 건조물·선박·기차 또는 항공기를 파괴함으로써 성립하는 범죄이다(제141조). 파괴란 건조물 등의 실질을 해하여 본래의 용법에 따라 사용할 수 없게 하는 것을 말한다.

6. 공무상 보관물무효죄

공무소로부터 보관명령을 받거나 공무소의 명령으로 타인이 간수하는 자기의 물건을 손상·은닉 기타의 방법으로 효용을 해함으로써 성립하는 범죄이다(제142조).

7. 특수공무방해죄·특수공무방해치사상죄

특수공무방해죄는 단체 또는 다중의 위력을 보이거나 위험한 물건을 휴대하여 제136조·제138조와 제140조 내지 제143조의 죄를 범함으로써 성립하는 범죄이고(제144조 제1항), 특수공무방해치사상죄는 특수공무방해죄에 대한 결과적 가중범이다(제144조 제2항). 특수공무방해치상죄는 부진정결과적 가중범이다.

제 3 절 도주와 범인은닉의 죄

Ⅰ. 서 론

1. 의의와 보호법익

도주의 죄는 법률에 의하여 체포 또는 구금된 자가 스스로 도주하거나 타인의 도주에 관여함으로써 성립하는 범죄를 말하며, 국가의 구속권과 구금권, 국가의 구금

기능 또는 구속작용을 보호법익으로 한다. 이에 반하여 범인은닉죄는 벌금 이상의 형에 해당하는 죄를 범한 자를 은닉 또는 도피하게 함으로써 성립하는 범죄를 말하며, 정당한 형벌청구권을 방해하는 것을 본질로 하는 범죄이다. 도주죄의 보호법익이 보호하는 정도가 침해범임에 반하여 범인은닉죄는 위태범이다.

2. 구성요건의 체계

도주와 범인은닉의 죄는 도주죄와 도주원조죄 및 범인은닉죄(제151조)의 세 가지 유형으로 나눌 수 있다. 도주죄의 기본적 구성요건은 단순도주죄(제145조)이며, 특수도주죄(제146조)는 이에 대한 가중적 구성요건이다. 도주원조죄의 기본적 구성요건은 단순도주원조죄(제147조)이며, 간수자도주원조죄(제148조)는 이에 대한 가중적 구성요건이다.

Ⅱ. 도주죄

1. 단순도주죄

법률에 의하여 체포 또는 구금된 자가 도주함으로써 성립하는 범죄이다(제145조 제1항).

1) 주 체

법률에 의하여 체포 또는 구금된 자이다. 법률에 의하여 체포 또는 구금된 자란 널리 법률에 근거하여 적법하게 신체의 자유를 구속받고 있는 자를 말한다.

따라서 수형자뿐만 아니라 피고인·피의자·환형처분으로 노역장에 유치된 자·감정유치중인 자 및 소년원에 수용된 자를 포함한다.

구인된 피고인 또는 피의자도 본 죄의 주체가 된다는 것이 다수설이나, 본 죄의 주체는 법률에 의하여 체포 또는 구금된 자에 제한되어 있으므로 구인된 자는 본 죄의 주체가 될 수 없다고 해야 한다.

여기의 구금이란 현실적으로 구금된 것임을 요하므로 가석방중에 있는 자, 보석중에 있는 자 또는 형집행이 정지중인 자도 본 죄의 주체가 될 수 없다.

2) 행 위

행위는 도주하는 것이다. 도주는 구금상태로부터 이탈하는 것을 말한다. 일시적인 이탈로도 족하며, 작위뿐만 아니라 부작위에 의한 도주도 가능하다. 본 죄는 간수자의 실력적 지배에서 벗어났을 때에 즉시 기수가 되는 즉시범이다.

2. 집합명령위반죄

법령에 의하여 구금된 자가 천재·사변 기타 법령에 의하여 잠시 해금된 경우에 정당한 이유 없이 그 집합명령에 위반함으로써 성립하는 범죄이다(제145조 제2항). 본 죄는 집합명령에 응하지 않음으로써 성립하는 진정부작위범이다. 따라서 비록 형법이 본 죄의 미수범처벌규정을 두고 있다고 할지라도 본 죄의 미수범은 있을 수 없다.

3. 특수도주죄

수용설비 또는 기구를 손괴하거나 사람에게 폭행 또는 협박을 가하거나 2인 이상이 합동하여 도주함으로써 성립하는 범죄이다(제146조). 본 죄의 주체도 법률에 의하여 체포 또는 구금된 자이다.

① 수용설비란 사람의 신체의 자유를 계속적으로 구속하기 위한 설비를 말하고, ② 기구는 포승·수갑 또는 방성구 등의 계구와 같이 신체를 직접 구속하는 기구이다. ③ 손괴란 설비 또는 기구의 물리적 손괴만을 문제로 한다. ④ 폭행·협박은 도주의 수단으로 간수자에 대하여 행하여지는 것을 말하며, 2인 이상이 합동하여란 합동범에 있어서의 합동과 같이 시간적·장소적 협동을 의미한다.

Ⅲ. 도주원조죄

1. 단순도주원조죄

1) 의 의

법률에 의하여 구금된 자를 탈취하거나 도주하게 함으로써 성립하는 범죄이다(제

147조). 본 죄는 도주죄에 대한 교사 또는 방조에 해당하는 행위를 독립된 구성요건으로 규정한 것이다. 따라서 본 죄에 대하여서는 총론상의 공범규정이 적용될 수는 없다.

2) 구성요건

(1) 주 체

법률에 의하여 구금되어 있는 자를 제외하면 본 죄의 주체에는 제한이 없다.

(2) 행위의 객체

법률에 의하여 구금된 자이다.

(3) 행 위

본 죄의 행위는 탈취하거나 도주하게 하는 것이다. 탈취한 피구금자를 그 간수자의 실력적 지배로부터 이탈시켜 자기 또는 제3자의 실력적 지배로 옮기는 것을 말하며, 그 수단과 방법은 묻지 않는다. 도주하게 한다고 함은 피구금자를 도주하게 하는 일체의 행위를 말한다.

2. 간수자 도주원조죄

법률에 의하여 구금된 자를 간수 또는 호송하는 자가 이를 도주하게 함으로써 성립하는 범죄이다(제148조). 본 죄는 그 주체가 법률에 의하여 구금된 자를 간수 또는 호송하는 자에 제한되는 신분범이다.

Ⅳ. 범인은닉죄

1. 구성요건

벌금 이상의 형에 해당하는 죄를 범한 자를 은닉 또는 도피하게 함으로써 성립하는 범죄이다(제151조 제1항).

1) 객관적 구성요건

(1) 행위의 주체

본 죄의 주체에는 제한이 없다. 다만 범인 자신의 은닉 또는 도피행위는 본 죄를 구성하지 않는다. 그러나 범인 아닌 자면 본 죄의 주체가 될 수 있으므로 공동정범 중의 한 사람이 다른 공동정범을 도피하게 한 경우에는 본 죄를 구성한다.

범인이 제3자를 교사하여 자기의 범인은닉행위를 하게 한 경우에 범인은닉죄의 교사범이 될 수 있는 가에 대하여는 ① 타인을 교사하여 자기를 은닉하게 하는 것은 자기비호의 연장에 불과하므로 교사범도 될 수 없다는 부정설과, ② 이 경우에는 자기비호의 한계를 일탈한 것으로서 기대가능성이 인정되기 때문에 교사범의 성립을 인정하는 긍정설이 대립하고 있다. ③ 그러나 본 죄의 주체로 될 수 없는 자가 교사범으로 처벌받는다는 것은 옳다고 할 수 없고, 공범이 정범에 비하여 처벌의 가치가 크다고는 할 수 없으므로 부정설이 타당하다.

(2) 행위의 객체

벌금 이상의 형에 해당하는 죄를 범한 자이다.

여기서 ① 벌금 이상의 형에 해당하는 죄란 법정형에 벌금 이상의 형을 포함하고 있는 범죄를 말하고, ② 죄를 범한 자에게는 정범뿐만 아니라 교사범과 종범을 포함하며, 예비 · 음모를 한 자도 포함된다. 다만 죄를 범한 자라고 하기 위하여는 구성요건에 해당하고 위법 · 유책할 뿐만 아니라 처벌조건과 소송조건을 구비하였을 것을 요한다. 따라서 친고죄에 있어서 단순히 고소가 없는 경우에는 여기에 해당하나, 고소권이 소멸한 후에는 이에 포함되지 아니한다. ③ 본 죄의 객체가 진범인임을 요하는가에 대하여는 진범인임을 요하지 않는다는 견해(판례)와 진범인뿐만 아니라 객관적으로 판단하여 진범인이라고 강하게 의심된 자를 포함한다고 해석하는 견해도 있으나, 진범인이 아닌 자를 은닉하였다고 국가의 정당한 형벌권이 방해된다고 볼 수 없을 뿐만 아니라, 진범인이 아닌 자를 죄를 범한 자에 포함한다고 할 수 없으므로 이를 진범인에 한한다고 해야 한다.

(3) 행 위

본 죄의 행위는 은닉 또는 도피하게 하는 것이다. 은닉이란 장소를 제공하여 범인을 감추어 주는 행위를 말하고, 도피하게 한다는 것은 그 이외의 방법으로 관헌의 체포·발견을 곤란 또는 불가능하게 하는 일체의 행위를 의미한다. 예컨대 도피비용을 제공하거나 은신처를 제공하는 행위, 도피중인 자에게 수사상황을 알려주는 행위 등이 여기에 해당한다. 본 죄의 행위는 작위뿐만 아니라 부작위에 의하여도 행할 수 있다. 그러나 일반인이 범인을 신고하지 않았거나 수사기관에 인계하지 않은 것만으로는 본 죄가 성립하지 않는다.

2) 주관적 구성요건

주관적 구성요건으로는 벌금 이상의 죄에 해당하는 죄를 범한 자를 은닉 또는 도피하게 한다는 인식과 의사가 있어야 한다.

3) 죄 수

동일한 범인을 은닉하고 도피하게 한 때에는 본 죄의 포괄일죄가 된다. 이에 반하여 하나의 행위로 동일사건에 관한 수인의 범인을 은닉 또는 도피하게 한 때에는 수죄가 성립하여 상상적 경합의 관계가 된다고 해야 한다.

2. 친족간의 특칙

1) 법적 성질

친족·호주 또는 동거의 가족이 본인을 위하여 범인은닉죄를 범한 때에는 벌하지 않는다(제151조 제2항). 본 죄에 대한 친족간의 특례를 인정한 법적 성질에 관하여는 책임조각사유설과 인적처벌조각사유설이 대립하고 있으나, 특례의 기본정신이 친족간의 정의에 비추어 본 죄를 범하지 않을 것을 기대할 수 없다는 데 있는 이상 책임조각사유로 이해하는 것이 타당하다. 따라서 특례에 해당하는 경우에는 무죄판결을 하여야 한다.

2) 특례의 적용범위

(1) 적용의 요건

특례는 친족·호주 또는 동거의 가족이 본인이 행사책임의 이익을 위하여 범인은닉죄를 범한 경우에 적용된다. 친족의 범위는 민법에 의할 것이나, 본 죄의 취지상

내연관계에 있는 자와 그 출생자도 여기에 포함된다고 할 것이다.

(2) 특례와 공범관계

친족이 친족 아닌 자와 공범으로서 본 죄를 범한 경우에는 특례는 친족에 대하여만 적용되며, 제3자가 친족을 교사·방조하여 본 죄를 범하게 한 때에는 친족은 처벌되지 아니하나 친족 아닌 자는 본 죄의 공범으로 처벌된다. 문제는 친족이 제3자를 교사하여 범인은닉죄를 행하게 한 경우에 친족에 대하여 특례가 적용되는가에 있다. 이에 관하여 통설은 비호권의 남용으로 보아 본 죄의 교사범이 성립한다고 한다. 그러나 특례는 친족에 대하여는 기대가능성이 없기 때문에 책임이 조각된다는 취지에 불과하므로, 이 경우에도 친족에 대하여는 특례가 적용된다고 해석하는 것이 타당하다고 생각된다.

제 4 절 위증과 증거인멸의 죄

Ⅰ. 서 론

1. 위증죄의 의의와 본질

1) 위증죄의 의의

위증죄란 법률에 의하여 선서한 증인이 허위의 진술을 하거나, 법률에 의하여 선서한 감정인·통역인 또는 번역인이 허위의 감정·통역 또는 번역함으로써 성립하는 범죄를 말한다.

2) 위증죄의 본질

위증죄의 보호법익은 국가의 사법작용과 징계작용이며, 본 죄의 보호법익이 보호받는 정도는 추상적 위험범이다. 따라서 위증죄는 허위의 진술에 의하여 국가의 사법기능이 침해될 추상적 위험이 있으면 완성된다. 위증죄는 법률에 의하여 선서한 증인이라는 신분을 요하는 신분범일 뿐만 아니라, 이러한 신분을 가진 자가 스스로 허위의 증언을 할 때에만 성립하는 자수범이다. 따라서 본 죄의 정범은 스스로 허위의 증언을 하는 자일 것을 요하며, 간접정범이나 공동정범의 형태에 의하여 본 죄를 범할 수는 없다.

2. 증거인멸죄의 의의

증거인멸죄는 타인의 형사사건 또는 징계사건에 대한 증거를 인멸·은닉·위조 또는 변조하거나, 위조 또는 변조한 증거를 사용하거나, 타인의 형사사건 또는 징계사건에 관한 증인을 은닉 또는 도피하게 하여 국가의 심판기능을 방해하는 것을 내용으로 하는 범죄이다. 이와 같이 증거인멸죄는 사법작용에 대한 국가의 기능을 보호법익으로 하는 추상적 위험범이라는 점에서 위증죄와 본질은 같이한다. 다만 위증죄가 무형적인 방법으로 증거의 증명력을 해하는 범죄임에 반하여, 증거인멸죄는 유형적 방법에 의하여 증거의 증명력을 해한다는 점에서 양자는 구별된다. 이러한 의미에서 위증죄는 증거인멸죄에 대하여 특별관계에 있다고 할 수 있다.

Ⅱ. 위증죄

1. 단순위증죄

1) 객관적 구성요건

본 죄는 법률에 의하여 선서한 증인이 허위의 진술을 함으로써 성립한다.

(1) 행위의 주체

법률에 의하여 선서한 증인이다. ① 법률에 의한 선서란 선서가 법률에 정한 절차에 따라 유효하게 행하여질 것을 요한다는 의미이다. 여기서 법률이란 법률뿐만 아니라 법률의 위임에 의한 명령 등을 포함한다.

선서는 유효한 것이어야 하므로 선서를 하게 할 권한 있는 기관에 대하여 한 것이어야 한다. 그러나 선서절차에 사소한 하자가 있다는 것만으로 그 선서가 효력을 잃은 것은 아니며, 사전선서인가 사후선서인가를 불문한다(통설). ② 증인이란 법원 또는 법관에 대하여 과거의 경험사실을 진술하는 제3자를 말한다.

공범자 또는 공동피고인이 증인의 자격에서 선서하고 증언한 때에는 본 죄의 주체가 될 수 있다고 해석하는 견해도 있다. 그러나 공범자 아닌 공동피고인은 증인적격이 있지만, 공범자인 공동피고인은 증인적격이 없다고 해야 할 것이므로 이 경우에는 본 죄의 주체가 될 수 없다고 해야 한다.

(2) 행 위

본 죄의 행위는 허위의 진술을 하는 것이다.

① 진술의 허위성

허위가 무엇을 의미하는가에 대하여는 ㉠ 허위란 객관적 진실에 반하는 것을 의미하며 증인의 기억과 일치하는가는 불문한다고 해석하는 객관설과, ㉡ 허위란 증인이 기억에 반하는 증언을 하는 것을 의미하며 그것이 객관적 진실과 일치하는가는 문제되지 않는다고 해석하는 주관설이 대립하고 있다. 주관설이 통설의 입장이다. ㉢ 판례도 주관설을 취하여 증언이 객관적 진실에 반하였다고 하여 위증이라고 할 수는 없고, 반대로 기억에 반하는 진술을 할 때에는 진실과 일치하는 경우에 허위의 진술을 한 경우에 해당한다고 판시하고 있다.

그러나 범죄의 성부는 보호법익과의 관계에서 판단해야 할 것인바, 진실과 일치하는 증언이 국가의 사법기능에 위험을 초래했다고 할 수 없을 뿐만 아니라, 허위란 객관적 진실에 반하는 것을 의미하므로 본 죄의 허위의 개념도 객관설에 의하는 것이 타당하다.

② 진 술

허위의 진술이란 증인이 허위의 사실을 진술하는 것을 말한다. ㉠ 진술의 대상은 사실에 제한되며 가치판단을 포함하지 않는다. 사실인 이상 외적사실뿐만 아니라 내적 사실을 포함한다. ㉡ 진술의 방법에도 제한이 없다. 구도에 의한 진술뿐만 아니라 거동이나 표정에 의한 진술도 포함한다. 다만 단순한 진술거부의 경우는 진술에 해당한다고 할 수 없다. 그러나 예외적으로 진술거부에 의하여 전체로서의 진술내용이 허위로 되는 때에는 부작위에 의한 위증이 될 수 있다. ㉢ 진술의 내용은 반드시 요증사실에 대한 것으로 판결에 영향을 미칠 수 있는 것임을 요하지 않는다. 사실에 대한 진술뿐만 아니라 인정신문에 대한 진술도 포함한다.

③ 기수시기

본 죄의 기수시기에 대하여는 증인이 당해 허위의 진술을 하였을 때에는 신문의 종료를 기다리지 않고 즉시 기수가 된다고 해석하는 견해도 있지만, 1회의 증인신문절차에 있어서의 증언은 포괄적으로 한 개의 행위라고 파악함이 타당하므로 증인에 대한 신문절차가 종료한 때에 기수가 된다고 하는 통설이 타당하다. 다만 증인이 진술을 한 후에 선서한 때에는 그 선서를 끝낸 때에 기수가 된다고 해야 한다.

2) 주관적 구성요건

본 죄의 성립에 필요한 고의의 내용에는 법률에 의하여 선서한 증인이라는 신분에 대한 인식뿐만 아니라, 허위의 진술을 한다는 점에 대한 인식도 포함된다.

3) 공 범

본 죄는 자수범이므로 법률에 의하여 선서하고 증언하는 자 이외의 자는 본 죄에 대한 간접정범이나 공동정범이 될 수 없다. 그러나 본 죄에 대한 교사나 방조가 가능하다는 점에는 의문이 없다. 문제는 형사피고인이 자기의 형사사건에 관하여 타인을 교사하여 위증하게 한 경우에 본 죄의 교사범이 성립할 수 있는가에 있다.

(1) 적극설

적극설은 ① 형사피고인이 타인에게 위증을 교사한 경우까지 책임이 조각된다고는 할 수 없고, ② 정범에게 위증죄가 성립한 이상 교사범의 성립도 인정해야 한다는 것을 근거로 형사피고인도 본 죄의 교사범이 될 수 있다고 해석한다.

(2) 소극설

소극설은 ① 정범으로 처벌되지 않는 피고인에게 교사범으로서의 형사책임을 부담하게 하는 것은 부당하며, ② 피고인이 타인을 교사하여 위증하게 하는 것은 피고인 자신이 허위의 진술을 하는 것과 차이가 없다는 점을 근거로 하여 형사피고인은 본 죄의 정범은 물론 교사범도 될 수 없다고 한다.

(3) 비 판

피고인에 대하여 본 죄가 성립하지 않는 것은 피고인은 증인적격이 없기 때문에 본 죄의 구성요건을 충족할 수 없기 때문이라고 해야 한다. 이를 책임조각사유로 이해하여 타인을 교사한 때에는 기대가능성이 조각되지 않는다고 하는 것은 타당하다고 할 수 없다. 따라서 소극설이 타당하다.

4) 자백 · 자수의 특칙

본 죄를 범한 자가 그 진술한 사건의 재판 또는 징계처분이 확정되기 전에 자백 또는 자수한 때에는 그 형을 감경 또는 면제한다(제153조). 자백이란 허위의 진술을 한 사실을 고백하는 것을 말하며, 자수란 범인이 자발적으로 수사기관에 대하여 자기의 범죄사실을 신고하여 소추를 구하는 의사표시를 말한다.

2. 모해위증죄

피고인 · 피의자 또는 징계혐의자를 모해할 목적으로 위증한 경우에 성립하는 범죄이다(제152조 제2항). 모해할 목적이란 그들을 불이익하게 할 일체의 목적을 말한다.

3. 허위감정 · 통역 · 번역죄

법률에 의하여 선서한 감정인 · 통역인 또는 번역인이 허위의 감정 · 통역 또는 번역을 함으로써 성립하는 범죄이다(제154조). 감정인이란 특수한 지식 · 경험을 가진 제3자가 그 지식 · 경험에 의하여 알 수 있는 법칙 또는 그 법칙을 적용하여 얻은 판단을 법원 또는 법관에게 보고하는 것을 말한다. 판례는 본 죄를 부진정신분범이라고 해석하고 있다.

Ⅲ. 증거인멸죄

1. 단순증거인멸죄

1) 의 의

타인의 형사사건 또는 징계사건에 대한 증거를 인멸 · 은닉 · 위조 또는 변조하거나, 위조 또는 변조한 증거를 사용함으로써 성립하는 범죄이다(제155조 제1항). 국가의 형사사법기능을 보호하는 추상적 위험범이다.

2) 구성요건

(1) 행위의 객체

행위의 객체는 타인의 형사사건 또는 징계사건에 대한 증거이다. 증거란 범죄의 성부, 태양, 형의 가중감면, 정상 등을 인정할 수 있는 일체의 자료를 말한다.

① 증거는 「타인」의 형사사건 또는 징계사건에 대한 것이어야 한다. 따라서 자기 증거인멸은 본 죄를 구성하지 않는다. 자기의 형사사건에 대한 증거를 인멸하기 위하여 타인을 교사한 경우에 판례는 본 죄의 성립을 긍정하는 적극설의 입장을 취하고 있으나, 본 죄의 정범이 될 수 없는 자가 교사에 의하여 본 죄를 범한다는 것은 인정할 수 없으므로 본 죄의 성립을 부정하는 소극설이 타당하다. 공범자의 형사피고사건에 대한 증거를 타인의 형사사건에 대한 증거라고 할 수 있는가에 대하여도 견해가 대립하고 있으나, 공범에 있어서는 누구의 이익인가를 구별할 수 없으므로 본 죄의 성립을 부정하는 것이 타당하다. 다만 판례는 자기의 이익을 위한 동시에 공범자의 이익이 된 때에는 본 죄의 성립을 부정하고 있다.

② 증거는 타인의 「형사사건 또는 징계사건에 대한 것」임을 요하므로 민사·행정 또는 선거사건에 대한 증거는 여기에 포함되지 않는다. 다만 형사사건은 피고사건뿐만 아니라 피의사건도 포함되며, 수사개시전의 사건도 포함된다는 것이 통설·판례이다. 그러나 수사개시전에는 형사사법기능이 침해될 위험도 없을 뿐만 아니라 본 죄의 성립을 불안정하게 할 뿐이므로 이 경우는 제외된다고 하는 것이 타당하다.

(2) 행 위

본 죄의 행위는 증거를 인멸·은닉·위조 또는 변조하거나, 위조 또는 변조한 증거를 사용하는 것이다. ① 증거의 인멸이란 증거의 현출방해는 물론 그 효력을 멸실·감소시키는 일체의 행위를 포함한다. ② 은닉이란 증거의 현출을 곤란하게 하는 것을 말한다. ③ 위조는 타인의 형사사건 등에 관계되는 새로운 증거를 작출하는 것이며, 변조는 기존의 증거에 변경을 가하여 허위의 증거를 변작하는 것을 말한다. ④ 사용이란 위조 또는 변조된 증거를 진정한 증거로 사용하는 것을 말한다.

(3) 주관적 구성요건

본 죄가 성립하기 위하여는 타인의 형사사건 또는 징계사건에 대한 증거를 인멸 · 은닉 · 위조 · 변조 또는 사용한다는 점에 대한 고의가 있어야 한다.

3) 친족간의 특칙

친족 · 호주 또는 동거의 가족이 본인을 위하여 본 죄를 범한 때에는 처벌하지 못한다(제155조 제4항). 친족간의 정의를 고려한 책임조각사유이다. 적용범위는 범인은닉죄의 그것과 같다.

2. 증인은닉 · 도피죄

타인의 형사사건 또는 징계사건에 관한 증인을 은닉 또는 도피하게 함으로써 성립하는 범죄이다(제155조 제2항). 여기의 증인에는 형사소송법상의 증인뿐만 아니라 수사기관에서 조사하는 참고인을 포함한다.

3. 모해증거인멸죄

피고인 · 피의자 또는 징계피의자를 모해할 목적으로 증거를 인멸하거나 증인을 은닉 또는 도피하게 함으로써 성립하는 범죄이다(제155조 제3항).

제 5 절 무고의 죄

Ⅰ. 서 론

무고죄란 타인으로 하여금 형사처분 또는 징계처분을 받게 할 목적으로 공무소 또는 공무원에 대하여 허위의 사실을 신고함으로써 성립하는 범죄이다(제156조). 무고죄는 국가의 심판기능을 보호법익으로 하는 국가적 법익에 대한 범죄지만 부수적으로는 부당하게 처벌받지 않을 개인의 이익도 보호하는 이중성격을 가진 범죄이다(통설). 다만 무고죄의 주된 보호법익은 국가의 심판기능이라 할 것이므로 피무고자의 승낙은 본 죄의 성립에 영향을 미치지 못한다. 보호법익이 보호받는 정도는 추상적 위험범이다.

Ⅱ. 무고죄

1. 구성요건

1) 객관적 구성요건

(1) 주 체

본 죄의 주체에는 제한이 없다.

(2) 행위의 대상

행위의 대상은 공무소 또는 공무원이다. 여기서 공무소 또는 공무원이라 함은 형사처분에 있어서는 수사기관인 검사 또는 사법경찰관뿐만 아니라 그 보조자를 포함하며, 징계처분에 있어서는 징계처분을 할 수 있는 직권 있는 소속장뿐만 아니라 징계처분을 촉구할 수 있는 기관을 포함한다.

(3) 행위의 태양

허위의 사실을 신고하는 것이다.

① 허위의 사실

허위란 객관적 진실에 반하는 것을 의미하며, 신고 된 사실이 허위인가의 여부는 사실의 핵심 또는 중요내용이 진실과 부합하는가에 따라서 판단해야 한다. 객관적 사실관계와 일치하는 경우에 법률평가를 잘못하였거나 죄명을 잘못 적은 것에 지나지 않는 때에는 허위의 사실이라고 할 수 없고, 신고한 사실이 진실인 이상 형사책임을 부담할 자를 잘못 선택하였다고 하여 무고죄가 성립하는 것도 아니다. 다만 허위의 사실은 형사 또는 징계처분의 원인이 될 수 있는 구체적 사실일 것을 요한다. 다만 판례는 당해 관청의 직권을 발동할 수 있는 정도이면 추상적 사실로 족하다고 판시하고 있다.

② 신 고

신고란 자진하여 사실을 고지하는 것을 말한다. 즉 신고는 자발성을 요건으로 한다. 따라서 수사기관의 신문에 대하여 허위의 진술을 하는 것은 신고에 해당하지 않는다. 신고의 방법에는 제한이 없다. 반드시 자기의 이름으로 신고할 것을 요하지 않으며, 다른 사람의 이름으로 신고하는 경우는 물론 익명으로 한 경우도 포함한다. 그러나 부작위에 의한 무고는 성립할 수 없다. 단순한 부작위에 의하여는 무고의 불법이 실현될 수 없기 때문이다.

2) 주관적 구성요건

(1) 고 의

본 죄가 성립하기 위하여는 행위자에게 공무소 또는 공무원에게 허위의 사실을 신고한다는 것에 대한 고의가 있어야 한다. 허위의 사실에 대한 인식도 고의의 내용에 포함된다. 다만 허위의 사실의 인식이 확정적 고의를 요하는 가에 대하여 통설·판례는 미필적 고의로도 족하다고 해석하고 있다. 그러나 허위에 대한 미필적 고의로도 족하다고 해석할 때에는 허위일 가능성을 인식하는 경우에 고의를 인정하지 않을 수 없게 되어 본 죄의 성립을 부당하게 확대하는 결과를 초래하게 되는바, 허위에 대한 인식은 확정적 고의임을 요한다고 해야 한다.

(2) 목적범

본 죄는 타인으로 하여금 형사처분 또는 징계처분을 받게 할 목적이 있을 것을 요하는 목적범이다.

① 타 인

본 죄는 타인으로 하여금 형사처분 등을 받게 할 목적이 있어야 하므로 자기 무고는 본 죄를 구성하지 않는다. 여기서 타인이란 특정되고 인식할 수 있는 살아 있는 사람을 말한다. 따라서 타인은 실재인임을 요하며, 사자나 허무인에 대한 무고는 본 죄를 구성하지 않는다. 타인은 자연인이건 법인이건 불문한다.

② 형사처분과 징계처분

형사처분이란 형법에 의한 형벌뿐만 아니라 사회보호법에 의한 보안처분 또는 소년법에 의한 보호처분을 포함하며, 징계처분은 특별권력관계에 의한 제재를 의미한다.

③ 목 적

형사처분 또는 징계처분을 받게 할 목적을 인정하기 위하여 결과발생에 대한 미필적 인식으로 족하다는 것이 다수설·판례이나, 여기의 목적은 결과의 발생을 의욕하였거나 적어도 확실하다고 인식하는 확정적 고의가 있음을 요한다고 해야 한다.

3) 기수시기

본 죄는 허위사실의 신고가 공무소 또는 공무원에게 도달한 때에 기수가 된다.

2. 위법성과 죄수 및 처벌

1) 위법성

무고죄의 구성요건에 해당하는 행위가 위법성이 조각되는 경우는 사실상 생각할 여지가 없다. 피해자의 승낙도 본 죄의 위법성을 조각하지 못한다.

2) 죄 수

한 개의 행위로 한 사람에 대한 수개의 사실을 신고한 때에는 1죄가 성립하며, 한 개의 행위로 수인을 무고한 때에는 수죄의 상상적 경합이 된다. 국가의 심판기능은 사람에 따라 별도로 발생하기 때문이다. 그러나 수개의 행위로 반복하여 동일인에 대한 사실을 신고한 때에는 연속범이 되지 않는 한, 수죄의 경합범이 된다.

3) 자백 · 자수에 대한 특칙

본 죄를 범한 자가 그 신고한 사건의 재판 또는 징계처분이 확정되기 전에 자백 또는 자수한 때에는 그 형을 감경 또는 면제한다(제157조, 제153조).

기출문제 및 해설

1. 내란죄와 소요죄에 관한 다음 설명 중 틀린 것은? 01. 여경2차
   ① 모두 추상적 위험범이다.
   ② 내란죄는 목적범이고, 소요죄는 목적범이 아니다.
   ③ 주체는 모두 다중의 소요임을 요하고 특히 내란은 다중이 다소 조직임을 요한다.
   ④ 내란죄는 국가 내부적 안정과 평안의 위협이고, 소요죄는 국가 외부적 안정과 평안에 대한 위협이다.

정답: ④ (해설) ④ 국가의 외부적 안정과 평안에 관한 죄는 외환죄를 말한다.

2. 국기·국장모독죄의 행위 태양이 아닌 것은? 00. 경사승진
   ① 손 상　② 비 방
   ③ 오 욕　④ 제 거

정답: ② (해설) 국기·국장모독죄(제105조)는 대한민국을 모욕할 목적으로 국기 또는 국장을 손상, 제거 또는 오욕함으로써 성립한다.

3. 경찰관 甲은 乙이 뺑소니 운전자라는 사실을 알면서도 안면이 있는 사이여서 수사에 착수하지 않았다. 甲의 죄책은? 00. 경감승진
   ① 직무유기죄　② 범인은닉죄
   ③ 직권남용죄　④ 특수직무유기죄

정답: ④ (해설) 뺑소니는 특가법의 도주차량운전죄(제5조의3)에 해당하는 범죄인데, 특가법 제15조 (특수직무유기)는 범죄수사의 직무에 종사하는 공무원이 특가법에 규정된 죄를 범한 자를 인지하고 그 직무를 유기한 때에는 1년 이상의 유기징역에 처하도록 하고 있다.

4. 甲은 세무서직세와 법인세계 소속공무원으로부터 법인의 부가가치세외 관련된 업무를 담당하던 중 乙이 경영하는 회사의 부가가치세 불성실 신고혐의를 인지하고 세금추징을 목적으로 위 회사에 대한 일반 경정조사를 벌인 결과 乙이 실물거래 없이 丙으로부터 허위 세금계산서를 교부받은 것을 확인하였다. 그런데도 甲은 乙에대한 통

고처분이나 고발조치를 건의하지 아니하였다. 甲은 관할검찰청 검사장으로부터 범칙 사건을 조사할 수 있는 자로 지명되지 않았다. 甲의 죄책은?(판례에 의함)

04. 일반1차

① 직무유기죄 ② 공무집행방해죄

③ 무 죄 ④ 위계에 의한 공무집행방해죄

정답: ③ (해설) ③ 통고처분이나 고발을 할 권한이 없는 세무공무원이 그 권한자에게 범칙사건 조사 결과에 따른 통고처분이나 고발조치를 건의하는 등의 조치를 취하지 않았다고 하더라도, 구체적 사정에 비추어 그것이 직무를 성실히 수행하지 못한 것이라고 할 수 있을지언정 그 직무를 의식적으로 방임 내지 포기하였다고 볼 수 없다고 한 사례(大判 1997.4.11, 96도2753).

5. 직무유기죄에 관한 판례의 입장에 부합하지 않는 것은? 02. 남경1차

① 직무는 공무원법상의 고유한 구체적인 직무에 제한된다.

② 유기란 직무에 관한 의식적인 방임 내지 포기 등 정당한 이유 없이 직무를 수행하지 않는 경우를 말한다.

③ 국가의 기능을 보호법익으로 하는 구체적 위험범이다.

④ 직무유기란 공무원의 추상적인 충성의무를 태만하는 일체의 경우를 말한다.

정답: ④ (해설) ④ 직무유기는 공무원법상의 본래의 직무 또는 고유한 직무를 말하며, 공무원의 신분관계로 인하여 생기는 부수적 직무는 제외된다. 또한 직무의 범위는 공무원이 맡은 바 직무를 제때에 수행하지 않으면 실효를 거둘 수 없는 구체적인 직무여야 하므로 법령에 근거하거나 특별한 지시 또는 명령이 있어야 한다.

6. 다음 범죄 중 부정한 청탁을 요건으로 하는 범죄는? 03. 여경2차

① 사건수뢰죄 ② 사후수뢰죄

③ 제3자 뇌물제공죄 ④ 알선수뢰죄

정답: ③ (해설) ③ 단순수뢰죄가 성립하기 위하여는 반드시 청탁을 받아야 할 것을 요하는 것은 아니다. 다만 사전수뢰죄와 사후수뢰죄는 청탁을 그리고 제3자 뇌물제공죄는 부정한 청탁을 요건으로 한다.

7. 뇌물죄에 대한 설명으로 옳지 않은 것은? 03. 경사승진

① 판례, 다수설은 뇌물죄의 보호법익을 '직무행위의 불가매수성'이라고 한다.

② 뇌물은 직무에 관한 것이라야 한다.

③ 이성간의 정교는 뇌물이 될 수 없다.

④ 뇌물인 이익은 제공당시 현존하거나 확정적일 필요는 없다.

정답: ③ (해설) ② 뇌물죄에 있어서의 직무라 함은 공무원이 법령상 관장하는 직무 그 자체뿐만 아니라 그 직무와 밀접한 관계가 있는 행위 또는 관례상이나 사실상 소관하는 직무행위 및 결정권자를 보좌하거나 영향을 줄 수 있는 직무행위도 포함한다.

③ 뇌물죄에 있어서 뇌물의 내용인 이익이라 함은 금전, 물품 기타의 재산적 이익뿐만 아니라 사람의 수요, 욕망을 충족시키기에 족한 일체의 유형, 무형의 이익을 포함하므로 이성간의 정교 또한 뇌물에 해당한다.

④ 뇌물죄에서 [약속]이란 양 당사자 사이에 뇌물의 수수를 합의하는 것을 말하므로 목적물인 이익이 약속 당시에 현존할 필요는 없다.

8. 수뢰죄에 관한 설명으로 틀린 것은? 00. 경사승진

① 공무원이 직무와 관련하여 금품을 받은 후 며칠 후에 돌려주어도 수뢰죄가 성립한다.

② 공무원이 직무와 관련하여 금품을 요구함에 그치고 받지 못하였다면 수뢰죄는 성립하지 않는다.

③ 공무원이 직무와 관련하여 금품을 요구하지 않았으나 상대방이 스스로 주기로 받은 경우에도 수뢰죄가 성립한다.

④ 공무원이 직무와 관련하여 금품을 받은 후 적법하게 직무를 처리하였더라도 수뢰죄는 성립한다.

정답: ② (해설) 수뢰죄는 공무원 또는 중재인이 그 직무에 관하여 뇌물을 수수, 요구 또는 약속함으로써 성립하므로 ②의 경우에도 수뢰죄의 기수범이다. 뇌물죄는 청탁을 요건으로 하지 않으므로 ④는 타당하다.

9. 뇌물죄에 관한 다음 설명 중 틀린 것은? 2001. 일반2차

① 뇌물은 반드시 몰수해야 한다.

② 뇌물을 요구, 약속하고 이를 수수하였을 경우 포괄하여 1죄만 성립한다.

③ 이성간의 정교도 뇌물로 된다.

④ 뇌물죄의 주체는 공무원에 한정이 된다.

정답: ④ (해설) ④ 뇌물죄의 주체는 공무원 외에도 '중재인'도 포함된다(제129조 이하).

10. 뇌물죄에 관한 다음 설명 중 옳은 것은? 2001. 일반3차

① 직무를 부정하게 집행하려는 의사가 없으면 뇌물죄가 성립하지 않는다.
② 경제적 가치가 없는 것은 뇌물이 될 수 없다.
③ 직무에 관하여 뇌물을 약속하는 것만으로도 뇌물죄는 성립한다.
④ 공개된 장소에서의 수수는 뇌물죄를 구성하지 않는다.

정답: ③ (해설) ③ 현실적으로 수수할 것을 요하지 아니하며, 요구하거나 약속하는 것만으로도 수뢰죄는 성립한다(제129조 제1항).

11. 다음 중 뇌물죄에 관한 판례의 태도를 잘못 기술한 것은? 2003. 남경1차

① 뇌물죄는 직무집행의 공정과 이에 대한 사회의 신뢰에 기하여 직무집행위의 불가매수성을 그 직접의 보호법익으로 하고 있다.
② 수수된 금품의 뇌물성을 인정하는데 특별한 청탁이 있어야만 하는 것은 아니고, 또한 금품이 직무에 관하여 수수된 것으로 족하고 개개의 직무행위와 대가적 관계에 있을 필요는 없으나, 그 직무행위는 특정된 것이어야 한다.
③ 공무원이 그 이익을 수수하는 것으로 인하여 사회일반으로부터 직무집행의 공정성을 의심받게 되는지 여부도 뇌물죄의 성부를 판단함에 있어서의 판단기준이 된다.
④ 공무원의 직무와 관련하여 금품을 수수하였다면 비록 사교적 의례의 형식을 빌어 금품을 주고받았다 하더라도 그 수수한 금품은 뇌물이 된다.

정답: ③ (해설) ② 뇌물은 직무에 관한 부정한 보수임을 요하므로 뇌물과 직무행위 사이에 급부와 반대급부라는 대가관계가 있어야 한다. 대가관계는 개개의 직무행위에 대해서 구체적으로 존재할 필요는 없고, 그 공무원의 직무에 관한 것이면 특징적, 포괄적임을 불문한다.

12. 공무원 甲은 뇌물로 받은 100만원짜리 자기앞수표를 A 은행에 예치한 후 같은 액수의 돈을 뇌물로 공여했던 乙에게 반환하였다. 이 경우 몰수 또는 추징의 방법으로 옳은 것은? 2001. 경감승진

① 甲으로부터 몰수하여야 한다. ② 甲으로부터 추징하여야 한다.
③ 乙로부터 몰수하여야 한다. ④ 乙로부터 추징하여야 한다.

정답: ② (해설) ② 뇌물로 받은 돈을 은행에 예금한 경우 그 예금행위는 뇌물의 처분행위에

해당한다 할 것이므로 그 후 수뢰자(甲)가 같은 액수의 돈을 증뢰자(乙)에게 반환하였다 하더라도 이를 뇌물자체의 반환이라고 볼 수 없으므로 이런한 경우에는 수뢰자(甲)로부터 그 가액을 추징하여야 한다(大判 1985.9.10, 85도1350).

13. 뇌물죄에 있어 몰수와 추징에 대한 설명 중 틀린 것은? 2001. 여경1차

① 수뢰자가 수뢰한 뇌물을 소비한 후 이에 상당한 금원을 증뢰자에게 반환한 경우라도 수뢰자에게 추징하여야 한다.

② 뇌물의 추징과 몰수는 필요적이며 법관의 재량은 허용되지 않는다.

③ 수인이 공동하여 뇌물을 수뢰한 경우에는 평등하게 분할한 액을 추징하여야 한다.

④ 수뢰자가 수뢰한 금품을 소비하여 몰수할 수 없는 경우에는 그 가액을 추징한다.

정답: ③ (해설) ③ 수인이 공동하여 뇌물을 수수한 경우 각자가 실제로 수수한 금품을 몰수하거나 그 가액을 추징하는 것이 원칙이다.

14. 뇌물죄에 관한 다음 설명 중 옳지 않은 것은? 2003. 경감승진

① 공무원이 직무와 관련하여 돈을 요구함에 그친 경우라도 수뢰죄는 성립한다.

② 공무원이 아닌 자가 공무원의 수뢰행위에 가담하여 돈을 받은 경우, 수뢰죄의 공범이 성립한다.

③ 공무원이 직무집행의 의사 없이 타인을 공갈하여 재물을 수수하면 공갈죄만 성립한다.

④ 수인이 공모하여 뇌물을 수수한 경우에는 평등하게 몰수 또는 추징하여야 한다.

정답: ④ (해설) ④ 수인이 공모하여 뇌물을 수수한 경우에 몰수불능으로 그 가액을 추징하려면 개별적으로 추징하여야 하고 수수금품을 개별적으로 알 수 없을 때에는 평등하게 추징하여야 한다(大判 1975.4.22, 73도1963).

15. 다음 중 알선수뢰죄에 대하 설명으로 옳은 것은? 2004. 여경3차

① 주체는 수뢰죄완 동일하다.

② 특가법상 공무원이 특정되는 등 구체적인 특정사실이 있어야 한다.

③ 정단한 직무를 알선해도 성립한다.

④ 현실적으로 알선해야 기수이다.

정답: ③ (해설) ③ 정당한 직무를 알선해도 알선수뢰죄는 성립한다(大判 1992.5.8, 92도532).
① 공무원만이 주체가 된다. 중재인은 되지 않는다.
② 특정범죄가중처벌등에관한법률이 적용되는 경우에는 알선의 상대방인 공무원이나 그 직무내용이 구체적으로 특정될 필요는 없다(大判 2001.10.26, 2000도2968).
④ 알선에 관하여 수뢰하면 본 죄가 성립하는 것이지 현실적으로 알선행위를 해야만 기수가 되는 것은 아니다.

16. 공무원 甲이 업자인 乙로부터 납품과 관련하여 뇌물과 100만원권 자기앞수표 8장을 교부 받아 그 중 6장은 자신의 기존 통장에 예금해 두었으며, 나머지 2장은 자신의 진급을 위하여 상급자인 丙에게 뇌물로 제공하였고 丙은 이를 모두 소비하였다. 그런데 후에 문제가 발생하자 丙은 현금 200만원을 甲에게 반환하였고 甲은 이 돈에다 위 통장에서 찾은 600만원을 보태 乙에게 800만원을 반환하였다. 이 경우 甲, 乙, 丙으로부터 몰수 또는 추징해야 할 금액으로 옳은 것은? 2005. 일반1차

① 乙로부터 800만원 몰수

② 甲으로부터 600만원 추징, 乙로부터 200만원 몰수

③ 甲으로부터 600만원 몰수, 丙으로부터 200만원 추징

④ 甲으로부터 800만원 추징, 丙으로부터 200만원 추징

정답: ④ (해설) ④ 일단 甲은 800만원의 뇌물을 수뢰하였고 이중 600만원은 은행에 예치하였으나 판례는 이를 소비하는 것으로 간주하여 후에 통장에서 찾아 반환을 하였다 해도 뇌물 자체의 반환에 해당하지 않으므로 甲은 상사인 丙에게 200만원을 준 것과 은행에 예치함으로 소비한 600만원(후에 乙에게 반환하였다 하더라도 뇌물자체를 반환한 것으로 인정되지 않으므로 여전히 뇌물은 甲에게 있는 것으로 간주-판례의 태도)을 추징당하게 된다. 몰수할 수 없으므로 몰수에 갈음하여 추징하게 된다. 그러므로 甲에게는 800만원을 추징하고 丙에게는 200만원을 추징한다.

17. 뇌물죄에 관한 설명 중 옳지 않은 것은? 2005. 일반2차

① 형사피고사건의 공판 참여주사가 피고인으로부터 형량을 감경케 하여 달하는 청탁과 함께 금품을 받은 경우 수뢰죄가 성립한다.

② 세무서 직원이 직무와 관련하여 담당 건설업자로 하여금 은행 대출을 받는데 연대보증하게 한 경우 수뢰죄가 성립한다.

③ 공무원이 같은 사람에 대하여 순차로 뇌물을 요구, 약속, 수수한 때에는 포괄하여 뇌물수수죄가 성립할 뿐이고 뇌물요구, 약속, 수수죄의 경합범에 해당하

지 않는다.

④ 수수된 금품의 뇌물성을 인정하는데 특별한 청탁이 있어야만 하는 것은 아니고 개개의 직무행위와 대가적 관계에 있을 필요가 없다.

정답: ① (해설) ① 법원의 참여주사가 공판에 참여하여 양형에 관한 사항의 심리내용을 공판조서에 기재한다고 하더라도 이를 가지고 형사사건의 양형이 참여주사의 직무와 밀접한 관계가 있는 사무라고 할 수 없으므로 참여주사가 형량을 감경케 해 달라는 청탁과 함께 금품을 수수하였다 하더라도 뇌물수수죄의 주체가 될 수 없다(大判 1980.10.14, 80도1373).

18. 甲은 경찰관 乙이 임의동행을 요구하였으나 이를 거절하였다. 이에 乙이 甲을 연행하려 하자 甲은 乙을 때리고 도망하였다. 甲의 죄책은? 2000. 경감승진

① 공무집행방해죄 ② 무 죄
③ 폭행죄 ④ 도주죄

정답: ② (해설) 경찰관이 임의동행을 거절하는 자를 강제로 연행하려고 한 것이라면 이는 적법한 공무집행에 해당하지 아니하므로 강제적인 임의동행을 거부하는 방법으로서 경찰관을 폭행, 협박을 하여도 공무집행방해죄는 성립하지 않는다.

19. 다음 중 공무집행방해죄가 되지 않는 것은? 2001. 여경1차

① 강제집행을 착수하려는 집행관을 주먹으로 때렸다.
② 출장중인 경찰관이 여관에서 휴식하고 있을 때 폭행을 가하였다.
③ 한 패거리가 경찰관에게 체포되어 수갑을 차게 된 것을 보고 경찰관의 손목을 쳐서 같이 도주하였다.
④ 경찰관에게 압수당한 장물을 빼앗아 강 속에 던져버렸다.

정답: ② (해설) ② 출장중인 경찰관은 직무를 집행하는 공무원이 아니므로 본 죄는 성립하지 않는다.

20. 공무집행방해죄에 관한 다음 설명 중 틀린 것은? 2001. 일반2차

① 공무집행방해죄의 주체에는 제한이 없다.
② 공무집행이 적법한 경우에만 본 죄가 성립한다.
③ 본 죄의 폭행은 최협의의 폭행을 의미한다.
④ 공무집행방해의 미수범은 처벌된다.

정답: ③ (해설) ③ 본 죄의 폭행은 광의의 폭행을 의미한다.

21. 공무집행방해에서 직무집행의 적법성에 관한 다음 설명 중 틀린 것은?

2001. 일반3차

① 직무집행행위가 당해 공무원의 추상적 직무권한에 속해야 한다.
② 직무집행의 적법성 판단기준에 대하여 판례는 주관설을 취하고 있다.
③ 직무집행을 할 수 있는 법률이 정한 구체적 권한이 있어야 한다.
④ 국민의 위법한 직무집행에 대해 정당방위를 할 수 있다.

정답: ② (해설) ② 적법성은 법원이 법령의 해석을 통하여 객관적으로 판단해야 한다.

22. 공무집행방해죄에 관해서 올바르게 설명한 것은? 2002. 남경3차

① 물건에 대한 간접적 유형력의 행사라도 그것이 공무원을 겨냥한 것이라면 본 죄에 해당한다.
② 폭행, 협박에 의하여 공무상의 직무가 현실로 방해되지 않으면 본 죄는 성립하지 않는다.
③ 주관적 요건으로서 공무원의 직무가 현실로 방해되지 않으면 본 죄는 성립하지 않는다.
④ 공무원의 직무의 집행은 다소 강제적인 것이라야 한다.

정답: ① (해설) ① 공무집행방해죄에서의 폭행의 개념은 광의의 폭행으로 사람에 대한 직간접의 유형력의 행사를 말한다. 물건에 대한 간접적 유형력의 행사라도 공무원에게 영향을 주는 경우 공무집행방해죄에 해당한다.
② 본 죄는 추상적 위험범으로 공무의 현실적 방해결과를 요하지 않는다.
③ 위법한 직무집행에는 국민이 복종할 의무가 없으므로 공무원의 직무집행이 적법한 경우에만 공무집행방해죄가 성립할 수 있다.
④ 본 죄의 직무행위는 공무원의 권한사항인 한 그 종류나 성질에 제한이 없다. 따라서 강제력을 행사하는 권력적 작용일 필요가 없다.

23. 공무집행방해죄에 대한 설명으로 옳지 않은 것은? 2003. 남경3차

① 경찰관이 근무하는 파출소 사무실 바닥에 인분을 뿌리고 재떨이에 인분을 담아 바닥에 던지는 것도 이 죄의 폭행에 해당한다.
② 불법주차차량에 스티커를 붙였다가 장애인 차량임을 알고 이를 떼어낸 직후의 주차단속 공무원을 폭행한 경우 폭행당시 이미 주차단속업무는 종료된 시

점이므로 공무집행방해죄에 해당하진 않는다.

③ 피의자에 대한 구속영장을 소지하였다 하여도 체포당시 피의자에게 범죄사실의 요지, 체포의 이유 및 변호인의 선임할 권리 등을 고지하고 않고 실력으로 연행하려 하는 경찰관에게 피의자가 반항하며 폭행한 것은 공무집행방해죄에 해당하지 아니한다.

④ 강도범인이 체포를 면탈하기 위하여 경찰에게 폭행을 가한 때에는 강도죄와 공무집행방해죄의 실체적 경합관계에 있다.

정답: ② (해설) ② 불법주차 차량에 불법주차 스티커를 붙였다가 이를 다시 떼어 낸 직후에 있는 주차단속 공무원을 폭행한 경우, 폭행 당시 주차단속 공무원은 일련의 직무수행을 위하여 근무 중인 상태에 있었다고 보아야 한다는 이유로 공무집행방해죄의 성립을 인정한 사례(大判 1999.9.21, 99도383).

24. 다음 중 공무집행방해죄에 해당하지 않는 경우는? 2003. 경감승진

① 취객이 파출소 내에서 기물을 부수고 소란을 피운 경우

② 직무집행을 위하여 대기 중인 공무원을 폭행한 경우

③ 경찰관으로부터 임의동행을 요구받자 이를 거절하고 자기집 방으로 피하여 문을 잠그고 죽어 버리겠다고 협박한 경우

④ 불법주차 차량에 불법주차 스티커를 붙였다가 장애인 차량임을 알고 이를 다시 떼어낸 직후의 주차단속 공무원을 폭행한 경우

정답: ③ (해설) ①② 공무집행방해죄에 해당한다.

④ 형법 제136조 제1항 소정의 공무집행방해죄에 있어서'직무를 집행하는'이라 함은 공무원이 직무수행에 직접 필요한 행위를 현실적으로 행하고 있는 때만을 가리키는 것이 아니라 공무원이 직무수행을 위하여 근무 중인 상태에 있는 때를 포괄한다. 할 것이고, 직무의 성질에 따라서는 그 직무수행의 과정을 개별적으로 분리하여 부분적으로 각각의 개시와 종료를 논하는 것이 부적절하고 여러 종류의 행위를 포괄하여 일련의 직무수행으로 파악함이 상당한 경우가 있다. 따라서 불법주차 차량에 불법주차 스티커를 붙였다가 이를 다시 떼어 낸 직후에 있는 주차단속 공무원을 폭행한 경우, 폭행 당시 주차단속 공무원은 일련의 직무수행을 위하여 근무 중인 상태에 있었다고 보아야 하므로 공무집행방해죄가 성립한다(大判 1999.9.21, 99도383).

25. 다음 중 위계에 의한 공무집행방해죄에 해당하지 않은 것은? 2004. 일반3차

① 민사소송을 제기함에 있어 피고의 주소를 허위로 기재하여 법원공무원으로 하여금 변론기일소환장 등을 허위주소로 송달하게 한 경우

② 입학고사문제를 사전에 입수하여 미리 알고 응시한 경우
③ 운전면허시험에 대리 응시한 경우
④ 공립고등학교 입학원서 추천서 란을 사실과 다르게 조작, 허위기재하여 그 추천서 성적이 고등학교 입학전형의 자료가 되게 한 경우

정답: ①

26. 다음 중 공무집행방해죄를 구성하는 것은? 2003. 일반2차

① 경찰관이 도로에 누워있는 제 3자를 강제로 연행하려고 하자 이를 제지하기 위하여 경찰관에게 폭행을 가한 자
② 운전하던 중 음주측정을 거부하다가 음주측정할 목적으로 파출소로 끌고 가려는 의경을 폭행한 자
③ 음주측정을 요구받고 지시에 따라 후레쉬봉에 입김을 3회 불었으나 음주여부를 확인할 수 없다 하여 다시 음주측정기로 검사하자고 하자 경찰관을 폭행한 운전자
④ 교장실에서 교장을 협박한 행위가 종료된 후 40분이 지난 다음 사무실에 앉아 있던 중 연행하려는 경찰관에게 구속영장제시를 요구하면서 동행을 거부하고 폭행한 자

정답: ③ (해설) ③ 도로교통법 제41조 제2항에 의하여 경찰공무원이 운전자에 대하여 음주여부나 주취정도를 측정함에 있어서는 그 측정방법이나 측정회수에 있어서 합리적인 필요한 한도에 그 한도 내에서는 어느 정도의 재량이 있다고 하여야 할 것인바, 경찰공무원이 승용차에 가족을 태우고 가던 술을 마시지 않은 운전자에게 음주 여부를 확인하려고 후레쉬봉에 두 차례 입김을 불게 했으나 역시 알 수 없어 보다 정확한 음주측정기로 검사받을 것을 요구했다면 다른 사정이 없는 한 위와 같은 상황에서의 음주여부의 확인을 위하여 한 위 경찰공무원의 행위는 합리적인 필요한 한도를 넘은 것이라고 할 수 없어 적법한 공무집행에 해당한다(大判 1992.4.28, 91도2797).

27. 위계에 의한 공무집행방해죄가 되지 않는 것은? 2003. 여경1차

① 국가고시 시험출제 답안지를 미리 알아내어 시험치러 간 경우
② 대리시험 친 경우
③ 자격증 발급에 허위증명서를 제출한 경우
④ 허위의 출원사유를 제출하여 행정관청에 허가 처분을 신청한 경우

정답: ④ (해설) ④ 행정관청이 출원에 의한 인허가처분을 함에 있어서는 그 출원사유가 사실과 부합하지 아니하는 경우가 있음을 전제로 하여 인허가할 것인지 여부를 심사 결정하는 것이므로, 행정관청이 사실을 충분히 확인하지 아니한 채 출원자가 제출한 허위의 출원사유나 허위의 소명자료를 가볍게 믿고 인가 또는 허가를 하였다면, 이는 행정관청의 불충분한 심사에 기인한 것으로서 출원자의 위계에 의한 것이었다고 할 수 없어 위계에 의한 공무집행방해죄를 구성하지 않는다(大判 1997.2.28, 96도2825).

28. 자동차 관련 ( )안의 범죄의 연결이 틀린 것은? 2001. 경사승진

① 사람이 현존하는 자동차를 소훼하였다(현존자동차방화죄).

② 공무소에서 사용하는 자동차를 부셔 버렸다(공용물파괴죄).

③ 정당한 권한없이 자동차 문을 열고 안을 뒤져보았다(자동차수색죄).

④ 타인의 동의없이 자동차를 함부로 운전하고 제자리에 돌려놓았다(자동차불법사용죄).

정답: ② (해설) ② 공용물파괴죄의 객체는 공무소에서 사용하는 건조물, 선박, 기차 또는 항공기에 한정이 된다(제141조 제2항). 따라서 지문과 같은 경우는 단순히 손괴죄가 성립한다.

29. 경찰관 甲은 범죄신고를 받고 피의자 乙을 경찰서에 임의동행하게 하여 피의자신문조서를 작성하기 시작했다. 아직 이것이 작성되지 전에 甲이 전화를 받는 틈을 타서 乙찢어 버렸다. 乙의 죄책은? 2002. 여경1차

① 위계의 의한 공무집행방해죄 ② 공용물파괴죄

③ 공무상비밀표시무효죄 ④ 공용서류무효죄

정답: ④ (해설) ④ 공용서류무효죄는 공무소에서 사용하는 서류 기타 물건 또는 전자기록 등 특수매체 기록을 손상 또는 은닉하거나 기타 방법으로 그 효용을 해함으로써 성립하는 범죄이다. 서류는 공문서, 사문서를 불문하며, 문서가 완성되어 효력이 발생할 것도 요하지 아니하므로 미완성의 피의자신문조서도 그 객체가 된다.

30. 공무상비밀표시무효죄에 관한 설명 중 틀린 것은? 2004. 일반1차

① 대상이 강제처분에 의한 행위이어야 한다.

② 강제처분결정이 정당할 때만 가능하다.

③ 봉인, 압류, 이외에 타인에게 일정한 작위 또는 부작위를 명하는 처분을 말한다.

④ 강제처분의 표시는 적법해야 한다.

정답: ② (해설) ② 법원의 가처분 결정에 기하여 집달관이 한 강제처분 표시의 효력은 그 가처분 결정이 적법한 절차에 의하여 취소되지 않는 한 지속되는 것이며, 그 가처분 결정이 가령 부당한 것이라 하더라도 그 효력을 부정할 수는 없다(大判 1985.7.9, 85도1165).

31. 경찰관 甲은 乙의 음주운전사실을 눈감아주기 위하여 乙에 대한 음주운전자 적발보고서를 찢어버리고 가짜 음주운전자 적발보고서에 丙에 대한 음주운전사실을 기재하도록 한 후, 주취운전자 음주측정처리부의 작성권자로서 위와 같은 사정을 모르는 정으로 하여금 위 가짜 음주운전자 적발보고서를 근거로 주취운전자 음주측정처리부를 작성, 비치케 하였다. 甲의 죄책은? 2003. 여경1차

① 공용서류무효죄, 허위공문서작성죄 및 동행사죄의 간접정범

② 문서손괴죄, 허위공문서작성죄 및 동행사죄의 간접정범

③ 공용서류무효죄, 허위공문서작성죄 및 동행사죄의 교사범

④ 문서손괴조, 허위공문서작성죄 및 동행사죄의 직접정범

정답: ① (해설) ① 경찰서 보안과장인 피고인이 갑의 음주운전을 눈감아주기 위하여 그에 대한 음주운전자 적발보고서를 찢어 버리고, 부하로 하여금 일련번호가 동일한 가짜 음주운전적발보고서에 을에 대한 음주운전 사실을 기재케 하여 그 정을 모르는 담당 경찰관으로 하여금 주취운전자 음주측정처리부에 을에 대한 음주운전 사실을 기재하도록 한 이상, 을이 음주운전으로 인하여 처벌을 받았는지 여부와는 관계없이 허위공문서작성 및 동행사죄의 간접정범으로서의 죄책을 면할 수 없다고 본 원심판결을 수긍한 사례(大判 1996.10.11, 95도1706).

32. 2인 이상의 합동하여 할 수 있는 범죄는? 2001. 일반1차

① 특수폭행죄 ② 특수도주죄

③ 특수공무집행방해죄 ④ 특수체포, 감금죄

정답: ② (해설) ② 특수도주죄는 수용설비 또는 기구를 손괴하거나 사람에게 폭행 또는 협박을 가하거나 '2인 이상이 합동하여' 도주하는 경우에 성립한다(제146조). 이는 합동범에 해당한다.

33. 다음 중 범인은닉죄가 되지 않는 것은? 2001. 일반3차

① 살인미수의 피의자들을 서로 만나게 해 준 경우

② 참고인이 수사기관에 허위진술을 한 결과 범인 석방된 경우

③ 범인이 아닌 사람을 범인으로 가장케 하여 수사 받도록 한 경우

④ 진범인에 대신하여 자기가 진범이라고 허위로 신고한 경우

정답: ② (해설) ② 참고인이 수사기관에서 진술을 함에 있어 단순히 범인으로 체포된 사람과 동인이 목격한 범인이 동일함에도 불구하고 동일한 사람이 아니라고 허위진술을 한 정도의 것만으로는 참고인의 그 허위진술로 말미암아 증거가 불충분하게 되어 범인을 석방하게 되는 결과가 되었다 하더라도 바로 범인도피죄를 구성한다고는 할 수 없다(大判 1987.2.10, 85도897).

34. 강간피해자 甲은 자신을 강간한 자가 누구인지 정확히 모르는 상태에서 수사기관에 참고인으로 출석하여 실제 범인이 아닐지도 모른다고 생각하면서도 乙을 범인이라고 지목하여 이에 따라 乙은 구속기소되고, 실제 범인인 丙은 쉽게 도피할 수 있었다. 甲의 죄책은? 2002. 경사승진

① 무 죄 ② 범인도피죄
③ 위증죄 ④ 위계에 의한 공무집행방해죄

정답: ① (해설) ① 참고인이 수사기관에서 범인에 관하여 조사를 받으면서 그가 알고 있는 사실을 묵비하거나 허위로 진술하였다고 하더라도 그것이 적극적으로 수사기관을 기만하여 착오에 빠지게 함으로써 범인의 발견 또는 체포를 곤란 내지 불가능하게 할 정도의 것이 아니라면 범인도피죄를 구성하지 아니한다. 그리고 참고인이 실제의 범인이 누군지도 정확하게 모르는 상태에서 수사기관에서 실제의 범인이 아닌 어떤 사람을 범인이 아닐지도 모른다고 생각하면서도 그를 범인이라고 지목하는 허위의 진술을 한 경우에는 참고인의 허위 진술에 의하여 범인으로 지목된 사람이 구속기소 됨으로써 실제의 범인이 용이하게 도피하는 결과를 초래한다고 하더라도 그것만으로는 그 참고인에게 적극적으로 실제의 범인을 도피시켜 국가의 형사사법의 작용을 곤란하게 할 의사가 있었다고 볼 수 없어 그 참고인을 범인도피죄를 처벌할 수는 없다(大判 1997.9.9. 97도1596). 판례에 의할 때 甲은 무죄이다.

35. 범인은닉죄가 성립되는 경우는? 2002. 남경1차

① 진범이라도 이미 면소의 확정판결이 있으면 본 죄의 객체에서 제외된다.
② 범인이 친고죄를 범한 경우 고소가 없는 한 본 죄의 객체가 되지 않는다.
③ 벌금 이상의 형에 해당하는 죄를 범한 자라야 한다.
④ 범인의 행위가 공소시효가 완성된 경우에는 본 죄의 객체가 되지 아니한다.

정답: ② (해설) ② 본 죄의 보호법익은 국가의 형사사법기능 즉 국가의 수사권이나 재판권이다. 그러므로 단순히 고소가 없는 경우에는 보호법익에 대한 침해가능성이 남아 있으므로 범인은닉죄의 객체가 될 수 있다.

36. 위증죄에 관한 설명으로 틀린 것은? 2000. 경감승진

① 선서무능력자의 경우에는 위증죄가 성립하지 않는다.

② 법관이 위증죄처벌을 경고하지 않고 선서하게 한 경우에는 위증죄가 성립하지 않는다.

③ 피고인이 자기사건에 관하여 허위의 진술을 한 경우에는 위증죄가 성립하지 않는다.

④ 참고인이 검사 면전에서 허위의 진술을 하여도 위증죄가 성립하지 않는다.

정답: ② (해설) ② 증언이 무효가 되는 것은 아니므로 위증죄가 성립한다.

37. 위증죄에 관한 다음 설명 중 옳은 것은? 2001. 여경2차

① 침해범이다. ② 친족간의 특례가 없다.

③ 부진정신분범이다. ④ 목적범이다.

정답: ② (해설) ② 위증죄의 경우 친족간의 특례가 없다. 따라서 친족을 위하여 위증을 하여도 위증죄로 처벌된다.

① 위증죄는 추상적 위험범으로 보는 것이 통설의 입장이다.

③ 위증죄는 '법률에 의하여 선서한 증인'이 범할 수 있는 진정신분범이다.

④ 위증죄는 법률에 의하여 선서한 증인이 허위의 진술을 하는 경우에 성립하므로 목적범이 아니다(제152조 제1항). 이에 비하여 모해위증죄는 목적범임을 주의해야 한다(동조 제2항).

38. 타인의 형사사건에 증인으로 채택된 A는 증언을 하면 자신의 죄가 탄로날 것이 두렵고, 증언을 하지 않으면 의심받을 것이 두려워 허위로 진술하였다. A의 죄책은? 2001. 여경1차

① 무 죄 ② 위증죄

③ 범인은닉죄 ④ 증거인멸죄

정답: ② (해설) ② 증인으로 선서한 이상, 진실대로 진술한다고 하면 자신의 범죄를 시인하는 진술을 하는 것이 되고 증언을 거부하는 것은 자기의 범죄를 암시하는 것이 되어 증인에게 사실대로의 진술을 기대할 수 없다고 하더라도, 형사소송법상 이러한 처지의 증인에게는 증언을 거부할 수 있는 권리를 인정하여 위증죄로부터의 탈출구를 마련하고 있는 만큼 적법행위의 기대가능성이 없다고 할 수 없으므로 선서한 증인이 증언거부권을 포기하고 허위의 진술을 하였다면 위증죄의 처벌을 면할 수 없다(大判 1987.7.7, 86도1724 전원합의체판결).

39. 위증죄에 대한 설명으로 옳지 않은 것은? 2003. 경감승진

① 증인이 자기의 기억에 반하는 증언을 한 이상 그것이 객관적인 사실과 일치하더라도 위증죄가 성립한다.

② 증거거부권이 있는 자가 그의 권리를 행사하지 않고 위증을 한 경우 위증죄가 성립한다.

③ 법률에 의하여 선서한 증인이 허위의 사실을 진술한 경우라도 신문절차가 종료하기 전에 이를 취소하거나 시정한 때에는 범죄가 성립하지 않는다.

④ 하나의 사건에 관하여 한 번 선언한 증인이 같은 기일에 여러 가지 사실에 관하여 기억에 반하는 하위의 진술을 한 경우 각 진술마다 수개의 위증죄가 성립한다.

정답: ④ (해설) ④ 하나의 사건에 관하여 한번 선서한 증인이 같은 기일에 여러 가지 사실에 관하여 기억에 반하는 허위의 공술을 한 경우 이는 하나의 범죄의사에 의하여 계속하여 허위의 공술을 한 것으로서 포괄하여 1개의 위증죄를 구성하는 것이고 각 진술마다 수개의 위증죄를 구성하는 것이 아니다(大判 1992.11.27선고, 92도498).

40. 甲은 선서무능력자인 乙에게 공판정에서의 허위내용을 진술할 것을 교사하였다. 甲의 죄책은? 2004. 여경3차

① 무 죄 ② 위증죄의 교사

③ 위증죄의 공동정범 ④ 증거위조죄

정답: ① (해설) ① 사례의 경우에 판례는, 정범이 없으므로 교사범이 성립하지 않고, 위증죄는 자수범이므로 간접정범도 성립하지 않으며, 한편 증인은 증거 자체가 아니므로 증거위조죄도 성립하지 않는다고 하여 무죄라고 판결하였다(大判 1998.2.10, 97도2961).

41. 피의자 甲은 자기 범죄혐의에 관하여 수사기관에 대하여 허위의 자백을 하였다. 甲의 죄책은? 2002. 경사승진

① 무 죄 ② 위증죄

③ 증거인멸죄 ④ 위계에 의한 공무집행방해죄

정답: ① (해설) ① 피의자가 허위의 자백을 하는 것은 증거의 인멸 또는 위계라고 할 수 없어 범죄는 성립하지 아니한다.

42. 증거인멸죄에 대한 설명 중 틀린 것은? 2003. 남경1차

① 자기의 형사사건을 위하여 증거를 인멸할 때에는 본 죄가 성립하지 않는다.

② 타인을 교사하여 자기의 증거를 인멸할 경우에 판례는 증거인멸죄가 성립하지 않는다.

③ 통설과 판례는 타인의 형사사건인 이상 수사개시전의 사건은 포함한다고 한다.

④ 가족, 호주 또는 동거가족이 본인을 위하여 본 죄를 범한 때에는 벌하지 아니한다.

정답: ② (해설) ② 타인을 교사하여 자기의 형사사건에 관한 증거를 인멸하게 한 경우 판례는 증거인멸의 교사범이 성립한다고 한다.

43. 증거인멸에 대한 설명 중 옳지 않은 것은? 2003. 남경3차

① 증거인멸죄에 관해서는 자수, 자백의 특례가 있다.

② 범인자신에 대한 증거인멸죄는 성립하지 않는다.

③ 증거인멸죄에 관한 친족간 특례규정이 적용된다.

④ 보호법익은 국가의 형사사법의 기능이다.

정답: ① (해설) ① 위증죄나 무고죄와 달리 증거인멸죄에는 자수, 자백의 특례규정이 없다. 이미 증거인멸죄에 대해서는 기대 가능성 이론에 의하여 불가벌의 입장을 취하고 있기 때문에 따로 조문상에 둘 이유가 없기 때문이다(형법155조).

44. 다음 중 틀린 것은? 2005. 일반2차

① 선박에 사람이 현존하는 것으로 인식하고 선박을 매몰시켰으나 매몰순간 사람이 선박을 떠난 경우도 기차, 선박 등 전복된다.

② 자기의 형사사건에 대하여 타인을 교사하여 위증케 하면 위증교사죄.

③ 자기의 형사사건에 관한 증거를 인멸한 결과 공범자의 증거를 인멸한 결과가 되더라도 증거인멸죄가 되지 않는다.

정답: ③ (해설) ① 선박매몰죄의 고의가 성립하기 위하여는 행위시에 사람이 현존하는 것이라는 점에 대한 인식과 함께 이를 매몰한다는 결과발생에 대한 인식이 필요하며, 현존하는 사람을 사상에 이르게 한다는 등 공공의 위험에 대한 인식까지는 필요하지 않고, 사람의 현존하는 선박에 대해 매몰행위의 실행을 개시하고 그로 인하여 선박을 매몰시켰다면 매몰의 결과발생시 사람이 현존하지 않았거나 범인이 선박에 있는 사람을 안전하게 대피시

켰다고 하더라도 선박매몰죄의 기수로 보아야 할 것이지 이를 미수로 볼 것은 아니다(大判 2000.6.23, 99도4688).

②③ 자신을 위해 교사, 방조의 경우

45. 다음 중 무고죄가 성립하는 경우는? 2000. 경사승진

① 甲은 乙의 동의를 얻어 乙을 무고하였다.

② 甲은 허무인 乙을 무고하였다.

③ 甲은 자기가 살인을 범하였다고 허위신고를 하였다.

④ 甲은 풍문을 믿고 乙을 살인범이라고 신고하였다.

정답: ① (해설) 자기무고나 허무인 무고는 무고죄의 구성요건에 해당하지 않는다. 진실하다고 믿고 신고한 경우에는 무고죄의 고의가 없다.

46. 甲은 이미 객관적으로 공소시효가 완성된 乙에 대한 횡령사건을 허위로 고소하면서 마치 공소시효가 완성되지 아니한 것처럼 그 범행일시를 기재하여 고소하였다. 甲의 죄책은? 2002. 여경1차

① 위계에 의한 공무집행방해죄 ② 무고죄

③ 범죄 불성립 ④ 공무집행방해죄

정답: ② (해설) ② 객관적으로 고소사실에 대한 공소시효가 완성되었더라도 고소를 제기하면서 마치 공소시효가 완성되지 않은 것처럼 고소한 경우에는 국가기관의 직무를 그르칠 염려가 있으므로 무고죄를 구성한다(大判 1995.12.5, 95도1908).

47. 무고죄에 대하여 옳지 않은 것은? 2003. 여경1차

① 판례에 의하면 무고죄의 성립에는 무고자가 그 신고사실이 허위라는 것을 확신할 필요가 없다고 한다.

② 승낙무고도 무고이다.

③ 자신의 기억에 반하여 하여야한다.

④ 강간죄를 강간치상죄로 신고한 경우 무고죄에 해당하지 않는다.

정답: ③ (해설) ③ 무고죄는 타인으로 하여금 형사처분 또는 징계처분을 받게 할 목적으로 공무소 또는 공무원에 대하여 허위의 사실을 신고함으로써 성립한다. 무고죄의 허위의 사실은 위증죄와 달리 객관적 진실에 반하는 사실을 말한다. 그러므로 신고자가 신고내용을 허위라고 오신한 경우에도 그것이 객관적 진실에 부합할 경우에는 무고가 아니다.

48. 무고죄 설명 중 틀린 것은? 2002. 남경2차

① 객관적 진실에 반하는 사실을 신고하였다면 신고자가 이를 진실이라고 확신하였다면 무고죄는 성립하지 않는다.

② 진실한 사실이 들어 있다면 구체적 행위자를 잘못 선택한 경우라도 무고죄는 성립하지 아니한다.

③ 수사기관의 요구에 의해서 허위사실을 답변했을 경우 무고죄가 성립한다.

④ 신고는 서면 또는 구두이든 불문한다.

정답: ③ (해설) ③ 신고는 자진하여 사실을 고지하는 것이므로 단순히 수사기관의 신문에 의하여 허위진술을 하는 것은 무고죄의 신고라고 할 수 없다.

① 무고죄에 있어 신고자는 신고사실이 허위라는 것을 알면서 하는 것이므로 객관적 사실에 반하는 것이라도 신고자는 신고사실이 확신하고 신고하였을 때는 무고죄는 성립하지 아니한다.

② 허위사실을 신고한 것이 아닌 이상 그 신고된 사실에 대한 형사책임을 부담할 자를 잘못 택하였다고 해도 무고죄는 성립하지 아니한다.

④ 신고의 방식은 서면에 의하거나 구두에 의하거나를 불문한다.

형법조문

제　　정 1953. 9. 18 법률 제293호
일부개정 2005. 7. 29 법률 제7623호

제1편 총 칙

제1장 형법의 적용범위

제1조 (범죄의 성립과 처벌) ① 범죄의 성립과 처벌은 행위시의 법률에 의한다.
② 범죄 후 법률의 변경에 의하여 그 행위가 범죄를 구성하지 아니하거나 형이 구법보다 경한 때에는 신법에 의한다.
③ 재판확정 후 법률의 변경에 의하여 그 행위가 범죄를 구성하지 아니하는 때에는 형의 집행을 면제한다.

제2조 (국내범) 본법은 대한민국영역 내에서 죄를 범한 내국인과 외국인에게 적용한다.

제3조 (내국인의 국외범) 본법은 대한민국영역 외에서 죄를 범한 내국인에게 적용한다.

제4조 (국외에 있는 내국선박 등에서 외국인이 범한 죄) 본법은 대한민국영역 외에 있는 대한민국의 선박 또는 항공기내에서 죄를 범한 외국인에게 적용한다.

제5조 (외국인의 국외범) 본법은 대한민국영역 외에서 다음에 기재한 죄를 범한 외국인에게 적용한다.

1. 내란의 죄
2. 외환의 죄
3. 국기에 관한 죄
4. 통화에 관한 죄
5. 유가증권, 우표와 인지에 관한 죄
6. 문서에 관한 죄 중 제225조 내지 제230조
7. 인장에 관한 죄 중 제238조

제6조 (대한민국과 대한민국국민에 대한 국외범) 본법은 대한민국영역 외에서 대한민국 또는 대한민국국민에 대하여 전조에 기재한 이외의 죄를 범한 외국인에게 적용한다. 단 행위지의 법률에 의하여 범죄를 구성하지 아니하거나 소추 또는 형의 집행을 면제할 경우에는 예외로 한다.

제7조 (외국에서 받은 형의 집행) 범죄에 의하여 외국에서 형의 전부 또는 일부의 집행을 받은 자에 대하여는 형을 감경 또는 면제할 수 있다.

제8조 (총칙의 적용) 본법 총칙은 타법령에 정한 죄에 적용한다. 단, 그 법령에 특별한 규정이 있는 때에는 예외로 한다.

제2장 죄

제1절 죄의 성립과 형의 감면

제9조 (형사미성년자) 14세 되지 아니한 자의 행위는 벌하지 아니한다.

제10조 (심신장애자) ① 심신장애로 인하여 사물을 변별할 능력이 없거나 의사를 결정할 능력이 없는 자의 행위는 벌하지 아니한다.

② 심신장애로 인하여 전항의 능력이 미약한 자의 행위는 형을 감경한다.

③ 위험의 발생을 예견하고 자의로 심신장애를 야기한 자의 행위에는 전2항의 규정을 적용하지 아니한다.

제11조 (농아자) 농아자의 행위는 형을 감경한다.

제12조 (강요된 행위) 저항할 수 없는 폭력이나 자기 또는 친족의 생명, 신체에 대한 위해를 방어할 방법이 없는 협박에 의하여 강요된 행위는 벌하지 아니한다.

제13조 (범의) 죄의 성립요소인 사실을 인식하지 못한 행위는 벌하지 아니한다. 단, 법률에 특별한 규정이 있는 경우에는 예외로 한다.

제14조 (과실) 정상의 주의를 태만함으로 인하여 죄의 성립요소인 사실을 인식하지 못한 행위는 법률에 특별한 규정이 있는 경우에 한하여 처벌한다.

제15조 (사실의 착오) ① 특별히 중한 죄가 되는 사실을 인식하지 못한 행위는 중한 죄로 벌하지 아니한다.

② 결과로 인하여 형이 중한 죄에 있어서 그 결과의 발생을 예견할 수 없었을 때에는 중한 죄로 벌하지 아니한다.

제16조 (법률의 착오) 자기의 행위가 법령에 의하여 죄가 되지 아니하는 것으로 오인한 행위는 그 오인에 정당한 이유가 있는 때에 한하여 벌하지 아니한다.

제17조 (인과관계) 어떤 행위라도 죄의 요소 되는 위험발생에 연결되지 아니한 때에는 그 결과로 인하여 벌하지 아니한다.

제18조 (부작위범) 위험의 발생을 방지할 의무가 있거나 자기의 행위로 인하여 위험발생의 원인을 야기한 자가 그 위험발생을 방지하지 아니한 때에는 그 발생된 결과에 의하여 처벌한다.

제19조 (독립행위의 경합) 동시 또는 이시의 독립행위가 경합한 경우에 그 결과발생의 원인된 행위가 판명되지 아니한 때에는 각 행위를 미수범으로 처벌한다.

제20조 (정당행위) 법령에 의한 행위 또는 업무로 인한 행위 기타 사회상규에 위배되지 아

니하는 행위는 벌하지 아니한다.

제21조 (정당방위) ① 자기 또는 타인의 법익에 대한 현재의 부당한 침해를 방위하기 위한 행위는 상당한 이유가 있는 때에는 벌하지 아니한다.

② 방위행위가 그 정도를 초과한 때에는 정황에 의하여 그 형을 감경 또는 면제할 수 있다.

③ 전항의 경우에 그 행위가 야간 기타 불안스러운 상태 하에서 공포, 경악, 흥분 또는 당황으로 인한 때에는 벌하지 아니한다.

제22조 (긴급피난) ① 자기 또는 타인의 법익에 대한 현재의 위난을 피하기 위한 행위는 상당한 이유가 있는 때에는 벌하지 아니한다.

② 위난을 피하지 못할 책임이 있는 자에 대하여는 전항의 규정을 적용하지 아니한다.

③ 전조제2항과 제3항의 규정은 본조에 준용한다.

제23조 (자구행위) ① 법정절차에 의하여 청구권을 보전하기 불능한 경우에 그 청구권의 실행불능 또는 현저한 실행곤란을 피하기 위한 행위는 상당한 이유가 있는 때에는 벌하지 아니한다.

② 전항의 행위가 그 정도를 초과한 때에는 정황에 의하여 형을 감경 또는 면제할 수 있다.

제24조 (피해자의 승낙) 처분할 수 있는 자의 승낙에 의하여 그 법익을 훼손한 행위는 법률에 특별한 규정이 없는 한 벌하지 아니한다.

제 2 절 미수범

제25조 (미수범) ① 범죄의 실행에 착수하여 행위를 종료하지 못하였거나 결과가 발생하지 아니한 때에는 미수범으로 처벌한다.

② 미수범의 형은 기수범보다 감경할 수 있다.

제26조 (중지범) 범인이 자의로 실행에 착수한 행위를 중지하거나 그 행위로 인한 결과의 발생을 방지한 때에는 형을 감경 또는 면제한다.

제27조 (불능범) 실행의 수단 또는 대상의 착오로 인하여 결과의 발생이 불가능하더라도 위험성이 있는 때에는 처벌한다. 단, 형을 감경 또는 면제할 수 있다

제28조 (음모, 예비) 범죄의 음모 또는 예비행위가 실행의 착수에 이르지 아니한 때에는 법률에 특별한 규정이 없는 한 벌하지 아니한다.

제29조 (미수범의 처벌) 미수범을 처벌할 죄는 각 본조에 정한다.

제 3 절 공 범

제30조 (공동정범) 2인이상이 공동하여 죄를 범한 때에는 각자를 그 죄의 정범으로 처벌한다.

제31조 (교사범) ① 타인을 교사하여 죄를 범하게 한 자는 죄를 실행한 자와 동일한 형으로 처벌한다.

② 교사를 받은 자가 범죄의 실행을 승낙하고 실행의 착수에 이르지 아니한 때에는 교사자와 피교사자를 음모 또는 예비에 준하여 처벌한다.

③ 교사를 받은 자가 범죄의 실행을 승낙하지 아니한 때에도 교사자에 대하여는 전항과 같다.

제32조 (종범) ① 타인의 범죄를 방조한 자는 종범으로 처벌한다.

② 종범의 형은 정범의 형보다 감경한다.

제33조 (공범과 신분) 신분관계로 인하여 성립될 범죄에 가공한 행위는 신분관계가 없는 자에게도 전3조의 규정을 적용한다. 단, 신분관계로 인하여 형의 경중이 있는 경우에는 중한 형으로 벌하지 아니한다.

제34조 (간접정범, 특수한 교사, 방조에 대한 형의 가중) ① 어느 행위로 인하여 처벌되지 아니하는 자 또는 과실범으로 처벌되는 자를 교사 또는 방조하여 범죄행위의 결과를 발생하게 한 자는 교사 또는 방조의 예에 의하여 처벌한다.

② 자기의 지휘, 감독을 받는 자를 교사 또는 방조하여 전항의 결과를 발생하게 한 자는 교사인 때에는 정범에 정한 형의 장기 또는 다액에 그 2분의 1까지 가중하고 방조인 때에는 정범의 형으로 처벌한다.

제 4 절 누 범

제35조 (누범) ① 금고이상의 형을 받아 그 집행을 종료하거나 면제를 받은 후 3년내에 금고이상에 해당하는 죄를 범한 자는 누범으로 처벌한다.

② 누범의 형은 그 죄에 정한 형의 장기의 2배까지 가중한다.

제36조 (판결선고 후의 누범발각) 판결선고 후 누범인 것이 발각된 때에는 그 선고한 형을 통산하여 다시 형을 정할 수 있다. 단, 선고한 형의 집행을 종료하거나 그 집행이 면제된 후에는 예외로 한다.

제 5 절 경합범

제37조 (경합범) 판결이 확정되지 아니한 수개의 죄 또는 판결이 확정된 죄와 그 판결확정 전에 범한 죄를 경합범으로 한다. 〈개정 2004.1.20〉

제38조 (경합범과 처벌례) ① 경합범을 동시에 판결할 때에는 다음의 구별에 의하여 처벌한다.

1. 가장 중한 죄에 정한 형이 사형 또는 무기징역이나 무기금고인 때에는 가장 중한 죄에 정한 형으로 처벌한다.
2. 각 죄에 정한 형이 사형 또는 무기징역이나 무기금고이외의 동종의 형인 때에는 가장 중한 죄에 정한 장기 또는 다액에 그 2분의 1까지 가중하되 각 죄에 정한 형의 장기 또는 다액을 합산한 형기 또는 액수를 초과할 수 없다. 단, 과료와 과료, 몰수와 몰수는 병과할 수 있다.
3. 각 죄에 정한 형이 무기징역이나 무기금고이외의 이종의 형인 때에는 병과한다.

② 전항 각호의 경우에 있어서 징역과 금고는 동종의 형으로 간주하여 징역형으로 처벌한다.

제39조 (판결을 받지 아니한 경합범, 수개의 판결과 경합범, 형의 집행과 경합범) ① 경합범 중 판결을 받지 아니한 죄가 있는 때에는 그 죄와 판결이 확정된 죄를 동시에 판결할 경우와 형평을 고려하여 그 죄에 대하여 형을 선고한다. 이 경우 그 형을 감경 또는 면제할 수 있다. 〈개정 2005.7.29〉

② 〈삭제 2005.7.29〉

③ 경합범에 의한 판결의 선고를 받은 자가 경합범중의 어떤 죄에 대하여 사면 또는 형의 집행이 면제된 때에는 다른 죄에 대하여 다시 형을 정한다.

④ 전3항의 형의 집행에 있어서는 이미 집행한 형기를 통산한다.

제40조 (상상적경합) 1개의 행위가 수개의 죄에 해당하는 경우에는 가장 중한 죄에 정한 형으로 처벌한다.

제 3 장 형

제 1 절 형의 종류와 경중

제41조 (형의 종류) 형의 종류는 다음과 같다.

1. 사형
2. 징역
3. 금고
4. 자격상실
5. 자격정지
6. 벌금
7. 구류
8. 과료
9. 몰수

제42조 (징역 또는 금고의 기간) 징역 또는 금고는 무기 또는 유기로 하고 유기는 1월이상 15년이하로 한다. 단, 유기징역 또는 유기금고에 대하여 형을 가중하는 때에는 25년까지로 한다.

제43조 (형의 선고와 자격상실, 자격정지) ① 사형, 무기징역 또는 무기금고의 판결을 받은 자는 다음에 기재한 자격을 상실한다.

1. 공무원이 되는 자격
2. 공법상의 선거권과 피선거권
3. 법률로 요건을 정한 공법상의 업무에 관한 자격
4. 법인의 이사, 감사 또는 지배인 기타 법인의 업무에 관한 검사역이나 재산관리인이 되는 자격

② 유기징역 또는 유기금고의 판결을 받은 자는 그 형의 집행이 종료하거나 면제될 때까지 전항 제1호 내지 제3호에 기재된 자격이 정지된다.

제44조 (자격정지) ① 전조에 기재한 자격의 전부 또는 일부에 대한 정지는 1년이상 15년이하로 한다.

② 유기징역 또는 유기금고에 자격정지를 병과한 때에는 징역 또는 금고의 집행을 종료하거나 면제된 날로부터 정지기간을 기산한다.

제45조 (벌금) 벌금은 5만원이상으로 한다. 다만, 감경하는 경우에는 5만원미만으로 할 수 있다. 〈개정 95.12.29〉

제46조 (구류) 구류는 1일이상 30일미만으로 한다.

제47조 (과료) 과료는 2천원이상 5만원미만으로 한다. 〈개정 95.12.29〉

제48조 (몰수의 대상과 추징) ① 범인이외의 자의 소유에 속하지 아니하거나 범죄후 범인이외의 자가 정을 알면서 취득한 다음 기재의 물건은 전부 또는 일부를 몰수할 수 있다.

1. 범죄행위에 제공하였거나 제공하려고 한 물건
2. 범죄행위로 인하여 생하였거나 이로 인하여 취득한 물건
3. 전2호의 대가로 취득한 물건

② 전항에 기재한 물건을 몰수하기 불능한 때에는 그 가액을 추징한다.

③ 문서, 도화, 전자기록등 특수매체기록 또는 유가증권의 일부가 몰수에 해당하는 때에는 그 부분을 폐기한다. 〈개정 95.12.29〉

제49조 (몰수의 부가성) 몰수는 타형에 부가하여 과한다. 단, 행위자에게 유죄의 재판을 아니할 때에도 몰수의 요건이 있는 때에는 몰수만을 선고할 수 있다.

제50조 (형의 경중) ① 형의 경중은 제41조 기재의 순서에 의한다. 단, 무기금고와 유기징역은 금고를 중한 것으로 하고 유기금고의 장기가 유기징역의 장기를 초과하는 때에는 금고를 중한 것으로 한다.

② 동종의 형은 장기의 긴 것과 다액의 많은 것을 중한 것으로 하고 장기 또는 다액이 동일한 때에는 그 단기의 긴 것과 소액의 많은 것을 중한 것으로 한다.

③ 전2항의 규정에 의한 외에는 죄질과 범정에 의하여 경중을 정한다.

제 2 절 형의 양정

제51조 (양형의 조건) 형을 정함에 있어서는 다음 사항을 참작하여야 한다.

1. 범인의 연령, 성행, 지능과 환경
2. 피해자에 대한 관계
3. 범행의 동기, 수단과 결과
4. 범행후의 정황

제52조 (자수, 자복) ① 죄를 범한 후 수사책임이 있는 관서에 자수한 때에는 그 형을 감경 또는 면제할 수 있다.

② 피해자의 의사에 반하여 처벌할 수 없는 죄에 있어서 피해자에게 자복한 때에도 전항과 같다.

제53조 (작량감경) 범죄의 정상에 참작할 만한 사유가 있는 때에는 작량하여 그 형을 감경할 수 있다.

제54조 (선택형과 작량감경) 1개의 죄에 정한 형이 수종인 때에는 먼저 적용할 형을 정하고 그 형을 감경한다.

제55조 (법률상의 감경) ① 법률상의 감경은 다음과 같다.

1. 사형을 감경할 때에는 무기 또는 10년이상의 징역 또는 금고로 한다.

2. 무기징역 또는 무기금고를 감경할 때에는 7년이상의 징역 또는 금고로 한다.
3. 유기징역 또는 유기금고를 감경할 때에는 그 형기의 2분의 1로 한다.
4. 자격상실을 감경할 때에는 7년이상의 자격정지로 한다.
5. 자격정지를 감경할 때에는 그 형기의 2분의 1로 한다.
6. 벌금을 감경할 때에는 그 다액의 2분의 1로 한다.
7. 구류를 감경할 때에는 그 장기의 2분의 1로 한다.
8. 과료를 감경할 때에는 그 다액의 2분의 1로 한다.

② 법률상 감경할 사유가 수 개 있는 때에는 거듭 감경할 수 있다.

제56조 (가중, 감경의 순서) 형을 가중, 감경할 사유가 경합된 때에는 다음 순서에 의한다.

1. 각칙 본조에 의한 가중
2. 제34조제2항의 가중
3. 누범가중
4. 법률상감경
5. 경합범가중
6. 작량감경

제57조 (판결선고 전 구금일수의 통산) ① 판결선고 전의 구금일수는 그 전부 또는 일부를 유기징역, 유기금고, 벌금이나 과료에 관한 유치 또는 구류에 산입한다.

② 전항의 경우에는 구금일수의 1일은 징역, 금고, 벌금이나 과료에 관한 유치 또는 구류의 기간의 1일로 계산한다.

제58조 (판결의 공시) ① 피해자의 이익을 위하여 필요하다고 인정할 때에는 피해자의 청구가 있는 경우에 한하여 피고인의 부담으로 판결공시의 취지를 선고할 수 있다.

② 피고사건에 대하여 무죄 또는 면소의 판결을 선고할 때에는 판결공시의 취지를 선고할 수 있다.

제 3 절 형의 선고유예

제59조 (선고유예의 요건) ① 1년이하의 징역이나 금고, 자격정지 또는 벌금의 형을 선고할 경우에 제51조의 사항을 참작하여 개전의 정상이 현저한 때에는 그 선고를 유예할 수 있다. 단, 자격정지이상의 형을 받은 전과가 있는 자에 대하여는 예외로 한다.

② 형을 병과할 경우에도 형의 전부 또는 일부에 대하여 그 선고를 유예할 수 있다.

제59조의2 (보호관찰) ① 형의 선고를 유예하는 경우에 재범방지를 위하여 지도 및 원호가 필요한 때에는 보호관찰을 받을 것을 명할 수 있다.

② 제1항의 규정에 의한 보호관찰의 기간은 1년으로 한다. [본조신설 95.12.29]

제60조 (선고유예의 효과) 형의 선고유예를 받은 날로부터 2년을 경과한 때에는 면소된 것으로 간주한다.

제61조 (선고유예의 실효) ① 형의 선고유예를 받은 자가 유예기간중 자격정지이상의 형에 처한 판결이 확정되거나 자격정지이상의 형에 처한 전과가 발견된 때에는 유예한 형을 선고한다.

② 제59조의2의 규정에 의하여 보호관찰을 명한 선고유예를 받은 자가 보호관찰기간 중에 준수사항을 위반하고 그 정도가 무거운 때에는 유예한 형을 선고할 수 있다. 〈신설 95.12.29〉

제 4 절 형의 집행유예

제62조 (집행유예의 요건) ① 3년이하의 징역 또는 금고의 형을 선고할 경우에 제51조의 사항을 참작하여 그 정상에 참작할 만한 사유가 있는 때에는 1년이상 5년이하의 기간 형의 집행을 유예할 수 있다. 다만, 금고 이상의 형을 선고한 판결이 확정된 때부터 그 집행을 종료하거나 면제된 후 3년까지의 기간에 범한 죄에 대하여 형을 선고하는 경우에는 그러하지 아니하다. 〈개정 2005.7.29〉

② 형을 병과할 경우에는 그 형의 일부에 대하여 집행을 유예할 수 있다.

제62조의2 (보호관찰, 사회봉사수강명령) ① 형의 집행을 유예하는 경우에는 보호관찰을 받을 것을 명하거나 사회봉사 또는 수강을 명할 수 있다.

② 제1항의 규정에 의한 보호관찰의 기간은 집행을 유예한 기간으로 한다. 다만, 법원은 유예기간의 범위내에서 보호관찰기간을 정할 수 있다.

③ 사회봉사명령 또는 수강명령은 집행유예기간내에 이를 집행한다. [본조신설 95.12.29]

제63조 (집행유예의 실효) 집행유예의 선고를 받은 자가 유예기간 중 고의로 범한 죄로 금고 이상의 형의 선고를 받아 그 판결이 확정된 때에는 집행유예의 선고는 효력을 잃는다. 〈개정 2005.7.29〉

제64조 (집행유예의 취소) ① 집행유예의 선고를 받은 후 제62조단행의 사유가 발각된 때에는 집행유예의 선고를 취소한다.

② 제62조의2의 규정에 의하여 보호관찰이나 사회봉사 또는 수강을 명한 집행유예를 받은 자가 준수사항이나 명령을 위반하고 그 정도가 무거운 때에는 집행유예의 선고를 취소할 수 있다. 〈신설 95.12.29〉

제65조 (집행유예의 효과) 집행유예의 선고를 받은 후 그 선고의 실효 또는 취소됨이 없이 유예기간을 경과한 때에는 형의 선고는 효력을 잃는다.

제 5 절 형의 집행

제66조 (사형) 사형은 형무소내에서 교수하여 집행한다.

제67조 (징역) 징역은 형무소내에 구치하여 정역에 복무하게 한다.

제68조 (금고와 구류) 금고와 구류는 형무소에 구치한다.

제69조 (벌금과 과료) ① 벌금과 과료는 판결확정일로부터 30일내에 납입하여야 한다. 단, 벌금을 선고할 때에는 동시에 그 금액을 완납할 때까지 노역장에 유치할 것을 명할 수 있다.

② 벌금을 납입하지 아니한 자는 1일이상 3년이하, 과료를 납입하지 아니한 자는 1일이상 30일미만의 기간 노역장에 유치하여 작업에 복무하게 한다.

제70조 (노역장유치) 벌금 또는 과료를 선고할 때에는 납입하지 아니하는 경우의 유치기간을 정하여 동시에 선고하여야 한다.

제71조 (유치일수의 공제) 벌금 또는 과료의 선고를 받은 자가 그 일부를 납입한 때에는 벌금 또는 과료액과 유치기간의 일수에 비례하여 납입금액에 상당한 일수를 제한다.

제 6 절 가석방

제72조 (가석방의 요건) ① 징역 또는 금고의 집행 중에 있는 자가 그 행장이 양호하여 개전의 정이 현저한 때에는 무기에 있어서는 10년, 유기에 있어서는 형기의 3분의 1을 경과한 후 행정처분으로 가석방을 할 수 있다.

② 전항의 경우에 벌금 또는 과료의 병과가 있는 때에는 그 금액을 완납하여야 한다.

제73조 (판결선고전 구금과 가석방) ① 형기에 산입된 판결선고전 구금의 일수는 가석방에 있어서 집행을 경과한 기간에 산입한다.

② 벌금 또는 과료에 관한 유치기간에 산입된 판결선고전 구금일수는 전조제2항의 경우에 있어서 그에 해당하는 금액이 납입된 것으로 간주한다.

제73조의2 (가석방의 기간 및 보호관찰) ① 가석방의 기간은 무기형에 있어서는 10년으로 하고, 유기형에 있어서는 남은 형기로 하되, 그 기간은 10년을 초과할 수 없다.

② 가석방된 자는 가석방기간 중 보호관찰을 받는다. 다만, 가석방을 허가한 행정관청이 필요가 없다고 인정한 때에는 그러하지 아니하다. [본조신설 95.12.29]

제74조 (가석방의 실효) 가석방중 금고이상의 형의 선고를 받아 그 판결이 확정된 때에는 가석방처분은 효력을 잃는다. 단, 과실로 인한 죄로 형의 선고를 받았을 때에는 예외로 한다.

제75조 (가석방의 취소) 가석방의 처분을 받은 자가 감시에 관한 규칙을 위배하거나, 보호관찰의 준수사항을 위반하고 그 정도가 무거운 때에는 가석방처분을 취소할 수 있다.[전문개정 95.12.29]

제76조 (가석방의 효과) ① 가석방의 처분을 받은 후 그 처분이 실효 또는 취소되지 아니하고 가석방기간을 경과한 때에는 형의 집행을 종료한 것으로 본다. 〈개정 95.12.29〉

② 전2조의 경우에는 가석방중의 일수는 형기에 산입하지 아니한다.

제 7 절 형의 시효

제77조 (시효의 효과) 형의 선고를 받은 자는 시효의 완성으로 인하여 그 집행이 면제된다.

제78조 (시효의 기간) 시효는 형을 선고하는 재판이 확정된 후 그 집행을 받음이 없이 다음의 기간을 경과함으로 인하여 완성된다.

1. 사형은 30년
2. 무기의 징역 또는 금고는 20년
3. 10년이상의 징역 또는 금고는 15년
4. 3년이상의 징역이나 금고 또는 10년이상의 자격정지는 10년
5. 3년미만의 징역이나 금고 또는 5년이상의 자격정지는 5년
6. 5년미만의 자격정지, 벌금, 몰수 또는 추징은 3년
7. 구류 또는 과료는 1년

제79조 (시효의 정지) 시효는 형의 집행의 유예나 정지 또는 가석방 기타 집행할 수 없는 기

간은 진행되지 아니한다.

제80조 (시효의 중단) 시효는 사형, 징역, 금고와 구류에 있어서는 수형자를 체포함으로, 벌금, 과료, 몰수와 추징에 있어서는 강제처분을 개시함으로 인하여 중단된다.

제8절 형의 소멸

제81조 (형의 실효) 징역 또는 금고의 집행을 종료하거나 집행이 면제된 자가 피해자의 손해를 보상하고 자격정지이상의 형을 받음이 없이 7년을 경과한 때에는 본인 또는 검사의 신청에 의하여 그 재판의 실효를 선고할 수 있다.

제82조 (복권) 자격정지의 선고를 받은 자가 피해자의 손해를 보상하고 자격정지이상의 형을 받음이 없이 정지기간의 2분의 1을 경과한 때에는 본인 또는 검사의 신청에 의하여 자격의 회복을 선고할 수 있다.

제4장 기 간

제83조 (기간의 계산) 년 또는 월로써 정한 기간은 역수에 따라 계산한다.

제84조 (형기의 기산) ① 형기는 판결이 확정된 날로부터 기산한다.

② 징역, 금고, 구류와 유치에 있어서는 구속되지 아니한 일수는 형기에 산입하지 아니한다.

제85조 (형의 집행과 시효기간의 초일) 형의 집행과 시효기간의 초일은 시간을 계산함이 없이 1일로 산정한다.

제86조 (석방일) 석방은 형기종료일에 하여야 한다.

제2편 각 칙

제1장 내란의 죄

제87조 (내란) 국토를 참절하거나 국헌을 문란할 목적으로 폭동한 자는 다음의 구별에 의하여 처단한다.

1. 수괴는 사형, 무기징역 또는 무기금고에 처한다.
2. 모의에 참여하거나 지휘하거나 기타 중요한 임무에 종사한 자는 사형, 무기 또는 5년이상의 징역이나 금고에 처한다. 살상, 파괴 또는 약탈의 행위를 실행한 자도 같다.
3. 부화수행하거나 단순히 폭동에만 관여한 자는 5년이하의 징역 또는 금고에 처한다.

제88조 (내란목적의 살인) 국토를 참절하거나 국헌을 문란할 목적으로 사람을 살해한 자는

사형, 무기징역 또는 무기금고에 처한다.

第89조 (미수범) 전2조의 미수범은 처벌한다.

第90조 (예비, 음모, 선동, 선전) ① 第87조 또는 第88조의 죄를 범할 목적으로 예비 또는 음모한 자는 3년이상의 유기징역이나 유기금고에 처한다. 단, 그 목적한 죄의 실행에 이르기 전에 자수한 때에는 그 형을 감경 또는 면제한다.

② 第87조 또는 第88조의 죄를 범할 것을 선동 또는 선전한 자도 전항의 형과 같다.

第91조 (국헌문란의 정의) 본장에서 국헌을 문란할 목적이라 함은 다음 각호의 1에 해당함을 말한다.

1. 헌법 또는 법률에 정한 절차에 의하지 아니하고 헌법 또는 법률의 기능을 소멸시키는 것.
2. 헌법에 의하여 설치된 국가기관을 강압에 의하여 전복 또는 그 권능행사를 불가능하게 하는 것.

제 2 장 외환의 죄

第92조 (외환유치) 외국과 통모하여 대한민국에 대하여 전단을 열게 하거나 외국인과 통모하여 대한민국에 항적한 자는 사형 또는 무기징역에 처한다.

第93조 (여적) 적국과 합세하여 대한민국에 항적한 자는 사형에 처한다.

第94조 (모병이적) ① 적국을 위하여 모병한 자는 사형 또는 무기징역에 처한다.

② 전항의 모병에 응한 자는 무기 또는 5년이상의 징역에 처한다.

第95조 (시설제공이적) ① 군대, 요새, 진영 또는 군용에 공하는 선박이나 항공기 기타 장소, 설비 또는 건조물을 적국에 제공한 자는 사형 또는 무기징역에 처한다.

② 병기 또는 탄약 기타 군용에 공하는 물건을 적국에 제공한 자도 전항의 형과 같다.

第96조 (시설파괴이적) 적국을 위하여 전조에 기재한 군용시설 기타 물건을 파괴하거나 사용할 수 없게 한 자는 사형 또는 무기징역에 처한다.

第97조 (물건제공이적) 군용에 공하지 아니하는 병기, 탄약 또는 전투용에 공할 수 있는 물건을 적국에 제공한 자는 무기 또는 5년이상의 징역에 처한다.

第98조 (간첩) ① 적국을 위하여 간첩하거나 적국의 간첩을 방조한 자는 사형, 무기 또는 7년이상의 징역에 처한다.

② 군사상의 기밀을 적국에 누설한 자도 전항의 형과 같다.

第99조 (일반이적) 전7조에 기재한 이외에 대한민국의 군사상이익을 해하거나 적국에 군사상의 이익을 공여한 자는 무기 또는 3년이상의 징역에 처한다.

第100조 (미수범) 전8조의 미수범은 처벌한다.

第101조 (예비, 음모, 선동, 선전) ① 第92조 내지 第99조의 죄를 범할 목적으로 예비 또는 음모한 자는 2년이상의 유기징역에 처한다. 단, 그 목적한 죄의 실행에 이르기 전에 자수한 때에는 그 형을 감경 또는 면제한다.

② 제92조 내지 제99조의 죄를 선동 또는 선전한 자도 전항의 형과 같다.

제102조 (준적국) 제93조 내지 전조의 죄에 있어서는 대한민국에 적대하는 외국 또는 외국인의 단체는 적국으로 간주한다.

제103조 (전시군수계약불이행) ① 전쟁 또는 사변에 있어서 정당한 이유 없이 정부에 대한 군수품 또는 군용공작물에 관한 계약을 이행하지 아니한 자는 10년이하의 징역에 처한다.

② 전항의 계약이행을 방해한 자도 전항의 형과 같다.

제104조 (동맹국) 본장의 규정은 동맹국에 대한 행위에 적용한다.

제104조의2

삭제 〈88.12.31〉

제 3 장　국기에 관한 죄

제105조 (국기, 국장의 모독) 대한민국을 모욕할 목적으로 국기 또는 국장을 손상, 제거 또는 오욕한 자는 5년이하의 징역이나 금고, 10년이하의 자격정지 또는 700만 원이하의 벌금에 처한다. 〈개정 95.12.29〉

제106조 (국기, 국장의 비방) 전조의 목적으로 국기 또는 국장을 비방한 자는 1년이하의 징역이나 금고, 5년이하의 자격정지 또는 200만원이하의 벌금에 처한다. 〈개정 95.12.29〉

제 4 장　국교에 관한 죄

제107조 (외국원수에 대한 폭행등) ① 대한민국에 체재하는 외국의 원수에 대하여 폭행 또는 협박을 가한 자는 7년이하의 징역이나 금고에 처한다.

② 전항의 외국원수에 대하여 모욕을 가하거나 명예를 훼손한 자는 5년이하의 징역이나 금고에 처한다.

제108조 (외국사절에 대한 폭행등) ① 대한민국에 파견된 외국사절에 대하여 폭행 또는 협박을 가한 자는 5년이하의 징역이나 금고에 처한다.

② 전항의 외국사절에 대하여 모욕을 가하거나 명예를 훼손한 자는 3년이하의 징역이나 금고에 처한다.

제109조 (외국의 국기, 국장의 모독) 외국을 모욕할 목적으로 그 나라의 공용에 공하는 국기 또는 국장을 손상, 제거 또는 오욕한 자는 2년이하의 징역이나 금고 또는 300만원이하의 벌금에 처한다. 〈개정 95.12.29〉

제110조 (피해자의 의사) 제107조 내지 제109조의 죄는 그 외국정부의 명시한 의사에 반하여 공소를 제기할 수 없다. 〈개정 95.12.29〉

제111조 (외국에 대한 사전) ① 외국에 대하여 사전한 자는 1년이상의 유기금고에 처한다.

② 전항의 미수범은 처벌한다.

③ 제1항의 죄를 범할 목적으로 예비 또는 음모한 자는 3년이하의 금고 또는 500만 원이하의 벌금에 처한다. 단, 그 목적한 죄의 실행에 이르기 전에 자수한 때에는 감경 또는 면제한다. 〈개정 95.12.29〉

제112조 (중립명령위반) 외국간의 교전에 있어서 중립에 관한 명령에 위반한 자는 3년이하의 금고 또는 500만원이하의 벌금에 처한다. 〈개정 95.12.29〉

제113조 (외교상기밀의 누설) ① 외교상의 기밀을 누설한 자는 5년이하의 징역 또는 1천만원이하의 벌금에 처한다. 〈개정 95.12.29〉

② 누설할 목적으로 외교상의 기밀을 탐지 또는 수집한 자도 전항의 형과 같다.

제 5 장　공안을 해하는 죄

제114조 (범죄단체의 조직) ① 범죄를 목적으로 하는 단체를 조직하거나 이에 가입한 자는 그 목적한 죄에 정한 형으로 처단한다. 단, 형을 감경할 수 있다.

② 병역 또는 납세의 의무를 거부할 목적으로 단체를 조직하거나 이에 가입한 자는 10년이하의 징역이나 금고 또는 1천500만원이하의 벌금에 처한다. 〈개정 95.12.29〉

③ 전2항의 죄를 범하여 유기의 징역이나 금고 또는 벌금에 처한 자에 대하여는 10년이하의 자격정지를 병과할 수 있다.

제115조 (소요) 다중이 집합하여 폭행, 협박 또는 손괴의 행위를 한 자는 1년이상 10년이하의 징역이나 금고 또는 1천500만원이하의 벌금에 처한다. 〈개정 95.12.29〉

제116조 (다중불해산) 폭행, 협박 또는 손괴의 행위를 할 목적으로 다중이 집합하여 그를 단속할 권한이 있는 공무원으로부터 3회이상의 해산명령을 받고 해산하지 아니한 자는 2년이하의 징역이나 금고 또는 300만원이하의 벌금에 처한다. 〈개정 95.12.29〉

제117조 (전시공수계약불이행) ① 전쟁, 천재 기타 사변에 있어서 국가 또는 공공단체와 체결한 식량 기타 생활필수품의 공급계약을 정당한 이유없이 이행하지 아니한 자는 3년이하의 징역 또는 500만원이하의 벌금에 처한다. 〈개정 95.12.29〉

② 전항의 계약이행을 방해한 자도 전항의 형과 같다.

③ 전2항의 경우에는 그 소정의 벌금을 병과할 수 있다.

제118조 (공무원자격의 사칭) 공무원의 자격을 사칭하여 그 직권을 행사한 자는 3년이하의 징역 또는 700만원이하의 벌금에 처한다. 〈개정 95.12.29〉

제 6 장　폭발물에 관한 죄

제119조 (폭발물사용) ① 폭발물을 사용하여 사람의 생명, 신체 또는 재산을 해하거나 기타 공안을 문란한 자는 사형, 무기 또는 7년이상의 징역에 처한다.

② 전쟁, 천재 기타 사변에 있어서 전항의 죄를 범한 자는 사형 또는 무기징역에 처한다.

③ 전2항의 미수범은 처벌한다.

제120조 (예비, 음모, 선동) ① 전조제1항, 제2항의 죄를 범할 목적으로 예비 또는 음모한 자는 2년이상의 유기징역에 처한다. 단, 그 목적한 죄의 실행에 이르기 전에 자수한 때에는 그 형을 감경 또는 면제한다.

② 전조제1항, 제2항의 죄를 범할 것을 선동한 자도 전항의 형과 같다.

제121조 (전시폭발물제조등) 전쟁 또는 사변에 있어서 정당한 이유없이 폭발물을 제조, 수입, 수출, 수수 또는 소지한 자는 10년이하의 징역에 처한다.

제7장 공무원의 직무에 관한 죄

제122조 (직무유기) 공무원이 정당한 이유없이 그 직무수행을 거부하거나 그 직무를 유기한 때에는 1년이하의 징역이나 금고 또는 3년이하의 자격정지에 처한다.

제123조 (직권남용) 공무원이 직권을 남용하여 사람으로 하여금 의무없는 일을 하게 하거나 사람의 권리행사를 방해한 때에는 5년이하의 징역, 10년이하의 자격정지 또는 1천만원이하의 벌금에 처한다. 〈개정 95.12.29〉

제124조 (불법체포, 불법감금) ① 재판, 검찰, 경찰 기타 인신구속에 관한 직무를 행하는 자 또는 이를 보조하는 자가 그 직권을 남용하여 사람을 체포 또는 감금한 때에는 7년이하의 징역과 10년이하의 자격정지에 처한다.

② 전항의 미수범은 처벌한다.

제125조 (폭행, 가혹행위) 재판, 검찰, 경찰 기타 인신구속에 관한 직무를 행하는 자 또는 이를 보조하는 자가 그 직무를 행함에 당하여 형사피의자 또는 기타 사람에 대하여 폭행 또는 가혹한 행위를 가한 때에는 5년이하의 징역과 10년이하의 자격정지에 처한다.

제126조 (피의사실공표) 검찰, 경찰 기타 범죄수사에 관한 직무를 행하는 자 또는 이를 감독하거나 보조하는 자가 그 직무를 행함에 당하여 지득한 피의사실을 공판청구전에 공표한 때에는 3년이하의 징역 또는 5년이하의 자격정지에 처한다.

제127조 (공무상비밀의 누설) 공무원 또는 공무원이었던 자가 법령에 의한 직무상 비밀을 누설한 때에는 2년이하의 징역이나 금고 또는 5년이하의 자격정지에 처한다.

제128조 (선거방해) 검찰, 경찰 또는 군의 직에 있는 공무원이 법령에 의한 선거에 관하여 선거인, 입후보자 또는 입후보자 되려는 자에게 협박을 가하거나 기타 방법으로 선거의 자유를 방해한 때에는 10년이하의 징역과 5년이상의 자격정지에 처한다.

제129조 (수뢰, 사전수뢰) ① 공무원 또는 중재인이 그 직무에 관하여 뇌물을 수수, 요구 또는 약속한 때에는 5년이하의 징역 또는 10년이하의 자격정지에 처한다.

② 공무원 또는 중재인이 될 자가 그 담당할 직무에 관하여 청탁을 받고 뇌물을 수수, 요구 또는 약속한 후 공무원 또는 중재인이 된 때에는 3년이하의 징역 또는 7년이하의 자격정지에 처한다.

제130조 (제삼자뇌물제공) 공무원 또는 중재인이 그 직무에 관하여 부정한 청탁을 받고 제3

자에게 뇌물을 공여하게 하거나 공여를 요구 또는 약속한 때에는 5년이하의 징역 또는 10년이하의 자격정지에 처한다.

第131條 (수뢰후 부정처사, 사후수뢰) ① 공무원 또는 중재인이 전2조의 죄를 범하여 부정한 행위를 한 때에는 1년이상의 유기징역에 처한다.

② 공무원 또는 중재인이 그 직무상 부정한 행위를 한 후 뇌물을 수수, 요구 또는 약속하거나 제삼자에게 이를 공여하게 하거나 공여를 요구 또는 약속한 때에도 전항의 형과 같다.

③ 공무원 또는 중재인이었던 자가 그 재직중에 청탁을 받고 직무상 부정한 행위를 한 후 뇌물을 수수, 요구 또는 약속한 때에는 5년이하의 징역 또는 10년이하의 자격정지에 처한다.

④ 전3항의 경우에는 10년이하의 자격정지를 병과할 수 있다.

第132條 (알선수뢰) 공무원이 그 지위를 이용하여 다른 공무원의 직무에 속한 사항의 알선에 관하여 뇌물을 수수, 요구 또는 약속한 때에는 3년이하의 징역 또는 7년이하의 자격정지에 처한다.

第133條 (뇌물공여등) ① 제129조 내지 제132조에 기재한 뇌물을 약속, 공여 또는 공여의 의사를 표시한 자는 5년이하의 징역 또는 2천만원이하의 벌금에 처한다. 〈개정 95.12.29〉

② 전항의 행위에 공할 목적으로 제삼자에게 금품을 교부하거나 그 정을 알면서 교부를 받은 자도 전항의 형과 같다.

第134條 (몰수, 추징) 범인 또는 정을 아는 제삼자가 받은 뇌물 또는 뇌물에 공할 금품은 몰수한다. 그를 몰수하기 불능한 때에는 그 가액을 추징한다.

第135條 (공무원의 직무상범죄에 대한 형의 가중) 공무원이 직권을 이용하여 본장이 외의 죄를 범한 때에는 그 죄에 정한 형의 2분의 1까지 가중한다. 단, 공무원의 신분에 의하여 특별히 형이 규정된 때에는 예외로 한다.

제 8 장　공무방해에 관한 죄

第136條 (공무집행방해) ① 직무를 집행하는 공무원에 대하여 폭행 또는 협박한 자는 5년이하의 징역 또는 1천만원이하의 벌금에 처한다. 〈개정 95.12.29〉

② 공무원에 대하여 그 직무상의 행위를 강요 또는 조지하거나 그 직을 사퇴하게 할 목적으로 폭행 또는 협박한 자도 전항의 형과 같다.

第137條 (위계에 의한 공무집행방해) 위계로써 공무원의 직무집행을 방해한 자는 5년이하의 징역 또는 1천만원이하의 벌금에 처한다. 〈개정 95.12.29〉

第138條 (법정 또는 국회회의장모욕) 법원의 재판 또는 국회의 심의를 방해 또는 위협할 목적으로 법정이나 국회회의장 또는 그 부근에서 모욕 또는 소동한 자는 3년이하의 징역 또는 700만원이하의 벌금에 처한다. 〈개정 95.12.29〉

第139條 (인권옹호직무방해) 경찰의 직무를 행하는 자 또는 이를 보조하는 자가 인권옹호에 관한 검사의 직무집행을 방해하거나 그 명령을 준수하지 아니한 때에는 5년이하의 징역 또는 10년이하의 자격정지에 처한다.

제140조 (공무상비밀표시무효) ① 공무원이 그 직무에 관하여 실시한 봉인 또는 압류 기타 강제처분의 표시를 손상 또는 은닉하거나 기타 방법으로 그 효용을 해한 자는 5년이하의 징역 또는 700만원이하의 벌금에 처한다. 〈개정 95.12.29〉

② 공무원이 그 직무에 관하여 봉함 기타 비밀장치한 문서 또는 도화를 개봉한 자도 제1항의 형과 같다. 〈개정 95.12.29〉

③ 공무원이 그 직무에 관하여 봉함 기타 비밀장치한 문서, 도화 또는 전자기록등 특수매체기록을 기술적 수단을 이용하여 그 내용을 알아낸 자도 제1항의 형과 같다. 〈신설 95.12.29〉

제140조의2 (부동산강제집행효용침해) 강제집행으로 명도 또는 인도된 부동산에 침입하거나 기타 방법으로 강제집행의 효용을 해한 자는 5년이하의 징역 또는 700만원이하의 벌금에 처한다. [본조신설 95.12.29]

제141조 (공용서류등의 무효, 공용물의 파괴) ① 공무소에서 사용하는 서류 기타 물건 또는 전자기록등 특수매체기록을 손상 또는 은닉하거나 기타 방법으로 그 효용을 해한 자는 7년이하의 징역 또는 1천만원이하의 벌금에 처한다. 〈개정 95.12.29〉

② 공무소에서 사용하는 건조물, 선박, 기차 또는 항공기를 파괴한 자는 1년이상 10년이하의 징역에 처한다.

제142조 (공무상보관물의 무효) 공무소로부터 보관명령을 받거나 공무소의 명령으로 타인이 관리하는 자기의 물건을 손상 또는 은닉하거나 기타 방법으로 그 효용을 해한 자는 5년이하의 징역 또는 700만원이하의 벌금에 처한다. 〈개정 95.12.29〉

제143조 (미수범) 제140조 내지 전조의 미수범은 처벌한다.

제144조 (특수공무방해) ① 단체 또는 다중의 위력을 보이거나 위험한 물건을 휴대하여 제136조, 제138조와 제140조 내지 전조의 죄를 범한 때에는 각조에 정한 형의 2분의 1까지 가중한다.

② 제1항의 죄를 범하여 공무원을 상해에 이르게 한 때에는 3년이상의 유기징역에 처한다. 사망에 이르게 한 때에는 무기 또는 5년이상의 징역에 처한다. 〈개정 95.12.29〉

제 9 장 도주와 범인은닉의 죄

제145조 (도주, 집합명령위반) ① 법률에 의하여 체포 또는 구금된 자가 도주한 때에는 1년이하의 징역에 처한다.

② 전항의 구금된 자가 천재, 사변 기타 법령에 의하여 잠시 해금된 경우에 정당한 이유없이 그 집합명령에 위반한 때에도 전항의 형과 같다.

제146조 (특수도주) 수용설비 또는 기구를 손괴하거나 사람에게 폭행 또는 협박을 가하거나 2인이상이 합동하여 전조제1항의 죄를 범한 자는 7년이하의 징역에 처한다.

제147조 (도주원조) 법률에 의하여 구금된 자를 탈취하거나 도주하게 한 자는 10년이하의 징역에 처한다.

제148조 (간수자의 도주원조) 법률에 의하여 구금된 자를 간수 또는 호송하는 자가 이를 도주하게 한 때에는 1년이상 10년이하의 징역에 처한다.

제149조 (미수범) 전4조의 미수범은 처벌한다.

제150조 (예비, 음모) 제147조와 제148조의 죄를 범할 목적으로 예비 또는 음모한 자는 3년이하의 징역에 처한다.

제151조 (범인은닉과 친족간의 특례) ① 벌금이상의 형에 해당하는 죄를 범한 자를 은익 또는 도피하게 한 자는 3년이하의 징역 또는 500만원이하의 벌금에 처한다. 〈개정 95.12.29〉

② 친족 또는 동거의 가족이 본인을 위하여 전항의 죄를 범한 때에는 처벌하지 아니한다. 〈개정 2005.3.31〉

제10장 위증과 증거인멸의 죄

제152조 (위증, 모해위증) ① 법률에 의하여 선서한 증인이 허위의 진술을 한 때에는 5년이하의 징역 또는 1천만원이하의 벌금에 처한다. 〈개정 95.12.29〉

② 형사사건 또는 징계사건에 관하여 피고인, 피의자 또는 징계혐의자를 모해할 목적으로 전항의 죄를 범한 때에는 10년이하의 징역에 처한다.

제153조 (자백, 자수) 전조의 죄를 범한 자가 그 공술한 사건의 재판 또는 징계처분이 확정되기 전에 자백 또는 자수한 때에는 그 형을 감경 또는 면제한다.

제154조 (허위의 감정, 통역, 번역) 법률에 의하여 선서한 감정인, 통역인 또는 번역인이 허위의 감정, 통역 또는 번역을 한 때에는 전2조의 예에 의한다.

제155조 (증거인멸등과 친족간의 특례) ① 타인의 형사사건 또는 징계사건에 관한 증거를 인멸, 은닉, 위조 또는 변조하거나 위조 또는 변조한 증거를 사용한 자는 5년이하의 징역 또는 700만원이하의 벌금에 처한다. 〈개정 95.12.29〉

② 타인의 형사사건 또는 징계사건에 관한 증인을 은닉 또는 도피하게 한 자도 제1항의 형과 같다. 〈개정 95.12.29〉

③ 피고인, 피의자 또는 징계혐의자를 모해할 목적으로 전2항의 죄를 범한 자는 10년이하의 징역에 처한다.

④ 친족 또는 동거의 가족이 본인을 위하여 본조의 죄를 범한 때에는 처벌하지 아니한다. 〈개정 2005.3.31〉

제11장 무고의 죄

제156조 (무고) 타인으로 하여금 형사처분 또는 징계처분을 받게 할 목적으로 공무소 또는 공무원에 대하여 허위의 사실을 신고한 자는 10년이하의 징역 또는 1천500만 원이하의 벌금에 처한다. 〈개정 95.12.29〉

제157조 (자백・자수) 제153조는 전조에 준용한다.

제12장 신앙에 관한 죄

제158조 (장례식등의 방해) 장례식, 제사, 예배 또는 설교를 방해한 자는 3년이하의 징역 또는 500만원이하의 벌금에 처한다. 〈개정 95.12.29〉

제159조 (사체등의 오욕) 사체, 유골 또는 유발을 오욕한 자는 2년이하의 징역 또는 500만원이하의 벌금에 처한다. 〈개정 95.12.29〉

제160조 (분묘의 발굴) 분묘를 발굴한 자는 5년이하의 징역에 처한다.

제161조 (사체등의 영득) ① 사체, 유골, 유발 또는 관내에 장치한 물건을 손괴, 유기, 은닉 또는 영득한 자는 7년이하의 징역에 처한다.

② 분묘를 발굴하여 전항의 죄를 범한 자는 10년이하의 징역에 처한다.

제162조 (미수범) 전2조의 미수범은 처벌한다.

제163조 (변사체검시방해) 변사자의 사체 또는 변사의 의심있는 사체를 은닉 또는 변경하거나 기타 방법으로 검시를 방해한 자는 700만원이하의 벌금에 처한다. [전문개정 95.12.29]

제13장 방화와 실화의 죄

제164조 (현주건조물등에의 방화) ① 불을 놓아 사람이 주거로 사용하거나 사람이 현존하는 건조물, 기차, 전차, 자동차, 선박, 항공기 또는 광갱을 소훼한 자는 무기 또는 3년이상의 징역에 처한다.

② 제1항의 죄를 범하여 사람을 상해에 이르게 한 때에는 무기 또는 5년이상의 징역에 처한다. 사망에 이르게 한 때에는 사형, 무기 또는 7년이상의 징역에 처한다. [전문개정 95.12.29]

제165조 (공용건조물등에의 방화) 불을 놓아 공용 또는 공익에 공하는 건조물, 기차, 전차, 자동차, 선박, 항공기 또는 광갱을 소훼한 자는 무기 또는 3년이상의 징역에 처한다.

제166조 (일반건조물등에의 방화) ① 불을 놓아 전2조에 기재한 이외의 건조물, 기차, 전차, 자동차, 선박, 항공기 또는 광갱을 소훼한 자는 2년이상의 유기징역에 처한다.

② 자기소유에 속하는 제1항의 물건을 소훼하여 공공의 위험을 발생하게 한 자는 7년이하의 징역 또는 1천만원이하의 벌금에 처한다. 〈개정 95.12.29〉

제167조 (일반물건에의 방화) ① 불을 놓아 전3조에 기재한 이외의 물건을 소훼하여 공공의 위험을 발생하게 한 자는 1년이상 10년이하의 징역에 처한다.

② 제1항의 물건이 자기의 소유에 속한 때에는 3년이하의 징역 또는 700만원이하의 벌금에 처한다. 〈개정 95.12.29〉

제168조 (연소) ① 제166조제2항 또는 전조제2항의 죄를 범하여 제164조, 제165조 또는 제

166조제1항에 기재한 물건에 연소한 때에는 1년이상 10년이하의 징역에 처한다.

② 전조제2항의 죄를 범하여 전조제1항에 기재한 물건에 연소한 때에는 5년이하의 징역에 처한다.

제169조 (진화방해) 화재에 있어서 진화용의 시설 또는 물건을 은닉 또는 손괴하거나 기타 방법으로 진화를 방해한 자는 10년이하의 징역에 처한다.

제170조 (실화) ① 과실로 인하여 제164조 또는 제165조에 기재한 물건 또는 타인의 소유에 속하는 제166조에 기재한 물건을 소훼한 자는 1천500만원이하의 벌금에 처한다. 〈개정 95.12.29〉

② 과실로 인하여 자기의 소유에 속하는 제166조 또는 제167조에 기재한 물건을 소훼하여 공공의 위험을 발생하게 한 자도 전항의 형과 같다.

제171조 (업무상실화, 중실화) 업무상과실 또는 중대한 과실로 인하여 제170조의 죄를 범한 자는 3년이하의 금고 또는 2천만원이하의 벌금에 처한다. 〈개정 95.12.29〉

제172조 (폭발성물건파열) ① 보일러, 고압가스 기타 폭발성있는 물건을 파열시켜 사람의 생명, 신체 또는 재산에 대하여 위험을 발생시킨 자는 1년이상의 유기징역에 처한다.

② 제1항의 죄를 범하여 사람을 상해에 이르게 한 때에는 무기 또는 3년이상의 징역에 처한다. 사망에 이르게 한 때에는 무기 또는 5년이상의 징역에 처한다. [전문개정 95.12.29]

제172조의2 (가스·전기등 방류) ① 가스, 전기, 증기 또는 방사선이나 방사성 물질을 방출, 유출 또는 살포시켜 사람의 생명, 신체 또는 재산에 대하여 위험을 발생시킨 자는 1년이상 10년이하의 징역에 처한다.

② 제1항의 죄를 범하여 사람을 상해에 이르게 한 때에는 무기 또는 3년이상의 징역에 처한다. 사망에 이르게 한 때에는 무기 또는 5년이상의 징역에 처한다. [본조신설 95.12.29]

제173조 (가스·전기등 공급방해) ① 가스, 전기 또는 증기의 공작물을 손괴 또는 제거하거나 기타 방법으로 가스, 전기 또는 증기의 공급이나 사용을 방해하여 공공의 위험을 발생하게 한 자는 1년이상 10년이하의 징역에 처한다.

② 공공용의 가스, 전기 또는 증기의 공작물을 손괴 또는 제거하거나 기타 방법으로 가스, 전기 또는 증기의 공급이나 사용을 방해한 자도 전항의 형과 같다. 〈개정 95.12.29〉

③ 제1항 또는 제2항의 죄를 범하여 사람을 상해에 이르게 한 때에는 2년이상의 유기징역에 처한다. 사망에 이르게 한 때에는 무기 또는 3년이상의 징역에 처한다. 〈개정 95.12.29〉

제173조의2 (과실폭발성물건파열등) ① 과실로 제172조제1항, 제172조의2제1항, 제173조제1항과 제2항의 죄를 범한 자는 5년이하의 금고 또는 1천500만원이하의 벌금에 처한다.

② 업무상과실 또는 중대한 과실로 제1항의 죄를 범한 자는 7년이하의 금고 또는 2천만원이하의 벌금에 처한다. [본조신설 95.12.29]

제174조 (미수범) 제164조제1항, 제165조, 제166조제1항, 제172조제1항, 제172조의2제1항, 제173조제1항과 제2항의 미수범은 처벌한다. [전문개정 95.12.29]

제175조 (예비, 음모) 제164조제1항, 제165조, 제166조제1항, 제172조제1항, 제172조의2제1항, 제173조 제1항과 제2항의 죄를 범할 목적으로 예비 또는 음모한 자는 5년이하의 징역에 처한다. 단, 그 목적한 죄의 실행에 이르기 전에 자수한 때에는 형을 감경 또는 면제한다.

〈개정 95.12.29〉

제176조 (타인의 권리대상이 된 자기의 물건) 자기의 소유에 속하는 물건이라도 압류 기타 강제처분을 받거나 타인의 권리 또는 보험의 목적물이 된 때에는 본장의 규정의 적용에 있어서 타인의 물건으로 간주한다.

제14장 일수와 수리에 관한 죄

제177조 (현재건조물등에의 일수) ① 물을 넘겨 사람이 주거에 사용하거나 사람이 현존하는 건조물, 기차, 전차, 자동차, 선박, 항공기 또는 광갱을 침해한 자는 무기 또는 3년이상의 징역에 처한다.

② 제1항의 죄를 범하여 사람을 상해에 이르게 한 때에는 무기 또는 5년이상의 징역에 처한다. 사망에 이르게 한 때에는 무기 또는 7년이상의 징역에 처한다. [전문개정 95.12.29]

제178조 (공용건조물등에의 일수) 물을 넘겨 공용 또는 공익에 공하는 건조물, 기차, 전차, 자동차, 선박, 항공기 또는 광갱을 침해한 자는 무기 또는 2년이상의 징역에 처한다.

제179조 (일반건조물등에의 일수) ① 물을 넘겨 전2조에 기재한 이외의 건조물, 기차, 전차, 자동차, 선박, 항공기 또는 광갱 기타 타인의 재산을 침해한 자는 1년이상 10년이하의 징역에 처한다.

② 자기의 소유에 속하는 전항의 물건을 침해하여 공공의 위험을 발생하게 한 때에는 3년이하의 징역 또는 700만원이하의 벌금에 처한다. 〈개정 95.12.29〉

③ 제176조의 규정은 본조의 경우에 준용한다.

제180조 (방수방해) 수재에 있어서 방수용의 시설 또는 물건을 손괴 또는 은닉하거나 기타 방법으로 방수를 방해한 자는 10년이하의 징역에 처한다.

제181조 (과실일수) 과실로 인하여 제177조 또는 제178조에 기재한 물건을 침해한 자또는 제179조에 기재한 물건을 침해하여 공공의 위험을 발생하게 한 자는 1천만원이하의 벌금에 처한다. 〈개정 95.12.29〉

제182조 (미수범) 제177조 내지 제179조제1항의 미수범은 처벌한다.

제183조 (예비, 음모) 제177조 내지 제179조제1항의 죄를 범할 목적으로 예비 또는 음모한 자는 3년이하의 징역에 처한다.

제184조 (수리방해) 제방을 결궤하거나 수문을 파괴하거나 기타 방법으로 수리를 방해한 자는 5년이하의 징역 또는 700만원이하의 벌금에 처한다. 〈개정 95.12.29〉

제15장 교통방해의 죄

제185조 (일반교통방해) 육로, 수로 또는 교량을 손괴 또는 불통하게 하거나 기타 방법으로 교통을 방해한 자는 10년이하의 징역 또는 1천500만원이하의 벌금에 처한다. 〈개정

95.12.29〉

제186조 (기차, 선박등의 교통방해) 궤도, 등대 또는 표지를 손괴하거나 기타 방법으로 기차, 전차, 자동차, 선박 또는 항공기의 교통을 방해한 자는 1년이상의 유기징역에 처한다.

제187조 (기차등의 전복등) 사람의 현존하는 기차, 전차, 자동차, 선박 또는 항공기를 전복, 매몰, 추락 또는 파괴한 자는 무기 또는 3년이상의 징역에 처한다.

제188조 (교통방해치사상) 제185조 내지 제187조의 죄를 범하여 사람을 상해에 이르게 한 때에는 무기 또는 3년이상의 징역에 처한다. 사망에 이르게 한 때에는 무기 또는 5년이상의 징역에 처한다. [전문개정 95.12.29]

제189조 (과실, 업무상과실, 중과실) ① 과실로 인하여 제185조 내지 제187조의 죄를 범한 자는 1천만원이하의 벌금에 처한다. 〈개정 95.12.29〉

② 업무상과실 또는 중대한 과실로 인하여 제185조 내지 제187조의 죄를 범한 자는 3년이하의 금고 또는 2천만원이하의 벌금에 처한다. 〈개정 95.12.29〉

제190조 (미수범) 제185조 내지 제187조의 미수범은 처벌한다.

제191조 (예비, 음모) 제186조 또는 제187조의 죄를 범할 목적으로 예비 또는 음모한 자는 3년이하의 징역에 처한다.

제16장 음용수에 관한 죄

제192조 (음용수의 사용방해) ① 일상음용에 공하는 정수에 오물을 혼입하여 음용하지 못하게 한 자는 1년이하의 징역 또는 500만원이하의 벌금에 처한다. 〈개정 95.12.29〉

② 전항의 음용수에 독물 기타 건강을 해할 물건을 혼입한 자는 10년이하의 징역에 처한다.

제193조 (수도음용수의 사용방해) ① 수도에 의하여 공중의 음용에 공하는 정수 또는 그 수원에 오물을 혼입하여 음용하지 못하게 한 자는 1년이상 10년이하의 징역에 처한다.

② 전항의 음용수 또는 수원에 독물 기타 건강을 해할 물건을 혼입한 자는 2년이상의 유기징역에 처한다.

제194조 (음용수혼독치사상) 제192조제2항 또는 제193조제2항의 죄를 범하여 사람을 상해에 이르게 한 때에는 무기 또는 3년이상의 징역에 처한다. 사망에 이르게 한 때에는 무기 또는 5년이상의 징역에 처한다. [전문개정 95.12.29]

제195조 (수도불통) 공중의 음용수를 공급하는 수도 기타 시설을 손괴 기타 방법으로 불통하게 한 자는 1년이상 10년이하의 징역에 처한다.

제196조 (미수범) 제192조제2항, 제193조제2항과 전조의 미수범은 처벌한다.

제197조 (예비, 음모) 제192조제2항, 제193조제2항 또는 제195조의 죄를 범할 목적으로 예비 또는 음모한 자는 2년이하의 징역에 처한다.

제17장 아편에 관한 죄

제198조 (아편등의 제조등) 아편, 몰핀 또는 그 화합물을 제조, 수입 또는 판매하거나 판매할 목적으로 소지한 자는 10년이하의 징역에 처한다.

제199조 (아편흡식기의 제조등) 아편을 흡식하는 기구를 제조, 수입 또는 판매하거나 판매할 목적으로 소지한 자는 5년이하의 징역에 처한다.

제200조 (세관공무원의 아편등의 수입) 세관의 공무원이 아편, 몰핀이나 그 화합물 또는 아편흡식기구를 수입하거나 그 수입을 허용한 때에는 1년이상의 유기징역에 처한다.

제201조 (아편흡식등, 동장소제공) ① 아편을 흡식하거나 몰핀을 주사한 자는 5년이하의 징역에 처한다.

② 아편흡식 또는 몰핀주사의 장소를 제공하여 이익을 취한 자도 전항의 형과 같다.

제202조 (미수범) 전4조의 미수범은 처벌한다.

제203조 (상습범) 상습으로 전5조의 죄를 범한 때에는 각조에 정한 형의 2분의 1까지 가중한다.

제204조 (자격정지 또는 벌금의 병과) 제198조 내지 제203조의 경우에는 10년이하의 자격정지 또는 2천만원이하의 벌금을 병과할 수 있다. 〈개정 95.12.29〉

제205조 (아편등의 소지) 아편, 몰핀이나 그 화합물 또는 아편흡식기구를 소지한 자는 1년이하의 징역 또는 500만원이하의 벌금에 처한다. 〈개정 95.12.29〉

제206조 (몰수, 추징) 본장의 죄에 제공한 아편, 몰핀이나 그 화합물 또는 아편흡식기구는 몰수한다. 그를 몰수하기 불능한 때에는 그 가액을 추징한다.

제18장 통화에 관한 죄

제207조 (통화의 위조등) ① 행사할 목적으로 통용하는 대한민국의 화폐, 지폐 또는 은행권을 위조 또는 변조한 자는 무기 또는 2년이상의 징역에 처한다.

② 행사할 목적으로 내국에서 유통하는 외국의 화폐, 지폐 또는 은행권을 위조 또는 변조한 자는 1년이상의 유기징역에 처한다.

③ 행사할 목적으로 외국에서 통용하는 외국의 화폐, 지폐 또는 은행권을 위조 또는 변조한 자는 10년이하의 징역에 처한다.

④ 위조 또는 변조한 전3항 기재의 통화를 행사하거나 행사할 목적으로 수입 또는 수출한 자는 그 위조 또는 변조의 각죄에 정한 형에 처한다.

제208조 (위조통화의 취득) 행사할 목적으로 위조 또는 변조한 제207조 기재의 통화를 취득한 자는 5년이하의 징역 또는 1천500만원이하의 벌금에 처한다. 〈개정 95.12.29〉

제209조 (자격정지 또는 벌금의 병과) 제207조 또는 제208조의 죄를 범하여 유기징역에 처

할 경우에는 10년이하의 자격정지 또는 2천만원이하의 벌금을 병과할 수 있다. 〈개정 95.12.29〉

第210조 (위조통화취득후의 지정행사) 제207조 기재의 통화를 취득한 후 그 정을 알고 행사한 자는 2년이하의 징역 또는 500만원이하의 벌금에 처한다. 〈개정 95.12.29〉

第211조 (통화유사물의 제조등) ① 판매할 목적으로 내국 또는 외국에서 통용하거나 유통하는 화폐, 지폐 또는 은행권에 유사한 물건을 제조, 수입 또는 수출한 자는 3년이하의 징역 또는 700만원이하의 벌금에 처한다. 〈개정 95.12.29〉

② 전항의 물건을 판매한 자도 전항의 형과 같다.

第212조 (미수범) 제207조, 제208조와 전조의 미수범은 처벌한다.

第213조 (예비, 음모) 제207조제1항 내지 제3항의 죄를 범할 목적으로 예비 또는 음모한 자는 5년이하의 징역에 처한다. 단, 그 목적한 죄의 실행에 이르기 전에 자수한 때에는 그 형을 감경 또는 면제한다.

제19장 유가증권, 우표와 인지에 관한 죄

第214조 (유가증권의 위조등) ① 행사할 목적으로 대한민국 또는 외국의 공채증서 기타 유가증권을 위조 또는 변조한 자는 10년이하의 징역에 처한다.

② 행사할 목적으로 유가증권의 권리의무에 관한 기재를 위조 또는 변조한 자도 전항의 형과 같다.

第215조 (자격모용에 의한 유가증권의 작성) 행사할 목적으로 타인의 자격을 모용하여 유가증권을 작성하거나 유가증권의 권리 또는 의무에 관한 사항을 기재한 자는 10년이하의 징역에 처한다.

第216조 (허위유가증권의 작성등) 행사할 목적으로 허위의 유가증권을 작성하거나 유가증권에 허위사항을 기재한 자는 7년이하의 징역 또는 3천만원이하의 벌금에 처한다. 〈개정 95.12.29〉

第217조 (위조유가증권등의 행사등) 위조, 변조, 작성 또는 허위기재한 전3조 기재의 유가증권을 행사하거나 행사할 목적으로 수입 또는 수출한 자는 10년이하의 징역에 처한다.

第218조 (인지·우표의 위조등) ① 행사할 목적으로 대한민국 또는 외국의 인지, 우표 기타 우편요금을 표시하는 증표를 위조 또는 변조한 자는 10년이하의 징역에 처한다. 〈개정 95.12.29〉

② 위조 또는 변조된 대한민국 또는 외국의 인지, 우표 기타 우편요금을 표시하는 증표를 행사하거나 행사할 목적으로 수입 또는 수출한 자도 제1항의 형과 같다. 〈개정 95.12.29〉

第219조 (위조인지·우표등의 취득) 행사할 목적으로 위조 또는 변조한 대한민국 또는 외국의 인지, 우표 기타 우편요금을 표시하는 증표를 취득한 자는 3년이하의 징역 또는 1천만원이하의 벌금에 처한다. 〈개정 95.12.29〉

第220조 (자격정지 또는 벌금의 병과) 제214조 내지 제219조의 죄를 범하여 징역에 처하는

경우에는 10년이하의 자격정지 또는 2천만원이하의 벌금을 병과할 수 있다. [전문개정 95.12.29]

제221조 (소인말소) 행사할 목적으로 대한민국 또는 외국의 인지, 우표 기타 우편요금을 표시하는 증표의 소인 기타 사용의 표지를 말소한 자는 1년이하의 징역 또는 300만원이하의 벌금에 처한다. [전문개정 95.12.29]

제222조 (인지 · 우표유사물의 제조등) ① 판매할 목적으로 대한민국 또는 외국의 공채증서, 인지, 우표 기타 우편요금을 표시하는 증표와 유사한 물건을 제조, 수입 또는 수출한 자는 2년이하의 징역 또는 500만원이하의 벌금에 처한다. 〈개정 95.12.29〉

② 전항의 물건을 판매한 자도 전항의 형과 같다.

제223조 (미수범) 제214조 내지 제219조와 전조의 미수범은 처벌한다.

제224조 (예비, 음모) 제214조, 제215조와 제218조제1항의 죄를 범할 목적으로 예비 또는 음모한 자는 2년이하의 징역에 처한다.

제20장 문서에 관한 죄

제225조 (공문서등의 위조·변조) 행사할 목적으로 공무원 또는 공무소의 문서 또는 도화를 위조 또는 변조한 자는 10년이하의 징역에 처한다. 〈개정 95.12.29〉

제226조 (자격모용에 의한 공문서등의 작성) 행사할 목적으로 공무원 또는 공무소의 자격을 모용하여 문서 또는 도화를 작성한 자는 10년이하의 징역에 처한다. 〈개정 95.12.29〉

제227조 (허위공문서작성등) 공무원이 행사할 목적으로 그 직무에 관하여 문서 또는 도화를 허위로 작성하거나 변개한 때에는 7년이하의 징역 또는 2천만원이하의 벌금에 처한다. [전문개정 95.12.29]

제227조의2 (공전자기록위작 · 변작) 사무처리를 그르치게 할 목적으로 공무원 또는 공무소의 전자기록등 특수매체기록을 위작 또는 변작한 자는 10년이하의 징역에 처한다. [본조신설 95.12.29]

제228조 (공정증서원본등의 부실기재) ① 공무원에 대하여 허위신고를 하여 공정증서 원본 또는 이와 동일한 전자기록등 특수매체기록에 부실의 사실을 기재 또는 기록하게 한 자는 5년이하의 징역 또는 1천만원이하의 벌금에 처한다. 〈개정 95.12.29〉

② 공무원에 대하여 허위신고를 하여 면허증, 허가증, 등록증 또는 여권에 부실의 사실을 기재하게 한 자는 3년이하의 징역 또는 700만원이하의 벌금에 처한다. 〈개정 95.12.29〉

제229조 (위조등 공문서의 행사) 제225조 내지 제228조의 죄에 의하여 만들어진 문서, 도화, 전자기록등 특수매체기록, 공정증서원본, 면허증, 허가증, 등록증 또는 여권을 행사한 자는 그 각 죄에 정한 형에 처한다. [전문개정 95.12.29]

제230조 (공문서등의 부정행사) 공무원 또는 공무소의 문서 또는 도화를 부정행사한 자는 2년이하의 징역이나 금고 또는 500만원이하의 벌금에 처한다. 〈개정 95.12.29〉

제231조 (사문서등의 위조 · 변조) 행사할 목적으로 권리 · 의무 또는 사실증명에 관한 타인의

문서 또는 도화를 위조 또는 변조한 자는 5년이하의 징역 또는 1천만원이하의 벌금에 처한다. 〈개정 95.12.29〉

제232조 (자격모용에 의한 사문서의 작성) 행사할 목적으로 타인의 자격을 모용하여 권리·의무 또는 사실증명에 관한 문서 또는 도화를 작성한 자는 5년이하의 징역 또는 1천만원이하의 벌금에 처한다. 〈개정 95.12.29〉

제232조의2 (사전자기록위작·변작) 사무처리를 그르치게 할 목적으로 권리·의무 또는 사실증명에 관한 타인의 전자기록등 특수매체기록을 위작 또는 변작한 자는 5년이하의 징역 또는 1천만원이하의 벌금에 처한다. [본조신설 95.12.29]

제233조 (허위진단서등의 작성) 의사, 한의사, 치과의사 또는 조산사가 진단서, 검안서 또는 생사에 관한 증명서를 허위로 작성한 때에는 3년이하의 징역이나 금고, 7년이하의 자격정지 또는 3천만원이하의 벌금에 처한다. [전문개정 95.12.29]

제234조 (위조사문서등의 행사) 제231조 내지 제233조의 죄에 의하여 만들어진 문서, 도화 또는 전자기록등 특수매체기록을 행사한 자는 그 각 죄에 정한 형에 처한다. [전문개정 95.12.29]

제235조 (미수범) 제225조 내지 제234조의 미수범은 처벌한다. 〈개정 95.12.29〉

제236조 (사문서의 부정행사) 권리·의무 또는 사실증명에 관한 타인의 문서 또는 도화를 부정행사한 자는 1년이하의 징역이나 금고 또는 300만원이하의 벌금에 처한다. 〈개정 95.12.29〉

제237조 (자격정지의 병과) 제225조 내지 제227조의2 및 그 행사죄를 범하여 징역에 처할 경우에는 10년이하의 자격정지를 병과할 수 있다. 〈개정 95.12.29〉

제237조의2 (복사문서등) 이 장의 죄에 있어서 전자복사기, 모사전송기 기타 이와 유사한 기기를 사용하여 복사한 문서 또는 도화의 사본도 문서 또는 도화로 본다. [본조신설 95.12.29]

제21장 인장에 관한 죄

제238조 (공인등의 위조, 부정사용) ① 행사할 목적으로 공무원 또는 공무소의 인장, 서명, 기명 또는 기호를 위조 또는 부정사용한 자는 5년이하의 징역에 처한다.

② 위조 또는 부정사용한 공무원 또는 공무소의 인장, 서명, 기명 또는 기호를 행사한 자도 전항의 형과 같다.

③ 전2항의 경우에는 7년이하의 자격정지를 병과할 수 있다.

제239조 (사인등의 위조, 부정사용) ① 행사할 목적으로 타인의 인장, 서명, 기명 또는 기호를 위조 또는 부정사용한 자는 3년이하의 징역에 처한다.

② 위조 또는 부정사용한 타인의 인장, 서명, 기명 또는 기호를 행사한 때에도 전항의 형과 같다.

제240조 (미수범) 본장의 미수범은 처벌한다.

제22장 성풍속에 관한 죄

제241조 (간통) ① 배우자있는 자가 간통한 때에는 2년이하의 징역에 처한다. 그와 상간한 자도 같다.

② 전항의 죄는 배우자의 고소가 있어야 논한다. 단, 배우자가 간통을 종용 또는 유서한 때에는 고소할 수 없다.

제242조 (음행매개) 영리의 목적으로 미성년 또는 음행의 상습없는 부녀를 매개하여 간음하게 한 자는 3년이하의 징역 또는 1천500만원이하의 벌금에 처한다. 〈개정 95.12.29〉

제243조 (음화반포등) 음난한 문서, 도화, 필름 기타 물건을 반포, 판매 또는 임대하거나 공연히 전시 또는 상영한 자는 1년이하의 징역 또는 500만원이하의 벌금에 처한다. [전문개정 95.12.29]

제244조 (음화제조등) 제243조의 행위에 공할 목적으로 음란한 물건을 제조, 소지, 수입 또는 수출한 자는 1년이하의 징역 또는 500만원이하의 벌금에 처한다. 〈개정 95.12.29〉

제245조 (공연음란) 공연히 음란한 행위를 한 자는 1년이하의 징역, 500만원이하의 벌금, 구류 또는 과료에 처한다. 〈개정 95.12.29〉

제23장 도박과 복표에 관한 죄

제246조 (도박, 상습도박) ① 재물로써 도박한 자는 500만원이하의 벌금 또는 과료에 처한다. 단, 일시 오락정도에 불과한 때에는 예외로 한다. 〈개정 95.12.29〉

② 상습으로 제1항의 죄를 범한 자는 3년이하의 징역 또는 2천만원이하의 벌금에 처한다. 〈개정 95.12.29〉

제247조 (도박개장) 영리의 목적으로 도박을 개장한 자는 3년이하의 징역 또는 2천만 원이하의 벌금에 처한다. 〈개정 95.12.29〉

제248조 (복표의 발매등) ① 법령에 의하지 아니한 복표를 발매한 자는 3년이하의 징역 또는 2천만원이하의 벌금에 처한다. 〈개정 95.12.29〉

② 전항의 복표발매를 중개한 자는 1년이하의 징역 또는 500만원이하의 벌금에 처한다. 〈개정 95.12.29〉

③ 제1항의 복표를 취득한 자는 500만원이하의 벌금 또는 과료에 처한다. 〈개정 95.12.29〉

제249조 (벌금의 병과) 제246조제2항, 제247조와 제248조제1항의 경우에는 500만원이하의 벌금을 병과할 수 있다. 〈개정 95.12.29〉

第24장 살인의 죄

第250조 (살인, 존속살해) ① 사람을 살해한 자는 사형, 무기 또는 5년이상의 징역에 처한다.
② 자기 또는 배우자의 직계존속을 살해한 자는 사형, 무기 또는 7년이상의 징역에 처한다. 〈개정 95.12.29〉

第251조 (영아살해) 직계존속이 치욕을 은폐하기 위하거나 양육할 수 없음을 예상하거나 특히 참작할 만한 동기로 인하여 분만중 또는 분만직후의 영아를 살해한 때에는 10년이하의 징역에 처한다.

第252조 (촉탁, 승낙에 의한 살인등) ① 사람의 촉탁 또는 승낙을 받어 그를 살해한 자는 1년이상 10년이하의 징역에 처한다.
② 사람을 교사 또는 방조하여 자살하게 한 자도 전항의 형과 같다.

第253조 (위계등에 의한 촉탁살인등) 전조의 경우에 위계 또는 위력으로써 촉탁 또는 승낙하게 하거나 자살을 결의하게 한 때에는 第250조의 예에 의한다.

第254조 (미수범) 전4조의 미수범은 처벌한다.

第255조 (예비, 음모) 第250조와 第253조의 죄를 범할 목적으로 예비 또는 음모한 자는 10년이하의 징역에 처한다.

第256조 (자격정지의 병과) 第250조, 第252조 또는 第253조의 경우에 유기징역에 처할 때에는 10년이하의 자격정지를 병과할 수 있다.

第25장 상해와 폭행의 죄

第257조 (상해, 존속상해) ① 사람의 신체를 상해한 자는 7년이하의 징역, 10년이하의 자격정지 또는 1천만원이하의 벌금에 처한다. 〈개정 95.12.29〉
② 자기 또는 배우자의 직계존속에 대하여 제1항의 죄를 범한 때에는 10년이하의 징역 또는 1천500만원이하의 벌금에 처한다. 〈개정 95.12.29〉
③ 전2항의 미수범은 처벌한다.

第258조 (중상해, 존속중상해) ① 사람의 신체를 상해하여 생명에 대한 위험을 발생하게 한 자는 1년이상 10년이하의 징역에 처한다.
② 신체의 상해로 인하여 불구 또는 불치나 난치의 질병에 이르게 한 자도 전항의 형과 같다.
③ 자기 또는 배우자의 직계존속에 대하여 전2항의 죄를 범한 때에는 2년이상의 유기징역에 처한다.

第259조 (상해치사) ① 사람의 신체를 상해하여 사망에 이르게 한 자는 3년이상의 유기징역에 처한다. 〈개정 95.12.29〉

② 자기 또는 배우자의 직계존속에 대하여 전항의 죄를 범한 때에는 무기 또는 5년이상의 징역에 처한다.

제260조 (폭행, 존속폭행) ① 사람의 신체에 대하여 폭행을 가한 자는 2년이하의 징역, 500만원이하의 벌금, 구류 또는 과료에 처한다. 〈개정 95.12.29〉

② 자기 또는 배우자의 직계존속에 대하여 제1항의 죄를 범한 때에는 5년이하의 징역 또는 700만원이하의 벌금에 처한다. 〈개정 95.12.29〉

③ 제1항 및 제2항의 죄는 피해자의 명시한 의사에 반하여 공소를 제기할 수 없다. 〈개정 95.12.29〉

제261조 (특수폭행) 단체 또는 다중의 위력을 보이거나 위험한 물건을 휴대하여 제260조제1항 또는 제2항의 죄를 범한 때에는 5년이하의 징역 또는 1천만원이하의 벌금에 처한다. 〈개정 95.12.29〉

제262조 (폭행치사상) 전2조의 죄를 범하여 사람을 사상에 이르게 한 때에는 제257조 내지 제259조의 예에 의한다.

제263조 (동시범) 독립행위가 경합하여 상해의 결과를 발생하게 한 경우에 있어서 원인된 행위가 판명되지 아니한 때에는 공동정범의 예에 의한다.

제264조 (상습범) 상습으로 제257조, 제258조, 제260조 또는 제261조의 죄를 범한 때에는 그 죄에 정한 형의 2분의 1까지 가중한다.

제265조 (자격정지의 병과) 제257조제2항, 제258조, 제260조제2항, 제261조 또는 전조의 경우에는 10년이하의 자격정지를 병과할 수 있다.

제26장 과실치사상의 죄

제266조 (과실치상) ① 과실로 인하여 사람의 신체를 상해에 이르게 한 자는 500만원이하의 벌금, 구류 또는 과료에 처한다. 〈개정 95.12.29〉

② 제1항의 죄는 피해자의 명시한 의사에 반하여 공소를 제기할 수 없다. 〈개정 95.12.29〉

제267조 (과실치사) 과실로 인하여 사람을 사망에 이르게 한 자는 2년이하의 금고 또는 700만원이하의 벌금에 처한다. 〈개정 95.12.29〉

제268조 (업무상과실·중과실치사상) 업무상과실 또는 중대한 과실로 인하여 사람을 사상에 이르게 한 자는 5년이하의 금고 또는 2천만원이하의 벌금에 처한다. 〈개정 95.12.29〉

제27장 낙태의 죄

제269조 (낙태) ① 부녀가 약물 기타 방법으로 낙태한 때에는 1년이하의 징역 또는 200만원이하의 벌금에 처한다. 〈개정 95.12.29〉

② 부녀의 촉탁 또는 승낙을 받아 낙태하게 한 자도 제1항의 형과 같다. 〈개정 95.12.29〉

③ 제2항의 죄를 범하여 부녀를 상해에 이르게 한 때에는 3년이하의 징역에 처한다. 사망

에 이르게 한 때에는 7년이하의 징역에 처한다. 〈개정 95.12.29〉

第270조 (의사등의 낙태, 부동의낙태) ① 의사, 한의사, 조산사, 약제사 또는 약종상이 부녀의 촉탁 또는 승낙을 받아 낙태하게 한 때에는 2년이하의 징역에 처한다. 〈개정 95.12.29〉

② 부녀의 촉탁 또는 승낙없이 낙태하게 한 자는 3년이하의 징역에 처한다.

③ 제1항 또는 제2항의 죄를 범하여 부녀를 상해에 이르게 한 때에는 5년이하의 징역에 처한다. 사망에 이르게 한 때에는 10년이하의 징역에 처한다. 〈개정 95.12.29〉

④ 전3항의 경우에는 7년이하의 자격정지를 병과한다.

제28장 유기와 학대의 죄

第271조 (유기, 존속유기) ① 노유, 질병 기타 사정으로 인하여 부조를 요하는 자를 보호할 법률상 또는 계약상 의무있는 자가 유기한 때에는 3년이하의 징역 또는 500만원이하의 벌금에 처한다. 〈개정 95.12.29〉

② 자기 또는 배우자의 직계존속에 대하여 제1항의 죄를 범한 때에는 10년이하의 징역 또는 1천500만원이하의 벌금에 처한다. 〈개정 95.12.29〉

③ 제1항의 죄를 범하여 사람의 생명에 대한 위험을 발생하게 한 때에는 7년이하의 징역에 처한다.

④ 제2항의 죄를 범하여 사람의 생명에 대하여 위험을 발생한 때에는 2년이상의 유기징역에 처한다.

第272조 (영아유기) 직계존속이 치욕을 은폐하기 위하거나 양육할 수 없음을 예상하거나 특히 참작할 만한 동기로 인하여 영아를 유기한 때에는 2년이하의 징역 또는 300만원이하의 벌금에 처한다. 〈개정 95.12.29〉

第273조 (학대, 존속학대) ① 자기의 보호 또는 감독을 받는 사람을 학대한 자는 2년이하의 징역 또는 500만원이하의 벌금에 처한다. 〈개정 95.12.29〉

② 자기 또는 배우자의 직계존속에 대하여 전항의 죄를 범한 때에는 5년이하의 징역 또는 700만원이하의 벌금에 처한다. 〈개정 95.12.29〉

第274조 (아동혹사) 자기의 보호 또는 감독을 받는 16세미만의 자를 그 생명 또는 신체에 위험한 업무에 사용할 영업자 또는 종업자에게 인도한 자는 5년이하의 징역에 처한다. 그 인도를 받은 자도 같다.

第275조 (유기등 치사상) ① 第271조 내지 第273조의 죄를 범하여 사람을 상해에 이르게 한 때에는 7년이하의 징역에 처한다. 사망에 이르게 한 때에는 3년이상의 유기징역에 처한다.

② 자기 또는 배우자의 직계존속에 대하여 第271조 또는 第273조의 죄를 범하여 상해에 이르게 한 때에는 3년이상의 유기징역에 처한다. 사망에 이르게 한 때에는 무기 또는 5년이상의 징역에 처한다. [전문개정 95.12.29]

제29장 체포와 감금의 죄

제276조 (체포, 감금, 존속체포, 존속감금) ① 사람을 체포 또는 감금한 자는 5년이하의 징역 또는 700만원이하의 벌금에 처한다. 〈개정 95.12.29〉

② 자기 또는 배우자의 직계존속에 대하여 제1항의 죄를 범한 때에는 10년이하의 징역 또는 1천500만원이하의 벌금에 처한다. 〈개정 95.12.29〉

제277조 (중체포, 중감금, 존속중체포, 존속중감금) ① 사람을 체포 또는 감금하여 가혹한 행위를 가한 자는 7년이하의 징역에 처한다.

② 자기 또는 배우자의 직계존속에 대하여 전항의 죄를 범한 때에는 2년이상의 유기징역에 처한다.

제278조 (특수체포, 특수감금) 단체 또는 다중의 위력을 보이거나 위험한 물건을 휴대하여 전2조의 죄를 범한 때에는 그 죄에 정한 형의 2분의 1까지 가중한다.

제279조 (상습범) 상습으로 제276조 또는 제277조의 죄를 범한 때에는 전조의 예에 의한다.

제280조 (미수범) 전4조의 미수범은 처벌한다.

제281조 (체포·감금등의 치사상) ① 제276조 내지 제280조의 죄를 범하여 사람을 상해에 이르게 한 때에는 1년이상의 유기징역에 처한다. 사망에 이르게 한 때에는 3년이상의 유기징역에 처한다.

② 자기 또는 배우자의 직계존속에 대하여 제276조 내지 제280조의 죄를 범하여 상해에 이르게 한 때에는 2년이상의 유기징역에 처한다. 사망에 이르게 한 때에는 무기 또는 5년이상의 징역에 처한다. [전문개정 95.12.29]

제282조 (자격정지의 병과) 본장의 죄에는 10년이하의 자격정지를 병과할 수 있다.

제30장 협박의 죄

제283조 (협박, 존속협박) ① 사람을 협박한 자는 3년이하의 징역, 500만원이하의 벌금, 구류 또는 과료에 처한다. 〈개정 95.12.29〉

② 자기 또는 배우자의 직계존속에 대하여 제1항의 죄를 범한 때에는 5년이하의 징역 또는 700만원이하의 벌금에 처한다. 〈개정 95.12.29〉

③ 제1항 및 제2항의 죄는 피해자의 명시한 의사에 반하여 공소를 제기할 수 없다. 〈개정 95.12.29〉

제284조 (특수협박) 단체 또는 다중의 위력을 보이거나 위험한 물건을 휴대하여 전조제1항, 제2항의 죄를 범한 때에는 7년이하의 징역 또는 1천만원이하의 벌금에 처한다. 〈개정 95.12.29〉

제285조 (상습범) 상습으로 제283조제1항, 제2항 또는 전조의 죄를 범한 때에는 그 죄에 정한 형의 2분의 1까지 가중한다.

제286조 (미수범) 전3조의 미수범은 처벌한다.

제31장 약취와 유인의 죄

제287조 (미성년자의 약취, 유인) 미성년자를 약취 또는 유인한 자는 10년이하의 징역에 처한다.

제288조 (영리등을 위한 약취, 유인, 매매등) ① 추행, 간음 또는 영리의 목적으로 사람을 약취 또는 유인한 자는 1년이상의 유기징역에 처한다.

② 추업에 사용할 목적으로 부녀를 매매한 자도 전항의 형과 같다.

③ 상습으로 전2항의 죄를 범한 자는 2년이상의 유기징역에 처한다.

제289조 (국외이송을 위한 약취, 유인, 매매) ① 국외에 이송할 목적으로 사람을 약취, 유인 또는 매매한 자는 3년이상의 유기징역에 처한다.

② 약취, 유인 또는 매매된 자를 국외에 이송한 자도 전항의 형과 같다.

③ 상습으로 전2항의 죄를 범한 자는 5년이상의 유기징역에 처한다.

제290조 (예비, 음모) 전조의 죄를 범할 목적으로 예비 또는 음모한 자는 3년이하의 징역에 처한다.

제291조 (결혼을 위한 약취, 유인) 결혼할 목적으로 사람을 약취 또는 유인한 자는 5년이하의 징역에 처한다.

제292조 (약취, 유인, 매매된 자의 수수 또는 은닉) ① 제288조 또는 제289조의 약취, 유인이나 매매된 자 또는 이송된 자를 수수 또는 은닉한 자는 7년이하의 징역에 처한다. 〈개정 95.12.29〉

② 제287조 또는 제291조의 약취 또는 유인된 자를 수수 또는 은닉한 자는 5년이하의 징역에 처한다. 〈개정 95.12.29〉

제293조 (상습범) ① 상습으로 전조의 죄를 범한 자는 2년이상 10년이하의 징역에 처한다.

② 추행, 간음 또는 영리의 목적으로 전조의 죄를 범한 자도 전항의 형과 같다.

제294조 (미수범) 제287조 내지 제289조와 제291조 내지 전조의 미수범은 처벌한다.

제295조 (자격정지 또는 벌금의 병과) 제288조, 제289조, 제292조, 제293조와 그 미수범에는 10년이하의 자격정지 또는 2천만원이하의 벌금을 병과할 수 있다. 〈개정 95.12.29〉

제295조의2 (형의 감경) 이 장의 죄를 범한 자가 약취·유인·매매 또는 이송된 자를 안전한 장소로 풀어 준 때에는 그 형을 감경할 수 있다. [본조신설 95.12.29]

제296조 (고소) 제288조제1항, 제292조제1항 또는 제293조제2항의 각 죄 중 추행 또는 간음의 목적으로 약취, 유인, 수수 또는 은닉한 죄, 제291조의 죄와 그 미수범은 고소가 있어야 공소를 제기할 수 있다. 〈개정 95.12.29〉

제32장 강간과 추행의 죄

제297조 (강간) 폭행 또는 협박으로 부녀를 강간한 자는 3년이상의 유기징역에 처한다.

제298조 (강제추행) 폭행 또는 협박으로 사람에 대하여 추행을 한 자는 10년이하의 징역 또는 1천500만원이하의 벌금에 처한다. 〈개정 95.12.29〉

제299조 (준강간, 준강제추행) 사람의 심신상실 또는 항거불능의 상태를 이용하여 간음 또는 추행을 한 자는 전2조의 예에 의한다.

제300조 (미수범) 전3조의 미수범은 처벌한다.

제301조 (강간등 상해 · 치상) 제297조 내지 제300조의 죄를 범한 자가 사람을 상해하거나 상해에 이르게 한 때에는 무기 또는 5년이상의 징역에 처한다. [전문개정 95.12.29]

제301조의2 (강간등 살인 · 치사) 제297조 내지 제300조의 죄를 범한 자가 사람을 살해한 때에는 사형 또는 무기징역에 처한다. 사망에 이르게 한 때에는 무기 또는 10년이상의 징역에 처한다. [본조신설 95.12.29]

제302조 (미성년자등에 대한 간음) 미성년자 또는 심신미약자에 대하여 위계 또는 위력으로써 간음 또는 추행을 한 자는 5년이하의 징역에 처한다.

제303조 (업무상위력등에 의한 간음) ① 업무, 고용 기타 관계로 인하여 자기의 보호 또는 감독을 받는 부녀에 대하여 위계 또는 위력으로써 간음한 자는 5년이하의 징역 또는 1천500만원이하의 벌금에 처한다. 〈개정 95.12.29〉

② 법률에 의하여 구금된 부녀를 감호하는 자가 그 부녀를 간음한 때에는 7년이하의 징역에 처한다.

제304조 (혼인빙자등에 의한 간음) 혼인을 빙자하거나 기타 위계로써 음행의 상습없는 부녀를 기망하여 간음한 자는 2년이하의 징역 또는 500만원이하의 벌금에 처한다. 〈개정 95.12.29〉

제305조 (미성년자에 대한 간음, 추행) 13세미만의 부녀를 간음하거나 13세미만의 사람에게 추행을 한 자는 제297조, 제298조, 제301조 또는 제301조의2의 예에 의한다. 〈개정 95.12.29〉

제306조 (고소) 제297조 내지 제300조와 제302조 내지 제305조의 죄는 고소가 있어야 공소를 제기할 수 있다. 〈개정 95.12.29〉

제33장 명예에 관한 죄

제307조 (명예훼손) ① 공연히 사실을 적시하여 사람의 명예를 훼손한 자는 2년이하의 징역이나 금고 또는 500만원이하의 벌금에 처한다. 〈개정 95.12.29〉

② 공연히 허위의 사실을 적시하여 사람의 명예를 훼손한 자는 5년이하의 징역, 10년이하의 자격정지 또는 1천만원이하의 벌금에 처한다. 〈개정 95.12.29〉

제308조 (사자의 명예훼손) 공연히 허위의 사실을 적시하여 사자의 명예를 훼손한 자는 2년

이하의 징역이나 금고 또는 500만원이하의 벌금에 처한다. 〈개정 95.12.29〉

제309조 (출판물등에 의한 명예훼손) ① 사람을 비방할 목적으로 신문, 잡지 또는 라디오 기타 출판물에 의하여 제307조제1항의 죄를 범한 자는 3년이하의 징역이나 금고 또는 700만원이하의 벌금에 처한다. 〈개정 95.12.29〉

② 제1항의 방법으로 제307조제2항의 죄를 범한 자는 7년이하의 징역, 10년이하의 자격정지 또는 1천500만원이하의 벌금에 처한다. 〈개정 95.12.29〉

제310조 (위법성의 조각) 제307조제1항의 행위가 진실한 사실로서 오로지 공공의 이 익에 관한 때에는 처벌하지 아니한다.

제311조 (모욕) 공연히 사람을 모욕한 자는 1년이하의 징역이나 금고 또는 200만원이하의 벌금에 처한다. 〈개정 95.12.29〉

제312조 (고소와 피해자의 의사) ① 제308조와 제311조의 죄는 고소가 있어야 공소를 제기할 수 있다. 〈개정 95.12.29〉

② 제307조와 제309조의 죄는 피해자의 명시한 의사에 반하여 공소를 제기할 수 없다. 〈개정 95.12.29〉

제34장 신용, 업무와 경매에 관한 죄

제313조 (신용훼손) 허위의 사실을 유포하거나 기타 위계로써 사람의 신용을 훼손한 자는 5년이하의 징역 또는 1천500만원이하의 벌금에 처한다. 〈개정 95.12.29〉

제314조 (업무방해) ① 제313조의 방법 또는 위력으로써 사람의 업무를 방해한 자는 5년이하의 징역 또는 1천500만원이하의 벌금에 처한다. 〈개정 95.12.29〉

② 컴퓨터등 정보처리장치 또는 전자기록등 특수매체기록을 손괴하거나 정보처리장치에 허위의 정보 또는 부정한 명령을 입력하거나 기타 방법으로 정보처리에 장애를 발생하게 하여 사람의 업무를 방해한 자도 제1항의 형과 같다. 〈신설 95.12.29〉

제315조 (경매, 입찰의 방해) 위계 또는 위력 기타 방법으로 경매 또는 입찰의 공정을 해한 자는 2년이하의 징역 또는 700만원이하의 벌금에 처한다. 〈개정 95.12.29〉

제35장 비밀침해의 죄

제316조 (비밀침해) ① 봉함 기타 비밀장치한 사람의 편지, 문서 또는 도화를 개봉한 자는 3년이하의 징역이나 금고 또는 500만원이하의 벌금에 처한다. 〈개정 95.12.29〉

② 봉함 기타 비밀장치한 사람의 편지, 문서, 도화 또는 전자기록등 특수매체기록을 기술적 수단을 이용하여 그 내용을 알아 낸 자도 제1항의 형과 같다. 〈신설 95.12.29〉

제317조 (업무상비밀누설) ① 의사, 한의사, 치과의사, 약제사, 약종상, 조산사, 변호사, 변리사, 공인회계사, 공증인, 대서업자나 그 직무상 보조자 또는 차등의 직에 있던 자가 그 업무처리중 지득한 타인의 비밀을 누설한 때에는 3년이하의 징역이나 금고, 10년이하의 자격

정지 또는 700만원이하의 벌금에 처한다. 〈개정 95.12.29, 97.12.13〉

② 종교의 직에 있는 자 또는 있던 자가 그 직무상 지득한 사람의 비밀을 누설한 때에도 전항의 형과 같다.

제318조 (고소) 본장의 죄는 고소가 있어야 공소를 제기할 수 있다. 〈개정 95.12.29〉

제36장 주거침입의 죄

제319조 (주거침입, 퇴거불응) ① 사람의 주거, 관리하는 건조물, 선박이나 항공기 또는 점유하는 방실에 침입한 자는 3년이하의 징역 또는 500만원이하의 벌금에 처한다. 〈개정 95.12.29〉

② 전항의 장소에서 퇴거요구를 받고 응하지 아니한 자도 전항의 형과 같다.

제320조 (특수주거침입) 단체 또는 다중의 위력을 보이거나 위험한 물건을 휴대하여 전조의 죄를 범한 때에는 5년이하의 징역에 처한다.

제321조 (주거・신체 수색) 사람의 신체, 주거, 관리하는 건조물, 자동차, 선박이나 항공기 또는 점유하는 방실을 수색한 자는 3년이하의 징역에 처한다. 〈개정 95.12.29〉

제322조 (미수범) 본장의 미수범은 처벌한다.

제37장 권리행사를 방해하는 죄

제323조 (권리행사방해) 타인의 점유 또는 권리의 목적이 된 자기의 물건 또는 전자기록등 특수매체기록을 취거, 은닉 또는 손괴하여 타인의 권리행사를 방해한 자는 5년이하의 징역 또는 700만원이하의 벌금에 처한다. 〈개정 95.12.29〉

제324조 (강요) 폭행 또는 협박으로 사람의 권리행사를 방해하거나 의무없는 일을 하게 한 자는 5년이하의 징역에 처한다. 〈개정 95.12.29〉

제324조의2 (인질강요) 사람을 체포・감금・약취 또는 유인하여 이를 인질로 삼아 제3자에 대하여 권리행사를 방해하거나 의무없는 일을 하게 한 자는 3년이상의 유기징역에 처한다. [본조신설 95.12.29]

제324조의3 (인질상해・치상) 제324조의2의 죄를 범한 자가 인질을 상해하거나 상해에 이르게 한 때에는 무기 또는 5년이상의 징역에 처한다. [본조신설 95.12.29]

제324조의4 (인질살해・치사) 제324조의2의 죄를 범한 자가 인질을 살해한 때에는 사형 또는 무기징역에 처한다. 사망에 이르게 한 때에는

무기 또는 10년이상의 징역에 처한다. [본조신설 95.12.29]

제324조의5 (미수범) 제324조 내지 제324조의4의 미수범은 처벌한다. [본조신설 95.12.29]

제324조의6 (형의 감경) 제324조의2 또는 제324조의3의 죄를 범한 자 및 그 죄의 미수범이 인질을 안전한 장소로 풀어준 때에는 그 형을 감경할 수 있다. [본조신설 95.12.29]

제325조 (점유강취, 준점유강취) ① 폭행 또는 협박으로 타인의 점유에 속하는 자기의 물건

을 강취한 자는 7년이하의 징역 또는 10년이하의 자격정지에 처한다.
② 타인의 점유에 속하는 자기의 물건을 취거함에 당하여 그 탈환을 항거하거나 체포를 면탈하거나 죄적을 인멸할 목적으로 폭행 또는 협박을 가한 때에도 전항의 형과 같다.
③ 전2항의 미수범은 처벌한다.

제326조 (중권리행사방해) 제324조 또는 제325조의 죄를 범하여 사람의 생명에 대한 위험을 발생하게 한 자는 10년이하의 징역에 처한다. 〈개정 95.12.29〉

제327조 (강제집행면탈) 강제집행을 면할 목적으로 재산을 은닉, 손괴, 허위양도 또는 허위의 채무를 부담하여 채권자를 해한 자는 3년이하의 징역 또는 1천만원이하의 벌금에 처한다. 〈개정 95.12.29〉

제328조 (친족간의 범행과 고소) ① 직계혈족, 배우자, 동거친족, 동거가족 또는 그 배우자간의 제323조의 죄는 형을 면제한다. 〈개정 2005.3.31〉
② 제1항 이외의 친족간에 제323조의 죄를 범한 때에는 고소가 있어야 공소를 제기할 수 있다. 〈개정 95.12.29〉
③ 전2항의 신분관계가 없는 공범에 대하여는 전2항을 적용하지 아니한다.

제38장 절도와 강도의 죄

제329조 (절도) 타인의 재물을 절취한 자는 6년이하의 징역 또는 1천만원이하의 벌금에 처한다. 〈개정 95.12.29〉

제330조 (야간주거침입절도) 야간에 사람의 주거, 간수하는 저택, 건조물이나 선박 또는 점유하는 방실에 침입하여 타인의 재물을 절취한 자는 10년이하의 징역에 처한다.

제331조 (특수절도) ① 야간에 문호 또는 장벽 기타 건조물의 일부를 손괴하고 전조의 장소에 침입하여 타인의 재물을 절취한 자는 1년이상 10년이하의 징역에 처한다.
② 흉기를 휴대하거나 2인이상이 합동하여 타인의 재물을 절취한 자도 전항의 형과 같다.

제331조의2 (자동차등 불법사용) 권리자의 동의없이 타인의 자동차, 선박, 항공기, 또는 원동기장치자전차를 일시 사용한 자는 3년이하의 징역, 500만원이하의 벌금, 구유 또는 과료에 처한다. [본조신설 95.12.29]

제332조 (상습범) 상습으로 제329조 내지 제331조의2의 죄를 범한 자는 그 죄에 정한 형의 2분의 1까지 가중한다. 〈개정 95.12.29〉

제333조 (강도) 폭행 또는 협박으로 타인의 재물을 강취하거나 기타 재산상의 이익을 취득하거나 제삼자로 하여금 이를 취득하게 한 자는 3년이상의 유기징역에 처한다.

제334조 (특수강도) ① 야간에 사람의 주거, 관리하는 건조물, 선박이나 항공기 또는 점유하는 방실에 침입하여 제333조의 죄를 범한 자는 무기 또는 5년이상의 징역에 처한다. 〈개정 95.12.29〉
② 흉기를 휴대하거나 2인이상이 합동하여 전조의 죄를 범한 자도 전항의 형과 같다.

제335조 (준강도) 절도가 재물의 탈환을 항거하거나 체포를 면탈하거나 죄적을 인멸할 목적으로 폭행 또는 협박을 가한 때에는 전2조의 예에 의한다.

第336條 (인질강도) 사람을 체포·감금·약취 또는 유인하여 이를 인질로 삼아 재물 또는 재산상의 이익을 취득하거나 제3자로 하여금 이를 취득하게 한 자는 3년이상의 유기징역에 처한다. [전문개정 95.12.29]

第337條 (강도상해, 치상) 강도가 사람을 상해하거나 상해에 이르게 한 때에는 무기 또는 7년이상의 징역에 처한다. 〈개정 95.12.29〉

第338條 (강도살인·치사) 강도가 사람을 살해한 때에는 사형 또는 무기징역에 처한다. 사망에 이르게 한 때에는 무기 또는 10년이상의 징역에 처한다. [전문개정 95.12.29]

第339條 (강도강간) 강도가 부녀를 강간한 때에는 무기 또는 10년이상의 징역에 처한다.

第340條 (해상강도) ① 다중의 위력으로 해상에서 선박을 강취하거나 선박내에 침입하여 타인의 재물을 강취한 자는 무기 또는 7년이상의 징역에 처한다.

② 제1항의 죄를 범한 자가 사람을 상해하거나 상해에 이르게 한 때에는 무기 또는 10년이상의 징역에 처한다. 〈개정 95.12.29〉

③ 제1항의 죄를 범한 자가 사람을 살해 또는 사망에 이르게 하거나 부녀를 강간한 때에는 사형 또는 무기징역에 처한다. 〈개정 95.12.29〉

第341條 (상습범) 상습으로 제333조, 제334조, 제336조 또는 전조제1항의 죄를 범한 자는 무기 또는 10년이상의 징역에 처한다.

第342條 (미수범) 제329조 내지 제341조의 미수범은 처벌한다. [전문개정 95.12.29]

第343條 (예비, 음모) 강도할 목적으로 예비 또는 음모한 자는 7년이하의 징역에 처한다.

第344條 (친족간의 범행) 제328조의 규정은 제329조 내지 제332조의 죄 또는 미수범에 준용한다.

第345條 (자격정지의 병과) 본장의 죄를 범하여 유기징역에 처할 경우에는 10년이하의 자격정지를 병과할 수 있다.

第346條 (동력) 본장의 죄에 있어서 관리할 수 있는 동력은 재물로 간주한다.

第39章 사기와 공갈의 죄

第347條 (사기) ① 사람을 기망하여 재물의 교부를 받거나 재산상의 이익을 취득한 자는 10년이하의 징역 또는 2천만원이하의 벌금에 처한다. 〈개정 95.12.29〉

② 전항의 방법으로 제삼자로 하여금 재물의 교부를 받게 하거나 재산상의 이익을 취득하게 한 때에도 전항의 형과 같다.

第347條의2 (컴퓨터등 사용사기) 컴퓨터등 정보처리장치에 허위의 정보 또는 부정한 명령을 입력하여 정보처리를 하게 함으로써 재산상의 이익을 취득하거나 제3자로 하여금 취득하게 한 자는 10년이하의 징역 또는 2천만원이하의 벌금에 처한다. [본조신설 95.12.29]

第348條 (준사기) ① 미성년자의 지려천박 또는 사람의 심신장애를 이용하여 재물의 교부를 받거나 재산상의 이익을 취득한 자는 10년이하의 징역 또는 2천만원이하의 벌금에 처한다. 〈개정 95.12.29〉

② 전항의 방법으로 제삼자로 하여금 재물의 교부를 받게 하거나 재산상의 이익을 취득하

게 한 때에도 전항의 형과 같다.

제348조의2 (편의시설부정이용) 부정한 방법으로 대가를 지급하지 아니하고 자동판매기, 공중전화 기타 유료자동설비를 이용하여 재물 또는 재산상의 이익을 취득한 자는 3년이하의 징역, 500만원이하의 벌금, 구유 또는 과료에 처한다. [본조신설 95.12.29]

제349조 (부당이득) ① 사람의 궁박한 상태를 이용하여 현저하게 부당한 이익을 취득한 자는 3년이하의 징역 또는 1천만원이하의 벌금에 처한다. 〈개정 95.12.29〉

② 전항의 방법으로 제삼자로 하여금 부당한 이익을 취득하게 한 때에도 전항의 형과 같다.

제350조 (공갈) ① 사람을 공갈하여 재물의 교부를 받거나 재산상의 이익을 취득한 자는 10년이하의 징역 또는 2천만원이하의 벌금에 처한다. 〈개정 95.12.29〉

② 전항의 방법으로 제삼자로 하여금 재물의 교부를 받게 하거나 재산상의 이익을 취득하게 한 때에도 전항의 형과 같다.

제351조 (상습범) 상습으로 제347조 내지 전조의 죄를 범한 자는 그 죄에 정한 형의 2분의 1까지 가중한다.

제352조 (미수범) 제347조 내지 제348조의2, 제350조와 제351조의 미수범은 처벌한다. [전문개정 95.12.29]

제353조 (자격정지의 병과) 본장의 죄에는 10년이하의 자격정지를 병과할 수 있다.

제354조 (친족간의 범행, 동력) 제328조와 제346조의 규정은 본장의 죄에 준용한다.

제40장 횡령과 배임의 죄

제355조 (횡령, 배임) ① 타인의 재물을 보관하는 자가 그 재물을 횡령하거나 그 반환을 거부한 때에는 5년이하의 징역 또는 1천500만원이하의 벌금에 처한다. 〈개정 95.12.29〉

② 타인의 사무를 처리하는 자가 그 임무에 위배하는 행위로써 재산상의 이익을 취득하거나 제삼자로 하여금 이를 취득하게 하여 본인에게 손해를 가한 때에도 전항의 형과 같다.

제356조 (업무상의 횡령과 배임) 업무상의 임무에 위배하여 제355조의 죄를 범한 자는 10년이하의 징역 또는 3천만원이하의 벌금에 처한다. 〈개정 95.12.29〉

제357조 (배임수증재) ① 타인의 사무를 처리하는 자가 그 임무에 관하여 부정한 청탁을 받고 재물 또는 재산상의 이익을 취득한 자는 5년이하의 징역 또는 1천만원이하의 벌금에 처한다. 〈개정 95.12.29〉

② 제1항의 재물 또는 이익을 공여한 자는 2년이하의 징역 또는 500만원이하의 벌금에 처한다. 〈개정 95.12.29〉

③ 범인이 취득한 제1항의 재물은 몰수한다. 그 재물을 몰수하기 불능하거나 재산상의 이익을 취득한 때에는 그 가액을 추징한다.

제358조 (자격정지의 병과) 전3조의 죄에는 10년이하의 자격정지를 병과할 수 있다.

제359조 (미수범) 제355조 내지 제357조의 미수범은 처벌한다.

제360조 (점유이탈물횡령) ① 유실물, 표류물 또는 타인의 점유를 이탈한 재물을 횡령한 자

는 1년이하의 징역이나 300만원이하의 벌금 또는 과료에 처한다. 〈개정 95.12.29〉

② 매장물을 횡령한 자도 전항의 형과 같다.

제361조 (친족간의 범행, 동력) 제328조와 제346조의 규정은 본장의 죄에 준용한다.

제41장 장물에 관한 죄

제362조 (장물의 취득, 알선등) ① 장물을 취득, 양도, 운반 또는 보관한 자는 7년이하의 징역 또는 1천500만원이하의 벌금에 처한다. 〈개정 95.12.29〉

② 전항의 행위를 알선한 자도 전항의 형과 같다.

제363조 (상습범) ① 상습으로 전조의 죄를 범한 자는 1년이상 10년이하의 징역에 처한다.

② 제1항의 경우에는 10년이하의 자격정지 또는 1천500만원이하의 벌금을 병과할 수 있다. 〈개정 95.12.29〉

제364조 (업무상과실, 중과실) 업무상과실 또는 중대한 과실로 인하여 제362조의 죄를 범한 자는 1년이하의 금고 또는 500만원이하의 벌금에 처한다. 〈개정 95.12.29〉

제365조 (친족간의 범행) ① 전3조의 죄를 범한 자와 피해자간에 제328조제1항, 제2항의 신분관계가 있는 때에는 동조의 규정을 준용한다.

② 전3조의 죄를 범한 자와 본범 간에 제328조제1항의 신분관계가 있는 때에는 그 형을 감경 또는 면제한다. 단, 신분관계가 없는 공범에 대하여는 예외로 한다.

제42장 손괴의 죄

제366조 (재물손괴등) 타인의 재물, 문서 또는 전자기록등 특수매체기록을 손괴 또는 은닉 기타 방법으로 그 효용을 해한 자는 3년이하의 징역 또는 700만원이하의 벌금에 처한다. 〈개정 95.12.29〉

제367조 (공익건조물파괴) 공익에 공하는 건조물을 파괴한 자는 10년이하의 징역 또는 2천만원이하의 벌금에 처한다. 〈개정 95.12.29〉

제368조 (중손괴) ① 전2조의 죄를 범하여 사람의 생명 또는 신체에 대하여 위험을 발생하게 한 때에는 1년이상 10년이하의 징역에 처한다.

② 제366조 또는 제367조의 죄를 범하여 사람을 상해에 이르게 한 때에는 1년이상의 유기징역에 처한다. 사망에 이르게 한 때에는 3년이상의 유기징역에 처한다. 〈개정 95.12.29〉

제369조 (특수손괴) ① 단체 또는 다중의 위력을 보이거나 위험한 물건을 휴대하여 제366조의 죄를 범한 때에는 5년이하의 징역 또는 1천만원이하의 벌금에 처한다. 〈개정 95.12.29〉

② 제1항의 방법으로 제367조의 죄를 범한 때에는 1년이상의 유기징역 또는 2천만원이하의 벌금에 처한다. 〈개정 95.12.29〉

제370조 (경계침범) 경계표를 손괴, 이동 또는 제거하거나 기타 방법으로 토지의 경계를 인식불능하게 한 자는 3년이하의 징역 또는 500만원이하의 벌금에 처한다. 〈개정 95.12.29〉

제371조 (미수범) 제366조, 제367조와 제369조의 미수범은 처벌한다.
제372조 (동력) 본장의 죄에는 제346조를 준용한다.

부 칙

제1조 (구형법 기타 법령과 형의 경중) 본법 또는 본법 시행 후에 시행된 다른 법률이나 명령(이하 다른 신법령이라고 칭한다)과 본법 시행직전의 형법(이하 구형법이라고 칭한다), 다른 법률, 명령, 포고나 법령(이하 다른 구법령이라고 칭한다) 또는 본법 시행전후에 걸쳐서 시행중인 다른 법률, 명령, 포고나 법령(이하 다른 존속법령이라고 칭한다)에 정한 형의 경중은 제50조에 의한다.

제2조 (형의 종류의 적용례) ① 본법 시행 전에 범한 죄에 대한 형의 경중의 비교는 가장 중한 형의 장기 또는 다액에 의한다.

② 가장 중한 형의 장기 또는 다액에 경중이 없는 때에는 그 단기 또는 소액에 의한다.

③ 전2항에 의하여 형의 경중을 정할 수 없는 때에는 병과할 다른 형이 있는 것을 중한 것으로 하고 선택할 다른 형이 있는 것을 경한 것으로 한다.

④ 전3항의 경우에 형을 가중감경할 때에는 구형법 또는 본법에 의하여 형의 가중 또는 감경한 뒤에 형의 비교를 한다.

제3조 (범인에게 유리한 법의 적용) 본법 시행 전에 범한 죄에 대하여는 형의 경중에 관한 것이 아니더라도 범인에게 유리한 법을 적용한다.

제4조 (1개의 죄에 대한 신구법의 적용례) ① 1개의 죄가 본법 시행전후에 걸쳐서 행하여진 때에는 본법 시행 전에 범한 것으로 간주한다.

② 연속범 또는 견련범이 본법 시행전후에 걸쳤을 때에는 본법 시행 전에 범한 것만을 1죄로 한다.

제5조 (자격에 관한 형의 적용제한) 본법 시행 전에 범한 죄에 대하여 본법 또는 다른 신법령을 적용할 때에도 본법 제43조는 적용하지 아니한다.

제6조 (경합범에 대한 신법의 적용례) 본법 시행 전에 범한 수죄 또는 그와 본법 시행 후에 범한 죄가 경합범인 때에는 본법의 경합범의 규정에 의한다.

제7조 (형의 효력) 구형법, 다른 구법령 또는 존속법령에 규정된 형은 본법에 의하여 규정된 것과 동일한 효력을 가진다.

제8조 (총칙의 적용례) ① 본법 시행 전에 범한 죄에 대한 형의 양정, 집행, 선고유예, 집행유예, 면제, 시효 또는 소멸에 관하여는 본법을 적용한다. 누범 또는 가석방에 관하여도 같다.

② 본법 시행 전에 선고된 형이나 그 집행유예 또는 처분된 가출옥의 효력은 이미 소멸되지 아니하는 한 본법의 해당규정에 의한다.

③ 전2항의 경우에는 본법 제49조단행, 제58조제1항, 제63조, 제69조제1항 단행, 제74조와 몰수나 추징의 시효에 관한 규정을 적용하지 아니한다.

제9조 (구형법의 인용조문) 다른 존속법령에 인용된 구형법조문은 본법중 그에 상당한 조문

으로 변경된 것으로 한다.

제10조 (폐지되는 법률등) 본법 시행직전까지 시행되던 다음의 법률, 포고 또는 법령은 폐지한다.

1. 구형법
2. 구형법시행법
3. 폭발물취체벌칙
4. 외국에서 유통하는 화폐, 은행권의 위조, 변조와 모조에 관한 법률
5. 우편법 제48조, 제55조제1항중 제48조의 미수범, 동조제2항, 제55조의2와3
6. 인지범죄처벌법
7. 통화와증권모조취체법
8. 결투죄에관한건
9. 폭력행위등처벌에관한법률
10. 도범등의방지와처벌에관한법률
11. 미군정법령 제70호(부녀자의 매매 또는 그 매매계약의 금지)
12. 미군정법령 제120호(벌금의 증액과 특별심판원의 관할권등)
13. 미군정법령 제172호(우량한 수형자석방령)
14. 미군정법령 제208호(항명죄와 해적죄 기타 범죄)

제11조 (시행일) 본법은 단기 4286년 10월 3일부터 시행한다.

부 칙 〈95.12.29〉

제1조 (시행일) 이 법은 1996년 7월 1일부터 시행한다. 다만, 제59조의2, 제61조 제2항, 제62조의2, 제64조 제2항, 제73조의2 제2항의 개정규정과 제75조의 개정규정 중 보호관찰에 관한 사항은 1997년 1월 1일부터 시행한다.

제2조 (일반적 적용례) 이 법은 이 법 시행 전에 행하여진 종전의 형법규정위반의 죄에 대하여도 적용한다. 다만, 종전의 규정이 행위자에게 유리한 경우에는 그러하지 아니하다.

제3조 (1개의 행위에 대한 경과조치) 1개의 행위가 이 법 시행 전후에 걸쳐 이루어진 경우에는 이 법 시행이후에 행한 것으로 본다.

제4조 (형에 관한 경과조치) 이 법 시행 전에 종전의 형법규정에 의하여 형의 선고를 받은 자는 이 법에 의하여 형의 선고를 받은 것으로 본다. 집행유예 또는 선고유예를 받은 경우에도 이와 같다.

제5조 (다른 법령과의 관계) 이 법 시행당시 다른 법령에서 종전의 형법 규정(장의 제목을 포함한다)을 인용하고 있는 경우에 이 법 중 그에 해당하는 규정이 있는 때에는 종전의 규정에 갈음하여 이 법의 해당조항을 인용한 것으로 본다.

부 칙 〈2005.7.29〉

① (시행일) 이 법은 공포 후 6월이 경과한 날부터 시행한다.
② (적용례) 이 법은 이 법 시행 전에 행하여진 죄에 대하여도 적용한다. 다만, 종전의 규정을 적용하는 것이 행위자에게 유리한 경우에는 그러하지 아니하다.

저자 소개

• 허원구

· 영남대학교 법정대학 법학과
· 영남대학교 대학원 행정학과(행정학석사)
· 대구대학교 대학원 행정학과(행정학박사)
· 전) 경상북도 공무원교육원 외래교수
대구광역시 7급 행정직공무원 채용시험 출제위원
충청북도 7급 행정직공무원 채용시험 출제위원
한국치안행정학회 회장
대구경북행정학회 부회장
대한지방자치학회 이사
한국치안행정학회 고문
한국복지행정학회 부회장
· 현) 대구지방경찰청 집회·시위자문위원 위원장
대구과학대학 경찰행정과 교수

〈저서〉
· 형법총론, 청목출판사, 2010.
· 경찰행정법 제대로 알기, 한올출판사, 2009.
· 경비지도사를 위한 실전법학개론, 홍익출판사, 2008.
· 조사방법론 강의, 삼영사, 2007.
· 현대행정학, 삼우사, 2006.
· 객관식 행정학요점, 웅보출판사, 2002.
· 행정학개론, 홍익출판사, 2002.
· 21세기 행정학, 삼우사, 2002.
· 조사방법론 강의, 삼영사, 2002.
· 지방자치의 이해, 중문출판사, 1999.
· 문제중심 신행정학, 학문사, 1996.

〈논문〉
· 인터넷상 사이버모욕죄에 관한 연구(2009).
· 고객지향적 치안서비스 제고를 위한 여성경찰관의 역할(2007).
· 경찰의 집회·시위에 대한 효율적 관리방안에 관한 연구(2006).
· 경찰관직무집행법상 불심검문의 효율성 제고 방안(2005).
· 고령화사회의 노인역할 프로그램에 관한 연구(2004).
· 시민경찰학교 운영에 대한 평가(2004).
· 지역주민 복지향상을 위한 시민경찰학교의 운영 현황에 관한 연구(2003).
· 경찰공무원의 복지개선을 위한 보수체계에 관한 연구(2000).
· 수정복지국가이론에 대한 비판(1999).
· 지방행정의 정보시스템 발전단계에 관한 연구(1997).

형법각론

2013년 2월 15일 중판인쇄
2013년 2월 20일 중판발행

저 자 허 원 구
발행인 유 성 열
발행처 청목출판사
서울특별시 영등포구 신길로 40길 20
전화 (02) 849-6157(代) · 2820
FAX (02) 849-0817
등록 제318-1994-000090호

파본은 바꾸어 드립니다.
값 18,000원

http : //www.chongmok.co.kr

ISBN 978-89-5565-356-4